非物质文化遗产保护理论与方法丛书

张振涛 编著

冀中学案
——音乐类非物质文化遗产文集

文化艺术出版社
Culture and Art Publishing House

图书在版编目（CIP）数据

冀中学案：音乐类非物质文化遗产文集／
张振涛编著．— 北京：文化艺术出版社，2019.4
（非物质文化遗产保护理论与方法丛书）
ISBN 978-7-5039-6667-5

Ⅰ.①冀… Ⅱ.①张… Ⅲ.①音乐—文化遗产—中国—文集 Ⅳ.①J6-53

中国版本图书馆CIP数据核字（2019)第049283号

冀中学案
——音乐类非物质文化遗产文集

编　　著	张振涛
责任编辑	王　红　齐大任
责任校对	董　斌
书籍设计	顾　紫
出版发行	文化藝術出版社
地　　址	北京市东城区东四八条52号　（100700）
网　　址	www.caaph.com
电子邮箱	s@caaph.com
电　　话	（010）84057666　84057667（总编室）
	84057696—84057699（发行部）
传　　真	（010）84057660（总编室）　84057670（办公室）
	84057690（发行部）
经　　销	新华书店
印　　刷	国英印务有限公司
版　　次	2020年12月第1版
印　　次	2020年12月第1次印刷
开　　本	710毫米×1000毫米　1/16
印　　张	30
字　　数	380千字
书　　号	ISBN 978-7-5039-6667-5
定　　价	78.00元

版权所有，侵权必究。如有印装错误，随时调换。

目 录

前 言

附录一　《中国音乐年鉴》1994卷原序言：冀中、京、津地区民间"音乐会"普查实录 / 11

附录二　《中国音乐年鉴》1994年：《冀中、京、津地区民间"音乐会"普查实录》目录 / 16

《中国音乐年鉴》1995年：《冀中、京、津地区民间"音乐会"普查实录》（续）目录 / 17

《中国音乐年鉴》1996年：《冀中、京、津地区民间"音乐会"普查实录》（续二）目录 / 17

上 编　冀中音乐会普查报告

保定市

雄 县　河北省保定市雄县张岗乡韩庄 / 21
　　　　河北省保定市雄县葛各庄乡葛各庄 / 31
　　　　河北省保定市雄县小步村乡西安各庄 / 49

	河北省保定市雄县北沙口乡北沙口村 / 57
	河北省保定市雄县张岗乡里合庄 / 61
	河北省保定市雄县南十里铺镇南街 / 66
	河北省保定市雄县孤庄头乡孤庄头村 / 69
	河北省保定市雄县米北乡米黄庄 / 72
	河北省保定市雄县西昝乡北大阳村 / 76
	河北省保定市雄县张岗乡南庄子 / 83
	河北省保定市雄县双堂乡杜庄 / 84
安新县	河北省保定市安新县赵北口镇南街 / 85
	河北省保定市安新县关城乡关城村 / 94
	河北省保定市安新县刘李乡大马庄 / 98
	河北省保定市安新县王家寨乡郭里口村 / 102
高阳县	河北省保定市高阳县北龙化乡北龙化村 / 105
	河北省保定市高阳县南龙化乡南龙化村 / 109
	河北省保定市高阳县赵堡乡延福屯 / 112
徐水区	河北省保定市徐水区大寺各庄乡北梨园村 / 115
	河北省保定市徐水区大寺各庄乡东于家庄 / 119
	河北省保定市徐水区沙口乡北贺寿营 / 122
	河北省保定市徐水区大寺各庄乡高庄 / 125
	河北省保定市徐水区大寺各庄乡迁民庄 / 128
	河北省保定市徐水区城关乡青庙营 / 133
	河北省保定市徐水区南张丰乡东张丰村 / 135
	河北省保定市徐水区大王店乡北龙山村 / 137
	河北省保定市徐水区正村乡韩家营 / 138
	河北省保定市徐水区遂城填谢芳营 / 140

目 录

易 县	
	河北省保定市易县马头乡马头村 / 142
	河北省保定市易县桥头乡北桥头庄 / 145
	河北省保定市易县桥头乡麻屋庄 / 152
	河北省保定市易县桥头乡陈旺村 / 158
	河北省保定市易县易州镇后部村 / 161
	河北省保定市易县裴山镇东白涧村 / 164
	河北省保定市易县易州镇西范村 / 168
	河北省保定市易县高村乡神石村 / 171
	河北省保定市易县黄蒿乡下黄蒿村 / 180
	河北省保定市易县流井乡西豹泉村 / 182
	河北省保定市易县流井乡流井村 / 187
	河北省保定市易县流井乡李家坟 / 191
	采访易县文化馆公李 / 197

涞水县	
	河北省保定市涞水县义安镇南高洛 / 201
	河北省保定市涞水县义安镇南高洛南乐会 / 212
	河北省保定市涞水县义安镇北高洛 / 217
	河北省保定市涞水县东明义乡东明义 / 224
	河北省保定市涞水县胡家庄乡北汝河 / 227
	河北省保定市涞水县王村乡赵各庄 / 230

廊坊市

霸州市	
	河北省廊坊市霸州市信安镇高桥村 / 233
	河北省廊坊市霸州市信安镇张庄 / 237
	河北省廊坊市霸州市胜芳镇向阳街南村 / 244

文安县	
	河北省廊坊市文安县高头乡蔡头村 / 247

	河北省廊坊市文安县史各庄镇南疃村 / 250
	河北省廊坊市文安县左各庄镇福新村 / 252
	河北省廊坊市文安县滩里乡西滩村 / 257
永清县	河北省廊坊市永清县里澜镇北五道口村 / 259
大成县	河北省廊坊市大成县旺村镇西子牙河南村 / 262

沧州市

河北省沧州市任丘市辛安庄乡辛安庄村 / 264
河北省沧州市任丘市辛安庄乡东姜村 / 268
河北省沧州市任丘市出岸镇东良淀村 / 271

北京市

北京市通州区马驹桥镇史（家）村 / 273
北京市大兴区长子营乡李家务 / 275
北京市大兴区长子营乡北辛庄 / 278
北京市大兴区朱家乡东北台村 / 280

天津市

天津市静海县子牙镇小黄庄 / 283
天津市静海县东滩头乡南元蒙口村 / 286

下 编 冀中学案深描

平原日暮
　　——屈家营的故事 / 301
大北方笙管乐文化圈 / 334
一份民间抄谱：翻手为史，覆手为诗 / 351
田野上的一万个瞬间
　　——《箫鼓春社》序言 / 360
中国学人的身份定位与"局内、局外"观 / 373

附 录 冀中音乐会记谱

河北省保定市雄县张岗乡韩庄
　　大曲《普庵咒》 / 387
河北省保定市雄县北沙口乡北沙口村
　　《琵琶论》 / 398
　　《醉太平》 / 401
　　《小走马》 / 403
河北省保定市雄县孤庄头乡孤庄头村
　　《昼锦堂》靠凡调 / 405
　　《醉太平》（一） / 406
　　《醉太平》（二） / 407
　　《蛾郎子》 / 408
　　《尾声》 / 408
　　《梧桐叶》 / 409
　　《尧民歌》 / 409
河北省保定市雄县小布村乡西安各庄
　　《醉太平》 / 410

河北省保定市雄县张岗县里合庄
　　《后拍》 / 411
河北省保定市雄县南十里铺南乐会
　　《四上佛》 / 412
河北省廊坊市文安县左各庄福新村
　　《小太平》 / 414
　　《沽美酒》 / 415
　　《沽美酒》 / 416
　　《梅花引》 / 417
河北省廊坊市文安县滩里乡西滩村
　　《下山虎》 / 418
　　《宫门九》 / 424
河北省廊坊市文安县史各庄南疃南乐会
　　《关公辞曹》 / 427
河北省廊坊市文安县高头乡蔡头村
　　《关公辞曹》大曲 / 431
河北省廊坊市霸州市信安镇高桥
　　《鬼车套》 / 439
河北省廊坊市文安县信安镇张庄
　　《金燃神灯》（小引子） / 442
　　《三国赞》（小引子） / 444
　　《翠竹帘》（小引子） / 445
河北省廊坊市安次区旧州镇南汉村南乐会
　　《小华颜》 / 447
　　《小华颜》 / 449
河北省沧州市任丘市辛安庄乡辛安庄
　　《喜英登》 / 451
　　《小走马》 / 453
　　《二虎争》 / 454

《小梁舟》 / 455

《泣颜回》 / 456

河北省沧州市任丘市出岸镇东良淀

《过桥赞》 / 458

《观灯赞》 / 459

《普庵咒》 / 460

《赶子》 / 461

《叠落金钱》 / 462

北京市大兴区长子营乡李家务

《唐头令》 / 464

北京市大兴区长子营乡北辛庄

《望江南》 / 468

《醉太平》 / 469

前言

前　言

冀中学案回望

1993年至1995年，中国艺术研究院音乐研究所对京津冀民间音乐会进行了一次迄那时为止最大规模的普查，《中国音乐年鉴》1994年、1995年、1996年三卷，连续刊载了我执笔整理的50家音乐会普查实录：《冀中、京、津地区民间"音乐会"普查实录》、《冀中、京、津地区民间"音乐会"普查实录》（续）、《冀中、京、津地区民间"音乐会"普查实录》（续二）。

《普查实录》（以下简称）遵循中国艺术研究院音乐研究所田野考察的一贯做法，记录地名、会名（正式、俗称、新名）、乐器编制、乐社概况、乐师姓名、乐谱目录、参与民俗、仪式程序等。虽然我们来不及在一个地方逗留很长时间，但京畿乐社的基本状况，均以文字形式记录在案。中国音乐学的地图上，开始标注一个新乐种的位置了。这份资料在《中国音乐年鉴》上，以惹眼的位置，获得了学术界关注，也以民族音乐学的考察样本，见证了一个时代的学者们走入田野的印记。

分别发表于三卷本《中国音乐年鉴》的《普查实录》，用起来很不方便，读者必须找到三本书，才能看到完整文本，所以一直有勒为一书的想法。《中国音乐年鉴》篇幅有限，用小五号字排版，像本账簿，密密麻麻，看一会儿就会头疼。今天有机会汇总一集，一为读者提供方便，二把历史资料完整呈现，了却了多年心愿。

这次重印，文字基本保持原貌，适当补充了一些当年因篇幅所限而删掉的资料。《普查实录》已经进入历史，既没必要大规模修订，也没必要完善。需要说明的是，这次在排序上，做了很大调整。当年发表时，普查还在进行，整理一部分，付印一部分。这次重印，可以按市、县、乡、村四级行政区划，集中编排。调整当然是为了便于查找。排列顺序以市为第一级，以县、区为第二级，以乡、镇为第三级，以村为第四级。

按照国家最新颁布的法规，这次重印对地名做了相应修正。20世纪90年代的"保定地区""廊坊地区""沧州地区"，已经改为"保定市""廊坊市""沧州市"，北京市"大兴县""通县"改为"大兴区""通州区"，天津市"静海县"改为"静海区"，保定市徐水县改为"徐水区"，廊坊市"霸县"改为"霸州市"等。地名换了一茬。我们不得不按照新规定，修改老地名。但为了保持原貌，也把原目录作为附录，以便参照。地名变迁也是历史变迁的一部分，两相对照，也是一种观照。

还有个问题，采访中的乡民口述，时间概念大都以历史事件为准，如"解放前""解放后""土改""四清""自然灾害""文革"等，不会以"1949年""1960年""1966年"这类概念说话。无论是"山药蛋"的文学传统还是口述史规矩，都以保持民间表述为宜，但为了适应出版规定，只好作出相应修改。

过去20年间，《普查实录》起到了提供线索、指引地点、让后人跟进的作用。后继调查者大都依靠它找到了采访点。《中国音乐年鉴》至今是音乐学家寻找采访点的"联络图"。这一点似乎没必要自己说，看到它所起到的作用，我们也就卸下担子，心满意足了。2016年，河北大学音乐学院齐易教授带领一批人开始了新一轮普查，主要采访点基本依据《普查实录》。《普查实录》是舟楫，白洋淀已经淌过，舟楫是否完美，已经无关紧要。我们的记录就是为了让另一群人上阵时，找得到落脚点。

《普查实录》是改革开放后田野考察的莺声初鸣，标志着一个时代的开始。我们不想强调冀中音乐会普查小组所代表的理想主义（很难把这么高尚的使命加于自己），但中国音乐研究所的确承担了一份使命。事情反过来可能看得更清楚一点，如果没有《普查实录》，音乐学界田野考察的重启可能会稍慢一点。事隔许多年，笔记依然耐看，非但没有因为新一轮普查显得过时，反而有了20世纪90年代的记录可以把20世纪50年代定县子位村和智化寺考察与21世纪非遗普查衔接起来的意义。

时间过去了二十多年，似乎也有必要总结一下"冀中学案"的学术史了。我们之所以把这里的区域研究称为"冀中学案"，是想借历史的已有称呼形容其影响力。明末清初，黄宗羲编撰《宋元学案》《明儒学案》（亦并称"四朝学案"），后来又有《曾文正公学案》等。借"学案"之名，是想强调其学术性。它的确是一场参与人数最众、学者级别最高、国际参与度最深、涉及范围最广、收集资料最多、研究成果最丰因而最具规模的学术活动，可以当之无愧地称为"学案"。超出想象的是，它不但在学术界有了一定影响，甚至到了音乐学圈之外的人也有所耳闻的程度。所刊之文未彰于读者之目，而乐社之名已宣于大众之耳。冀中"音乐会"大名已经成为非遗舞台上的一颗明星。

20世纪初至中叶，学界出现过"徽学""客家学"等区域研究课题，且逐渐有了地方学专业化的趋势，如中国音乐学院建立的"音乐北京学"，上海音乐学院设立的"音乐上海学"。前者侧重金元以来王朝帝都的宫廷文化与地方特色，后者注重上海近代文化的影响，而"音乐哈尔滨学"则注重近代白俄对城市文化的影响。一个个冒出来的区域研究，都可与1986年的"冀中学案"产生共鸣。

梳理学脉有助于拨开纷乱，站在历史新起点上展望未来。传统音乐的线索若隐若现，均待梳理。我们也一直渴望做一次梳理，但断断续续，终未如愿。对于有些领域，我们花过多时间琢磨，文字上也抠抠搜搜，数万字的综述竟拖了好多年头，至今没完成。现在只好先把基本学脉略做整理。

名正言顺，先对乐社名称略做说明。冀中"音乐会"不是现今城市舞台上的"音乐会",词中之"会",指的是传统"会社"的"会"。许多人奇怪,乡下人嘴上的词儿,怎么这么时髦?确实如此!这是个"老词"。对于已经被现代城市音乐厅占用的时髦概念,我们开始也很纠结,不知道该不该用,主要是怕一般人混淆。离开京畿便无人知道因而失去意义的"老词",无意间与城市最"西化"的新词"撞衫",让人纠结。开始,我们不得不在著述中使用"笙管乐社""鼓吹乐社"等现代术语,以做同级并列,免得误会。这种说法引来质疑,"本来民间有'音乐会'为何不用?"我们的苦衷源于一次会议。20世纪90年代初,一般人还不知道"音乐会"是个地地道道的"老词",听众提问:"你说的音乐会是哪场音乐会呀?"尴尬让我们不得不换一个连组合带解释的概念——"冀中音乐会",以解释"地方性知识"。如同内地人在香港对当地人讲"文革"时必须解释一点背景一样,许多特定名词不是两地人的共享知识,要有点铺垫,不然会让听者一头雾水。你兴高采烈,谈兴正浓,突然听众问,什么叫"革委会呀?",立马叫你谈兴顿无。一次在国外开会,一位中国学者对一群外国人侃侃而谈《二泉映月》。一位外国人十分认真、十分礼貌地站起来问:"请问二胡有几根弦?"那一刻你一定怀疑到底是讲者"脑残"还是听众"弱智"。其实两边都是高智商。不过没有共享知识罢了。同理,介绍非共享的"地方性知识",也必须先介绍被"现代"占用的"老词",别自以为是,认为有着完全不同理路的词儿,别人也明白。好歹过了这么多年,"冀中音乐会"差不多已经变为学术圈无人不知的概念了。我们的唠叨,竟然在十几年内硬是让一个地方概念变成"共享知识",这就是大家津津乐道的"冀中学案"的影响力。

细想一下,民间品种很少有这么正儿八经的称呼。老百姓的口头表达常常是鼓乐、锣鼓、吹打、十番、铜器、响器、水会、吵子会、打家伙、打溜子、跳丧鼓等,有些名称相当随便,甚至有点"贱",如"喇叭""呜哇""敲皮""槌锣"。这与老百姓给自家孩子起个硬朗名字以图活蹦乱跳一样,只要明白,叫什么不讲究。20世纪中期,政府尊重民间艺术,组织汇演,带队的人开始觉得口头的"土词"上不了台面了,止不住改造一番，于是有了"冀中管乐""西安鼓乐""江南丝竹""辽宁鼓吹"等"高大上"的雅号。实在说来，像"音乐会"这类相当书面、相当古老、相当经典的词，还真是难得一见，简直全国无双。这可不只是乐社里的乐师在小圈子里自己叫的雅号，而且村村寨寨妇孺皆知的大号。这使我们思考，为什么老百姓嘴上会蹦出一个这么正儿八经的词？

探寻一个名称这么正儿八经的原因是掌握了人类学知识的音乐学界重新解读民间术语的突破点之一。阐释乐社扮演的角色以及在经济互助和文化互惠方面的行为，让我们懂得了名称意义，懂得了高尚名称包含的高尚行为。不受雇佣、无偿为乡民提供丧葬服务，并承办例年春节庆典、朝拜进香、祈福迎祥，使这个民间组织赢得了正统品性和高尚规格的名号。此地之"音乐"，的确延伸着古代的正统观念。按照古代乐论的定位，物理层面的"声"，审美意义的"音"，社会功能的"乐"，是一级高过一级的命名系统。具备社会功能的"乐"是三层级序的顶端。这个系统未曾中断，只是到了后来，单字表意变成组合概念——音乐。所以，"音乐"不是随便叫的。"名自正而事自定也。"名称是发挥社会功能的定位。不然，决不敢这么正儿八经地自称。以牟利为目的的吹打班，不敢也不能这样叫（老百姓不认同），因为它没有这种功能和使命。

界定"音乐"让学术界认识到，当地人的默会知识具有深厚的历史渊源。乐社在民间信仰、经济互助、文化互惠方面发挥了巨大功能。秉持高尚，德望素隆。因此，当之无愧拥有一个高尚名称。好在我们已经做过这样的阐释。

"音乐会"一词的文献出处是民国二十三年（1934）的《静海县志》。但官方文字晚于民间。这个道理大家都明白，但以前还真难证明。现在可以了！普查中冒出来大量记录。"音乐会"一名不仅有口碑资料，还有书面记录。采不采用，就是学术转不转向的问题了。以往研究往往根据官方文字，判断启始与来路。但民间记录突破了标准。村、庄、营、堡都有谱本，明明白白，记录在案。转向底层的人类学，注重文化持有人的口述，意外获得的文字记录，更是锦上添花。既有口传心授，还有文字记录，景观富赡。

新资料建立在田野上。数百家乐社、数千名乐师、数以万计的百姓，对家门口的组织，众口一词，言之凿凿，有什么能与这个量级的资料媲美？那可不是一两张嘴，也不是十张八张嘴，而是数以千万张嘴！最重要的是，名称都有字为凭。千村万户，口耳相传，有什么比有血有肉、有心有计的民众脱口而出且记录在案的材料更可靠？一个名词传播到妇孺皆知的程度，时间不会短，肯定比县志早得多。音乐民族志的新标准就是相信口述史，更何况还有文字匹配。可以确信，音乐会于明末清初已经大量存在，正如雄县葛各庄音乐会谱本序言所说："古遗音乐会，由明至大清。"

底层文献保存在两个地方，一是寺院，二是乐社。为证明以上论述，现把始自康熙年间延伸至20世纪中后期的相关文献以表格方式略加呈现。前者以中国音乐研究所收藏北京智化寺康熙三十三年（1694）永乾抄《音乐腔谱》为代表，后者以雄县张岗乡里合庄、韩庄和小步村西安各庄的三个抄本为代表。谱本是条伏线，略加编排，就是网络。

我们选择封面有"音乐"字样的谱本，提供证明。

北京寺院与冀中乐社14本乐谱著录"音乐"统计表

寺院	名称	年代
智化寺	音乐腔谱	康熙三十三年（1694）
天仙宫	音乐全部	光绪二十六年（1900）
水月庵	音乐佛事	光绪癸卯年（1903）
白莲寺	音乐本	民国四年（1915）
保定市雄县张岗乡里合庄	音乐会	乾隆五十二年（1787），妙音王菩萨光辉禅师传。同治十三年（1874）正月吉日，王普来、胡振声重造，民国四年（1915）正月吉日，王旭、王清苓再造，刘景辉书并校
保定市雄县张岗乡韩庄	音乐会	民国九年（1920）正月吉日，新城下韩家庄齐芸田、邢树梅、孙维汉、解福荣全辑

（续表）

寺院	名称	年代
保定市雄县小步村西安各庄	音乐会	民国三十六年（1947）立。由乾隆五十二年、禅师王光辉，字妙音传。民国三十六年（1947），请里合庄王永庄、王清苓传
廊坊市固安县礼让店乡屈家营	音乐会	民国三十七年（1948）七月十五日抄
保定市雄县葛各庄乡葛各庄	音乐会	民国三十二年（1943）十一月初五日
保定市徐水县沙口乡北贺寿营	音乐会	民国岁次乙亥年（1935）仲春抄写曲辞套丝壹册
廊坊市文安县左各庄镇福新村	南音乐会	民国二十二年（1933）立
廊坊市霸州市胜芳镇向阳街南村	南音乐会全调各曲总簿	民国十三年（1924）甲子旧历十一月七日重新建立纪念
任丘市辛安庄乡沧州市	音乐本	民国四年（1915）正月立
沧州市任丘市梁召镇东姜村	音乐圣会	光绪二十六年（1900）正月十四日造

"史以时系事，志以类系事。""志""表"是志书套路。官方失载、民间保存的"志经史纬"，见证了京城与京畿网络。

北京东单成寿寺、昭宁寺，朝阳门外水月庵、广济庵、关帝庙，北新桥北顶娘娘庙，崇文门外天龙寺，西单普恩寺、东直门外普贤寺与智化寺，都有传承关系。上表文字，不但年头早，且分布密。

谁说老百姓没有历史？白纸黑字，摆在那里，就看我们有没有能力剥离检剔。这就是京畿乡村三村一社、五村一会的鼓吹军团的耀眼史记。不仅京城寺院，而且冀中乡村，遍地都是。抄谱续谱，世业相承，不殒其规。历史好像总以沉默姿态吞噬一切，其实，吉光片羽，沉淀乡村，只不过需要俯下身来钩沉。

必须声明，《普查报告》由我执笔，但材料主要来自我与薛艺兵的记录。采访中，我们各自分工，一人提问，一人记录。对乐师登记造册，对乐器测音丈量，曲目抄录与谱本复印由我们共同完成。钟思第与乔建中侧重录音、摄像。《普查报告》是大家坚苦劳动的共同成果。没有这样的密切合作，谁也无法搜集如此丰富的资料，更无法完成这份影响越来越广的《普查报告》。

附录一

《中国音乐年鉴》1994卷原序言：
冀中、京、津地区民间"音乐会"普查实录

中国艺术研究院音乐研究所在英中文化协会的资助下，于1993年7月至1994年5月，对中国河北中部地区以及北京和天津部分郊县农村现存的传统民间乐社——"音乐会"进行了分期普查。

参加普查小组的人员有：中国艺术研究院音乐研究所所长乔建中研究员；中国艺术研究院音乐研究所副所长薛艺兵副研究员；英国伦敦大学亚非学院音乐系研究员钟思第（Stephen Jones）；中国艺术研究院研究生部博士研究生张振涛；中国艺术研究院音乐研究所摄影师刘晓辉、司机邓立东、李伟。

这次普查，行程逾万里，调查音乐会近50家，采访音乐会艺人数十人。所到地点包括以下69处。

保定地区：

雄　县　南十里铺镇南街、张岗乡韩庄、葛各庄乡葛各庄村、小步村乡西安各庄、孤庄头乡孤庄头村、板头乡板家窝村、米北乡米黄庄、昝岗乡赵岗村、北沙口乡北沙口村

安新县　赵北口镇南街、王家寨乡郭里口村、刘李乡大马庄、关城乡关城村

高阳县　南龙化乡南龙化村、北龙化乡北龙化村、赵堡乡延福屯

涞水县　义安镇南高洛村、北高洛村、北白堡村、东明义村、王村乡赵各庄、孔村，石亭乡大赤土村、渐村，娄村乡车厂村、冀家沟村新城市、尚堡村

徐水县　大寺各庄乡高家庄、迁民庄、商家庄

易　县　后部镇后部村，流井乡流井村，马头乡马头村，黄嵩乡上黄嵩村、下黄嵩村

定兴县　易上乡易上营

廊坊地区：

永清县　大辛阁乡中岔口村、里澜城镇北五道口村

霸州市　信安镇忠勇街、张庄，中口乡高桥村，胜芳镇向阳街

文安县　高头乡蔡头村、史各庄镇南疃村、左各庄乡福新村、滩里乡西滩村

安次区　旧州镇南汉村、南常道村

固安县　马庄镇东桃园村、礼让乡屈家营村

大成县　阜草乡南席村、郑家村乡韩村、旺村乡西子牙河南村

沧州地区：

任丘市　辛安庄乡辛安庄村、辛安庄乡东姜村、出岸镇东良淀村、北汉乡北汉村

河间市　西村乡浦禾屯、西告乡穆庄村

北京市：

大兴县　长子营乡小黑垡、北辛庄、李家务，朱家乡东北台村

通　县　马驹桥镇史村

天津市：

静海县　子牙镇小黄庄、潘庄子，东滩头乡南元蒙口村

普查过程中获得的采样资料包括：

录音20小时；录像14小时；图片500张；复印乐谱13本；复印

宝卷1套；复印仪科本及其他文字资料若干。其中复印乐谱本目录如下：

（1）雄县西安各庄《乐曲簿》；（2）葛各庄《音乐簿》两本；（3）北沙口《音乐曲调》两本；（4）里合庄《音乐总纲》；（5）易县马头村存后山道士《音乐本》；（6）涞水县南高洛村音乐会《南灯会乐谱》；（7）南高洛南音乐会谱本；（8）霸州市中口乡高桥村谱本；（9）信安镇张庄"官本"；（10）天津静海县东滩头乡元蒙口村谱本、（11）安新县赵北口镇南街谱本。

除采样资料外，普查小组还对所查各会成员、乐器、曲目等现状造册登记，对相关历史、民俗等情况进行采访，并整理出约20万字采访笔记。

中国艺术研究院音乐研究所对冀中、京、津民间音乐会的采访，发轫于1986年3月对固安县屈家营音乐会的调查与研究。在此之后，对该地区音乐会分布情况的摸底工作和抽样调查一直没有间断，并已发表了一系列调查报告和学术论文（见本文附录）。此次普查，是在前期工作的基础上进行的。

据了解，冀中、京、津民间现存音乐会的数量，大约不少于100家。尽管经过我们前期调查和此次普查已掌握了绝大部分音乐会的材料，但为了彻底摸清目前全国范围内少见的、储量如此之大、分布如此集中的传统乐种，我们的调查还会继续下去。

目前，音乐会中的许多老艺人年事已高（其中艺术水平最高的一批人，大多在60岁以上），他们身上所保存的传统艺术正在受到现代文化的巨大冲击，存在着断层的危险（实际上断层现象已经明显地显露，如多数音乐会的大套乐曲已不能演奏，乐器失修，乐谱残破，道具不全，等等）。因此，尽可能完整地记载这份宝贵的文化遗产并设法促进其继续存活于民间，是我们音乐理论工作者义不容辞的和极为紧迫的社会责任。

通过这次普查，我们对冀中"音乐会"的文化价值有了进一步的认识。音乐会所保留的音乐传统和民俗传统，至少在以下几个方面引起我们的关注：

（一）乐器："音乐会"传统中使用的主要应律乐器，是十七簧笙（有木斗、铜斗两种），虽然现有的大多数笙已非全簧，但许多老乐师们依然以原有谱字说明每根笙苗的音位。这使"音乐会"成为全国罕见的、仍至今保留着宋传十七管满字全簧笙的乐种。各种形制、制料的管子，特别是九孔管子的普遍存在和仍见使用，与唐、宋典籍中记载的形制相一致。许多"音乐会"的打击乐器也都是流传百年以上的器物。

（二）乐谱：我们在普查中所见到的工尺谱本有60余种，是目前各乐种中保留最多的。使用的谱字大部分属明、清两代的工尺谱，有些则保留着宋代俗字谱的记写方式。

（三）曲目："音乐会"演奏的曲牌，大部分与唐、宋词曲以及元、明、清以来的戏曲曲牌、民间小令的曲名一致。

（四）理论："音乐会"的实践活动，无疑提供了一份中国古代音乐艺术的技术规范和宫调系统的全面资料，民间艺人们所使用的音乐技术理论术语，将有助于揭开中国乐律学史上的许多疑难问题。

（五）民俗：由这些"音乐会"担任重要角色的民俗活动，大量地保留着中国古代传统的礼仪规范，特别是佛教、道教的仪式场面和程序。在民俗活动中所使用的道具也大都是百年以来传承的器物。音乐会的建制、信仰等现象，无疑是研究民间乐社传统习俗的重要资料。

（六）文化：地处中国文化中心地带和广袤无垠的平原环境，作为一种古老传统乐种能如此广泛地得以完好保存，这不能不引发我们从文化地理学和音乐社会学的角度对这一传统音乐文化现象进行深入思考。

有关"音乐会"的研究成果，除已经发表的（目录见附录）外，我们还将陆续发表，这里谨将此次普查的部分材料公布出来，供参考。

对所公布的这些材料，需要做几点说明：

（一）因为我们此项调查的目的是民间众多会社中的"音乐会"，又因篇幅所限，所以我们主要选择发表数家"音乐会"的调查资料，酌情采用个别普查中遇到的"南乐会"（"吹歌会"）、"吹打班"的调查。

（二）调查资料只录采访记录中的主要内容，行文尽量不加修饰，以保持被采访者叙述的口语性。因收入报告的是被采访者叙述内容的摘要，所以不加引号。一般不做评论。

（三）"谱本目录"一栏，照抄原谱。但为了将来研究者的方便，作者加了序号。谱本中有大量别字、错字、俗字，本文一律不加校改，以保持资料的原始性。这些别字、错字、俗字，部分由于民间乐师的文字能力所限而致，部分则因方言的发音所致。必须说明的是，谱本一般采用繁体字，或繁简体混合。这一点可以作为判断该谱本抄写年代的依据。但因排版所限及为适应现代读者的阅读，也一律写为简体。有些音乐会的谱本已经不存，我们把会员们所说的曲目记写下来，用"常用曲目"字样以示区别，采访中录音的曲目用符号"＊"表示。

（四）文本中"会员登记"的"姓名"一栏，多依照艺人口述而录，其中有些人名的记录只能依据字音而无法精确。仅有个别音乐会是由该会有文字能力的会员所写，此类姓名也只能是较为准确而已。"年龄"一栏以调查日期为准。"擅长"一栏中，"管"，一般是指小管，南音乐会的大管，则加以说明；"锣"，以音乐会传统称呼为据，表示"云锣"。"武场"表示打击乐器。

（五）考虑到同一地区、同一县市各音乐会之间具有的传承、交流关系，所以在材料顺序上按地区、县集中排序。

最后，我们向此次普查中给予支持并提供方便的河北省文化厅，各地区、市、县文化局、文化馆，各乡镇文化站以及各村庄的领导和同行们深表谢意！特别向各音乐会的老乐师们、会长们、会员们致以衷心的感谢！本报告特请中国艺术研究院音乐研究所郭乃安研究员通阅并提出修改意见，在此一并致谢！

附录二

《中国音乐年鉴》1994年：
《冀中、京、津地区民间"音乐会"普查实录》目录
（附原书页码）

一、河北省保定地区雄县张岗乡韩庄村（281）

二、河北省保定地区雄县葛各庄乡葛各庄村（284）

三、河北省保定地区雄县小步村乡西安各庄（288）

四、河北省保定地区雄县北沙口乡北沙口村（290）

五、保定地区雄县张岗乡里合庄（293）

六、河北省保定地区雄县南十里铺镇南街（295）

七、河北省保定地区雄县孤庄头乡孤庄头村（296）

八、河北省保定地区安新县赵北口镇南街（299）

九、河北省保定地区安新县关城乡关城村（306）

十、河北省保定地区安新县刘李乡大马庄村（308）

十一、河北省保定地区高阳县北龙化乡北龙化村（311）

十二、河北省保定地区高阳县赵堡乡延福屯（313）

十三、河北省保定地区涞水县义安镇南高洛村（315）

十四、河北省保定地区涞水县义安镇北高洛村（320）

十五、沧州地区任丘市辛安庄乡辛安庄村（324）

十六、河北省沧州地区任丘市辛安庄乡东姜村（326）

十七、河北省廊坊地区永清县里澜镇北五道口村（328）

十八、河北省廊坊地区文安县高头乡蔡头村（330）

十九、河北省保定地区文安县左各庄镇福新村（332）

二十、河北省廊坊地区文安县滩里乡西滩村（334）

二十一、河北省廊坊地区霸州市信安镇张庄村（335）

二十二、河北省廊坊地区霸州市胜芳镇向阳街村（338）

二十三、河北省保定地区霸州市中口乡高桥村（339）

《中国音乐年鉴》1995年：
《冀中、京、津地区民间"音乐会"普查实录》（续）目录

（附原书页码）

二十四、河北省保定地区徐水县大寺各庄乡北梨园村（183）

二十五、河北省保定地区徐水县大寺各庄乡东于家庄（186）

二十六、河北省保定地区徐水县大寺各庄乡迁民庄（188）

二十七、河北省保定地区徐水县沙口乡北贺寿营（190）

二十八、河北省保定地区易县马头乡马头村（192）

二十九、河北省保定地区易县桥头乡陈旺村（194）

三十、河北省保定地区易县桥头乡北桥头庄（196）

三十一、河北省保定地区易县裴山镇东白涧村（198）

三十二、河北省保定地区定兴县易上乡易上营村（201）

三十三、河北省保定地区定兴县东落堡乡田侯村（204）

三十四、河北省保定地区涞水县王村乡赵各庄（206）

三十五、天津市静海县东滩头乡南元蒙口村（音乐会谱本名：东滩

头乡南元蒙口村音乐会)(208)

三十六、天津市静海县子牙乡小黄庄（212）

三十七、河北省廊坊地区大成县旺村镇西子牙河南村音乐会（214）

三十八、河北省保定地区雄县西昝乡北大阳村（215）

三十九、河北省保定地区雄县张岗乡开口村（219）

四十、北京市通县马驹桥镇史（家）村（221）

《中国音乐年鉴》1996年：
《冀中、京、津地区民间"音乐会"普查实录》（续二）
目录
（附原书页码）

四十一、河北省保定地区易县桥头乡麻屋庄（243）

四十二、河北省保定地区易县高村乡神石村（248）

四十三、河北省保定地区涞水县胡家庄乡北汝河村（254）

四十四、河北省保定地区涞水县东明义乡东明村（256）

四十五、河北省保定地区定兴县定兴镇（原周村店乡）北侯村（258）

四十六、北京市大兴县长子营乡北辛庄（259）

四十七、北京市大兴县朱家乡东北台庄（261）

四十八、北京市大兴县长子营乡李家务村（263）

四十九、河北省保定地区安新县王家寨乡郭里口村（265）

五十、河北省保定地区雄县张岗乡南庄子（267）

上编 冀中音乐会普查报告

保定市

河北省保定市雄县张岗乡韩庄

【地点】河北省保定市雄县张岗乡韩庄

【邮编】071802

【会名】音乐会

【联系人】解永祥（原会头）、宗法杰（现会头）

【乐队编制】文场：笙8、管3（已故一人，原4支）、笛3、云锣2架。武场：钹5、铙4、大鼓1、手鼓1、镲铬2、铛子2。

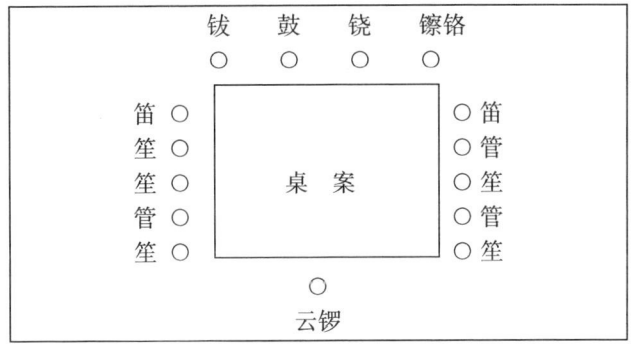

【现存乐器】九孔管子两支，各孔仍可使用。八孔管子一支。大鼓有二百多年历史。笛子有两代人历史。十七簧木斗笙做于1929年，上有"邵广会造"字样。

【服饰】便服

【器物】原有乐棚已破，现换成新的。桌案两张（约一米多长）。会旗四面，上书"雄县韩家庄音乐会"。锦旗两幅，一幅书："响遏行云　陈正学敬赠"。另一幅书："古谱新篇　张庄李俊海敬赠　公元一九八七年二月十日献"。

【活动项目】丧事。农历正月十三、十四、十五日"闹会"。二月十九日"吃会"。宗法杰说这一天是王母娘娘生日。

解永祥讲述了1949年前"求雨"过程：求雨仪式要闹九天，音乐会只参加三天，前三天不吹。把老爷（关公）泥塑像放置大轿托盘上，从庙里请出来，放在外面晒。老爷像上插有四根柳条，求雨的人头戴柳条编的帽子，但音乐会会员不戴。音乐会走在队伍最前面，抬像出巡，围村里转。音乐会多吹小曲，如《金字经》《五声佛》之类。一般是吹一曲，打一阵家伙。第九天不下雨，也不闹了。该村最后一次求雨是在"闹日本"之前。解永祥老伴许月兰（78岁，娘家邢各庄）说：她30多岁时还见过一次。

解永祥还讲述了过去到鄚州大庙进香的过程：音乐会要去之前，需先由香头到庙的山门前牌坊上贴上一张"报条"，上写"韩庄音乐会某月某日前来进香"。庙里香头就给安排好地点、路线、棚址。庙里安排事的香头，一般由较有势力、有权威的人担当。不然，各会碰在一起，互不相让，秩序就乱了。这样一安排就顺了。进香时，吹一趟，打一趟，中午和晚上，在一起吃会，费用由大家分摊。会里去人最多时有60多人。

【资助形式】会中放置器物的房子，挂有一张红纸写的捐资录。每年吃会费用大家分摊。

【村史】村中人说：本村原称"张韩庄"，但现在姓韩的一家也没有了，张姓家族延续下来。村中原有菩萨庙，会中有人在抗日战争中去琅琊山为八路军抬担架，回来时此庙就被拆掉了。

乡政府所在地有石碑一块，记写该乡地名变迁，现抄录如下：

> 明洪武初年，移民张姓自山西洪洞县迁此定居，按姓氏取名张哥庄。因村建于高岗处，乡民称张岗，亦称东张岗。建国后，一九五三年建张岗乡，为乡人民政府驻地。一九五八年撤乡入昝岗公社，一九六一年拆置张岗公社，一九八五年复置乡。
> 　　　　　　　　雄县地名委员会办公室撰文　　一九八八年一月

【经济】主要农业

【人口】7000 余人

【会史】据说建于乾隆二十六年（1761）。宗法杰说："文化大革命"时期音乐会中断，20 世纪 70 年代后恢复。村大队很支持，只要有人愿学，在家上课练习，不出工，大队也给记工分。这也是一种资助形式。他强调：音乐会是有钱也"雇"不去，如果来"请"音乐会才去。谈起乐谱，他说：有人拿了烟酒来要乐谱，我们不给，怕他们拿了去做挣钱的事。当我们向他要乐谱拍照时，他表现出警惕的神情。问我们的用途，我们说明用于研究、保存资料，他才显出信任的表情。

【其他艺术组织】原有丝弦老调梆子，1945 年散会。1992 年冬又组建了狮子会、高跷会。

【乐谱】存有两本乐谱。会中人说其中一本抄于乾隆六年（1741），抄录如下：

雄县张岗乡韩庄音乐会谱本（一）目录

乾隆伍拾贰年　妙音王菩萨光辉禅师传
同治十三年正月吉日新城下里合庄　　王旭　　王普来　　胡振声　　仝辑
民国九年正月吉日新城下里合庄　　刘景辉　　校
民国九年正月吉日新城下韩家庄　　刘芸田　　邢树梅　　孙维汉　　解福荣　　仝辑

音乐总纲目录			
《西闻经》	1.《前拍》	2.《西闻经》	3.《劝善诚》	4.《通法界》
	5.《金字经》	6.《五声佛》	7.《四季阿郎》（春秋四季）	
	8.《撼动山》	9.《后拍》		
《锦堂月》	10.《前拍》	11.《锦堂月》	12.《傍妆台》	13.《昼锦堂》
	14.《青天歌》	15.《老末歌》	16.《十二月》	17.《金字经》
	18.《五声佛》	19.《四季》	20.《撼动山》	21.《后拍》
《大走马》	22.《一支雁》	23.《大走马》	24.《船（川）拨棹》	
	25.《七弟兄》	26.《牧江南》	27.《金字经》	
	28.《五声佛》	29.《四季阿郎》	30.《撼动山》	31.《后拍》
《昼锦堂》	32.《秋江送别》	33.《昼锦堂》	34.《锦堂月》	35.《醉翁子》
	36.《金字经》	37.《五声佛》	38.《四季》	39.《撼动山》
	40.《后拍》			

（续表）

《普天乐》	41.《到提金灯》	42.《普天乐》	43.《谨庭乐》	44.《象牙床》
	45.《金字经》	46.《五声佛》	47.《四季》	48.《撼动山》
	49.《后拍》			
《挑袍》	50.《庆真元》	51.《挑袍》	52.《急腔》	53.《抱盒子》
	54.《金字经》	55.《五声佛》	56.《四季阿郎》	
	57.《撼动山》	58.《后拍》		
《普庵咒》	59.《到提金灯》	60.《普庵咒》	61.《五声佛》	62.《四季》
	63.《撼动山》	64.《后拍》		
《小华严》	65.《四上拍》	66.《小华严》	67.《五声佛》	68.《四季》
	69.《撼动山》	70.《后拍》		
《泣颜回》	71.《合四拍》	72.《泣颜回》	73.《甘州歌》	74.《扑灯蛾》
	75.《下山虎》	76.《琵琶论》	77.《列马》	78.《小列马》
	79.《五声佛》	80.《四季阿郎》	81.《撼动山》	82.《后拍》
《骂玉郎》	83.《雁过南楼》	84.《骂玉郎》	85.《感皇恩》	86.《采茶歌》
	87.《酤美酒》	88.《迎仙客》	89.《干草节》	90.《醉太平》
	91.《劣马》	92.《四季》	93.《撼动山》	94.《后拍》
《中排起末》	95.《前拍》	96.《中排起末》	97.《后拍》	
	98.《耍孩儿四季》	99.《柳含烟》	100.《翠竹帘》	101.《三归赞》
	102.《三进礼》	103.《灯赞》	104.《叠落金钱》	105.《陶军令》
	106.《将军令》	107.《落木歌》	108.《醉太平》	109.《劣马》
	110.《小六六》	111.《位列三台》	112.《珍珠马》	
《后坛目录》	113.《河西钹》	114.《粉蝶儿》	115.《河东钹》	116.《过街仙》
	117.《斗鹌鹑》	118.《黄龙摆尾》	119.《急三枪》	

雄县张岗乡韩庄音乐会谱本（二）目录

岁次　丁丑正月吉日
邢树梅　解福荣　解福恩　孙维汉　孙维钰　董玉琳　仝辑　刘芸田　录
乾隆伍拾贰年　妙音王圣宗佛光辉禅师传授
中华民国二十六年新正吉日新城韩家庄

《普坛咒》	1.《倒提金灯》	2.《普坛咒》	3.《五声佛》	4.《金字经》
	5.《五声佛》	6.《四季》	7.《撼动山》	8.《后拍》
《泣颜回》	9.《合四拍》	10.《泣颜回》	11.《甘州歌》	12.《扑灯蛾》
	13.《下山虎》	14.《琵琶论》	15.《大列马》	16.《小列马》
	17.《四季阿郎》	18.《撼动山》	19.《后拍》	

（续表）

《大走马》	20.《一支雁》	21.《大走马》	22.《船拨桌》	23.《七弟兄》
	24.《牧江南》	25.《金字经》	26.《五声佛》	27.《四季》
	28.《撼动山》	29.《后拍》		
《昼锦堂》	30.《秋江送别》	31.《昼锦堂》	32.《锦堂月》	33.《醉公子》
	34.《金字经》	35.《五声佛》	36.《四季》	37.《撼动山》
	38.《后拍》			
《挑袍》	39.《庆真元》	40.《挑袍》	41.《抱盒子》	42.《讨军令》
	43.《赶子》	44.《小沙落》		
《骂玉郎》	45.《雁过南楼》	46.《骂玉郎》	47.《感皇恩》	48.《采茶歌》
	49.《酷美酒》	50.《迎仙客》	51.《干草节》	52.《醉太平》
	53.《四季阿郎》	54.《撼动山》	55.《后拍》	
《锦堂月》	56.《前拍》	57.《锦堂月》	58.《傍庄台》	59.《昼锦堂》
	60.《青天歌》	61.《老末歌》	62.《十二月》	63.《金字经》
	64.《五声佛》	65.《靠凡四季》	66.《撼动山》	67.《后拍》
《西文经》	68.《前拍》	69.《西文经》	70.《劝善诚》	71.《同法戒》
	72.《金字经》	73.《五声佛》	74.《四季》	75.《撼动山》
	76.《后拍》			
《小花园》	77.《四上拍》	78.《小花园》	79.《四季》	80.《撼动山》
	81.《后拍》			
《普天乐》	82.《倒提金灯》	83.《普天乐》	84.《谨庭乐》	85.《象牙床》
	86.《金字经》	87.《五声佛》	88.《四季》	89.《撼动山》
	90.《后拍》（大哨）			
《起末》	91.《前拍》	92.《起末》	93.《后拍》	
	94.《耍孩四季》	95.《翠竹帘》	96.《三归赞》	97.《三进礼》
	98.《灯赞》	99.《叠落金钱》	100.《老末歌》	101.《柳寒烟》
《后坛目录》	102.《河西钹》	103.《粉碟儿》	104.《河东钹》	
	105.《过街鲜》	106.《斗鹌鹑》		

张岗乡韩庄音乐会会员登记表

姓 名	年龄（岁）	擅 长	姓 名	年龄（岁）	擅 长
宗法杰	55	跑会	田树槐	98	管
杜焕武	80	鼓笛	田宝恒	80	笛管
孙汝梅	75	笛	王金发	78	笙管
董发仲	32	笙铙	董文利	31	管笛
刘茂修	30	笙铙	王秋囤	26	鼓
谢秋波	38	笛铙	闫增利	40	铙钹
孙书田	44	笙钹	杨小波	35	笙钹

（续表）

姓　名	年龄（岁）	擅　长	姓　名	年龄（岁）	擅　长
刘　锐	80	笙铙	解永祥	77	笙
孙汝东	81	笛	陈先林	81	笙铙
徐景如	82	云锣	陈兰科	34	笛管
杜中学	32	笙铙	陈国先	27	管
许金墩	46	锣铙	谢大华	46	笙铙
杨运强	38	笙钹	谢秋营	40	笙钹
邢燕桥	42	铛子	邢铁柱	42	铙

【补充资料】

　　世代相传的典型，可用韩庄会头解永祥家系说明。该会谱本扉页记写的辑录人中有"解福荣"，是解永祥大伯父。解永祥曾任村长，有很高威望，年轻会员多半师从他。我们通过县文化局转达前往采访而提前到达之时，成员未及准备，仓促召集。待大部分会员到齐，我们请求演奏时，会员却迟迟不肯，非要等到远住县城的解永祥到达后才开始。这种令我们一度困惑，非他莫启、绝不通融的等待，表明会员对他的尊重。解家成员几乎都是乐社成员，因此会员戏称音乐会是"解半会"。戏称颇能说明解氏家族在会中的地位。

雄县张岗乡韩庄音乐会解永祥家传承关系表
（以解永祥为主。登记时间：1993年）

代　序	辈　分	姓　名	年龄（岁）	专　长
第一代	高祖	解祥茹		原音乐会会头
第二代	祖父	解东周		管子
第三代	父亲 大伯父 二伯父	解福友 解福荣 解福恩		笙 云锣 管子
第四代		解永祥	77	笙会头
第五代	三儿子 四儿子 五儿子	解秋禄 解秋波 解秋赖	46 40 38	笙 笛子 笙

　　备注：昝岗乡解永祥大儿子家采访解永祥，1995年1月17日上午。

【学艺】我 16 岁开始学。一般入会没有拜师傅的礼仪。开始时一个大曲一冬天也学不会，第二冬就学得快了。主要跟伯父解福荣（吹管）学念曲。师傅前面唱，大家后面跟着念。看着谱本，每人抄一本。一般先抄一个"前拍"。开始都是学正调。

一个多月后，开始奏乐器，老师根据个人爱好和天资分配乐器。

我祖父解东周，是吹管老师傅，十三套大曲都会。我学过《普庵咒》《泣颜回》《昼锦堂》《普天乐》。伯父唱过《起末》《西闻经》。《西闻经》是好曲子，但我没有学。

一开始学是《普庵咒》，这套大曲用处最多，"老忙"（葬礼）时第一套曲子就奏它。中国的老祖宗是孔子，他的学生是颜回，中国人重视这个，所以《泣颜回》也是常用曲。

我们问：你已经学过这么多套曲，是否可以根据谱本上的规律，自己韵谱？解永祥回答：不行！一定要师傅教。"阿口"是谁也不能随便加的。

村里有私塾，外村也有。我学了五年，《大学》《中庸》《上论》《下论》《孟子》《高子》。"四书、五经"后来都背过。

谱本主要是刘芸田（1941 年去世，时年 60 多岁）、解福荣、杜焕武（82 岁）抄。解福荣是我大伯，音乐会里我家人最多，村里叫音乐会为"解半会"。我们一辈人于 20 世纪 80 年代开始相继去世，许多老人走了。我们一批人共 19 个，现在还剩下 4 个。

王光辉是个僧人，很早，情况不详，听说不是本地人。雄县里合庄音乐会比较早，给本村传了一些曲子。里合庄音乐会与本会有交流，在当时是并存的。本会没有接受其他会的曲目。昝岗进香时，认识了北大阳音乐会，也跟北大阳会学过。米黄庄是跟本会学的。我们没有传授南庄子音乐会。葛各庄《锦堂月》我听过，与本会一样。

【音乐本体】《锦堂月》是个半音曲，有些音乐会吹不了，笙里没这个字，南乐更吹不了。《锦堂月》用管子后面的下孔，吹正调"五六凡工尺"，这个"工"，背下孔出。《中排起末》不好学，有些字不好找，是怯调，不好吹。《普天乐》是正调，但管子不用正调，"尺"字做"上"。下家伙不改调，吹正调，这个曲有特殊之处，非上起一调，出不来这个字。我们已经扔得很多了，《起末》《小花园》吹不了了。上次吹《泣颜回》，"后拍"可吹可不吹。

"前拍"与"后拍"是两种牌子，没有关系，但都是十六板。三板一扣，共十六拍。

《三进礼》"献茶"用，原不用配词。

工工六工工六工　尺尺工尺尺工尺

四四一四四一四　合合四合合四合

最后一句，差不多一样，是为了接打家伙用，打奏一样。

开始学锣鼓经时，先念，然后大家用手打击节奏，都会了后，再用家伙打。这难着哩，打铙与打钹的手势不一样。"三板一扣"，"扣"在"板"上，就是小锣打。打拍在"扣"上。或轻轻打下，或让开。这一"扣"，主要用"板"（小钹）。打鼓加点比较自由，总的原则是让开这一板。

【宫调】六调：正调、背调、越调、靠凡调、凡字调、大哨正调等。

《锦堂月》是靠凡曲，《金字经》有正调、靠凡调。吹大哨本有这个"合"，《普天乐》现在吹不了正调。哑一加背凡可主一个调。《昼锦堂》等吹"老隔小"调，大哨中加小哨，笛子筒音，由尺改工。小哨比大调，现比大哨高六个字，就平了。《小华严》《中排起末》吹小哨正调不好吹，所以没学。录《泣颜回》"后拍"。吹应为两番。"后拍"比"前拍"快。

正调是一种，靠凡是一种。背调是当正调的吹。王金发吹"越调"吹得好。

【民间信仰】我的上一代人去过鄚州庙，原音乐会在鄚州庙有三间房、一口井。我这代人就去过。

杜庄的会，跟佛堂老佛门学，与本会无关系。20世纪50年代政府反"教门"时，也不反对音乐会。混元教治病，供释迦，男女都有。反"反动会道门"时，混元教被打掉了。混元教经卷"文化大革命"烧了。

"文化大革命"之前,他们也不敢念了。活动时音乐会在茶棚供个神,有水茶行善,与混元教无关系。平时,哪个会都对老百姓有好处,但别的会就不如茶棚。解永祥说他原来也入过混元教。老佛门、茶棚会在抗日战争时期还有,解放后没了。"反动会道门"时,"普济"和"混元教"的人头戴帽子。那时不用公安人员来村里监督,各村干部负责。县里有句话,对下面就严厉打击。县里开大会,县委布置任务,下个纲领。

"风水先生"读书读得多,学问也大着呢!他们不在会,也不在混元教。

经文有《临凡》(不详)、《十王卷》。三部大法是:《普庵咒》《二佛咒》《十八祖》。还有《琉璃绽光佛》(吉祥赞)等。原来这些村里都有,念这些经与音乐活动不一样。音乐会老忙时不用这些经,这些只是平时念经用。原村里在老佛门的,有十来户人家。各个村都有老佛门,杜庄、张岗都有。茶棚会不念这些经。原有"十殿阎王"两套吊挂,还有"十大名医"。

划成分时,一是要算个人财产,二是要看人正不正。"地富反坏"的打击面比例15%–30%范围。这之下算"中农"。有顽固分子,平常人品不正,欺负人,划成"富农"。

【会社活动】春节活动时,正月十二日大家准备大棚等,十三早晨开始,奏一天,晚上围村圈,十四十五也一样。阴历二月十九日吃会,腊月三十日上坟,清明上坟,男的烧纸,阴历十月一日上坟。

霸县有女僧,广陵池、大成县有女僧,大户地主才可以"渡桥"。

南乐用大管,笙也不用全簧,多着十四匹簧,后面两根是死的,不点簧。

"文化大革命"中村里有宣传队,那时我的老三(儿子)开始学笙。主要演"评戏","老秧歌丝弦"。那时有人想抄音乐会的东西(乐器),村里说这是私家财产,所以红卫兵未动。"文化大革命"中办老忙时,没有音乐。

音乐会在20世纪三四十年代是最好的时候,人也齐。50年代前期也好,当权的人大部分是会里的人。1958年还行,那时用得着,比如开大会(人民公社开会)、"五一"节也用。1960年,每人平均一天八两粮食,没力气了,什么也弄不成了。1977年县文化馆来人提倡恢复音乐会,所以村里1978年开始学了一拨,我孩子就是那时学的。

每年大队给音乐会二三千元钱。如果有什么事,音乐会的头说一声,村里人自现在"在会的"有一百多户,每年给会里一些钱。不在会的人家有事,就捐给村里旗、烟,管顿饭。现在村里的人均收入,大约1000元。音乐会无财产。

(调查日期:第一次:1993年8月3日下午,调查人:乔建中、张振涛。第二次:8月29日,调查人:钟思第、张振涛。第三次:1995年1月17日上午,调查人:钟思第、张振涛。第四次:1995年1月19日下午,调查人:钟思第、张振涛。)

河北省保定市雄县葛各庄乡葛各庄

【地点】河北省保定市雄县葛各庄乡葛各庄

【邮编】071800

【会名】音乐会

【联系人】范立明(老会头)、白书贤(现会头)

【乐队编制】笙8、管3、云锣2、钹4、铙4、大鼓1、铛子1。

【现存乐器】有九孔管,筒音为"塌四"。

【人数】20余人

【服饰】便服

【器物】乐棚(帐子),会旗。

【活动项目】丧事。农历正月十四、十五、十六日"闹会",吃会三天。放灯花。灯用锯末和油料调和点燃,外用糊窗纸扎起来。正月十五晚上村中各会要相互拜会。

范立明、白书贤说:雄县北大营乡的庙大,我们曾去"闯会"。因原来跟着那里的师傅韩振海、姚福寿学音乐,所以他们瞧不起我们。我们发个帖,吹了大曲《锦堂月》等,吹了三天,管子也端平了,笙也端直了,成佛一样。没人瞧不起我们了。(采访时恰遇本村丧事,已录像。)

【经济】主要农业。副业有织布厂,水泥构件厂。本村多数人经营粮食收购批发业务,是雄县的粮食交易市场。

【人口】5000余人,1200户。

【其他艺术组织】村中有高跷会(蹬云会),戏班(河北梆子),武术会。

【乐谱】存有三本乐谱。范立明和白书贤先生说:这谱本是由北大阳村的音乐会传给本村的。记得三代人前就用这个本。复印的三本封面、序言一样。现将序言、目录按原格式抄录如下：

| 谕　圣　曰诗 | 民国三十二年十一月初五日 | 葛各庄　音乐会 |

古遗音乐会　由明至大清
敬神祭天地　流传百世通
万善同归　普结良缘
能行好事　神目如电
敬天地礼神明守王法重师尊
祖先孝双亲爱兄弟信朋友行
族和乡邻别夫妇教子孙时行方
便广积阴功但行好事莫问前程
古来经史诸书载历代朝帝事迹
之终始也开天地盘古始有天皇
地皇人皇氏天皇伏羲氏地皇神
农氏人皇有熊氏合尧舜为五帝
故共曰三皇制世五帝为君也然

考之书尧禅位于舜舜禅位于禹
俱是揖逊相承非若征诛而得天
下也故中天乐尽善尽美箫韶九
成凤凰来仪此所谓古之音乐原
于性分者也盖古者作乐之器必
有八音匏土革木石金丝竹匏为
笙土为埙革为鼓木为柷金为
钟石为磬丝为弦瑟金为
音之乐器也礼神明敬天地会首
设坛沐手焚香设坛用曲倒提金
灯普庵咒金字经五声佛三国赞
三献礼灯赞赞尾沙敬神壹套虽
不能如古人之作乐亦庶几麒麟
之有走兽凤凰之有飞鸟也故孔
子周游列国至暮年赞修山订孔
子而后孟子亦有言曰师旷之聪

不以六律不能正五音，师旷，晋之乐师也。六律者，截竹为筒，阴阳各六，以节五音之上下。阳者六律，黄钟、太簇、姑洗、蕤宾、夷则、无射为阳。大吕、夹钟、仲吕、林钟、南吕、应钟为阴六吕也。五音者，宫、商、角、徵、羽也。女娲氏作笙，丘仲作笛，周伊耆氏作鼓为之长也。在昔云锣为串音，管分天地人三才上中下分七音。尺上一五六凡工尺为五为中工为下五上一凡工尺为上靠五下一字为下靠五上字为上隔字调五下隔一字为上隔字隔二字为上月调五下隔二字为下调论笙管七调管八调笙管七调为群音，五音为正，一凡二音为变音，笙有八调，有一闷宫调。论音者谓宫商角徵羽配地支。古者南风之歌，琴本五弦，至周而增为七弦也。虽今乐不如古乐，便于此而肆焉，久之而亦可以荡涤其邪秽，消融其查孽，虽曰未学，亦未不由陶淑而归于善也。救苦急造，经修桥梁，戒放尊近，有德远凶人，仁慈满恶不存，人不见神早闻，加福寿，庇儿孙，灾消灭，不侵，吉星照，福禄临自身，有人勤，信邪教损自身，持法不俭，功名吾无他技，众善奉行。

为阅读方便，现将序文横排，按照内容分段，并加标点。

    诗曰：古遗音乐会，由明至大清。敬神祭天地，流传百世通。万善同归，普结良缘，能行好事，神目如电。

圣谕

敬天地，礼神明，守王法，重师尊。

奉祖先，孝双亲，爱兄弟，信朋友。

睦宗族，和乡邻，别夫妇，教子孙。

时行方便，广积阴功，但行好事，莫问前程。

古来经史诸书，载历代朝帝事迹之终始也。开天地盘古，始有天皇、地皇、人皇氏。天皇，伏羲氏；地皇，神农氏；人皇，有熊氏；合尧、舜为五帝。故共曰：三皇制世，五帝为君也。然考之书，尧禅位于舜，舜禅位于禹。俱是揖逊相承，非若征诛而得天下也。故《中天乐》，尽善尽美。《箫韵（韶）》九成，凤凰来仪。此所谓古之音乐，原于性分者也。

盖古者作乐之器，必有八音：匏、土、革、木、石、金、丝、竹。匏为笙，土为埙，革为鼓，木为琴瑟，金为钟，石为磬，丝为弦，竹为箫管。此八音之乐器也。

礼神明，敬天地，会首设坛沐手，焚香设坛。用曲：《倒提金灯》《普庵咒》《金字经》《五声佛》《三国赞》《三献礼》《灯赞》《赞尾沙（煞）》，敬神壹套。虽不能如古人之作乐，亦庶几麒麟之有走兽，凤凰之有飞鸟也。

故孔子周游列国，至暮年，赞（纂）修山（删）订。孔子而后，孟子亦有言曰："师旷之聪，不以六律，不能正五音。"师旷，晋之乐师也。六律者，截竹为筒，阴阳各六，以节五音之上下。阳者六律：黄钟、太簇、姑洗、蕤宾、夷则、无射为阳。大吕、夹钟、仲吕、林钟、南吕、应钟为阴，六吕也。五音者，宫、商、角、徵、羽也。

女娲氏作笙，丘仲作笛，周室伊耆氏作鼓，为之长也。在昔，云锣为串音。

管分天地人三才，上中下分七音：尺、上、一、五、六、凡、工。尺为上，五为中，工为下。五上一字为上靠；五下一字为下靠；五上隔一字为上隔字调；五下隔一字为下隔字调；五上隔二字为上月调，五下隔二字为下月调。

论笙管七调，管八调。笙管七调为群音，五音为正，"一""凡"二音为变音。笙有八调，有一"闷宫调"。

论音者，谓宫、商、角、徵、羽，配地支。古者《南风》之歌。琴本五弦，至周而增为七弦也。

虽今乐不如古乐，便于此而肆焉久之，而亦可以荡涤其邪秽，消融其查滓（渣滓），虽曰未学，亦未必不由陶（韬）淑而归于善也。

《救苦急造经》：

修桥梁，戒放纵（纵）。近有德，远凶人。

仁慈满，恶不存。人不见，神早闻。

加福寿，庇儿孙。灾消灭，祸不侵。

吉星照，福禄临。不守法，不俭勤。

信邪教，损自身。

有人持诵，富贵功名，吾无他技，众善奉行。

雄县葛各庄乡葛各庄音乐会谱本（一）目录

1.《赶子》	2.《金字经》	3.《五声佛》
4.《醉太平》	5.《庆丰年》	6.《小列马》
7.《早朝尖》	8.《天下乐》	9.《狼袍沙》
10.《虎袍沙》	11.《春季》他调	12.《夏季》
13.《秋季》	14.《冬季》	15.《春季》尖调
16.《夏季》	17.《秋季》	18.《冬季》
19.《玉鹅虎》沙尾	20.《桃军令》	21.《三皆礼》
22.《天下童》	23.《蝶落金钱》	24.《后绪》
25.《玉鹅豹》沙尾	26.《汉东山》沙尾	27.《汉东山》沙尾
28.《过街先》	29.《粉叠子》	30.《二身》

（续表）

31.《三身》	32.《四身》	33.《五身》
34.《六身》	35.《七身》锣鼓经	36.《河西钹》锣鼓经
37.《汉东山》沙尾 贝调	38.《一字雁》贝调	39.《金堂月》贝调
40.《金堂月 榜庄台二身》	41.《金堂月 咒君堂三身》	42.《金堂月 老末歌四身》
43.《金堂月 青天歌五身》	44.《金堂月 四季歌六身》	45.《金堂月 元民歌七身》
46.《合四调》闷宫调	47.《咒君堂》闷宫调	48.《咒君堂 金堂月二身》
49.《咒君堂 醉公子三身》	50.《合四拍》闷宫调	51.《挑袍》闷宫调
52.《挑袍二身》	53.《挑袍三身》	54.《金字经》贝调
55.《五声佛》	56.《春季》贝调	57.《夏季》
58.《秋季》	59.《冬季》	60.《汉东山》沙尾贝调
61.《合四怕》靠凡	62.《西文经》靠凡	63.《西文经 劝善成二身》
64.《西文经 同法界三身》	65.《大红袍》	66.《大红袍 包老崔二身》
67.《大红袍 象牙床三身》	68.《大红袍 元合会四身》	69.《起谟头身》
70.《起谟二身》	71.《起谟三身》	72.《大走马头身》
73.《大走马二身》	74.《大走马 川拨罩三身》	75.《大走马 七兄弟四身》
76.《大走马 沽美酒五身》	77.《大走马 皂罗袍六身》	

雄县葛各庄乡葛各庄音乐会谱本（二）目录

1.《倒提金灯》	2.《扑檀咒》	3.《四上泊》
4.《头身骂玉郎》	5.《骂玉郎二身》	6.《骂玉郎三身》
7.《骂玉郎 感皇恩四身》	8.《骂玉郎 采茶歌五身》	9.《骂玉郎 寄生草六身》
10.《骂玉郎 甘草节七身》		
11.《一字雁》凡字调	12.《金堂月》靠凡	13.《金堂月二身 榜庄台》
14.《金堂月三身 咒君堂》	15.《金堂月四身 老末歌》	16.《金堂月五身 青天歌》
17.《金堂月六身 四季歌》	18.《金堂月七身 元民歌》	
19.《一字雁》正调	20.《金堂月》正调	21.《金堂月二身 榜庄台》
22.《金堂月三身 咒君堂》	23.《金堂月四身 老末歌》	24.《金堂月五身 青天歌》
25.《金堂月六身 四季歌》	26.《金堂月七身 元民歌》	
27.《一字雁》闷工调	28.《金堂月 头身》闷工调	29.《金堂月二身 榜庄台》
30.《金堂月三身 咒君堂》	31.《金堂月四身 老末歌》	32.《金堂月五身 青天歌》
33.《金堂月六身 四季歌》	34.《金堂月七身 元民歌》	
35.《一字雁》背调	36.《金堂月 头身》背调	37.《金堂月二身 榜庄台》
38.《金堂月三身 咒君堂》	39.《金堂月四身 老末歌》	40.《金堂月五身 青天歌》
41.《金堂月六身 四季歌》	42.《金堂月七身 元民歌》	

（续表）

43.《合四调》正调	44.《咒君堂 头身》正调	45《咒君堂二身 金堂月》
46.《咒君堂三身 醉公子》		
47.《合四调》靠凡	48.《咒君堂 头身》靠凡	49.《咒君堂三身 醉公子》
50.《合四调》闷工调	51《咒君堂头身》闷工调	52《咒君堂二身 金堂月》
53.《咒君堂三身 醉公子》		
54.《合四调》贝调	55.《咒君堂 头身》贝调	
56.《咒君堂 金堂月二身》	57.《咒君堂 醉公子三身》	
58.《合四怕》	59.《挑袍 头身》	60.《挑袍二身 宝合》
61.《挑袍 季抢三身》		
62.《合四怕》闷工调	63.《挑袍 头身》闷工调	64.《挑袍二身 宝合》
65.《挑袍三身 季抢》		
66.《合四泊》贝调	67.《挑袍 头身》贝调	68.《挑袍 宝合二身》
69.《挑袍 季抢三身》		
70.《孔子叹》	71.《泣颜回 头身》	72.《起莫三身》
73.《西闻经三身 同法界》	74.《合四调》	

雄县葛各庄乡葛各庄音乐会谱本（三）目录

1.《合四拍》	2.《扑檀咒》	3.《四上泊》
4.《骂玉郎》	5.《骂玉郎二身》	6.《骂玉郎三身》
7.《骂玉郎 感皇恩四身》	8.《骂玉郎 采茶歌五身》	9.《骂玉郎 寄生草六身》
10.《骂玉郎 甘草节七身》		
11.《一字雁》凡字调	12.《金堂月》靠凡	13.《金堂月二身 榜庄台》
14.《金堂月三身 咒君堂》	15.《金堂月四身 老末歌》	16.《金堂月五身 青天歌》
17.《金堂月六身 四季歌》	18.《金堂月七身 元民歌》	
19.《挑袍》	20.《二身宝合》	21.《三身祭枪》
22.《合四调》	23.《咒君堂》	24.《二身金堂玥》
25.《三身醉公子》		
26.《贝调合四调》	27.《贝调咒君堂》	28.《二身金堂玥》
29.《三身醉公子》		
30.《贝调合四拍》	31.《贝调挑袍》	32.《二身宝合》
33.《三身祭枪》		
34.《孔子叹》	35.《泣颜回》	36.《泣颜回 扑灯鹅二身》
37.《泣颜回 甘州歌三身》	38.《泣颜回 下山虎四身》	39.《玉鹅豹》沙尾

（续表）

40.《合四调》靠凡	41.《咒君堂》靠凡	42.《咒君堂 金堂月二身》
43.《咒君堂 醉公子三身》	44.《赶子》	45.《挑军令》
46.《三皆礼》	47.《天下童》	48.《跌落金钱》
49.《后绪》	50.《汉东山》	

雄县葛各庄乡葛各庄音乐会会员登记

姓　名	年龄（岁）	擅　长	姓　名	年龄（岁）	擅　长
范立明	76	笙	郭贵军	60	跑道
唐文芳	47	管	白书贤	60	笙鼓
刘进德	52	云锣	范守义	50	鼓
郭满屯	45	铙	郭宝生	33	锣笙
王世昆	46	笙	田秉文	60	管
张学增	73	鼓	范志慧	70	武场
郭九思	70	管	范会来	50	笙管
范宝华	43	管	张艳德	31	笙
郭贵有	63	钹	范志生	72	铙
范根套	33	笙铙	范赶生	30	笙
郭书生	49	笛	张艳桥	34	笛
已故会员：王忠祥（笙管）享年82岁；范濯清（笙）1986年去世，享年82岁；郭立诚（笙钹）享年80岁；唐有仁（笛鼓）享年90岁；张秉全（鼓）。					

备注：范会来以点笙为业。范立明十一二岁时跟李明柱（笙管）学事，他以点笙为业。范会来十几岁跟父亲范濯清学，既点笙也开饭店。唐文芳，近50（父唐有仁），白书贤16岁，跟范作星学。范宝华13岁跟父范濯清学，曾在戏班待过。张艳德十几岁学。王世昆十二三岁跟父王忠祥学。张艳桥（张艳德之哥）、张学增跟父张秉全学。

【补充资料】

【地点】葛各庄乡葛各庄范立明家

【时间】1995年1月20日上午

我们采访时，范立明已于一个月前故去。范家人说，他突然得了病，疯了，每天到外面跑，家里人不放心，每天跟着他，大约持续了三个月，就死了。家里人说：葬礼是音乐会办的，很隆重，他老人家也当感到宽慰了。之后还有三七祭（第三个七天即21天时）、五七祭、六十天祭、百天祭、周年祭。要烧纸钱、放供品，阴历十月一日送寒衣。

张文翰（64岁）说：张姓是本村大姓，原村中有张家庙，存有张家家谱，现在没了。张原是红白理事会"总理"。他叙述了关于老忙的一些事：老忙是第一天下午安灵，第三天开灵。红白理事会的"库房"中存有帐幔，记账等事属红白理事会。村里专有一家人开棚铺，他们家有杆子、棚。这是原村中一位老人存下的一套"家具"。他去世后，徒弟收着。过去有"堂祭"，但不念经。办事时需要的人手有：1. 库房，2. 账房（专司谁出钱，记载下来），3. 内案（也称"红案"，专管做菜），4. 托盘手，5. 白案（做馍头房），6. 杂项（锅柴茶水）。这些人都属红白理事会管。出殡头一天晚上"堂祭"，念祭文。专门抬棺材的人叫"抬重"，现装车。

本会从北大阳村音乐会学习的事，谱本也是从那里抄来的。张文翰14岁开始学音乐。那时村里挑了一批人学戏、学音乐。听说北大阳音乐会好，耳闻他们曲子正，技术精，所以请他们来。

1949年前会里去过雄县昝岗庙，未去过鄚州。《挑袍》《普庵咒》较熟，《锦堂月》不太熟。村支部（张文翰曾在支部）决定1978年恢复音乐会，与张文翰有很大关系。1977年恢复戏会，剧团有50年历史，现村长许云楼在剧团，支书也支持。1978年恢复后，一直没断，但有时活动不起来，因为没钱，时断时续。张岗村有个姓李的风水先生。

【仪式】1995年1月21日，葛各庄有一家人发丧，我们前去参加葬礼。当日下午安灵。

范宝华（44岁，范会来之弟）说：12岁开始跟父亲范濯清学习音乐，我们兄弟俩都跟父亲学。大曲学了《普庵咒》《挑袍》，小曲学了许多。我不会念工尺谱，但常听，旋律都能记下来，这些就够吹的。去过鄚州大庙。

录音《倒提金灯》《普庵咒》《赶子》《大煞尾》《粉蝶子》七身。

发丧的人家前搭着一个牌坊，上面绘有戏曲故事的图像，用透雕的形式刻着龙头、云纹等，基本用红、黄两种颜色涂染。框子上嵌有许多反光镜子，折射着光亮，显出神秘色彩。工艺基本保持着民间手艺的格调，但做工讲究。会员们说：这是原鄚州庙里的一个老和尚做的"帘子"，有百十年历史了。原还有一座更大的牌坊，于"文化大革命"中烧毁。这座"坊子"是"文化大革命"中被收藏者藏在一堵墙中，因而保存下来。

打鼓的要闪开板，有时这板上打鼓边，也是击一下板。

《金字经》《五声佛》《醉太平》《庆丰年》《小四季》是杂曲。

"凡"与"六"，因为管子同孔出字，笙也出六字了。

"送路"程序：在村头路中间摆张桌子，发丧人家抬着一张椅子，上铺白布。意思是把故去的人抬着。椅子抬到桌子前，亲属朋友轮流到桌子前烧香，音乐会站在一边吹打。原应该在桌子前放焰火。村头路上放着纸扎成的马、车，桌前有一张席子，供人跪拜。亲属朋友每人点三炷香，洒三碗酒（现用水代替）。家中直系儿子（老大）或女儿，要根据死者有多大年纪磕多少个头，一年一个头，这称作"岁头"。如死者60岁，儿子就必须磕60个头。每磕一个头，站在旁边烧纸钱的人，就烧一张纸钱。磕头是先男性亲属，后女性亲属。

整个下午，音乐会奏一套大曲，打一套《粉蝶子》，再奏一套小曲。

各路亲属先后在灵棚拜见。来的客人到"主管"坐的房子里登记，把来人的姓名、给的钱数、物品记下来。有许多人在做饭，行路时音乐会走在前面。点燃的香放在纸马的口中。把童男像、童女像、纸马、纸车一同烧。烧马时，家人一起磕头。

红白理事会的老人都坐在一间房子中，其中有许多箱子，上面贴着封条。他们说：每天晚上，他们将把所有物品全部用封条贴上，第二天早晨再揭封条，以免物品被人拿用。

我们看到，到来的亲属给发丧人家钱的场面。每人大约十元以上。有一老人坐在桌子中间，前放白纸装订的本，上写捐款者姓名、捐物名称，钱数。

"送路"中"三奠酒"仪式时，"司仪"象征性地在碗里蘸一点酒，并不多。但众人洒过之后，也把地洒湿了一片。村里的围观者肩并肩，围着观看。最后烧马时，从纸马嘴下面的鬃开始点燃，扎起的藤条很快塌下来，"司仪"把车轮扔进火中。音乐会站在大路边的高坡上演奏小曲。烧马车时，所有的亲属，一大片人同时跪下，场面庄严。最后有人说："吃饭去。"人们一哄而散。

【仪式第二天】22日上午，继续参加葛各庄葬礼。

上午在扎起的大篷中"摆祭""吊纸"。

发丧这一天，亲戚朋友必须来，因为这是与死者最后见面。"摆祭"需要整整一个上午，程序是：每一位来到的亲戚朋友，都要自己到大篷外面的一张桌子上，用一个盘子盛满点心、水果等物品，自己端着到大篷里面，摆在祭桌上，表示他对死者的祭奠。大篷外面的桌子前，有几个人专门把祭品摆在托盘上。来者必须给这些摆盘子的人几元钱。一般给两元钱，也有给十元钱。来者拿着这个盘子进到大篷里，这时，所有跪在大篷中的死者亲属，全部要给来者磕头。最后这些祭品，由专门管理祭奠的两位老妇人收在一个大布袋中，这些布袋中的物品，最后要分给"老忙"的组织者，即把它们分成小袋，每人一袋。"摆祭"完后，就拆大篷。

后面接着的程序，就是抬棺入葬。村中人说：原来死了人后，马上就要去五道庙或土地庙"报庙"。现在没有这一程序了。原来"送路"到城隍庙，现在也没有这一程序了。1962年拆了村中的土地庙。原村中有龙王庙、奶奶庙、药王庙（供十大名医）。

天旱求雨称"求王爷"。这一程序专有香头管理。原村由"吵子会"求雨，音乐会不吹。也在药王庙里求雨，六王爷（药王爷）说请三王爷，六王爷当家。一般是上香求雨，神仙附在凡人身上。1945年左右，是本村最后一次求雨。其时不能戴草帽，只能用柳条帽。把药王抬出来，在村里转。

听说清朝末年大步村求雨的事。当时天上一丝云都未有，香头就吃不住劲了。午时三刻，他拿着"药王命剑"，向东北一指，来了一片云，倾盆大雨下来了。但雨只下在村中，出了村一看，一滴雨也没有。该村的白莲教，要处罚香头。如果不下雨的话，一般处罚是把香头扣几天。白莲教是道门，普济佛教会，这村有。本村原也有"混元教"教徒，有大教头，二教头，坛主。这些教不在庙里活动，他们有活动也不请音乐会。1949年后把他们全都下了大狱。原村有个风水先生，叫郭宝峰，是个称为"济公"的巫师。

近中午时，有一老人给小孩们发小纸条，小纸条上写着"车""马""人"，称为"发纸事"，也叫"对事马"。许多小孩争着抢，得到者可得一元钱。抢到上写"马"字的小孩，去抬纸马。抢到上写"车"字的小孩，去抬纸车。抢到上写"人"字的小孩，去抬纸人。

大篷中死者家属，都戴白布扎成的帽子，其中只有几个人头上有戴绳子编成的帽带。村中人说：只有死者直系亲属才能这样。

全部"纸活"，用纸扎成的车、马、人等，共花费五百元。门口两个纸扎成的狮子，要五百元。因为手工比较复杂。

参加"老忙"的组织者和帮忙的人，每人要给五条烟，十几元钱。我们看到组织者和帮忙的人有几十人，这笔花费也不小。村中人，像这种规模的丧礼，大约需要一万元。一般穷的人家，也要几千元。

许多孩子在摆祭品旁围观看，摆祭的人常把一些祭品分给孩子们。他们非常高兴地走着享用。

应死者家属的要求，钟思第为他们一家人分别拍照。在大篷中拍照时，司仪说：大家给钟先生磕头，全家人有三十多人，一起跪下，气势壮观，钟先生十分感动，也十分不好意思，满脸涨得通红。

音乐会坐在大篷外面右面的桌子前，有八九个人，刘进德（57岁）、唐文芳（47岁）打鼓。他们一边演奏，一边与我们交谈。

录音顺序目录：《合四拍》《金字经》《天下同》《叠落金钱》《狼袍沙》《虎袍沙》《后续》《小煞尾》。

谱本是王忠祥抄（死时70多岁，不到80岁）。《狼袍沙》《虎袍沙》是跟北大阳音乐会学的。开口村音乐会为了庆贺成立恢复会，来葛各庄音乐会借了云锣。

我们借了他们的谱本，会员们在讨论是否借给我们时，十分不情愿。特别是吹管子的人。因为这个大谱本由他保管。但大部分人说，我们已经认识很长时间了，应该放心。最后他们答应我们借谱本复印。为了让会员们放心，钟思第、薛艺兵在村里做"人质"，张振涛与司机邓立东，开车到雄县县城找有复印机的商店（当时不多），待复印回来完整交还后，才一起离开。

【采访日期】1999年1月，采访葬礼家属刘小铁。他们兄弟二人给了我们"礼单"。

雄县葛各庄乡葛各庄刘小铁家"礼单"

	史各庄	大步村	韩道务	道村	史各村	王各庄		龙湾	胡庄	
当大事	高新奇	王爱民	陈金雷	高尧	胡银	李年增	郭栋臣 范万生 张继先 杨俊华 范四虎 郭艾峰 范二强 吴来春 郭赶良 王双月 赵来林 彦峰			
	大祭一桌	花圈果50尺	挽幛	挽幛			挽幛四十尺 公礼	"挽幛五十尺""花圈"公礼	挽幛15尺 果祭	果祭
	壹佰元	伍拾元	伍拾元	贰拾元	贰拾元		肆拾元	捌拾元	叁拾元	叁拾元
	240（应250）						180			

邢郭韩马　马县马 留里庄务　务城务 　口头头　头	
董邓张张刘张范郭郭田田 小各小宝辛国贺会建建双双 苓生新元祥安君来民强午平	田杨王范范杨张杨王徐徐范 恩　国洁德基继涣铁洪洪良 庆淳瑞清根祥先乐修义斌子
挽幛36尺花　圈果"果二" 花　　圈果　祭二 果　　　祭	"挽幛十五尺"　　　"果二"
折　　折折折折折 　　礼　　礼礼礼礼礼 贰贰贰叁叁叁伍叁叁叁叁 拾拾拾拾拾拾拾拾拾拾拾 元元元元元元元元元元元	公　　　　折折折 　礼　　　　礼礼礼 　柒　　　　叁叁叁 　拾　　　　拾拾拾 　元　　　　元元元
350	160
县龙 　　　城湾 范弓王杨郭张刘张田陈范张田高刘田 二书书辛永继小大宝东铁伟洪 良学贵圆成先辉庆印华建国果威刚亮	"新镇" 刘高杨孙高孙郭郭窦刘王张周郭郭 明彦江占二立书伯伯友　顺志海梦梦 郎海浩峰峰海民然华强琪德新清成企
"果二"花圈果　　"果二" 挽幛　挽幛二　　挽幛 60尺　30尺　　30尺	果果　果　"挽幛" 二二　二　38尺 果果　果　　　　果 祭祭　祭　　　　祭
折　　公　折折　　　　公 礼　　礼　礼礼　　　　礼 肆　　伍　叁叁叁　　　贰 拾　　拾　拾拾拾　　　佰 元　　元　元元元　　　贰 　　　　　　　　　　　拾 　　　　　　　　　　　元	壹伍　贰伍伍伍伍壹折 佰拾　拾拾拾拾拾佰礼 元元　元元元元元元叁 　　　　　　　　　　拾 　　　　　　　　　　元
400	500

44

大马步村 / 道务 / 道务头

郭玉华 郭梦仓 刘剑英 刘志英 刘泽英 刘荫柏 气球厂 职工马 刘金香池 郭根祥 刘润兑 高彦君 王山景东发

果二 果二 果二 花圈挽幛 果祭 果祭 果祭

折礼 叁拾元
公礼 叁拾元
贰拾元
折礼 贰拾元
折礼 捌拾元
折礼 壹佰元
折礼 伍拾元
折礼 叁拾元

380

黄洪庄盛 / 道务

徐玉楼 范子林 刘金椅 何平均 张宏 杨俊典 张满屯 刘小壮 刘汉秋 孙敏芳 刘贺新

"挽幛" 24尺 "挽幛" 40尺

公礼 贰拾元
礼 贰拾元
贰拾元
肆拾元
折礼 贰拾元
贰拾元
伍拾元
叁拾元

240

史各庄 / 大龙华 / 东河岗 / 张庄 / 韩村 / 大步

范桂清 王亚国 高新民 王秀祥 郭永悦 刘志中 闫法祥 陈爱君 王爱圈 王春耕 范书田 杨

挽幛 15尺 果祭

折礼 叁拾元
折礼 叁拾元
折礼 贰拾元
叁拾元
贰拾元
肆拾元
贰拾元
叁拾元
叁拾元
贰拾元
拾元

300

"道四" 史开道 / 庄口务 / 庄

郭连祥 郭俊廷 郭春戴 王秋峰 张马光 梁黑子 梁白子 梁满林 李德月 董子五 刘重

折礼 贰拾元
折礼 贰拾元
折礼 贰拾元
折礼 贰拾元
折礼 壹拾元
折礼 叁拾元
折礼 叁拾元
折礼 叁拾元
折礼 叁拾元
折礼 叁拾元
折礼 叁拾元

300

大步村	道务村
高村	
王猛生 叁拾元	张志光 折礼叁拾元
郭金祥 贰拾元	张志辉 贰拾元
郭金池 贰拾元	张志普 贰拾元
郭强 贰拾元	张志强 共壹佰捌拾元
郭佩力 贰拾元	张志勇
范会成 叁拾元	张景申 礼折叁拾元
范宝来 叁拾元	刘重海 贰拾元
范立华 叁拾元	郭俊峰 贰拾元
范庆言	许德江 拾元
张香亢 肆拾元	郭彦彬 拾元
高金掌	王传春
李君 贰拾元	
	290

290	
李根林 拾元	高振林
张文生 拾元	范国民
齐德会 拾元	范朝兴 共壹佰拾元
王金芳 拾元	白建秋 礼贰拾元
何友荣 拾元	郭东强 贰拾元
杨秋祥 拾元	范致升 贰拾元
杨铁路 拾元	范致道 贰拾元
陈宝豆 折礼伍拾元	范致书 贰拾元
杨茂林 拾元	郭立山 贰拾元
杨茂池 拾元	郭德润
郭九思 拾元	郭德顺
	郭德山
	210（应250）
160	

郭德亮 贰拾元	范宝余 伍拾元
何伯言 贰拾元	郭小波 贰拾元
何金榜 贰拾元	郭连弟 贰拾元
范国光 拾元	王景春 拾元
刘恩堂 拾元	唐继光 拾元
杨书乐 拾元	肖振录 拾元
王克军 拾元	陈忠良 拾元
肖振华 贰拾元	齐德安 折礼拾元
郭德旺 拾元	郭天榜 拾元
王春然 拾元	张宏星 拾元
杨俊廷 拾元	王贺良 拾元
常克军 拾元	何春来 柒拾元
160	250

杨陈王郭范范王范何何郭张 老春书俊广德春玉书书玉庆 祥立奎德印新明根朋邦民元 　　　　　贰 　　贰　　贰贰贰贰 拾拾拾拾拾拾拾拾拾拾拾 元元元元元元元元元元元 170	张王赵白杨杨何范刘张刘范 宏云候书宝老书丙荫景以恩 波鹤峰贤棰根奇申桥元宽则 　　　叁　　　　　　贰 拾拾拾拾拾拾拾拾拾拾拾 元元元元元元元元元元元 140
杨陈张张杨王张杨范杨张周 春晓文老晓长哲虎晓文茂 洲科国元槐波元华子峰明林 　贰 拾拾拾拾拾拾拾拾拾拾拾 元元元元元元元元元元元	张张何范以上共收礼款肆仟捌佰玖拾元 秋文书根收事主款捌仟元 元华科套 　　　共支出柒仟捌佰叁拾陆元柒角 　　　除支净存伍仟零伍拾叁元叁角 拾拾拾拾 元元元元

礼单书写格式：最上方记录客人来自某县某村的地名。当地人熟悉周边的村名，常不写县名。如礼单中的"史各庄"，行政区划属文安县，与雄县葛各庄毗连，当地人也就不写县名。未写地名的，一般是本村人。

地名下写姓名。钱款数目用繁体字，以免账目不清。钱数与姓名上下对齐。如若数人共同赠送钱物，就在几人名下取中，写"公礼"。

礼品包括相当数量的实物，如"大祭一桌、果祭、挽幛、花圈"等。大祭一桌，指包括各类祭品的"案祭"，这是血缘最近的亲戚置办的厚礼。"果祭"包括时鲜水果、各类点心的一份实物。"挽幛"要记录白布尺数。果祭、挽幛、花圈，一般折算为钱款数，所以礼单中写为"折礼"××元。

刘小铁解释：一般"乡亲礼"10元，"亲戚礼"30元以上。即按当时经济条件与相应的礼数，这个数目，面子上才算讲得过去。这类"礼数"约定俗成，每每随着消费水准的变化而提高或降低。问及有无存留早期礼单时，张文翰答：时间一长，礼单多不保留。原因是如按当年钱数，过上几年，就"难作数了"。

礼单每页下角，用阿拉伯数字，记写此页钱款总数。最后，用繁体字总计钱数。上列："以上共收礼款肆仟捌佰玖拾元，收事主款捌仟元。共支出柒仟捌佰叁拾陆元柒角，除支净存伍仟零伍拾叁元叁角。"意为：刘家接受亲朋"礼款"4890元，自家（事主）交予"红白理事会"的钱款8000元，共计12890元。全部支出7836.70元，存留5053.30元。计算分毫不差，十分精确。"账房"认真，由此可见。

（调查日期：第一次：1993年8月4日上午，调查人：乔建中、张振涛。第二次：1993年8月30日，调查人：薛艺兵、钟思第、张振涛。第三次：1994年1月29日，调查人：张振涛。第四次：1995年1月20日上午，调查人：钟思第、张振涛。第五次：1995年1月21—22日，调查人：钟思第、张振涛。第六次：1999年1月，调查人：张振涛。）

河北省保定市雄县小步村乡西安各庄

【地点】河北省保定市雄县小步村乡西安各庄
【邮编】071800
【会名】音乐会
【联系人】张德华（会头）
【乐队编制】笙4、管2、笛2、云锣1、钹3、铙4、大鼓1、铛子1。
【现存乐器】有九孔管。第九孔已不用。张德华说，管子都是自己制作，用红木、花梨木、紫檀木。紫檀木比较难找，常常是找一些旧家具。一般在每年进农历五月后（约在五月端午左右），去采集芦苇，一是用苇膜作笛膜，二是用芦苇作管哨。
【服饰】便服
【器物】乐棚（帐了），二角形会旗。
【活动项目】丧事。农历正月十五"闹会"。该会于五年前已散，现已无人再能带动组织起来。
【村史】村中原有关帝庙、真武庙、奶奶庙。东、西安各庄相距一华里，东安各庄村口有村碑一块，亦可说明西安各庄的历史。碑文如下：

明洪武初年，张安哥一家由山西迁此定居，以人名命名为安哥庄。清初分为东西二村，按地理方位取名东安哥庄。后改东安各庄。

雄县地名委员会办公室撰文　一九八七年九月

【经济】主要是农业。村里有一些个人开办加工塑料袋、塑料印花的家庭小厂。张德华现开一个小杂货店，一天可挣七八元钱，维持生活，已不种地。村里这样的小店有四家。

【人口】600多人，100余户。

【会史】学于雄县里合庄，本会第一代人就是张德华。他说：他姐姐嫁于里合庄，我常常去住几天，来回三十里地。我学了曲子，再回来教给本村人。一般一个冬季可学一套大曲，我只学了正调《锦堂月》、正调《泣颜回》、正调《走马》、正调《普庵咒》四套大曲。他老伴说：张德华当时迷得连睡觉都抱着管子，坐在牛车上也吹。张德华说：韩庄音乐会也是从里合庄学的。他与本会第一代学艺者，除了去里合庄学、看，有时正月里还用车把老师傅接来。那时师傅吃了馍就吹，折腾到夜里下一两点。

张志祥说：师傅说笙必须抱直，不许抱歪了。吹鼓手吹笙四处乱看，眼里不正经。音乐会不许，要闭着眼睛吹。开始学习时，师傅让大家都学管子，一段时间后，老师看谁学得好，就指定谁吹，其他人改学其他乐器。一般来说，被指定学管子的人，是比较有灵气的。他十分感慨地说："老师管子吹得好，吹那《孔子泣颜回》，就像老娘们哭一样，吹哭腔吹得好着来！"

他们谈起了20世纪70年代中一次对棚比赛的情况：东侯留村音乐会未发帖，就来"闯会"。那天我们出会，没回来。回来听说后，就发个帖，请他们来比赛。在村中摆两张桌子对着，先请他们吹，他们是客人嘛！他们吹了个小哨《普庵咒》，我们也吹个小哨《普庵咒》。然后我们换了大哨，会头说，这次咱们先吹。我们又吹了一个大哨《普庵咒》。吹完了，请他们吹，他们就不知道什么调了，不知道用什么字了。挟着笙管就走了。里合庄与北大阳村的音乐会，也发生过这样的比赛。那正好是麦收时候，两边音乐会放着麦子不收，在村里比赛。队里的村长给会头磕头，求大家收麦子去。哪能制止得住？两边的全铆上了劲，你吹个什么，我也吹个什么。对上了。

张德华吹了《三归赞》，他说这是"背调，又称隔指调"。他说：小哨正调吹起来费劲，大哨背调塌着一个调。

张德华家中挂着一张奖状：

奖 状

西安各庄音乐会在一九八四年春节文艺调演中成绩显著特发此状以资鼓励

雄县文化局　一九八四年二月

【乐谱】存有一本乐谱。张德华说：此谱本是他父亲张性全所抄。他去里合庄学音乐，把谱本带回来，父亲花了一年多时间抄完。张性全原是本村私塾教书先生，"七七事变"后赋闲在家。本来家里存有两柜子书，"文化大革命"中都烧了，现只留下商务印书馆的《辞源》。乐谱封面如下：

民国三十六年　立 乐曲簿	音乐会里合庄由乾隆五十二年禅师王光辉字妙音传 民国卅六年请里合庄王永庄王清苓传

乐谱扉页有十七簧"笙苗歌、横笛窍音、管窍音"音位表，现按原格式全文抄录如下：

	笙苗歌	横笛窍音
一	凡	一上代尖上
二	凡上	一五
三	一工	三五
四	五四尺	凡六
五	背凡	四凡
六	背凡	工尺
七	工四	桶塌尺
八	五四尺代塌五	管窍音
九	尖上	一尺
十	尖一	二五四
十一	工四五代尖工	三六合凡代背凡
十二	尺六合代尖尺	四工尺
十三	六合上代尖六	五塌上
十四	上六合	六塌一
十五	大尺合	七塌一
十六	亚一	桶塌四
十七	靠凡代尖凡	

谱本目录

目录	第一套	第二套	第三套	第四套
	前拍	前拍	前拍	扑灯蛾
	通法界	四季阿郎	四季阿郎	劣马
		昼锦堂	十二月	阿郎儿
				雁过南楼
	西闻经	锦堂月	泣颜回	下山虎
	金字经	青天歌	撼动山	小劣马
	撼动山	金字经		撼动山
		傍妆台		
	五声佛	老末歌	甘州歌	琵琶论
	劝善诚	五声佛	琵琶论	五声拍
	后拍	后拍	后拍	感皇恩
				骂玉郎

第五套
- 采茶歌　沽美酒　迎仙客
- 干草节　醉太平　劣马
- 四季歌　撼动山　后拍
- 一只雁　大走马　船拨棹
- 七弟兄　牧江南　金字经
- 五声佛　四季歌　撼动山
- 后拍

第六套
- 秋江送别　昼锦堂　锦堂月
- 醉翁子　金字经　五声佛
- 四季歌　撼动山　后拍

第七套
- 到提金灯　普天乐　谨庭荣
- 象牙床　金字经　五声佛
- 四季歌　撼动山　后拍

第八套
- 庆真元　抱盒子　挑袍
- 四季歌　金字经　急腔
- 撼动山　五声佛　后拍

第九套
- 到提金灯　普庵咒　五声佛
- 四季歌　撼动山　后拍

第十套
- 四上拍　小化缘　五声佛
- 四季歌　撼动山　后拍

第十一套
- 陶军令　柳含烟　叠落金钱
- 翠竹帘　三归赞　三进礼
- 灯赞　醉太平　小劣马
- 将军令　落木歌

第十二套
- 起末前拍　中排起末　耍孩儿
- 后拍

小步村乡西安各庄音乐会会员登记表

姓名	年龄（岁）	擅长	姓名	年龄（岁）	擅长
张德华	70	管笙	张宗海	30	管

(续表)

姓　名	年龄（岁）	擅　长	姓　名	年龄（岁）	擅　长
张小庆	50	笙	张宝齐	75	笙
张云祥	75	笛	徐志明	70	笛
李铁双	45	钹	李艳华	62	钹
张敬如	70	笙	张庆华	40	笙
张发生	50	笙	张志祥	69	笙
张永年	40	云锣	张玉库	69	鼓
许汉英	55	钹	张幸元	68	铙
向玉祥	62	钹			

备注：除张小庆现在北京外，其他会员都是农民。

【补充资料：再访张德华】

【宫调问题】《昼锦堂》大哨；《泣颜回》大哨、小哨；《走马》正调；《普庵咒》《泣颜回》的"拍"用《合四拍》，是低音的。《昼锦堂》的"拍"用《秋别》，是高的、尖字的，所以有区别。张宝琦（79岁）也说：第一遍低的，第二遍是尖的、高的。第二番四行下煞。

【结构问题】谱本上的第十一套都是小曲，可插入大曲。

"后拍"因各大曲而不一样，《西闻经》后拍与《普庵咒》就不一样。

【谱本上问题】谱本最后的慢板，原来师傅未教。我们唱全之后，就把"阿口"记下来。开始学时用前面的谱，学吹时就用后面的谱，把中间的字都记住。

《翠竹帘》较难。《扑灯蛾》是正板，《下山虎》《琵琶论》是流水板。至拍处，写的是"三板一扣"，奏的是流水板。张德华韵谱，解释"三板一扣"。

"正身子"不用鼓，后面小曲用鼓。"弄通"代表入鼓。"前拍"一般用鼓。大曲后用鼓。有些曲子"入鼓"后念三遍。

【学艺过程】接里合庄王清苓师傅、刘芸田师傅来西安各庄二三个月。为了学《昼锦堂》，我去里合庄一个正月，学了一个月。里合庄放灯，围着村转，我跟着人家转，才学会。

【其他音乐会情况】为了学习时方便，把曲子抄在一起。亚古村原有音乐会，属道家。本会是僧家。听说这些曲子都是从经卷抠下来的。但和尚、道士不一样。现亚古村卖豆腐的人，在过会。

北大阳与里合庄对了三四年棚，在板家窝庙上对。对棚时，要把唱的曲子写下《泣颜回》背调，葬礼上不太讲究什么时候吹。

雄县小步村乡西安各庄张德华家"礼单"

开口 陈占 梁神 大阴 董庄	板西	亚古 官马城洴		四甫	邢村
张砚新 孙红军 尹立明 张伟彬 高福明 张窦来 杜中占 张振华 张法起 贾铁城 韩春海 李书格				刘金祥 刘大纪 张有利 白窦玉祥 张宝析 李金玉	张宝元 张小便 王贺玲 李亚民 马庆华
	祭	祭祭祭	祭	祭祭祭 祭 折折 礼祭祭	
伍拾元 伍拾元 伍拾元 伍拾元 伍拾元 伍拾元 贰佰元 壹拾元 叁拾元 叁拾元 叁拾元				叁拾元 叁拾元 伍拾元 贰拾元 伍拾元 叁拾元 贰拾元 叁拾元 伍拾元 叁拾元 伍拾元	
570				460	

道务		官马洴	贾庄 西侯留	霸县	东侯留
王贺峰 王贺山 刘桂生 曹宝巨 张小坤		张小彬 刘英琦 张敬华 张贺香 许冬田 贾中恩 刘		张书祥 刘国胜 于立民 张文辉 张增强 张大有 曹玉月 曹宝年 张小中会 张玉清 张龙井	
祭 祭祭 祭 帐					
陆拾元 壹佰元 壹佰元 子一条 叁拾元 壹佰元 贰拾元 贰拾元 贰拾元 叁拾元 叁拾元				壹拾元 贰拾元 壹拾元 壹拾元 壹拾元 贰拾元 壹拾元 伍拾元 肆拾元 贰拾元 贰拾元	
560				270（应为260）	

张满仓 壹拾元	
李会军 壹拾元	
张中海 贰拾元	
张栋祥 壹拾元	
张法生 贰拾元	
张明江 贰拾元	
张克勤 贰拾元	
张春林 叁拾元	
李中安 贰拾元	
张福祥 壹拾元	
于纪军 壹拾元	
于贺祥 壹拾元	
于贺宁 壹拾元 190	
张玉析 壹拾元	计
张玉槐 壹拾元	现
张胜利 壹拾元	款
张庆荣 壹拾元	贰仟壹佰
刘占华 壹拾元	捌拾元
张法起 壹拾元	整
于会军 贰拾元	
张宝祥 壹拾元	
张克路 贰拾元	
李福祥 壹拾元 130	

（调查日期：第一次：1993年8月5日上午，乔建中、张振涛。第二次：1993年8月31日上午，调查人：乔建中、张振涛。第三次：1994年1月28日，张振涛。第四次：1995年1月16日下午，调查人：钟思第、张振涛。）

河北省保定市雄县北沙口乡北沙口村

【地点】河北省保定市雄县北沙口乡北沙口村

【邮编】071806

【会名】音乐会

【联系人】刘金玉（会头）

【乐队编制】音乐会要笙多，两架云锣打着，管子领着，多少管子也是一个"头管"。

【乐器】管4、笙4、云锣2、笛子1、锣、钹、镲、大鼓1（有百年历史）。有九孔管，但背面第二孔封堵。艺人说不钻通，是搁手指头的。笙（一）有字："中华民国十四年制 匠人刘忠 北沙口音乐会"。笙苗上有账簿码。笙（二）有字："北沙口金（殿池）"（金殿池已故40年）。

会员们说：我们的规矩是不吹新曲。学笙的不能吹管，学管的不能吹笙和笛。过去本会有姓余的点笙，现请葛各庄范会来点笙。

【会史】采访梁凤桐、崔志清。他们说：几年前听收音机广播屈家营音乐会，认为他们行，我们为什么不行。打听到路，骑车去屈家营，找到音乐会吹笙的。说北京有人访问。我们也希望有。

听屈家营的音乐比我们吹得快。我们师傅一开始就不让吹快，要稳，这才是功夫，一个字不丢，板打准了。我11岁跟刘忠（已故，"笙管笛箫"都会）学。老一代师傅这谱本上的曲子都会。先吹"拍儿"，"拍"后可接大曲，也可接小曲。《合四拍》《合工拍》《雁过南楼》《金字经》《柳含烟》是"半大曲"，曲小，比小曲大。

三月十五奶奶庙（后土皇奶奶）过会，搭棚，挂奶奶像。本村和外来的丧事，烧香挂像。过去有十王像。五道庙报庙。庙是"闹日本"至土改时拆的。原有大寺（如来）、奶奶庙、三大庙（刘、关、张）、东岳庙、城隍庙、文阁庙、土地庙。"土地善待一方人，五道能追千里鬼。"这村年纪大，从北宋时就有。音乐会相传北宋年间就有。

20世纪60年代之后许多曲子就不摸了，落实政策后才恢复，有些已不熟悉。县文化馆大约1983年来此录过音，那时人还齐着呢。

【现在传承情况】本村有七个小孩，前年教的，现能吹二十多个小曲。会头发起，建议每天放学后在这里学，还吃顿晚饭。通过与家长谈话，他们愿意，但别耽误念书。梁凤桐定的李洪涛（13岁）吹管，他壮实有力气。我们这管是头，合奏，你不吹了，大伙就不清了，笙多能马虎。学习方式是：我们念工尺，录下来，小孩们放录音，听录音跟着学。学会一个曲子，给三角钱。

【活动】正月十四放人灯，十五放神灯，要放在村内街上。十六放鬼灯，要放在村外，街口放几堆。丧事一天半，下午"上"，吹半天，早上发送。过去也是一天，十几年前加了半天。要是主人穷，不管饭，也照样去，而且去得更齐、更早。过去丧事请和尚念经跑方，也吹，那是挣钱。他们吹得好，他们功夫大，不种地。从我小时候就没见过。

【活动场所】会头家，乐器箱子放在他家。谱本在梁凤桐家。

【宫调】正调、越调、背调、凡字调。现在就能吹正调和越调。原有"尖正调"，全是"尖字"，不好练，这是玩功夫。笙的越调"五"字出管子的工。管子的"背调"笙吹"越调"，前者的"工"字等于后者的"一"字。小哨正调的"尺"里出大哨反调的"六"字。大哨费劲。笙吹正调，管大哨吹小工调。大哨吹《普庵咒》，完了接小曲子，要换小哨。吹《大挑袍》时用大管，要加四攒笙。配大管的笙音高，比正调高两个调。

【乐谱】存有一本老谱本，已残破，无封面，据老人们说，原封面有"民国四年"字样。另有新抄谱本，是原封不动抄写老谱本。谱本封面字样："北沙口音乐会音乐本 一九八二年制"。背面字样："梁凤荣自愿抄写於伍拾贰岁 北沙口音乐会留念 公元一九八二年元月吉日抄写"。

雄县北沙口乡北沙口村音乐会乐谱目录

1.《灵前客》*	2.《翠太平》*	3.《皮保灵》	4.《小走马》	5.《烈马》*
6.《春词歌》	7.《秦黄歌》	8.《仙人送花》	9.《天桐叶》	10.《其古上坟》
11.《小放驴》	12.《盛葫芦》	13.《金字经》*	14.《以八》	15.《五盛佛》
16.《哭城》	17.《喊东山》	18.《大杀尾》	19.《三近礼》*	20.《巧女忍针》
21.《游福归》	22.《高烧酒》	23.《保盒子》	24.《八板》*	25.《逃军令》
26.《小挑袍》	27.《登耷》	28.《上巧楼》	29.《翠竹帘》	30.《柳红烟》
31.《琵琶论》*	32.《不用工》*	33.《烧烙子》*	34.《二身》	35.《三身》
36.《四身》	37.《五身》	38.《三国耷》	39.《鹅浪子》*	40.《二身》
41.《三身》	42.《四身》	43.《小马头》	44.《张公赶子》	45.《二身》
46.《三身》	47.《四身》	48.《小花园》	49.《雁过安楼》	50.《普安咒》
51.《二身》	52.《三身》	53.《国三台》	54.《大走马》	55.《二身》
56.《三身》	57.《四身》	58.《五身》	59.《六身》	60.《七身》
61.《八身》	62.《四上拍》	63.《蚂蚁郎》	64.《二身》	65.《三身》
66.《四身》	67.《五身》	68.《何四拍》	69.《大挑袍》	70.《二身》
71.《三身》	72.《四身》	73.《五身》	74.《六身》	75.《七身》
76.《八身》	77.《壹支厌》	78.《宴回》	79.《扒山虎》	80.《凡国台》
81.《大红袍》	82.《二身》	83.《三身》	84.《四身》	85.《合工拍》
86.《咒君堂》	87.《二身》	88.《三身》	89.《盗去金灯》	90.《同法芥》
91.《二身》	92.《招商保》	93.《登云城》	94.《起谟》	95.《二身》
96.《二身》	97.《双行令》	98.《大过江》	99.《二身》	100.《三身》
101.《河西铍》	102.《套家伙》	103.《二身》	104.《三身》	105.《四身》
106.《五身》	107.《六身》	108.《七身》		

注：* 为采访中录音的曲目

沙口乡北沙口村音乐会会员登记表

姓 名	年龄（岁）	擅 长	姓 名	年龄（岁）	擅 长
刘金玉	48	钹铙	王九森	66	笙
赵金福	69	管	刘汉臣	70	笙
裴力天	78	鼓	王树芝	77	笛
梁凤乐	64	云锣	梁凤桐	66	管
崔志清	69	笙	崔增泽	68	笙

(续表)

姓　名	年龄（岁）	擅　长	姓　名	年龄（岁）	擅　长
刘庭荣	67	笙	王九如	77	鼓
刘荣堂	68	笙	陈德禄	69	管
王开臣	60	武场	刘胜坤	7	韵谱
陈长海	12	学笙	裴志宽	16	学笙
孙洪岳	12	云锣	崔玉明	14	学笛
刘胜新	5	韵谱	李洪涛	13	学管
李志勇	18	笙	王双军	17	笙

（调查日期：第一次：1993年8月30日，调查人：乔建中、张振涛。第二次：8月31日，调查人：薛艺兵、钟思第。第三次：1994年1月29日，调查人：张振涛。）

河北省保定市雄县张岗乡里合庄

【地点】保定市雄县张岗乡里合庄

【邮编】071802

【会名】音乐会

【联系人】刘信臣（70岁）、张少清（72岁）

【会史】该会已经解散。刘信臣原在音乐会点笙，家里仍存有木斗笙。十七簧笙各苗音位他倒背如流。他说当时点笙，是以笛子的筒音位标准，然后以五度、尖字—塌字（八度）依次校对。

他谈到该音乐会与雄县西昝乡北大阳音乐会"对棚"的情况时说：当时我们编了顺口溜："里合庄吹了个《西闻经》，北大阳憷了个坑。北大阳吹了个《大红袍》，里合庄发了毛。"他回忆道：哪一个音乐会都不会掌握所有的大曲，各有所长。

【乐谱】刘信臣家存有一本乐谱。韩庄音乐会的谱本，西安各庄音乐会的谱本均抄自该谱本。

```
乾隆伍拾贰年
妙音王菩萨光辉禅师传
同治十三年正月吉日
王普来　重造
胡振声
中华民国四年正月吉日
王　旭
王清苓　再造
刘景辉　书并校
```

雄县张岗乡里合庄音乐会谱本目录

1.《一枝雁》	2.《大走马》	3.《船拨掉》	4.《七弟兄》	5.《牧江南》
6.《金字经》	7.《五声佛》	8.《四季阿郎》	9.《撼动山》	10.《后拍》
11.《秋江送别》	12.《昼锦堂》	13.《锦堂月》	14.《醉翁子》	15.《金字经》
16.《五声佛》	17.《四季阿郎》	18.《撼动山》	19.《后拍》	20.《前拍》
21.《泣颜回》	22.《甘州歌》	23.《扑灯蛾》	24.《下山虎》	25.《琵琶论》
26.《列马》	27.《小列马》	28.《五声佛》	29.《春秋四季》	30.《撼动山》
31.《后拍》	32.《雁过南楼》	33.《骂玉郎》	34.《感皇恩》	35.《采茶歌》
36.《酷美酒》	37.《迎仙客》	38.《干草节》	39.《醉太平》	40.《劣马》
41.《四季》	42.《撼动山》	43.《后拍》	44.《前拍》	45.《西闻经》
46.《劝善诚》	47.《通法界》	48.《金字经》	49.《五声佛》	50.《四季》
51.《撼动山》	52.《后拍》	53.《前拍》	54.《锦堂月》	55.《傍妆台》
56.《昼锦堂》	57.《青天歌》	58.《老末歌》	59.《十二月》	60.《金字经》
61.《五声佛》	62.《四季》	63.《撼动山》	64.《后拍》	65.《到提金灯》
66.《普天乐》	67.《谨庭乐》	68.《象牙床》	69.《金字经》	70.《五声佛》
71.《四季阿郎》	72.《撼动山》	73.《后拍》	74.《到提金灯》	75.《普庵咒》
76.《五声佛》	77.《四季阿郎》	78.《撼动山》	79.《后拍》	80.《庆真元》
81.《挑袍》	82.《急腔》	83.《抱盒子》	84.《四上拍》	85.《小华严》
86.《五声佛》	87.《四季》	88.《撼动山》	89.《后拍》	90.《翠竹帘》
91.《柳含烟》	92.《叠落金钱》	93.《淘军令》	94.《三归赞》	95.《三进礼》
96.《灯赞》	97.《醉太平》	98.《劣马》	99.《将军令》	100.《老木歌》
101.《小六六》	102.《起末前拍》	103.《中排起末》	104.《后拍》	105.《耍孩儿四季》
106.《四季》	107.《撼动山》	108.《后拍》	109.《河西钹》	110.《粉蝶儿》
111.《河东钹》	112.《过街仙》	113.《黄龙摆尾》	114.《斗鹌鹑》	

【补充资料】

20世纪50年代曾有二十多人。现会里只有刘信臣、张少清两位老人。1953年就不让吹了。老人们说,里合庄没"玩艺",就有这道会,不能失在这代人上。村书记也不反对,但他也没办法支持。看来就要失在我们这代人手上了。

刘信臣说:我十几岁开始学音乐,跟于永发学,念过《走马》《锦堂月》《昼锦堂》《泣颜回》《普庵咒》(一开始就念)。我这人仔细,老忙的道具都放在我这里，所以谱子也收在这里。

有一次日本人进村来，我们正在念谱子，屋子里燃着供佛的香。日本人进来看，很高兴，他们不反对学音乐，希望我们供佛。有一次，日本人把刘信臣带走，去雄县送东西。日本人也去咎岗看戏，看武戏时有点害怕。

义和团杀奉教的人，鸡犬不留。张少清的祖爷曾是义和团的小头目。"苏教"是从苏联传来的。本村的干部不好音乐，所以本会就散了。

张少清（原吹管子，现已没有管子）说：13岁入会，跟着念，14岁就跟着出会了。我学时的规矩是：初学事的人，要念三年，才开始学乐器。老师傅用红纸把谱字贴在笙苗上，让新学的看着字。我姥爷王永发，第一年就让我吹笙了。冬天的白天都学，冬天学了，春里好上庙。第十七苗是"靠凡"，我那时太小，"靠凡"靠不过去，我就很快地挪手掐一下，还不耽误别的字。别人夸奖说：这小人将来定能成为师傅！

老师开出曲目折子，让你自己去念。《西闻经》是最大的曲，慢板最难念。我一冬，念过几曲，就再未学，最终没学下来。50年前，谱本上的曲，除了《西闻经》，整本曲我都可以背念。我们这代人，除了《西闻经》都会吹。

一个"啊"音，带几个字，都是有数的，不带字就奔不至下个字。"拉板"就一扣。

我们问：原来学习时，如果学不好，老师会不会惩罚？他回答：一般不会，自愿的事。

张说：魏忠贤抠钱，放在鄚州修了大庙。十五六岁去过鄚州赶庙，我们音乐会叫"药王会"。过去本村音乐会常去的庙是咎岗。

村里原有"花子会"。无风水先生。本会没有经卷。原有"幔帐、围桌、上铺布"，"文化大革命"中都没了。茶棚与音乐不一样，茶棚要吊"水陆"，上画"金银"。

【音乐会老师傅的情况】谱本上写的"王清苓"与"王长苓"是兄弟俩，都是学管的，他们在解放前就去世了。王清苓吹管、吹笛，是本会"当家的",人称"盖",吹得最好。原河西里廊(音名)村有个善人,领着两个儿子来见王清苓,求跟他学音乐。这个善人非常有钱,不稀罕什么东西,他说:"别的不入我的眼,就是音乐好。要好好待见王师傅。"这一带没有人比得过王清苓。王旭(名见谱页)是"武坛"师傅,刘景辉(名见谱本扉页)是"音乐"师傅,曲子全他抄的。他于"文化大革命"前去世,时年60多岁。刘春田(情况不太了解)、王清苓、韩福顺,三位老师傅。

张少清说:王光辉来到村中,桥南桥北庙中,传下来这些曲。这些曲都是僧家曲,道家曲是大管。僧家是稳稳当当地吹,道家曲越热闹越好。一套曲下来不能变样。原村里庙中的和尚都会吹,也去雄县大步村庙吹,和尚来找我姥爷王永发一起吹。本音乐会属于僧门,音乐会与念经是两码事。

韩福顺原打鼓,他去北京买鼓,不出那个"咚"音的不要!他买的鼓,音就是好听。这里的武场也是"盖京南"。"文化大革命"中这架大鼓烧了,韩福顺心痛好长时间。点笙音要花几百大洋,两架云锣点音,花了三百多大洋。韩福顺教了葛各庄音乐会。

【所知其他音乐会情况】韩庄、西安各庄是本会传去的。原来,西安各庄的张德华,就找我一起吹。雄县开口村也有音乐会。昝岗王庄曾与北大营对棚。

女僧们大都留着大辫子,只有掌教的女僧落发。任丘义伦堡村(音名)有许多女僧,陵车村(音名)的女僧吹得好。我听过女僧与男和尚一起吹,不经常在一起,就不是群乐,虽然是念得一样的曲,但不经常吹,合不到一起。女僧有十几个,一棚人。女僧们不念经,有时"跑场"。

【笙的情况】刘信臣(父亲吹笙)背诵的"笙苗歌":

1	2	3	4	5	6	7	8	9	10	11	12	13	14	15	16	17
凡	凡	一	五	凡	凡	工	五	尖	小	工	尺	六	合	尺	哑	靠
上	工	四	一		四	四	上	一	四	六	合	六	合		乙	凡
			尺			尺			五	合	上	上				

张少清说：音乐会用全簧笙，吹打班用十二匹簧笙，失了"凡"字。

【录音】为张少清录音时，他说：五十年没看谱子了，但心里有点根，现在还能唱。从表情来看，他一直不知道音乐会谱本存在刘信臣家中，看到谱本，非常高兴，十分珍爱地翻着谱本。可以看出，他确实很长时间没有看谱子了。但从他的韵谱来看，基本功扎实，虽然许多慢板的"阿口"要琢磨一会儿，但大体过得去。我们送给他一份复印本，他走时，十分小心地挟在怀中，肯定地说，回去恢复一段时间，可以把所有曲子韵唱下来。

【宫调】正调、背调、越调、凡字调。《锦堂月》(录张少清韵谱，从第四行开始入板)用"哑一、靠凡"，谱本上该曲倒数第五行，"一上尺"是"哑一"。"凡"字都是"背凡"。管子筒音"四"。背下孔出半音，出"哑一、靠凡"。越调总是尖音。有"四字调"，"尖一"孔出"五"。

(调查日期：第一次：1994年1月28日，调查人：张振涛。第二次：1995年1月17日，调查人：钟思第、张振涛。第三次：1995年2月7日，调查人：钟思第、张振涛。)

河北省保定市雄县南十里铺镇南街

【地点】河北省保定市雄县南十里铺镇南街
【邮编】071800
【会名】北乐、南乐、鼓乐
【联系人】张富才（82岁）

因为张富才学生姜孟州，从张富才音乐会分离出去（实际张富才已把音乐会交给学生，不在会，不参加活动了），自己挑头组织了音乐会。所以我们只采访了张富才。采访地点在他家房子里间。他家面街，前房由女儿开了一个杂货店，生活较富裕。

张富才20岁时，跟旧新城县狼沟（距本村70里地左右）庙里的一个和尚（名海波），另一个老道（名法良）学吹管。当时老师年龄50岁左右。他们说：这一片没有大管子，所以让张富才别学小管子，学吹大管子，因为张的功夫好。学习时要来回走，称"请经"。张不识字，也不识谱。但耳音好，全靠背谱。老师也是先让念谱再学吹。该音乐会只吹曲子，不念经。他称这个音乐会是北乐。"北乐我是门里出身。""南乐是学歌曲，吹吹戏。"张富才祖父张凤和、父亲张景连、大爷张景深、二大爷张景路，都吹管、吹笙、吹唢呐。父亲张景连吹大管，也属北乐。

1951年，张富才由徒弟粟金池（全能）介绍到北京中国戏曲研究院，大约住了一个月。因他当时在家里带领音乐会，很快就回来了。"我家里有个班，我离不了。"1953年，又去北京，住北池子中国京剧院，约两个月。后跟中国杂技团出国演出，"是周总理亲自批的"。去的国家有苏联（莫斯科）、芬兰、丹麦、瑞典，后又回芬兰，然后回国。演奏乐曲都录了音。他说："让我留在北京工作，我不干。"他回乡后，在农村剧团拉弦。1958年，"北京"调他去西安空军后勤京剧团参加慰问演出。

当时西安正在建机场。1961年张又回到家乡，在县京剧团排练《龙江颂》。"不让走了，就留下来。"

他先后教了十几个徒弟，其中姜孟州自己拉了一个班，后来这个班又分为两个班。大管子没教过别人，只教了自己儿子。他说：现在教徒弟时还念工尺，但他们学了后就翻成简谱再吹。他说：村里音乐会一直有，"文化大革命"中也没断。现在村里音乐会有两个，都有四五十人。丧事用一个"经鼓"，红事用"对子鼓"（两个鼓）。结婚时吹戏。过去学这个，老人支持，现在没人支持。

他的第三个儿子张长年（28岁），12岁时跟父亲学吹管。张长年（小学四年级毕业）不识谱，也没学过韵谱，只靠听父亲吹，记住曲调便能吹。现参加本村音乐会。这个音乐会的会头是张宏志，约有40—50人。张长年说：他吹南乐，但不加唢呐。

张富才说：音乐会编制是，大曲笛、云锣（双云锣）、笙、管、大鼓、小钹、铛子、大镲、大铙。南乐编制是：大管、笙、胡琴、云锣、笛、打击乐器。

【谱字】韵谱时念的：一、上、五、六、凡、工、尺、合、四。

【曲目情况】大曲有：（正调)《骂玉郎》《穿花柳》打家伙接小曲；《普庵咒》(和尚念经的曲子)；《泣颜回》(小工调，也可以用别的调，但不好听)；《大花园》(正调)；《锦堂咒》(梅花调＝反调)。

小曲有：《宝盒儿》(七个眼的正调)"引子""脑瓜"接《挑袍》(正调)，《甘枝》、《感皇恩》(七眼转六眼的正调)、《番不楞》(七眼转六眼的正调)、《放驴》(吹惯了六个眼的正调，别的不合适)，煞住后接《小列子》，接"打铜器"(打家伙)。

打一番，吹一番，吹《春秋四季》。头一个《金字经》→《豆叶黄》→《柳叶儿黄》→《五一五》→《春秋四季》。

【宫调情况】北乐调门：七个眼的正调、六个眼的正调、越调、小工调、闷工调、乙字调、六个眼的反调。南乐用两个调门：正调、小工调。

【录音情况】张富才与儿子张长年吹奏了《放驴》《四上佛》《爬山虎》《豆叶黄》《五一五》《四季》《织薄席》。

【现存乐器】张富才有一支九孔大管，因为第九孔常年不用，已经用木头封堵。此管现在是儿子张长年用。管子有多年历史，表面摸得很光亮。张长年说，有一次，音乐会活动（办丧事），曾被公安部门查交乐器。他很不满地说：县里有活动，村里有活动，他总是一马当先，不计报酬。轮到自己有活动，却要被查办，没收乐器。当时也把一些乐器给砸坏了。

［调查日期：第一次：1993年7月8日上午，调查人：薛艺兵、张振涛。第二次（日期不详）：薛艺兵、钟思第采访该村音乐会。］

河北省保定市雄县孤庄头乡孤庄头村

【地点】河北省保定市雄县孤庄头乡孤庄头村

【邮编】071800

【会名】音乐会

【联系人】刘万福（会头）

【会员情况】原有45人，现有十几人。该会实际已处于解散状态，四年多没活动。

【现存乐器】八孔大管1支、八孔中管1支、九孔中管1支、九孔小管2支（老管）、十七簧木斗笙1攒（有百年历史，现还能吹，音色纯正）、老云锣2架。

【会史】刘万福（77岁）说：他从14岁开始学音乐。原来音乐会编制有两管，八攒笙（七攒木斗笙），两架云锣。他老师就是哥哥刘万亭。刘书起说：村里不重视音乐，如果上级支持，音乐会是可以重新恢复的。张更祥（79岁，原会头）与刘万福不甘遗弃传统，在音乐会停止活动的情况下，于1992年正月十五吹了半夜，刘万福突然得了脑血管痉挛，从此家人再也不让他继续演奏乐器。但老人热爱音乐，我们的采访，又唤起了他的怀旧感情。在家人管制下，为我们韵谱，吹了两支曲子，欲罢不能。看得出，刘万福的水平相当出众。他把所有老乐器留在身边，炽热感情，由此可见。

值得注意的是，刘万福可以演奏九孔管子所有音位。第二次采访时，他身体较好，演奏了许多曲子。

【经济】村中道路全铺上柏油路，是经济较好的村庄。刘万福说，年轻人都去做生意，没有人学音乐了。

【人口】3000多人

【乐谱】有两本谱本，无封面。据刘万福说，抄于同治年间。谱字属俗字谱系。

【曲目】刘万福说：音乐会以前能演奏八套大曲：《普庵咒》《咒锦堂》《锦堂月》《泣颜回》《挑袍》《骂玉郎》《同法界》《大走马》。另有许多小曲，如《小走马》等。

雄县孤庄头乡孤庄头村谱本（一）目录

1.《感皇恩》	2.《粉碟子》	3.《二节》	4.《三节》	5.《四节》
6.《伍节》	7.《陆节》	8.《柒节》	9.《过街先》	10.《凡字吊合工拍》
11.《大走马》	12.《二节》	13.《三节》	14.《四节》	15.《传拨造》
16.《柒弟兄》	17.《沽美酒》	18.《望江南》	19.《泣颜回》	20.《甘州歌》
21.《下山虎》	22.《豆叶黄》	23.《灯赞》	24.《尾声》	25.《挑袍》
26.《二节》	27.《三节》	28.《四节》	29.《伍节》	30.《六节》
31.《柒节》	32.《八节》	33.《祭抢》	34.《救主》	35.《劣马》
36.《小劣马》	37.《张公赶子》	38.《逃军令》	39.《壹支雁》	40.《将军令》
41.《同法界》	42.《哭城》	43.《望夫山》	44.《柳合烟》	45.《拾贰月》
46.《尧民歌》	47.《梧桐叶》	48.《清天歌》	49.《奉词歌》	50.《下山虎》
51.《小走马》	52.《仙人送花》	53.《奠茶歌》	54.《纸幡》	55.《叁奠茶》
56.《小华严》	57.《三进礼》	58.《醉太平》	59.《二节》	60.《翠珠帘》
61.《鹅郎子》	62.《二节》	63.《三节》	64.《四节》	65.《伍节》
66.《六节》	67.《三归赞》	68.《撼动山》	69.《后拍》	70.《昼锦堂》
71.《得胜令》	72.《锦堂月》	73.《醉公子》		

雄县孤头庄乡孤庄头村谱本（二）目录

1.《锦堂月》	2.《醉公子》	3.《金字经》	4.《灯赞》	5.《鹅郎子》
6.《得胜令》	7.《昼锦堂大哨》	8.《锦堂月》	9.《醉公子》	10.《金字经》
11.《灯赞》	12.《尾声》	13.《挑袍》	14.《贰节》	15.《叁节》
16.《四节》	17.《伍节》	18.《六节》	19.《柒节》	20.《八节》
21.《张飞祭枪》	22.《救主》	23.《劣马》	24.《鹅郎子》	25.《劣马》
26.《鹅郎子》	27.《后拍》	28.《泣颜回合四拍》	29.《泣颜回醉太平》	30.《二节醉太平》
31.《粉碟子》	32.《贰节》	33.《叁节》	34.《四节》	35.《伍节》
36.《陆节》	37.《柒节》	38.《锦堂月》	39.《榜桩檀》	40.《昼锦堂》
41.《老木歌》	42.《清天歌》	43.《拾贰月》	44.《尧民歌》	45.《金字经》

（续表）

| 46.《倒剔金灯》 | 47.《普庵咒》 | 48.（以下残缺） | | |

雄县孤庄头乡孤庄头村音乐会会员登记表

姓　名	年龄（岁）	擅　长	姓　名	年龄（岁）	擅　长
刘万福	77	管笙	张宗礼	78	笛
刘书新	34	笙	刘书起	30	管
张纪红	59	钹铙	边爱臣	57	钹铙
张更祥	79	笙	张雁群	32	笙
齐喜庆	34	管	刘二旦	41	武场
张更常	8	云锣	刘书仁	59	武场
许伯钢	31	笙			

备注：原音乐会的老师傅是李振明（已故）

［调查日期：第一次：1993年8月4日，调查人：乔建中、张振涛。第二次：1994年1月28日，调查人：张振涛。第三次：1994年1月29日，采访刘书起（刘万福侄子），调查人：张振涛。第四次：1995年1月22日下午，调查人：钟思第、张振涛。］

河北省保定市雄县米北乡米黄庄

【地点】 河北省保定市雄县米北乡米黄庄

【会名】 音乐会

【联系人】 张国本

【会员情况】 都是老人，最年轻的50多岁，都是1949年前学的。

【乐器】 存有九孔管子，原有十七簧木斗笙。

【会史】 音乐会也叫"顺香会"。正月十五出会。农历三月十五奶奶庙庙会，解放前搭棚，活动三四天。挂奶奶像，挂释迦像。今年春天还有老人死了出会，但最近，死了也不应了。有"老忙"还使我们不忘了这事。

这次采访随车带着韩庄音乐会解永祥，米黄庄音乐会老人认识他。所以谈起他们之间的交流情况。过去与韩庄有交流。但我们与韩庄曲子不一样。程万香过去（30年代）跟韩庄解永祥的前辈学过。但程万香说，他8岁时就有音乐会。他说：我学时人家不要我，嫌我个子小，人家把我撵出去。我爷爷问我，你就一直往里钻，你会吗？我念了一个曲，比他们学得还快，所以就让我学了。米北村有音乐会，我们是跟他们学的。

过去是"老佛门"，不是"白莲教"。"白莲教"是反动会道门。念《大法经》《土地卷》《普庵咒》。原会里有专门念经的。西大村有庙，有和尚。老和尚吹的是我们学的北乐。吹大管的南乐，没有经。原音乐会不穿和尚道士衣服。

【活动】 现该村音乐会已不活动。

【村史】 过去12个小队，现分24个生产队。

【人口】 3000多人，占全乡四分之一。

【**经济**】全村主要经济行业是做纸花，70%的人从事此业。

【**谱字**】上、一、六、五、凡、工、尺。

【**宫调**】小哨正调、背调、越调、凡字调、小工调、靠凡调。

【**乐曲**】大曲后可以挂小曲，小曲带打家伙。没有大套曲。以下曲名是采访中老人们所说。

米北乡米黄庄音乐会常用曲目

1.《锦堂月》	2.《昼锦堂》	3.《小花园》	4.《泣颜回》	5.《普庵咒》
6.《挑袍》	7.《大走马》	8.《小走马》	9.《鹅郎子》	10.《醉太平》
11.《老来歌》	12.《四季》	13.《小烈马》	14.《大烈马》	15.《八板》
16.《翠竹帘》	17.《宝盒子》	18.《赶子》	19.《五声佛》	20.《金字经》
21.《小二番》				

米北乡米黄庄音乐会会员登记表

姓　名	年龄（岁）	擅　长	姓　名	年龄（岁）	擅　长
张国本	70	笙	刘文兴	65	鼓
刘国英	60	武场	程万香	71	管锣
张国华	60	笙	张宝元	60	笙笛
刘文田	55	铙	刘树德	57	笛鼓
冀定先	60	笙	李　芳	50	云锣
周　朴	63	鼓			

【**补充资料：再访程万香**】

农村生活太单调，音乐会是为了调剂一下生活，但大队不支持。音乐会叫过"顺香会"，因为村里有许多妇女、老太太组织了"奶奶会"。三月十五闹，叫音乐会协助，所以叫"顺香会"。音乐会与顺香会，平常不在一起活动。"七七事变"（日本侵华）后就没了。原有老佛门，有经卷，有《土地卷》《十王卷》《大法经》（上供时念《大法》）。"事变"后这些经卷还在念，但程度就差了。至"文化大革命"就烧了。老佛门、顺香会不一样。音乐会的主旨是行善，学规矩，做好事。"好者为乐"。老佛门有时集中起来，大家祭供一下庙。仪式完毕后，大家把东西用了，谁也不准拿回去。要是看病，看病也不要钱，还管你吃。正月里、十月里，办两次供，这两次吹打一天，白天吹。"养功"治病，不用香，主要用气功，求份"茶叶"。音乐会行善，不用钱财，送东西一概不收。解放初期，这些活动就有限了，但治病未断。县里有统一指示，不能办会，但可以治病。易县后山奶奶庙，我会没去过，但村里老太太们去过。她们不怕远、不怕难。（顺香会）有一个吊挂，画的是奶奶像。音乐会也为老佛门服务，音乐会也有道里的人。

米家务北庄有音乐会，我们跟他们学过。原米家务北庄有五个村，称为"五头"。东大村、西大村各有一个大寺庙，东大村是"三关庙"。原米家务音乐会的会底，是西大村庙里传的。这也是听老人们说，我这一代也没见过。那个会也是在"抗战"时停了，因为大寺被烧了，乐器（家伙）也烧了。我记事时，庙里还有和尚。

与韩庄有亲戚，解永祥父亲我们叫姨父。所以在一起时，他说：你要学这个，教你们几个曲子。本会的曲子，来自三个会。米家务、韩庄、板东（东板家窝）。《合四拍》是米家务音乐会传，《蛾螂子》是板家窝传的。他们的头管，曾经来本村做工。他听到音乐会活动，就打听来了。他拿起管子一吹，吹得好。他每天晚上来参加会里排练，并教了我们一些曲子。我们学会了曲子，就记下来，谱本就成了。本会的老人纪俞山（已故），立了个大本。他儿子不好，因拆房，谱本就失落了。我们学过《普庵咒》《泣颜回》《昼锦堂》《珍珠马》《大走马》《小走马》。

录音：韵谱《下山虎》《蛾螂子》《合四拍》《合工拍》。大曲最后一个是"韵板"，奏几个慢音，没有"后拍"。

原本村里有"禹王庙"，有过求雨。戴柳条帽。有两根横着抬的大红杠子，下坠一个"磨盖"。抬关公老爷像出来，扎起架子游街。一般找一大场院。每人背一个搭子，所有人面向外。扛着两丈长架子，围成一圈转。两个叫"抓桥"的人，站在杠子上面，一边站一个。两人必须拿架子，叫"燕飞"势（两只胳膊平伸），"佛前一炷香"势，把胳膊架在像前架上。还有"八步禅势"，在地上抬架子的人，尽量快地轮转，不管多快，架上的两人，身子也不能动。求雨没有"香头"，一般是村里老人组织。吵子会的锣鼓，参加这种活动，音乐会不参加。

　　我爷爷、父亲都好音乐。但都是穷人，没有多少钱，开始办会时，买笙是我家出的钱，后来会里人看到，很感动，大家凑粮食出钱，买了鼓等。村里入会的户，有五六十户，所以村公所干涉不着，他们一分钱也没拿。现在有愿意学的，我请他们。师傅请徒弟！但还是没人学。

　　听说钟先生不远万里来，他说：到我们茅栏草舍，真是不容易。他不断地说：这位朋友好！

　　（调查日期：第一次：1993年8月29日下午，调查人：乔建中、薛艺兵、钟思第、张振涛。第二次：1995年1月23日上午，调查人：钟思第、张振涛。）

河北省保定市雄县西昝乡北大阳村

【地点】河北省保定市雄县西昝乡北大阳村

【邮编】071802

【会名】音乐会

【联系人】董新年（60岁，吹管，任村书记）

【乐器】管2（一支九孔、一支八孔）、笙8、笛4、云锣2（存孙文学家）、鼓1、小镲铬（板）1、钹、铙。五个打家伙的算是一棚。

【会史】董新年（爷爷董福兴，已故，吹笛；父亲董凤祥，已故，时年84岁，属马，吹管）说：我12岁跟师傅韩振海（50年代去世，时年76岁）学管子。我存有两支小管，一支（九孔）是韩振海传，一支（八孔）是我父亲传。另一个师傅岳福寿（1949年前去世），也是我父亲的师傅。韩振海、岳福寿俩人的师傅，叫石德山（也称石玉山），我没有见过他。我父亲、岳福寿、韩振海，三个老师教我。小时候，把谱贴在床头上，早晨一醒就念。在墙上画出云锣，对着墙打，练长了，墙上打出几排孔。原会头叫刘健贤（吹笙），中华人民共和国成立前他母亲十分热爱音乐，她老人家白天到地里去收大麻，晚上做成灯绳，为我们"撑灯"。许多人去他家学音乐，她也不嫌烦。刘健贤一辈子未婚，过去当过"地方"。

1949年后这一辈人，有30多个孩子一起学。老师抄一个小曲，我们学一个。如《金字经》《醉太平》《四季》《赶子》。开始学的曲，叫《玉鹅郎》。顺序是，先易后难。中华人民共和国成立前断了一段，1951年开始恢复，1957年后就散了。有时，村里有老忙，请外面的吹打班，我听了还是忍不住，凑上去吹一段。小时候学的东西，听见心里就痒痒！

原村里有大寺，"有大寺就有音乐会"。老人们说本村音乐是北京的和尚传来的。

【活动】"路灯会"就是沿路挂灯。有《西游记》吊挂等。"路灯会"有三亩七分地，打的收成，换成钱买挂灯，不够再收个人的。原来年三十时，在村中奶奶庙坐棚。正面挂"奶奶像"，两边挂"十殿阎君"，称"奶奶会"。正月十四、十五、十六，吹三天。四月十八去昝岗、大芦昝村药王庙进香。有茶棚，但无茶棚会。音乐会无收入，个人收粮食，一升一斗（14斤算一小斗）不等。后拆了"老爷庙"，卖了砖点笙。葛各庄范会来，来点笙。后来我学生利云腾学点笙，现在会做笙。

【所知其他音乐会情况】新城县南宫井音乐会，曾与我们对棚。本县葛各庄、北沙口、东侯留村，都跟我们村学。记得小时候，这些村音乐会的人，给我们会的小孩买东西吃。东侯留音乐会活动后把我们接过去，买东西送我们。孤庄头比葛各庄早学。

【会规】我徒弟利云腾（管、笙）当了吹鼓手，出门赚钱，犯了音乐会的会规，音乐会把他除名！虽然音乐会现在不活动了，还是有个根，没有完全解除。

【宫调】正调，上背凡调，下背凡调，上隔字调，下隔字调，上越调，下越调，上靠凡调，下靠凡调（注意："隔字调"的"隔"读"皆"）。九孔管背下孔吹"哑凡""靠凡""背凡"时用。师傅说：加后面两个孔，可以吹九个调。

【乐谱】谱子是孙法堂（已故）、韩振海抄。在韩家摆开桌子，那时我在旁边研墨，师傅们边抄边唱。我现在想起来，好像就在眼前的事（董新年讲这些话时，情绪十分激动，可以看出，他对老师的感情非常深厚）。老本上有写着是明代传的，中华人民共和国成立后又抄了一遍。谱本存在利云腾家中，董新年特去拿来。

该谱本序言与雄县葛各庄音乐会谱本序言，除个别词句略有不同外，基本相同，可以证明，葛各庄音乐会学于北大阳村，并抄录了北大阳村音乐会谱本。葛各庄谱本无"赞音乐对联"一项，现抄录如下。

诗

古遗音乐会 由明至大清
敬神祭天地 流传百世通

曰

敬天地礼神明守法重师尊
奉祖先孝双亲爱兄弟信朋友
睦宗族和乡邻别夫妇教子孙
时行方便广积阴功但行好事
莫问前程

词

曰

万善同归普结良缘
能行好事神目如电
古来经史诸书所载历代朝帝
事迹之终始也开天地盘古始
有天皇地皇人皇氏天皇伏羲
氏地皇神农氏人皇有熊氏合

尧舜为五帝故共称之谓三皇
制世五帝为君也然考之于书
尧禅位于舜舜禅位于禹俱是
揖逊相承非若征诛而得天下
故中天之乐尽美尽善箫韶九
成于性分者也盖古之音乐
原于凤凰来仪也古者作乐之
器必有八音匏土革木金石丝
竹匏为笙土为埙革为鼓木为
琴瑟金为钟石为磬丝为弦竹
为箫管此八音之乐器也
明敬天地会首设坛沐手焚香
设坛作曲曲名有倒提金灯普

庵咒金字经五声佛三国赞二
献礼灯赞赞尾沙其余糜可数
举敬神壹曲虽不能如古人之
作乐亦庶几麒麟之有走兽凤
凰之有飞鸟也故孔子周游列
国至暮年赞修删订孔子聪不
孟子亦有言曰师旷晋之乐
六律不能正五音之乐
师也六律者截竹为筒阴阳名
六以节五音之上下阳六律
黄钟太簇姑洗蕤宾夷则无射
为阳大吕夹钟仲吕林钟南吕
应钟为阴六吕也五音者宫商

角徵羽也女娲氏作笙丘仲作
笛周室伊耆氏作鼓为群音之长也
在昔云锣为串管者
主一倡百和分天地人三才上
中下分七音尺上一五六凡工
尺为上五为中工为下靠五
字为上靠五下隔一字为下隔
上隔一字为上隔五下隔二字
一字为下调五上隔二字为下月
调论笙管七调为正一凡二音
调为群音五音
为变音笙有八调有一闷宫调

论音者谓宫商角徵羽配地支
古者南风之歌琴本五弦至周
而增为七弦也虽今乐不如古
乐使于此而肆焉久之而亦可
以荡涤其邪秽消融其查孽虽
日未学亦未必不由陶淑而归
于善也
又录醒世文
救苦急造经文修桥梁戒放生
尊近德远凶人仁慈满恶不存
人不见神早闻加福寿庇儿孙
灾消祸不侵吉星照福禄临身
不守法不俭勤信邪教损

有人持诵富贵功名吾
无他技众善奉行
又录赞音乐对联
月明院落迷灯烛
风遇楼台度管弦
铿锵节随晓梦清
错杂音成春律合
缓奏笙镛声曲雅
合鸣金石韵悠扬
戛击新声歌大厦
铿锵妙曲奏钧天
魏侯卧听心忘倦
郢曲高歌和且稀
民国三十八年岁
次己丑梨月重订

雄县西昝乡北大阳村音乐会谱本目录

1.《崔诸连》	2.《对伍》	3.《金字经》
4.《抱盒子》	5.《五声佛》	6.《小走马》

(续表)

7.《圣胡芦》	8.《早朝尖》	9.《小马上桥》
10.《小列马》	11.《灯赞》	12.《国赞尾》
13.《柳红烟》	14.《春》	15.《夏》
16.《秋》	17.《冬》	18.《三国赞》
19.《琵琶论》	20.《郎袍沙》	21.《虎袍沙》
22.《三皆礼》	23.《张公赶子》	24.《赶子二个》
25.《赶子三个》	26.《计羌》	27.《陶君令》
28.《汉洞山》	29.《对太平》	30.《玉娥郎》
31.《珍珠倒卷帘》	32.《天下太平》	33.《天下太二身 三还套月》
34.《海底捞明月》	35.《下山虎》	36.《口内藏花倒提金灯》
37.《尖背凡倒提金灯》	38.《上隔子倒提金灯》	39.《上隔子普庵咒》
40.《靠凡倒提金灯》	41.《靠凡普庵咒》	42.《上靠凡倒提金灯》
43.《月调倒提金灯》	44.《普庵咒》	45.《倒提金灯》
46.《叁环玖转朴坛咒》	47.《四上泊》	48.《正调骂玉郎》
49.《二身》	50.《三身》	51.《头个洛感皇恩》
52.《二个洛采茶歌》	53.《三个洛寄生草》	54.《四个洛甘草节》
55.《正调凡鬼台》	56.《正调大红袍》	57.《二身包老崔》
58.《三身象牙床》	59.《四身元合会》	60.《挑袍用一支燕》
61.《正调大挑袍》	62.《四生拍》	63.《夏行舟》
64.《二身游四海》	65.《靠凡 西文经 头身子》	66.《靠凡 月吊 第二身 劝善成》
67.《靠凡 三身 同法界》	68.《月吊 西文经 头身》	69.《月吊 二身 劝善诚》
70.《月吊 三身 同法界》	71.《尖背凡 西文经 头身》	72.《尖背凡 二身 劝善成》
73.《尖背凡 三身 同法界》	74.《口内藏花 西文经 头身》	75.《二身 劝善成》
76.《三身 同法界》	77.《靠凡 金堂月 头身》	78.《金堂月 二身 榜桩台》
79.《金堂月 三身 咒君堂》	80.《金堂月 四身 老末歌》	81.《金堂月 五身 青天歌》
82.《金堂月 六身 四季歌》	83.《金堂月 七身 元民歌》	84.《合四调》
85.《大走马止调》	86.《走马二身》	87.《头个洛 川飞罩》
88.《二个洛 七兄弟》	89.《三个洛 沽美酒》	90.《四身洛 皂罗袍》

（续表）

91.《燕过楼》	92.《正调齐烟回头身》	93.《齐回二身》
94.《齐回三身》	95.《正调合四泊》	96.《正调小花园头身》
97.《二身》	98.《花园 头个洛 春海棠》	99.《二个洛 夏日莲》
100.《三个洛 秋桂花》	101.《四个洛 冬腊梅》	102.《正调西文经头身子 用合四调的泊》
103.《第二身 劝善成》	104.《三身 同法界》	105.《正调 咒金堂 头身 用合四调》
106.《金堂月 是咒金堂 二身》	107.《三身 醉公子》	108.《合四调 正调》
109.《正调 金堂月 用合四调泊》	110.《金堂月 二身 榜桩台》	111.《金堂月 三身是咒君堂》
112.《金堂月 四个身 老末歌》	113.《五身》	114.《六身》
115.《月调燕过楼》	116.《月调 烟回 头身》	117.《月调 烟回 二身 双板罗》
118.《月调 烟回 三身 补灯娥》	119.《下靠凡 大红袍》	120.《二身 包老崔》
121.《三身 象牙床》	122.《四身元合会》	123.《凡鬼台上靠凡》
124.《大红袍完 头身上靠凡》	125.《二身 包老崔》	126.《三身 象牙床》
127.《四身 元合会》	128.《闷工调 花园》	129.《头身》
130.《二身》	131.《接小花园头个骆子 闷工名春香》	132.《二个骆子下日莲》
133.《三个骆子秋菊花》	134.《四个骆子冬腊梅》	135.《下月调花园 合四泊》
136.《月调花园 头身》	137.《二个身》	138.《头个骆子春香》
139.《粉蝶子》	140.《二身》	141.《三身》
142.《四身》	143.《五身》	144.《六身》
145.《七身》		

雄县西昝乡北大阳村音乐会会员登记表

姓　名	年龄（岁）	擅　长	姓　名	年龄（岁）	擅　长
董新年	60	管	李观顺	60	笙
孙文学	62	云锣	刘振声	62	笛

(续表)

姓　名	年龄（岁）	擅　长	姓　名	年龄（岁）	擅　长
石广智	40多	笙	孙发帽	50	笙
孙吉颜	63	笙	孙发义	64	笙
利云腾	47	笙管	孙发来	40	管
李音奇	50多	云锣	李树田	70多	云锣
石万生	-	管			

备注：石万生是原老师傅石德山的侄子。已故老会员情况：李树田（李音奇父）与我父亲一辈，云锣打得很好，每个音打双音。原刘凤堂（笙）。

（调查日期：1995年1月20日下午，调查人：钟思第、张振涛。）

河北省保定市雄县张岗乡南庄子

【地点】河北省保定市雄县张岗乡南庄子

【邮编】071802

【会名】音乐会

【联系人】高鑫（村长，笙）

【会中情况】原村中音乐会（属僧门）有几十人，高通是会头。吹过《普庵咒》《小走马》。开始学时，有百八十口人，后剩下十几人。现音乐会已经停止活动。村里老忙，请外村音乐会来。这些老年人能闹到哪时？没有年轻人学了。本村无庙，2700多口人。

【谱本】我们住在雄县邮电局招待所，看门老人是南庄子人，说该音乐会有一本谱本。他年轻时常在音乐会排练时看他们演奏，甚至还能哼几句工尺谱，用手比画着形容谱本的长宽。但采访该村时，发现音乐会已完全不活动了，谱本不知存在何处。

雄县张岗乡南庄子原音乐会会员登记表

姓　名	年龄（岁）	擅　长	姓　名	年龄（岁）	擅　长
高进池	60	管	高树波	59	管
高老营	60	笛	杨三银	62	笙
郭树本	58	笙	陈燕令	58	笙
高　通	-	武场	金根杨	58	云锣
刘晓堂	65	板	刘志祥	70多	武场
高法林	63	管			

（调查日期：1995年1月18日，调查人：钟思第、张振涛。）

河北省保定市雄县双堂乡杜庄

【地点】河北省保定市雄县双堂乡杜庄

【会名】南乐会

【会史】程琢（61岁，会头，笙）说：全部的人共24名。10攒笙（笙是老的、十四匹簧）、4个管、2横笛、1架云锣。会棚是老的，鼓也是老的，上有"中华民国三十年制"字样。

我学时16岁，算本会第三代。日本侵华时，第一代人在村里挖的地道里学的。师傅是从徐水县来的，姓何。原属"老佛门"，搬到这里。因为我村有老佛门。何家孩子不好这个，就断了。村里"老佛门"与音乐会是一事。出会时前头念经，后面吹音乐。原有经本，记不得什么名字。谱本"文化大革命"时失落，会旗也失落了。原没有吊挂。常用曲子有：《普庵咒》《乱板（茉莉花）》《四上板》《老来歌》《泣颜回》《八板》《蛾螂子》（从曲目看，该村南乐会与音乐会很接近）。《普庵咒》原可以念经。主要参加老忙，正月十五闹会，大年三十闹过会。

原与米黄庄、赵岗有交流。我看过中央电视台报道的屈家营音乐会。

（调查日期：1995年1月23日中午，调查人：钟思第、张振涛。）

河北省保定市安新县赵北口镇南街

【地点】河北省保定市安新县赵北口镇南街

【邮编】071600

【会名】音乐老会

【联系人】李双乐（书记）、李德罕（会长）

【人数】35人（再加上新学员有40余人）。30岁以下有16个，50岁以下10多个，50岁以上10多个。"在会"户数380多户。会中人说：每年都有年轻人学习音乐，一般在十几岁，有十一二岁就开始学的。甚至在"吃食堂时""文化大革命"中，各个音乐会都散了，本会也从未间断过。

【会史】李德罕14岁开始学音乐，请容城县平王乡畓村音乐会的人来教，畓村的音乐会已散。

【资助形式】音乐会存有五本记录每年的"捐资录"，可以让我们了解音乐会经费来源情况。音乐会用这些捐赠的钱，购买乐器，置办出会时所用的其他物品。现将其中一本"捐资录"全文抄录，这仅是赵北口音乐会存有的历年捐资情况的五本"捐资录"之一。"捐资录"用毛笔竖抄在自己装订的长型纸本上，每一页右上角都有该页钱数的统计，最后是总的统计数字。捐资者的姓名，有许多是村民平日的称呼，我们看起来不免有随便之感，但这些称呼在村民们之间是亲切的。

音乐老会一九九〇年农历正月十五日

85 徐贺秋 拾伍元 李尚仁 拾元 王大新 拾元 张小白 拾元 徐大林 拾元 章德平 拾元 季老九 拾元	**西街 西街 东街 80** 郝顺杰 拾元 李小义 拾元 尚老乐 拾元 王大万 拾元 腾大乱 拾元 王小友 拾元 范春玉 拾元	**东街 北街 80** 周大卷 拾元 尚胖四 拾元 尚春苓 拾元 贾尚庄 拾元 尚郝老话 拾元 郝克军 拾元 粟多其 拾元	**东街 东街 东街 80** 薛老补 拾元 徐金锁 拾元 杨林城 拾元 薛三江 拾元 徐长柱 拾元 李老子 拾元 张守仁 拾元 王大其 拾元	
80 范之九 拾元 李章孚 拾元 吕小球 拾元 王友和 拾元 孙小扣 拾元 马增禄 拾元 马增其 拾元 王金水 拾元	**东新村 北街 西街 80** 尚云庄 拾元 粟小华 拾元 粟金洞 拾元 徐老乱 拾元 章老年 拾元 王小会 拾元 王大亮 拾元 尚秋林 拾元	**北街 北街 85** 章老肥 拾元 李家林 拾元 王根义 拾元 尚文卯 拾元 徐金德 拾元 张和祥 拾伍元 王觉明 拾元	**西街 西街 西街 100** 章小计 拾元 王友顺 拾元 徐宝倍 拾元 王增春 拾元 杨苓仁 拾元 王贵生 贰拾元 腾蛤蟆 贰拾元 菜玉秋 拾元	
西街 东街 100 王德俊 贰拾元 贾仁祥 拾元 李小六 拾元 李春和 拾元 范小还 拾元 李令信 拾元 张法仁 贰拾元	**东街 西街 西街 80** 袁和明 拾元 王秋发 拾元 周宝义 拾元 王二龙 拾元 陈赶夫 拾元 尚老年 拾元 吕增文 拾元 范春 拾元	**北街 东街 北街 140** 尚玉庄 肆拾元 王春义 肆拾元 张李怀鹤 拾元 李 小金 拾元 王金银 拾元 张锁 肆拾元 徐水 拾元 王江 拾元	**西街 西街 东街 西街 90** 尚根柱 拾元 徐万歧 拾元 郝爱民 拾元 王老远 拾元 叶峰 拾元 粟中白 拾元 粟小轩 贰拾元 陈桂民 拾元 建 拾元	
100 范老虎 拾元 王大 拾元 章小志 拾元 袁车铁 拾元 李尚顺 贰拾元 尚二 拾元 李章卷 贰拾元 章树立 拾元	**西街 80** 李乱子 拾元 李老白 拾元 吕庆成 拾元 薛福贵 拾元 李幼熙 拾元 邓 拾元 张尚树八增 拾元 十 拾元	**西街 东街 100** 徐黑子 拾元 吕希朋 拾元 徐文涛 拾元 尚玉英 拾元 王雨 拾元 何大肥 拾元 王老三 贰拾伍元 徐老卷 贰拾伍元	**80** 张贺祥 拾元 杨志兰 拾元 郝小斗 贰拾元 李中田 拾元 袁老余 拾元 徐铁双 拾元 李建中 拾元	

西街 尚小夫 拾伍元 西街 章树栋 拾元 100 尚老根 贰拾元 王 会 拾元 李老明 拾元 吕小铁 拾元 徐铁盔 拾元	西街 张五十 拾元 西街 李小桐 贰拾元 90 张宝玉 拾元 王金锁 拾元 贾 田 拾元 王袁柱 拾元 东街 张老乱套 拾元	西街 徐树清 贰拾元 东街 刘小城 拾元 西街 张老虎 贰拾元 郝缓强 贰拾元 徐文德 拾 东北街 章立 拾伍 北 郝振 拾 115 章大月 贰拾元	东街 张老三 拾元 北街 殷增 贰拾元 袁小明 拾元 刘友皂 拾元 孙豆扣 拾元 苏生 拾元 张夫三 拾元 90 陈本 拾元
西街 李文生 拾元 菜中和 拾元 李袁套 拾元 袁老文 拾元 李小亭 拾元 陈瑞桥 拾元 王小中 拾元 80	西街 李德桐 拾元 张根长 贰拾元 王百仁 拾元 张铁顺 贰拾元 东街 王云祥 拾元 袁凤财 拾元 西街 粟皂 拾元 100	西街 李小锁 拾元 西街 高小跃 拾伍 西街 粟乐光 拾元 王仁吉 拾元 西街 陈余伙 拾元 李老顺 拾元 西街 王二 拾元 85	西街 李小印 拾元 北街 王夫德 拾元 尚贵兴 贰拾元 王大长 拾元 陈增会 拾元 王章锁 贰拾元 邱德纯 拾伍 95 李 拾
90 李小五 拾元 吕仁长 拾元 李桥义 拾元 王庆记 拾元 徐文章 拾元 尚德成 拾元 李法伟 拾元 志 贰拾	2315元 李小东 拾元 徐贺刚 拾元 孙玉先 拾元 张菜增 拾元 薛友 贰拾元 袁大田 拾元 张六秃十 拾元 西街 70	西北街 郝大绫 贰拾元 李德罕 贰拾元 郝国旗 拾元 李家树 拾陆 薛福春 拾元 刘吉庆 贰拾元 150 李金文 拾一个 郝新子 拾元	西街 王二子 拾元 新村 袁小锁 拾元 李老楼 叁拾元 王善眼 贰拾元 刘张德 拾元 张德歪 贰拾元 尚信 拾元 西北街 120 徐 拾
85 东街 张六九 拾元 王乎子 拾元 王铁柱 拾元 李燕林 拾元 徐宏志 拾元 张老肥 拾元 尚令会 拾元 孙老豹 拾伍	东街 张德元 拾元 尚国祥 拾元 张老得 拾元 徐苓子 拾元 张老黑 贰拾元 李怀友 拾元 东街 徐福正子 拾元 80	西街 尚长记 拾元 李棉法 拾元 张五利 拾元 李大田 贰拾元 尚步眼 拾元 徐春礼 拾元 尚生 贰拾 宋延康 拾伍 95	西街 张福祥 拾元 徐仁小 拾元 徐玉锁 拾元 尚章套 拾元 李小僧 拾元 郝乐 拾元 张田 拾元 邱小林 拾元 80

87

700元 东街 尚国民拾元	720元 北街 尚增国拾元	袁门会拾元	李利楼拾元	陈文国贰拾元	郝会伍拾元	礼收款 3060.00 元、 处理煤肉 96.00 元、 收灶款 400 元、 上年转来 33.00 元、 总收入 3193.00 元、 各项支出 2126.00 元 除支净存 1067.00 元 上年利息 793.00 元 总收入 1074.93 元。

李双成豆腐 70 斤、支 31.00 元；	粟凤祥菜旦、支 41.00 元；
王贵生肉 89 斤、上下水 42 斤、支 312.00 元；	张小白麦 10 袋、油 75.5 斤、支 456.00 元；
张八年药物、支 25.00 元；	滕蛤蟆拉煤费、支 12.00 元；
徐大林代销点、支 102.00 元；	王眼猪肉 100 斤、上下水 55 斤、支 362.00 元；
粟令七鸡子 30 斤、支 79.00 元；	李小桐砖铁、支 21.00 元；
叶大雪油 4 斤、支 28.00 元；	郝国其豆腐 80 斤、豆腐干 3 斤、支 40.00 元；
滕蛤蟆煤、鱼、支款 229.80 元；	姚秋东菜组、支款 54.00 元；
王小明采组、支款 61.00 元；	王老年鱼 60 斤、支 144.00 元；
徐老柱劈柴 400 斤、支 44.00 元；	范小堆小鱼 25 斤、支 15.00 元；
滕蛤蟆鱼、饭、碱、支 5.00 元；	张文春劈柴 270 斤、支 27.00 元；
苏支生菜 50 斤、支 5.00 元；	郝欢乐代销点、支 22.50 元；
尚国民代销点、支 9.00 元。	各项支出款 2126.00 元。

【器物】大旗十二面（上写"赵北口音乐会"，字大约一尺，有红、黄两色）；灯笼十六个；会棚一个（约三四米宽，五六米长，四边绣花草鸟兽，颜色鲜艳）；三角会旗（黑底黄字）数面；各种锦旗数面（都是音乐会出会时别村赠送。一般上款写"赠赵北口音乐会"，下款写赠送者）。这些大旗和锦旗有的三四米长，悬挂起来十分气魄。音乐会专有一间房子，存放铜器家伙和器物。

【乐器】管 4、笙 13、笛 2、云锣 2、小铛 1、小钹 1、大钹 15、大铙 6（石家庄买的五斤的大铙，一副 140 元）、一面八面鼓、一面扁腔鼓（出音"塌"）。

【活动项目】正月十五、十六、十七"出会"，正月十五出会的人最多，音乐会沿村里的一条贯穿全村的南北大街奏乐。各家都要在门口接音乐会，燃放鞭炮，以示接神。四月十五，去大庙进香。七月十五晚"放河灯"（白洋淀里放荷灯）。音乐会一年吃一次会，吃会时的费用，由"在会"各家出。在会人有300多家，正月十六吃会。一天两顿，晚上吹音乐。

1993年农历七月十五日，我们参加该镇"中元节"民俗仪式全过程。现把在赵北口的所见所闻记录如下：

是日傍晚，我们下车时，音乐会的会员开始在村部隔壁的小学校门口集结。吃过晚饭的村民步出家门，远远瞅着这边动静。六点半，音乐会开坛叫场式的击鼓筛锣很快变为紧锣密鼓。

一位壮年汉子，手持铳子，即一根半米长木棒，木棒上端，箍着用生铁制成的长圆形套筒，套筒上铸有三个深洞，将火药填入其中凿实，在下面装入引芯，点燃引芯，声如爆竹。每声爆炸的能量，顶得上三个大雷子，一次引爆，连发三响。站在七八米外，亦能感到从摩肩接踵的人群腿缝中撞过来的巨大冲击波。从燃放第一次"爆竹"起，整个仪式算是开始。此后每行约百米，燃放一次铳子，以壮声威。浓烈的火药味，弥漫空中，给满街罩上了一层节日气氛。

音乐会的"行乐"队形排列是：前面八人挑着八只大灯笼，每只灯笼上书写"赵北口音乐老会"或"音乐会"字样。灯笼之后，是手持开道锣的会员。接下来便是乐队。走在最前面的是云锣，后跟一排是三支管子，再后几排是八攒笙，两支笛子。接着是武场的鼓、铙、钹、小镲铬。殿后的是手持绘有"地藏王"像吊挂的会员。另有数位年长会员，称为"跑道"，手持小旗，在音乐会队伍周围开道，维持秩序。

音乐会开始演奏，徐步缓行。整个行进过程中，乐队采用文武场交替演奏形式，文场（笙、管、笛、锣）演奏完一支曲牌，武场（鼓、板、铙、钹）敲打一番，"文""武"轮换，劳逸结合。赵北口村中间有一条贯穿南北的主街道，住宅以此为中心向两旁延伸。音乐会从村南头一直走到北头，穿越整条主街道。几乎全村人都出动了。"沿街空巷，逐队而观"（《道咸以来朝野杂记》）。大量人群，跟随、聚集、簇拥在行乐队伍的前前后后，人声鼎沸，万头攒动。正如清人崔旭《咏皇会》所言："笙歌铙鼓响春雷"，"盈街填巷人如堵"。沿街人家，伫立房门，翘首观望。作为音乐会演奏员，此时成为整个仪仗中心，无比的自豪感溢于言表。

队伍行至村北头，这里有一座四五米长的桥。至此开始向西折，沿水道行进。早已停在那里的一条木船，目击音乐会临近水道时，郑重地将中元节第一盏荷灯放入水中。

音乐会行至村西头时，路中间放置一张桌子，上面摆着三条香烟。老人们告诉我们，这叫"接会"。是音乐会"在会"人家热心捐赠的一种形式。队伍见此，立马打住，为"接会"人家演奏一曲。

队伍渐至村西南方向的码头边，十几条木船早已在此等候。文场乐队坐一条船，武场乐队坐另一条船，热心主人也为我们专备一条船。此时天已大黑。船队鱼贯驶离，观赏村民在岸边筑起了一道人墙，目送行舟。

白洋淀不是那种一望无际的湖泊，而是由无数水道组成，间隔水道的是大片大片茂密的芦苇丛。高大芦苇，一块块、一丛丛、覆盖水面之间凸起的陆洲上。贯穿其间的水道，时狭时阔。最狭处，只能容得下船身，甚至小木船亦不能用船舷划桨，而需用船尾撑杆。宽阔水域，则是真正的一望无际的湖泊。船队缓行，乐队缓奏。船队最后两只尾船上，向船舷两边静静放下一盏盏荷灯。行驶船队拖着两串长长闪烁的灯尾，游向淀中。

荷灯式样有多种，一种是将荷叶平展在水面上，中间放上一寸左右长短的蜡烛，再把用粉红色、黄色、蓝色薄纸扎成的灯罩，套在蜡烛上。另一种干脆用白纸条蘸上蜡，撒在荷叶上。因为荷叶不沾油，隔蜡燃火，毫无关系，泰然自若地漂浮在水面上。

与沸腾喧闹的陆地相比，幽深湖淀，显得分外宁静。荷灯平静伏游于水面，远处望去，水中倒影，渐渐拉长，由宽至细。盏盏荷灯，烛光点点，光晕摇曳，洒在水面上，显得异常安静。是时秋月如盘。月亮在越来越高、摇来摆去的芦叶中穿行，时隐时现。

船队驶入白洋淀深处，狭长水道渐渐宽阔起来。音乐会奏起缓慢大曲《挑袍》。缓缓的乐曲在湖面上荡漾，乐曲节奏似乎控制着行舟律动。

船队绕了一个大圈，驶向出发地村北头。码头边许多人家，面水而居，早已等候在此。音乐会的船，行至某家，音乐一传入，那家人便倾家而出，燃放爆竹，此也称为"接会"。鞭炮用长长竹竿挑在水面上方，爆竹跳落在水面上，溅起簇簇水花。与我们同乘一条船的音乐会会头李德罕，站立船头，指挥音乐会在燃放鞭炮的人家房前，停下演奏，以示对"接会"之家的尊重和敬意。

音乐会上岸后仍要继续演奏。是时，鞭炮大作，响彻一片。我们驱车离开时，已是半夜了。

【村史】此镇是任丘、安新、雄县三县交界的枢纽重镇。过去是"御道"，四通八达。原本镇大庙有十几道会。附近鄚州庙，是模仿北京金銮殿修建的，很大。民谣有"十二连桥赵北口，天下大庙数鄚州"。该村位于白洋淀北侧，镇口通向南方的原来是一排连续建立的大桥。据老人们说，共计十二座桥。他们为此而十分骄傲。现在大桥已被拆除，建起了一道堤坝。

【人口】全镇一万多人。

【其他文艺形式】村里原有"天龙""地龙"两班龙灯，还有京剧、评剧班。另有高跷会、少林会、五虎会。其中音乐会算头会（圣会），因为音乐会是"文会"，其他是"武会"。

【宫调】正调以六为宫，反调以上为宫。

【录音情况】1. 小曲《扒山虎》；2. 大曲《普庵咒》（正调）；3. 大曲《张公赶子》（反调）；4. 套钹《粉碟子》有"二申""三申"，中间加《倒剑》。

【乐谱】存有老谱本，封面有："壹九五壹年 音乐会"字样。另有新抄四本谱本。

常吹曲目是《四上牌》、《挑袍》、《赶子》（反调）、《普庵咒》（正调）、《一枝花》、《通法界》。八个大曲（坐吹），四十多个小曲（行吹）。

套钹二套,《斗鹌鹑》《风搅雪》《五龙摆尾》《粉碟子》。大曲是坐着吹的,一板三眼。小曲是走道吹的,一板一眼。

安新县赵北口镇南街村音乐会谱本目录

1.《四上泊》	2.《普念咒头申》	3.《二申》	4.《三申》
5.《四申》	6.《五申》	7.《伍声佛》	8.《一枝花》
9.《挑袍一申》	10.《二申》	11.《三申》	12.《四申》
13.《咒金堂》	14.《锦堂月》	15.《醉公子》	16.《金字经》
17.《通法界》	18.《气颜回·头申》	19.《二申》	20.《三申》
21.《鹅蓝春》	22.《鹅蓝夏》	23.《鹅蓝秋》	24.《鹅蓝冬》
25.《五申》	26.《陆申》	27.《柒申》	28.《捌申》(上下番前四申本调,后四申凡调)
29.《坠太平头申》	30.《二申》	31.《三申》	32.《玉宝柱》
33.《豆保占》	34.《将军令》	35.《逃军令》	36.《合工泊》
37.《合四泊》	38.《上工泊》	39.《三官战吕布》	40.《暨枪》
41.《哭五歌》	42.《哭长城》	43.《张公赶子》	44.《下山虎》(气颜回三申)
45.《报盒》	46.《八面网》	47.《扒山虎》	48.《翠连珠》
49.《灯赞小沙》	50.《叠落金钱》	51.《王大姐》	52.《三国赞》
53.《喊动山》	54.《送佛子》	55.《小梁周》	56.《大梁周》
57.《列了》	58.《知蒲席》	59.《八板》	60.《粉碟子》
61.《二申》	62.《三申》	63.《四申》	64.《五申》
65.《六申》	66.《七申》	67.《五龙摆尾》	68.《倒剑》
69.《太子行香》	70.《风脚雪》	71.《豆安春》	

安新县赵北口镇南街音乐会会员登记表

姓 名	年龄(岁)	擅 长	姓 名	年龄(岁)	擅 长
李德罕	65	管鼓	李小同	73	笙
李张套	70	笙	李家树	64	笙铙
张世华	60	管	张老门	47	笙
李金桥	32	笙	张迎学	36	管铙
袁石镇	30	管	李宝壮	23	管
张义芳	18	笙	徐良子	19	笙
尚强子	23	笙	李银桥	23	云锣

（续表）

姓　名	年龄（岁）	擅　长	姓　名	年龄（岁）	擅　长
尚福有	32	钹	徐景田	28	钹
尚老根	69	笙	张六十	72	云锣
王夫子	62	笛	段章全	70	笙
王铁柱	47	笙笛	李怀正	42	笙
张文春	30	云锣	李小卯	58	云锣
尚长计	66	笙管	张国学	22	笙
滕良子	18	笙	张河祥	30	笙
尚根柱	63	钹	尚春英	36	钹
张志学	30	钹	徐冬田	24	钹
尚贵兴	70	钹	范傻吉	60	鼓
张六九	63	铙	会员的职业都是渔农		

备注："香头"就是出会时"传帖"的人。音乐会出会时，一般要给外会传帖子，以示礼貌，免得碰到一起打仗。

（调查日期：第一次：1993年6月，调查人：乔建中、薛艺兵。第二次：1993年7月8日下午，调查人：薛艺兵、张振涛。第三次：1993年农历七月十五日下午至午夜，调查人：乔建中、薛艺兵、钟思第、张振涛。第四次：1994年1月29日，调查人：张振涛。）

河北省保定市安新县关城乡关城村

【地点】河北省保定市安新县关城乡关城村

【邮编】071600

【会名】"朝阳会"。会员们说：据传本村有个王半仙，能治难病，曾被请至皇宫给乾隆女儿治好了病。皇上感谢他，问他有什么要求，他提出请扶持关城音乐会，于是赐龙牌"朝阳会"。王半仙又说：宫廷里音乐不错，皇上便让和尚带音乐来本村，教了五年才走，留下了此会。会里老人说，他们都见过此龙牌。牌上有"皇帝万岁、乾隆某年某月某日"字样。牌是蓝底金饰纹，前有幔布，有两扇门，打开里面是字牌。

【联系人】张小文（会头）

【乐队编制】文乐：管、笙、笛、云锣、二胡。武乐：鼓、板（小钹）、铙、钹。

【现存乐器】管6（其中一支九孔，但背下孔已堵。吹奏者说已用不着）、笙14攒（旧木斗笙2攒）、笛4、云锣2、鼓2、钹5、铙6、板（小钹）2、镗子2（双喜出会用）。

【服装】便服

【器物】旗子40面，帐子顶（长3米左右），会板（桌台）2块（3米一块）。原挂"十殿阎君"像。请神时挂各种神像，"土改"时毁。

【设施】无固定场地。

【活动项目】七月十五放河灯。过去正月十三迎神、十四安神、十六送神、十七拆棚。奏乐供释迦。正月初一，各会"演街"两天。

【资助形式】村里给几百，村民捐点钱，正月闹会时，群众自愿给。外村人请，要托人，一般需300—400元钱。

【会史】村里原有太平寺，民国十六年（1927）拆。寺里和尚王金和教了音乐。张小文谈起老师张画亭时说道："师傅无冬历夏，就是吹。我问师傅：'学这个能吃饱了饭？'师傅反问作答：'不学这个就能吃饱了饭？'因此我也就学下来。"会中人谈起已故的贾世义时，发表了许多看法。因为他吹拉弹打样样在行，"脑子灵得多"，大家赞扬他。但又因为不服从音乐会规矩，尤其出去吹唢呐，"音乐会不要他，要开除他"。"我们常常刺鞑他。"音乐会与吹打班之间的界线，会里很讲究。本村"朝阳会"分六班，一班二三十户。

【乐谱】原村庙中和尚，留下一箱子经卷，"土改"时没了。现有老谱本一本，无封面，无年月。会中人说，此本抄于清末。谱本是宣纸，边已磨破。新谱本是贾世义翻抄。封面用布包，扉页有以下字样：

> 关城村
> 朝阳会民间曲牌本
> 一九八六年元月

【谱字】抄写采用俗字。该会乐谱中所用谱字较为古老，值得注意。

【村史】原分四个大队。村原有太平寺（释迦）、关帝庙（三义庙）、真武庙、五道庙（镇街的）、土地庙、奶奶庙（送小孩的）、龙王庙（管水）、二郎庙、老母庙（管妇女）。音乐会主要到太平寺。采访时，看到张小文家有一张请帖，是重修天仙庙开光时所发。该庙于1993年4月17日在本村重新建成。

【人口】一万多人。

【经济】主要是农业，种水稻。副业是渔业。没有工厂。

安新县关城乡关城村音乐会工尺谱谱本目录

1.《雁过南楼》*	2.《骂玉郎》	3.《寄生草》	4.《感皇恩》
5.《采茶歌》	6.《碟落金钱》	7.《华严赞》	8.《德胜令》
9.《金山令》	10.《垂四吊》	11.《宜春令》	12.《对玉环》*
13.《碧玉箫》	14.《红绣鞋》	15.《清江引》	16.《玉宝读》

(续表）

17.《喜梧桐》	18.《调觉叙》	19.《遍地锦》	20.《感动山》
21.《劝金杯》	22.《村里馒头》*	23.《送先人》	24.《时兴山破羊》
25.《锦答钗》	26.《榜妆台》	27.《罗江院》	28.《早罗袍》
29.《上小楼》	30.《耍孩儿》	31.《又耍孩儿》	32.《扁耍孩儿》
33.《正乐章》	34.《华宴海会》	35.《三归赞》	36.《出对子》
37.《灯光赞》	38.《挑袍一笑》*	39.《张公赶子》*	40.《伍圣佛》
41.《增补伍圣佛》	42.《华官赞》	43.《送佛子》	44.《讨军令》
45.《张国老放驴》	46.《春烁四季鹅郎》	47.《春夏烁冬鹅郎肆个》	48.《近流水》
49.《近流水》	50.《赶动山》	51.《两头尖》	52.《玉芙蓉》*
53.《普庵咒》*	54.《往生咒》	55.《结解咒》	56.《望江南》
57.《关公辞曹》	58.《句句双》	59.《海清歌》	60.《大脱布衫》
61.《小脱布衫》	62.《醉太平》	63.《又醉太平》	64.《扁醉太平》
65.《昭圣宝》	66.《天下乐》（又名《天下同》）*	67.《鹤当枝》	68.《哪咤吟》
69.《金字经》	70.《一串珠》	71.《李靖王行围》	72.《拿海清》
73.《妻上公坟》	74.《山形子》	75.《泣颜回》	76.《甘洲歌》
77.《普登鹅》	78.《山老儿》	79.《柳红烟》*	80.《下山虎》
81.《甘草子》	82.《赶道鬼》	83.《润月》	84.《梦景》
85.《句句双》	86.《夜深沉》	87.《行弦》	88.《正乐章》
89.《二郎山》	90.《开坛铂》*	91.《粉碟子》*	92.《正上桥》
93.《倒上桥》	94.《下桥》	95.《梅花三弄》	96.《放牛歌》
97.《四月里》	98.《珍珠倒卷帘》（下山虎倒念）*		

注：* 为采访中录音的曲目

安新县关城乡关城村音乐会会员登记表

姓 名	年龄（岁）	擅 长	姓 名	年龄（岁）	擅 长
张小利	75	鼓	张小文	65	管
张绍甲	66	笛	栗德长	63	管
张振友	42	笙	张小臭	42	管
张振芳	37	笙	张二亨	64	笙
郝小查	36	鼓铍	张老鸣	60	笛

（续表）

姓　名	年龄（岁）	擅　长	姓名（岁）	年　龄	擅　长
张小支	64	云锣	郝春貌	60	管
张振乾	41	笙	黄昔来	45	笙
张志勇	17	笙	张振涛	17	笙
张二牛	17	武场	张鼠来	58	武场
张大李	65	笙	刘利万	58	武场
张雪红	18	笙	贾福良	56	武场
李曾义	69	钹铙	张凤山	65	笙
张凤鸣	76	念经	张振通	41	笙
张克忠	41	管	张建奎	65	笙
张小点	40	笙	郝小鸟	38	笙
张辛末	63	笛	贾西来	64	云锣
张不只	65	鼓	张文貌	60	笙
张金来	60	笙	张小磬	41	笙
张老长	17	笙	张凤子	17	武场
张老南	50	武场	张金龙	54	管
许长江	64	云锣	张继争	16	笙
张老非	50	武场	张秋来	55	武场
张立柱	56	武场			

（调查日期：1993年7月10日，调查人：薛艺兵、张振涛。）

河北省保定市安新县刘李庄乡大马庄

【地点】河北省保定市安新县刘李庄乡大马庄

【邮编】071605

【会名】"大马庄国乐研究会"。会里人说：很早就用这个名，老旗上就这么写。也叫"音乐会"，但"音乐会"的名叫不开。

【联系人】马守珍（会头）、马友合（副会头）、马夫云（教练）

【会员情况】60岁以上的28人，40—60岁的20多人，1988年以后新学的12人，年龄在20岁左右。会中人说：40年前本会有一百多人。

【乐器】笛10、笙12、管6、大鼓1、铙8、钹9、云锣2、小镲2、铛子2。有九孔管，马三浑用一支，马进忠用一支，但背下孔不用，只用八孔。八孔管四支。存有木斗笙。

【活动项目】正月初一"行香"。音乐会打旗子，念《观音赞》(过去是到各庙转)，如不转老百姓会说"死会头"。此时常用曲目是：《走马》（一身、二身、三身、四身、五身，吹完五册，"打家伙"）、《六合烟》（柳含烟）、《一品红》、《百子图》、《四合香》。

正月十四、十五、十六，放河灯。音乐会前行，放灯人后行，群众在后面跟着。放灯就是图太平。灯用棉花油灯芯，插在一根棍上，用于插在地上或手持。七月十五在白洋淀放莲灯。用香面和香油，放在荷叶上，漂在水面上。其时满淀荷灯，音乐会在船上吹奏。"好听有水音"。仪式是祈求小孩子不淹死。过去天旱、天涝，人们祈雨、驱雨，音乐会也要演奏，奏完音乐要念"龙王赞"。最后一次"驱雨"在1950年左右，地点在"上老河庙"。丧事有放焰口、过桥。活动时，念一段经，唱一段。念的调和唱的调不一样。乐谱的"总本子"不能常用，害怕丢失。马夫云说：一个北乐，一个南乐。北乐慢，南乐快。

【服装】便服。"文化大革命"前,马福增(已故)主会,戴五佛冠,现无。

【会史】马希宏是该会年龄最大一批人的老师,于20世纪50年代去世。他的上一代老师是马久锋。会中人说:清咸丰年间,满城县李堡村幸福寺老和尚法名"入难"的长老来此,用三年时间,教本村人音乐。这些事都记在原经本上。但老经本于1976年被烧毁(存放老经本的人家失火)。那是一本"和尚经",音乐会老人们大都会念,现在这辈人不会念。失火后还存下一本《全神赞》,现抄本是据这本经续抄的。音乐会的人都会念。

1949年以前,音乐会每年四月初八去鄚州赶会。庙没了就再没去。那时出会的资金,有专人去"敛钱"。

马树千说:小时候跟父亲长大,出会就跟着,有兴趣。这行不图什么,农忙时有老人老了,也得去,白耽误工夫。"文化大革命"中断了十几年,1985年恢复。

【资助形式】去村里各企业"拉"些钱。会中人说:没钱不能买乐器,"影响艺术"。这会是"造钱不挣钱"。原出会办事,不给钱,给几条烟,拿到合作社卖了,换点钱买乐器。会用困难,主要是缺钱。顶帐、会旗、乐器,都要换了。县里调去演奏,只给100元饭钱。正月里放一次灯,需要300多元钱,这是只说灯油和棉花两项,鞭炮钱还不算。铜器和笙,容易坏。点一次笙,要200多元。原来点笙在鄚州城西。雄县葛各庄村范会来(大名范宝荣)也来。有时也去徐水县修过笙。一般在腊月里或荷花节前,来人点笙。

【村史】村原有文昌庙、观音庙、老爷庙、三关庙(过去这庙中西顶有九条雕龙,怕火)、土地庙。最后一个菩萨庙(观音庙)"闹日本"时还有。1947年拆了。拆了三关庙后,死了人到观音庙去报到。

【人口】6872人。马姓是大户,占村人口70%。另有李、牛、张、任、杨、王、刘等姓。音乐会里姓马的最多。

【经济】该村是经济发展非常好的村庄,有许多乡镇企业,有多部汽车，有果园。农业在这里已不占重要地位。大部分村民在乡镇企业工作。

【其他艺术组织】本村音乐会最大，以前还有少林会、戏班（唱梆子），"文化大革命"中解散。1949年前有高跷会、狮子会、旱船会和驴子会。

【乐谱】存有乐谱两本，一本为宣纸，前部分是工尺谱，最后几页抄有经文。马景亮（1992年去世）抄。另一本抄在现代印制的硬封皮"总分类账"本上，钢笔字写，会中人说抄于1985年。最后一页有锣鼓经。该会还存有一本经文，竖写，封面字样为（原竖写）：

```
大马庄国乐研究会全神赞册
1992 年公历 10 月 20 日
```

```
大马庄国乐研究会全神赞册
公元一九八八年旧历正月初二日
```

安新县刘李庄乡大马庄音乐会谱本目录

1.《天下同》	2.《七香回》	3.《七香回二册》	4.《七香回三册》
5.《长城》	6.《六合烟》*	7.《一品红》	8.《庆千秋》
9.《百子图》	10.《六合春》	11.《荣归》	12.《合四拍》
13.《走马一册》	14.《走马二册》	15.《走马三册》	16.《走马四册》
17.《走马五册》	18.《小梁州》	19.《太平春》	20.《上天梯》
21.《醉八仙》	22.《赶大鬼》	23.《小二黑》	24.《文武庆》
25.《四合香》	26.《四合香二册》	27.《四合香三册》	28.《四合香四册》
29.《四合香五册》	30.《渡桥赞》	31.《群林雁》	32.《河西》*
33.《点灯》	34.《鬼敲门》	35.《链环锁》	

注：* 为采访中录音的曲目

安新县刘李庄乡大马庄音乐会会员登记表

姓　名	年龄（岁）	擅　长	姓　名	年龄（岁）	擅　长
马友合	73	鼓	马守珍	67	钹笛
马小良	70	管笙	马进忠	40	笙管
马小雨	65	笙管	马小风	69	走会
马小娃	33	钹	马大嘴	60	笙
马福生	25	笛锣	马水合	65	铙钹
马小乐	45	铙钹	赵　山	63	铙钹
马树千	42	笙	马小强	43	铙钹
马允芳	73	笙	马可宁	22	云锣
董正国	43	武场	牛明辉	43	笙
马夫云	63	全能	董虎	63	管
马德义	68	笛	马雨丰	71	笙
马二鹤	24	钹	马金朝	30	笛
马小浑	63	笛	马金浮	69	笙
马德平	63	笛	马义岗	41	管
梁鸭子	62	笛	董冬良	20	笛锣
马领辉	21	云锣	马超群	43	笛
马小泽	33	笙	马小国	44	鼓
席贺伟	26	笙	马丙申	39	武场

备注：马允华（铙、钹）原会头，1992年去世，其子马丙申愿继父志，遂入会。马景亮（笙）是马树千之父，1992年去世，是年72岁。

（调查日期：1993年7月11日，调查人：薛艺兵、张振涛。）

河北省保定市安新县王家寨乡郭里口村

【地点】河北省保定市安新县王家寨乡郭里口村

【邮编】071600

【会名】"音乐会"（早期也称"音乐善会"）

【联系人】李金海（会长）

【会史】原村里有"京梆戏班""大秧歌会"，与"音乐会"共称"同乐会"。"大秧歌会"在两代人之前就已不存。"京梆戏班"于1956年散。村里原有"吹打班"，唢呐主奏，日本侵华期间解散。会里老人说："音乐会"称"会"，以唢呐主奏的称"班"，这是有区别的。过去穷人"办事儿"请"吹打班"，有点钱，能"办得起事儿"，"请得起饭的主"，才请"音乐会"。"文化大革命"时期音乐会散，80年代初恢复，后又散了两年。大家商量着是散了"黄了"？还是继续维持下去。老人们不同意散，所以又组织起来"应付事"。乐器都是自己掏钱买，一副大铙一百多块，鼓也一百多。

【乐队编制】文场：管5支、笙5攒、笛5支、云锣2架。武场：大鼓1面、铙、钹、镲子（1架）。会中有口诀形容"文场"诸般乐器：

长的横着吹（笛）、短的竖着吹（管），
七差八差掐着吹（笙），上上下下是窗口（云锣）。

【现存乐器】原有九孔管，现不存。李金海（"挑管"即头管）说："原管子九孔，吹反调时用背下孔。""吹大曲子要两根管，一个管太累。还有一套大曲非得用三根管，两个管都喘不过气来。"他赞扬他的老搭挡车福群（79岁）鼓打得好，语气中肯地说道："车福群打鼓，我想吹什么就吹什么，心里踏实，放得下！"演奏中，车福群目光炯炯，鼓点坚定，抑扬顿挫中统领着武场情绪，李金海所赞，果然不虚。车福群说：他刚开始是学笛子的，后来老师车会属，认定他鼓打得好，便改行打鼓。他说，当时学艺不容易，是要"用大洋交学费的"。

【服装、器物、活动场所】一般出会穿便服。有会棚一张，长约三米，宽约两米，垂边绣花草动物；有会旗若干面；活动在村委会所在地。

【活动项目】原正月初一在火神庙活动，祈求不失火。正月十五"放灯""巡街"，挂神像，挂"水陆"（十殿阎君像）。音乐会在前，后面跟着放灯。灯用棉籽蘸油做成。七月十五放河灯，音乐会围村子绕行。祈求死人借着灯光渡河，活人出门不翻船。1949年后再未举行。

【村史】郭里口位于白洋淀中，三面环水。村里原有三关庙、菩萨庙、财神庙、五道庙、土地庙、火神庙、老爷庙（关公庙）、龙王庙（祈求不发水）、奶奶庙（送子娘娘）、魁星庙（祈求考试登第）、圣人庙（有一尊孔子像）、三大殿。国民党"妇女放脚"时就"拉庙"，把"神拉了"。

【经济】主业：原种五谷杂粮，如大麦、高粱、谷子之类，现主要种芦苇。副业：近几年白洋淀旅游业发展很快，村里许多年轻人从事旅游业，如驾船接游客等。村里有一条主街，沿街两边商店林立。

【人口】1949年前有1000多人，李金海任村书记时（1958—1960）有1800人，现全村5000多人。

【乐谱】无谱，一直口传。李金海说：他学时无谱，只背"工尺字"。

【宫调】调门有正调、反调。反调也称"背调"。李金海说：师傅传艺时有大工调、大尺调、正宫调。

安新县王家寨乡郭里口村音乐会常用曲目

| 1.《合四拍》（大曲正调） | 2.《祭枪》 | 3.《赶子》（大曲正调） | 4.《啷铛长》 |

（续表）

5.《四上拍》（大曲正调）	6.《柳叶青》	7.《柳含烟》（大曲正调）*	8.《豆叶黄》
9.《战吊桥》*	10.《房上草》	11.《琵琶抢》*	12.《随风倒》
13.《山宫枣》*	14.《花子叫街》	15.《淘金令》*	16.《快板柳含烟》
17.《月月高》*	18.《两头尖》	19.《翠字皮》*	20.《四套》
21.《老地老》*	22.《撼东山》	23.《别令桥》	24.《耍孩儿》
25.《八板》	26.《耍孩儿》	27.《放驴》	28.《黄花园》
29.《银铛镲》	30.《妻上夫坟》		

注：*为采访中录音的曲目

安新县王家寨乡郭里口村音乐会会员登记表

姓　名	年龄（岁）	擅　长	姓　名	年龄（岁）	擅　长
李金海	77	挑管	张老通	67	管
车有来	46	管	车先起	67	笙
邓老根	—	笙	车小狗	—	笙
车小苍	60	笛	邓占生	45	笛
赵木头	61	铙钹	车福群	79	鼓
车老生	61	管	邓小桥	60	管
田福来	64	笙	邓老更	—	笙
张继坡	61	锣笛	车八斤	64	笛
赵建强	42	笛	邓连生	66	铙钹
夏老胖	48	铙钹	王友长	60	铙钹
张占旗	41	跑会			

备注：该会前一代师长有车会属、车三江，会员职业多为农民、渔民。

（调查日期：1993年7月9日，调查人：薛艺兵、张振涛。）

河北省保定市高阳县北龙化乡北龙化村

【地点】 河北省保定市高阳县北龙化乡北龙化村

【邮编】 071504

【会名】 音乐会

【乐谱】 存有"音乐本"两本。其中的工尺字为横抄，是我们此次普查中见到的唯一一本此种格式的谱本。一本旧，一本新。旧本封面竖写"音乐本"三字，其余字句横写。

音乐本 一九六三年七月 北龙化音乐会音乐本，此本从一九六三年七月到现在已有廿五年的经历了，这廿五年的过程中，遭受了风风雨雨。

第一页有"音乐会序"一面，全文如下：

音乐会序

我村的音乐会，相传自清朝顺治年间有之，至今已有二百年的历史。按我们的音乐来说，高阳县是挺出名的，几十里地以外的村庄，没有不知道的。

我们的乐器，无则购置，坏则修理。均由会员摊派，实不足时，村中补助。如会员或他人遇有丧事，则追悼送殡。遇喜事则庆祝。若外村聘请，即急忙应酬，不受金钱，以和美邻里。

"七七"事变后，日寇烧杀抢掠，人心恐惶（慌），乐器损失一小部分，音乐本仅有一本。今年正月，油印二十本，分给会员阅唱。环境和平，人心安定，十余年未有相聚练习，今正又吸收一批新手，继续歌唱（损坏不清）拉，是有利（力）的接班人，廖（聊）缀数语，以志不忘。

北龙化音乐会　梁慎仪　梁率章　梁续康
一九六三年七月一日

另有新本。封面为："高阳县北龙化音乐歌曲本　一九八零年八月一日夏历庚申年六月廿一"。另一页有"音乐会序"一面，全文如下：

音乐会序

我村的音乐会，相传自清朝顺治年间（1645年）开始创办，至今已有三百三十多年的光荣历史。历来有两个狮子、八匹竹马、八枝莲花灯、太平车，还有笙、管、笛、云锣、胡琴、鼓、钹、铙等三十多件乐器。每年正月，锣鼓喧天，十四、十五、十六的晚上，边（鞭）炮齐鸣，奏乐的歌声，婉转悠扬。狮子竹马，漫街游舞，玩得很精彩。观众们争先恐后，非常爱听爱看。

我们的音乐，声势很大，这（在）一九四八年阴历十二月，曾登载河北日报，题目是："迎接春节娱乐，北龙化建立文娱组织"。

在一九五九年阴历十一月，应高阳县人民广播站的邀请，音乐会去高阳县广播站录音，录的歌曲是：

《记腔》《一枝花》

一九五九年阴历十二月，保定专区文化局开展文娱活动，我们音乐会，在高阳乘汽车去保定，在汽车上冒雪奏乐，游行保定市，所以北龙化的音乐会是挺出名的。

现在安定团结，音乐已恢复两冬，吸收了一批新手，学习新旧歌曲，现有会员共计四十余人，年龄最大的八十一岁，最小的十七岁。个个象（像）生龙活虎，聪明伶俐，敢说敢想敢干。

本村及邻村，如有丧事，或开追悼会，经常聘请。

在党的领导下，我们的音乐，呈现了万紫千红欣欣向荣的大好局面，涌现出优秀的音乐作品，丰富了人民的文化生活，给高尚优美的艺术享受。也能使人乐，能使人悲，能使人奋发图强，激流勇进的气概。

会员　梁率章　一九八零年七月十九日

第二页是"音乐会全体人员"名录，现全文抄录。

音乐会全体人员

老会员：刘彦卿 81 岁　梁率章 74 岁　梁慎仪 73 岁　梁续康 73 岁

云锣：梁章通 73 岁

笙：刘彦宗　梁云田　梁家宗　梁贵　梁章军　梁求　梁锋　杨文显　杨宝寅

管：梁凤　梁至善　梁木　王长根　刘东亮　刘宝祥　梁香茹　刘爱民　杨五合　刘双庚　王增良　梁黑桃

笛：杨正国　梁考文　王拴柱　梁长云　王季田　王玉秋　高虎　梁安　梁老丙　梁黑子

胡琴：刘金相　梁建社

武场：梁慎久　刘永华　梁南元　梁保京　刘曙光　梁俊杰　梁法章　梁慎春　梁陶气　梁益民　王春庆

一九八零年七月二十日

第三页是乐曲目录，现全文抄录（按原抄写格式）：

一、旧歌曲		二、歌词	三、新歌曲
1. 河环子	16. 大四景	1. 大四景	1. 胜利曲
2. 张公赶子	17. 花园	2. 绣门帘	2. 前进曲
3. 柳黄烟	18. 柳羊锦	3. 溜画眉	3. 二曲
4. 小走马	19. 杂面汤	4. 拴娃娃	4. 结婚曲
5. 一枝花	20. 四上板	5. 茉莉花	5. 葡萄仙子
6. 记腔	21. 抱妆台（又名杨州）	6. 寡妇论	6. 放学
7. 八板	22. 万年花		7. 海琴曲
8. 小开门	23. 哭五更		8. 洋子曲
9. 小二番	24. 朝天子		9. 火车
10. 拴娃娃	25. 苏武牧羊		10. 祖宗
11. 拾戒指	26. 渡桥赞		11. 月明之夜
12. 寡妇论	27. 打孩子		
13. 算盘子	28. 太平年		
14. 茉莉花	29. 无名曲		
15. 绣门帘			

（调查日期：1993年7月11日，调查人：薛艺兵、张振涛。）

河北省保定市高阳县南龙化乡南龙化村

【地点】河北省保定市高阳县南龙化乡南龙化村

【邮编】071504

【会名】"意民音乐会"。会里人解释:"意"就是自愿参加的意思。

【联系人】王法明(会头,1984年以前任村书记)

【乐器】管7、笛6、笙6(原应为8攒)、1面大鼓、铙、钹、1架云锣、小镲、1架铛子。原有九孔管,已失,现用八孔管。存有两攒木斗笙,13簧。原会里的笙在郑州购买,"南京到北京,郑州会点笙"。会里人用歌诀形容学习乐器的难易之别:"千日管子百日笙,吹笛起个大五更"。

【会史】老人们说:该会从清顺治年间传下来。现在的会员是可记住的传人的第三代。第一代人施建章,在北龙化打长工,该村庙里出家人传授他音乐。他于1933年去世。他的儿子施居奎,将音乐传接下来。施居奎于中华人民共和国成立后去世。他教我们学会了工尺字,装在肚里。现会里有年轻人十几个,是第四代了。除了"闹日本"时,失了许多乐器,一直没断过。过去郑州北城姓绍的老头点笙、做笙。本村的笙,出自他手。最后一次点笙是1982年。从第三代人开始,学音乐时就把工尺翻成简谱,二谱兼用。学习时常常先学歌词,如《大四景》,先唱"好一朵茉莉花"(昆曲味的旋律),为了学好工尺字,先唱词。

【活动项目】正月出会。去过县里,村里的各个会,排成一里多长。

【乐谱】存有乐谱两本,一本封面为"意民音乐会",宣纸,工尺谱。谱字是:上、一、五、六、凡、工、尺、四、合。乐谱背面有数言,最后为:"接班人廖(聊)缀数语,以志不忘。南龙化村音乐会。一九六三年秋"。另一本是歌词本,歌词抄在正面,背面有乐谱三面,用圆珠笔抄写。歌词目录:

《大四景》、《夏景》、《秋景》、《冬景》、《拴娃娃》、（又名《明白》）、《街上咳》、《拾戒指》、《十绣门帘》、《茉莉花》、《寡妇论》、《遛画眉》。

【人口】两千多人

【经济】村里有面粉厂，有几家个体服装加工厂。

【其他艺术组织】本村音乐会、同乐会是两个组织，但人员重叠。同乐会有龙灯、旱船、太平车、摔跤、评戏班。过去有过定县大秧歌，连唱带跳。

南龙化乡南龙化村音乐会工尺谱谱本目录

1.《明白》[曲末有（26字）字样]	2.《记腔》	3.《柳黄烟》[曲末有（82字）字样]
4.《柳杨锦》	5.《小二番》	6.《河环子头节》
7.《第二节》	8.《第三节》	9.《第四节》
10.《第五节》	11.《第陆节》	12.《第柒节》
13.《小开门》	14.《算盘子》	15.《放风筝》
16.《张公赶子》	17.《绣门莲》	18.《八板》
19.《渡桥赞》	20.《一枝花》	21.《小花园》
22.《小走马》	23.《大四景》	

南龙化乡南龙化村音乐会会员登记表

姓 名	年龄（岁）	擅 长	姓 名	年龄（岁）	擅 长
王法明	66	管笙	田 明	61	笙锣
张三罗	66	云锣	刘中林	57	管
张 堂	80	鼓	宫凤章	76	-
董长宏	30	管	田云亭	26	管
张小国	45	笛	张子尾	46	笙
张 船	70	管	王树华	45	鼓
张焕成	45	管笙	宫志培	64	管
董文方	63	笙	刘信华	85	笙
宫老长	76	铙	董建兵	28	管
张凤昌	30	笛	张老勇	26	笛
董文跃	48	笙	张久战	48	笙
张义诚	51	管	董建良	30	管
王建通	45	二胡			

备注：本会第一代人施建章，他儿子施居奎是第二代人，二人已故。表中 80 岁的人为第二代，以下为第三代、第四代。传承关系，渊源有自。

（调查日期：1993 年 7 月 9 日，调查人：薛艺兵、张振涛。）

河北省保定市高阳县赵堡乡延福屯

【地点】河北省保定市高阳县赵堡乡延福屯

【邮编】071500

【会名】音乐会

【联系人】钱富友（原会头）、郭宏图（现会头）

【人数】有十六七人。

【乐器】原有九孔管。

【服装】钱富友说："衣服不能随便穿，没有佛家功夫，不能戴五佛冠、穿袈裟，不然老百姓把你帚了。"

【乐谱】存有乐谱本。钱富友抄于1961年。封面字样："延福屯村音乐歌曲本　钱富友抄"。原谱有序言一篇，现全文抄录。原文系竖写，且无标点符号，为阅读方便，现横抄，并加注标点。文中别字，一律按原样抄写，以保持原貌。

　　书云：鲁大师曰：乐，乐其可知也。始作翕（翕）如也。纵之纯如也，（皦）如也，易（绎）如也，以成。

　　孔子有云：闻声忘肉味，奏乐遏云行。

　　如今，吾等所好音乐之曲谱，单用工、尺、凡、合字，和圈○点·，而不翻成"刀、索"字母。当然，这里面是有不符合现时代要求的缺点。（一）不能固定音阶。（二）不能画好拍子数。（三）除非口传，不能使后学者以（一）目了然。但是，也有他一定的优秀要点。（一）每字念时能分五音，圈点亦同。（二）如使用乐俱奏乐时，在用法不同的字句里，容易找（窍）门，达到勾之和乐。（三）如与真正知音者，在宫、商、缴（角）、徵、羽五音六律中，便于运用，千变万化，奥妙无穷的方式方法。所以，我等保留以贯串，业已三百余年，尚能继传于后学。虽是这样，今后是否还有人继绪学习？想来真是可惜可叹。可惜者，是清音雅乐可亦留传于延福屯也，可亦留传于全中国。可叹而叹者，是至今相继三百余年，幸未失传。由此以后，在这将要未灭的时期中，是否还有人学习，相传继后？尚在亦未可知也。

谱中在许多曲名之前，注有曲名题解，叙述该曲故事。现抄录几段：

第一曲《万年花曲》：昔于列国时，秦穆公生一女，取名"弄玉"。此女及长，聪明无比，善于吹笙，不用乐师调音，吹之声如凤鸣。穆公筑一重楼以居之，名曰"凤楼"。后择一婿，乃系太华山明星峰一异人，其名"箫史"，善于吹箫。一日于楼下凤台之上，笙箫合奏。清风彩云四合，白鹤孔雀，栖集于云林际。百鸟和鸣，辨奏此曲，连作数翻。经时，群鸟好似万朵莲花而散，故名《松柏万年花》。

第二曲《小放驴》：张义德未与关、刘桃园结义时，即安居林下。一日，手持驴缰至村头草坡散冈而歌之。故曰《放驴曲》。

第十四曲《小阿兰》：古时佛家门弟子中有四金钢（刚）、十八罗汉，及阿兰甲社（迦叶）等。名称此阿兰者，乃系佛家力士。多在法船上撑动法船。兴奋时唱阿兰歌曲。内有两首，分《小阿兰》《大阿兰》，各三部也。可接连和奏，此曰《小阿兰》。

谱本最后有以下数言：

以上曲谱三十节计二十八首，于一九六一年孟春，钱富友年五十岁，曾目照花镜抄于灯光之下，实是拙笔难堪，希后学诸位高明，请勿见笑。然我无他为，但愿不失其传，只留一念而矣。

从谱中所写之文和与钱富友的交谈中，可知，他是读过书的人。韵谱时，他说自己："老迈年残，念不上气了。"最后相送时，他拱手作揖别礼，口中连说："恕不远送。"用语颇为讲究。正如多数音乐会的情况一样，乐谱多由会中有文化的人抄写并保存。

钱富友说：原村中有个真武庙，庙中有一法师，传音乐给本俗家。我们这谱，非得口授心传不可，不使人人一看就一目了然。这会是明朝以来就存在的，是老代的会头传给我，说不清年代了。

【宫调】郭宏图说："原来可以翻两把字（两个调），现主要用尺字调。"

高阳县赵堡乡延福屯音乐会曲谱目录

1.《万年花曲》	2.《小放驴》	3.《小二翻曲》（《跑驴》）
4.《三国赞曲》	5.《李丰荣曲》	6.《春日翠太平》
7.《夏日柳含烟》	8.《秋日叠落金钱》	9.《冬日四季来》
10.《小阿兰第一个》	11.《小阿兰第二个》	12.《小阿兰第三个》
13.《歇板曲》	14.《大阿兰第一个》	15.《大阿兰第二个》
16.《大阿兰第三个》	17.《六月菊曲》	18.《骂玉郎曲》
19.《口骆曲》	20.《四上派曲前半节》	21.《四上派曲后半节》
22.《大腔曲》	23.《出曹曲》	24.《挑袍曲》
25.《赶子曲》	26.《要账曲》	27.《走马曲》
28.《五神佛曲》	29.《号佛曲》《八板曲》（原注：其原谱《鱼翁乐》）	

高阳县赵堡乡延福屯音乐会会员登记

姓　名	年龄（岁）	入会时间	擅长乐器	师从何人	会内职务	职　业
郭宏图	67	1944年学	笙、管	钱富友	会头	农民
钱富友	80	十几岁	笛笙（全能）	朱建勋	原会头	农民
戴立强	76	十六七岁	笙管笛云锣	朱建勋	—	农民

备注：钱富友是音乐会年龄最大的会员，他的老师朱建勋（已故）各种乐器都会。朱建勋的老师是朱老华，也是各种乐器都能，尤其擅长吹笛子。戴立强说，朱老华吹横笛能翻七调。

（调查日期：1993年7月12日下午，调查人：薛艺兵、张振涛。）

河北省保定市徐水区大寺各庄乡北梨园村

【地点】河北省保定市徐水区大寺各庄乡北梨园村

【邮编】072557

【会名】音乐会

【联系人】高秀山（75岁，会头）

【乐器】管4（一支是九孔），笛4，笙6，云锣2，鼓，武场。

【会史】高秀山说：我15岁在会，1942年入党，没有下江南，所以无功劳。我父亲高老定原在会，擅武场。本会属北乐，念老道经。村中原有"音乐房"，挂"十殿阎君""观音""蚕姑奶奶"画像。原每年主要去西顶，路过谢坊营时有茶棚。那时正月十四念《地藏经》《早经》，十五念《华严经》。这一天绑架子，插108支红蜡，决不能用白蜡。十六"化施"。十四、十五、十六念《普庵咒》。有吹、有打、有念。十八去西顶，十九谒顶。这天"烧顺香"，晚上念《真言经》(晚上必须从西顶赶回来)。原有一筐经，"文化大革命"中"偷下了"几本，有《经无圣经》。现在只有我一人能念，老人死时念《倒头经》。原音乐会可以"渡桥""跑八卦""跑五方""放焰口"(念《舍施经》)。

我儿子高二友，是乡镇企业家，我们家每年捐给音乐会100元以上。这是老人们留下的传统。老人们不愿改南乐，不能随形势改，不行就散。"文化大革命"中也"敲打"，会就算没散。

【其他艺术班社】原有高跷会，小车会。音乐会武场也到小车会活动。

【曲目】现可以演奏《梅岭山坡羊》《行道章》；大套《泣颜回》《赶子》《挑袍》，已不能演奏，只有几个老人还行；《梅岭失妻》是头申，《山桃红》二申，《甘州歌》三申，《庆元贞》四申，这是一套；《妻上夫坟》与《梅岭夫妻》不一样。《四雪》算一套；《张飞祭枪》与《挑袍》

是一套。

【宫调】正调的《行道章》吹背调，管子筒音出"四"。

【乐谱】存有两本老谱本，一本简谱本。现工尺谱本是会中刘树亭（50多岁，现在乡里管文教工作）抄写的，他父亲刘墨林，原是"管会"。最早的老本上记着抄于什么年月，现在说不清了。

高金华（59岁，管）1993年把工尺谱本翻成简谱。他说：我1972年左右参加村宣传队吹笛子。那里有人认简谱，我就学会了。师傅高麦收（83岁，管）给我念着，我随着他唱的调子，用简谱记下来。通过我的经验，把老谱中的"尺"字等于简谱的"5"。我30多岁开始跟父亲高老厚（原头管）学管子。虽没正式学过韵谱，听多了就记住了老谱。他把谱本翻到《山桃红二申》"尺六工尺工工"处时，边唱边说：此处拍子紧，因为第一次翻译不行，"拍子过不去"，所以又翻一次。我们看到的简谱本是他第二次翻译的。

徐水区大寺各庄乡北梨园村音乐会谱本（一）目录

谱封字样："北梨园村，公元一九八零年十二月立，音乐会"

1.《山坡阳》	2.《小山坡阳》	3.《王大娘放驴》	4.《壹支雁》
5.《孔子哭颜回壹申》	6.《干周歌》	7.《薄灯鹅叁申》	8.《三奠洒四申》
9.《下山虎五申》	10.《蛤蟆跳金山》	11.《状子叹哭》	12.《桃君令》
13.《赶子》	14.《崔李馒头拍》	15.《辉雪头申》	16.《雨撒第壹申》
17.《贰申》	18.《玉宝棱叁申》	19.《家福庄四申》	20.《壹封书五申》
21.《江水令》			

徐水区大寺各庄乡北梨园村音乐会谱本（二）目录

1.《小走马》	2.《浦坛讨》	3.《行道章》	4.《合四拍》
5.《挑袍一申》	6.《小梁州》	7.《梅岭失妻》	8.《山桃红》
9.《入青天歌》	10.《上堂庄元贞》	11.《张飞祭枪》	12.《最太平》
13.《红绣鞋》	14.《一枝花》	15.《调金山》	16.《乙奉书》
17.《赶动山》	18.《一封书》	19.《妻上夫坟》	20.《夫上妻坟》
21.《大卜同尔》	22.《状子痛哭》	23.《叠落金钱》	24.《代周仓》
25.《青山口》			

徐水区大寺各庄乡北梨园村音乐会简谱本目录

封面字样:"徐水县北梨元 音乐会曲谱 公元1993年"

1.《小走马》	2.《小走马》	3.《天下同》	4.《行道章》
5.《浦坛讨》	6.《挑袍》	7.《青山口》	8.《回鹅》
9.《山坡阳》	10.《叠落金钱》	11.《关东赞》	12.《一枝花》
13.《梅岭失妻头申》	14.《山桃红二申》	15.《四鹅》	16.《四鹅》
17.《入清天歌三申》	18.《红绣鞋》	19.《庆元真四申》	20.《山桃红二申》
21.《调金山》	22.《桃君令》	23.《张飞祭枪》	24.《小梁州》
25.《妻上夫坟》	26.《夫上妻坟》	27.《最太平》	28.《赞(结束曲)》

该会"集资"碑文,用粉笔抄写在村头显著位置的黑板上。采访时碑文尚清楚,仅个别字被孩子们涂抹(用"?"标示)。现抄录如下:

北梨园村音乐会集资公布如下

高　祥　伍元	高桂春　贰元	高　旦　壹元伍角	高连锁　贰元
高福山　伍元	智叔清　陆元	高　休　拾元	高阑新　贰元
王会元　壹元	高白子　伍元	刘国柱　拾元	智　三　叁元
高　安　拾元	高克生　伍元	高国友　贰元	刘叔亭　贰元
田五了　壹元	高　章　贰元	高　眼　壹元	高春?　贰元
高　福　伍元	高五尔　壹元伍角	吴　桂　伍元	高池子　叁元
高福恒　伍元	高文吉　肆元	刘丢尔　拾元	高更臣　伍元
高军峰　伍元	高克启　拾元	高五尔　叁元	高　峰　伍元
高军礼　伍元	高池子　叁元柒角	刘卫东　贰元	智老旦　伍元
高金华　伍元	高虎尔　伍元	高春喜　伍元	高福贵　伍元
高豹尔　壹元	高荣华　伍元	李?军　贰元	高　旦　贰元
高国英　贰元	高平华　贰元	张　桂　贰元	高三合　伍元
高　?　贰元	高　旗　贰元	高喜春　伍元	智成群　叁元
高福振　肆元	刘　旦　伍元	王宝群　贰拾元	智　气　肆元
高宝新　伍元	王福元　叁元	商　顺　拾元	高二子　伍元
			高宝貌　伍元

(续表)

高井华	拾元	高福田	伍拾元	高春祥	壹元	高金海	贰元
智定生	拾元	高 田	伍拾元	贾俊志	叁元	刘喜元	拾元
刘振华	拾元	高勋元	贰拾元	高福顺	拾元	刘老五	伍元
高 吉	伍元	高中启	贰拾元	高顺利	拾元	刘章启	伍元
高全生	贰元	高福堂	贰拾元	智树彩	拾元	高玉堂	贰元
高德民	拾元	高玉堂	贰拾元	高士德	叁元	高 彬	壹元
李 迁	拾元	贾文海	伍元	高友华	叁元	高海堂	伍元
高顺福	伍元	高宝兴	伍元	高青尔	贰元	高 虎	叁元
高玉锁	壹元	高振宇	伍元	智树江	贰元	高顺民	贰元
高福元	伍元	高金林	伍元	贾树启	拾元	高玉祥	肆元伍角
高喜荣	伍元	智喜子	伍元	刘麦收	伍元	高春林	贰元
刘长尔	贰元	高福歧	贰元	刘叔田	伍元	高树林	伍元
刘?国	伍元	智 利	伍元	刘三福	拾元	高宝祥	肆元
刘?强	拾元	高宝来	伍元	刘 利	贰元	高福生	贰元
刘志中	伍元	高春良	伍元	刘廷杰	贰元	高福祥	伍元
?国占	叁元	贾俊生	叁元	刘满圆	贰元	高 华	壹元
						王宝群	贰元

徐水区大寺各庄乡北梨园村音乐会会员登记表

姓 名	年龄（岁）	擅 长	姓 名	年龄（岁）	擅 长
高秀山	75	会头	高荣华	69	管
高玉贵	55	笛	高焕华	68	笛
贾俊杰	67	云锣	刘 峰	60	笙
高 安	40多	笙	智定生	50	笙
高青云	82	武场	高大陆	40多	武场
高 双	43	武场	高金华	59	管
刘海宾	20多	管	刘满顿	50	管
刘马子	17	笛	高 亭	18	笛
高 小	17	笙	高宝永	15	笙
高二果	18	笙	高土多	58	板
高 梅	65多	武场	严春生	60多	武场

备注：智定生为村支书。

（调查日期：1995年2月25日下午，调查人：钟思第、张振涛。）

河北省保定市徐水区大寺各庄乡东于家庄

【地点】河北省保定市徐水区大寺各庄乡东于家庄

【邮编】072557

【会名】音乐会

【联系人】张玉普（68岁，会头，武场）、陈德海（70岁、会头）

【乐器】笙"合"= ^bE，第1、6、9、16、17无簧。笙都是青庙营姚家做的，有几十年历史。两架云锣为青铜制，音色较好，只有上排"尺"字不准。

【会史】张玉普（1951—1961年在县酒厂当工人），父亲张老永（十几年前去世）、张凤池（爷爷）、张老令（太爷）、张玉阁（老太爷）原都在会。1960年音乐会停止活动，1965年恢复，1967年"四清"以后，音乐会被剧团代替，乐器也被剧团接收。所以1975年末恢复时，已经没有乐器了，后逐渐买齐。"四清"工作队来时，不管音乐会出会（发丧人）。"文化大革命"时村里成立"俱乐部"，音乐会被取代。"文化大革命"中也有个人吹吹老曲子的事，但出会绝没有。队里干部不排斥会，我们相互之间（指与村干部）关系较好。原音乐会给大队里要点钱，教过李庄音乐会。

本会没有受到20世纪50年代音乐会改成南乐的影响，南乐吹"革命歌曲"，我们北乐不吹。音乐会主要在春节期间活动和老忙，原有专门"音乐房"。原音乐会念经，张玉普太爷还可念，现在不行了。原正月十八去西顶，自己带贡品，在那里吃了。当时"大棚会"与音乐会是一回事，主要是春节里娱乐热闹一下。现在易县后山关口太多，花钱多，人们不愿去。以前私人可以供得起会，现在个人供不起，主要是乐器太贵。

【信仰】该村沿河有间房子，称"积仁坛"。门外贴对联："清静无为是大道，纯正心静精神老"。坛前横贴对联："道德道成""学仁义礼智信"。他们说：这种"坛"与任何宗教都无关系。"积仁坛"原有十几间房，是一个富家的房子，以他家为主，以其他人家为辅。现这些房子改为学校。音乐会与"积仁坛"不是一回事，但为它服务。我们不谈国事，不谈家事，不谈村事，劝人行善，孝敬父母。"忠孝良方"，就是国家说不到，教育不到的地方，我们说到了，"代国立安"。他们把"仁义礼智信"称为"五场"，把"孝悌忠信，礼义廉耻"，称为"八多"。该坛于1993年恢复。原坛房子前有一碑文，证明清末就有。有人来访病求医，我们现买中药，一般不敢开方。原有本关于药方的书，可以给人开方。立坛原则为：来者不拒，走者不留。

【人口】现村有1800多人。

【录音】我们上午采访完时，已近中午，会头一时无法把音乐会会员召集起来。约定晚上来听他们演奏。晚上7点30分，会员们演奏了：1.正调《山坡羊》；2.乱板《小放驴》；3.《豆叶黄》；4.《琵琶令》；5.《铁字金钱》；6.《耍孩儿》；7.《采茶歌》。

【曲目】《泣颜回》套有《庆元真》，现已失。《耍孩儿》用于"煞板"。现能奏《山坡羊》《行道章》。

【宫调】正调，反把六＝尺，两个调。别的调不好听，笙用偏字当正字，不响。

【谱本】存有一谱本，是杨振声抄。封面写"东于家庄大队音乐会曲谱　1981年1月29日"。村里有几人能识简谱，但老人们不让把工尺谱翻译成简谱。

徐水区大寺各庄乡东于家庄音乐会谱本目录

1.《燕过南楼》	2.《骂玉郎》	3.《采茶歌》	4.《感皇恩》
5.《大脱布衫》	6.《小良州》	7.《时兴山坡羊》	8.《锦答绪》
9.《上小楼》	10.《耍孩儿》	11.《柳黄烟》	12.《一枝花》
13.《望吾乡》	14.《捧妆台》	15.《解三省》	16《玉宝肚》
17.《调解序》	18.《泣颜回》	19.《赶舟歌》	20.《浦头鹅》

（续表）

21.《三奠酒》	22.《下山虎》	23.《关公挑袍》	24.《张公赶子》
25.《玉芙蓉》	26.《月儿高》	27.《桃君令》	28.《小走马》
29.《大花园》	30.《行道章》	31.《四上拍》	32.《净水令》
33.《小放驴》	34.《小山坡羊》	35.《小二饭》	36.《小八板》
37.《大八板》	38.《琵琶令》	39.《随心令》	40.《喜风秋》
41.《张飞祭枪》	42.《撼动山》	43.《太平歌》	44.《耍孩儿》
45.《醉太平》	46.《莫逆曲》	47.《周仓》	48.《春夏秋冬》
49.《铁字金钱》	50.《豆叶黄》	51.《句句双》	52.《茉莉花》
53.《（反调）山坡羊》		54.《反调茉莉花》	
55.（乱板）《十枝花》《钉大缸》《学舌》《学舌》			

徐水区大寺各庄乡东于家庄音乐会会员登记表

姓　名	年龄（岁）	擅　长	姓　名	年龄（岁）	擅　长
张玉普	68	武场	陈德海	70多	会头
杨福顺	50多	管	李　务	40多	管
李兰厢	40多	笙	李虎才	40多	笙
张二生	30	笛	李长宏	40	云锣
李　奇	50多	武场	李志海	60多	武场
曹　海	50多	笛	杨殿明	30多	笙
杨俊声	50多	管	李荣禄	50	管
李多声	50多	笙	李平厢	40多	笙
陈　庄	40多	笙	杨　发	40多	笙
张贵福	30	云锣	李炳山	50	鼓
李立琛	30多	武场	杨　忠	30多	武场
李国华	60多	文武			

备注：杨俊声15岁学管。

（调查日期：1995年2月25日上午、晚，调查人：钟思第、张振涛。）

河北省保定市徐水区沙口乡北贺寿营

【地点】河北省保定市徐水区沙口乡北贺寿营

【邮编】072550

【会名】音乐会

【联系人】文玉书（74岁会头）

【会史】文玉书说：赵令文（俗称"赵老大"，1994年二月初八去世，时年81岁）是本音乐会的头管，他管子吹得好，老谱子都能背。1990年，他找了本村七八个孩子。孩子们也好喜这，他开始教这些孩子。大队里支持，给点钱，各户也捐点钱。原村中有"音乐房"，后就在一个单身人家学。其中有个孩子叫赵增泉（现20岁左右），学笙，现考入保定市音乐学校。主要能奏《小二番》。年轻一代主要吹流行歌曲，看电视就把谱子记下来，老曲子学得不多。

江老寿（管）、王老崔（管）是上一代师傅，但说不清传了几代。我上一代师傅去后山，西顶。"闹日本"之后就不去后山了。原会里有"扁鹊"吊挂，但村中无药王庙。

【村史】村中原有三关庙、老爷庙、娘娘庙。

【其他艺术班社】"大棚会"与"音乐会"一样。原有月琴、打琴（面板平，上有许多弦，弓子是杆，是软的，在上击打）、弦子、琵琶、弹琴、拉琴（面板弓形，弓子不连弦，在上拉），有箫、坠子、四弦（四胡）、板鼓、手板。日本人来时，这些家伙都失落了，村里只剩下"音乐"了。

"大棚会"就是正月十五搭个大棚。分前后殿，前后殿中间是"大棚"。前殿挂佛像，大棚中挂"水陆"。早晨烧香，在音乐房"开坛"，晚上"普坛"。大棚会与音乐会互相拜会，一人用担子挑着两大柜子乐器，在音乐房门外定弦。弦乐所奏曲子，与"音乐"一样，但是用反调。

【谱字】合、四、一、上、尺、工、凡、六、五。板眼符号："○、"。

【乐谱】谱本封面："北贺寿营音乐会 民国岁次乙亥年仲春抄写曲辞套丝壹册"。后有红色封印，字迹不清。

徐水区沙口乡北贺寿营音乐会谱本目录

1.《行大张》	2.《一春令》	3.《小走马》	4.《大花园》
5.《四上拍》	6.《马矣郎》	7.《二记》	8.《三记尔》
9.《刘黄烟》	10.《三店酒》	11.《叠乐金钱》	12.《乐太平》
13.《四鹅》	14.《汗东山》	15.《戏夫荣》	16.《万五香》
17.《哭中马》	18.《豆叶黄》	19.《金字经》	20.《取真经》
21.《海清》	22.《翠平山》	23.《乐平山》	24.《红秀鞋》
25.《一枝花》	26.《挑袍》	27.《栏坛沙》	28.《三记尔》
29.《四记尔》	30.《小豆回尔》	31.《合四拍》	32.《桃金令》
33.《张公赶子》	34.《五音辞》	35.《六律赋》	36.《八乐词》
37.《贺新年》	38.《燕过南楼》	39.《保庄台》	40.《年大绪》
41.《三记》	42.《崔四吊》	43.《下山虎》	44.《照上保》
45.《山坡羊》	46.《六娘子》	47.《小年刀绪》	48《计星草》
49.《北玉江丰》	50.《土大娘放驴》	51.《红绣鞋》	52.《玉焦枝》
53.《张飞祭枪》	54.《灯送尔》	55.《铺坛咒》	56.《小沙板》
57.《对口小曲》	58.《五音对口》	59.《玉芙蓉》	60.《起香回》
61.《赶周哥》	62.《乐新春》	63.《太平春》	64.《贺新年》
65.《三钢赞》	66.《大红袍》	67.《喜江南》	68.《大海北》
69.《南乐小曲》	70.《茉莉花》背调	71.《三钢赞》	72.《庆阳针》
73.《织绢小曲》	74.《大鼓曲尔》	75.《碰板》	
打击乐谱：《套丝》《二》《三记尔》《三记尔义》 《四记尔》《四记尔义》《五记尔》《五记尔义》 《六记尔》《七记尔义》《开坛》			

从文玉书叙述的"大棚会"所用乐器可知，这个村原有弦索之类音乐班社，可惜在日本侵华期间失传。该村谱本称为"曲辞套丝"，从这点来看，两者是有来往的。谱本中许多曲名也与弦索有关，如《碰板》。所

用"打琴""拉琴",当是较早弓弦乐器轧筝。这些材料为调查河北曾经存在的弦索音乐提供了明证。

(调查日期:1995年2月26日上午,调查人:钟思第、张振涛。)

河北省保定市徐水区大寺各庄乡高庄

【地点】河北省保定市徐水区大寺各庄乡高庄

【邮编】072557

【会名】音乐会

【联系人】蔡凤林

【会史】蔡凤林书记说:"文化大革命"中虽然大部分不参加会,但"后坛"一直没散。这会不要什么,不侵犯什么,所以大家信仰这个,就一直没散。有钱的人不会,有钱的没功夫。吹管要三年才吹出一个来,所以只有无钱人有功夫,才入会。前几年,上了七个小管(学管子),只出来一个。只有他有味,难得很!我50多岁了,早近,这一带会很多,现在大都不存了。

【其他艺术班社】前年村里成立一个铜管乐队,花了三万多钱,出了两年会了。

【寺庙情况】村里在村东头新建了一座"老母祠堂"。殿中神位:中央"无生老母",右"王母娘娘""送子娘娘",左"蚕姑娘娘""后土娘娘"。建庙共花费六万,今年收赶庙人的捐款约一万多元。庙门上面的木雕,花费七千元。大约占地一亩,庙建得很气派。徐水县城中恰遇一对"夫妻",男的在中国社会科学院考古研究所工作,美术专业,庙中神像是他们塑制的。

我们前去观看,但看庙老人不让拍照。怎么解释(如照顾外国客人等理由)他也坚决不让拍照。他说曾经有人来拍照,把庙中放供品的盘子等瓷器打碎了,破了庙的风水。庙外墙上,贴了许多捐款人姓名以及捐款数目。

蔡凤林书记说:村里建庙,主要是村里十几个妇女,总到我家里坐着，缠着我也没办法。队里也不能说不支持，就给了一块地。信佛有庙，不是什么坏事。也不是说，信这个就不生产。建庙后，常有许多小车停下来，也不知哪来的。

我们问建庙的钱主要来自哪里？他回答：有大棚会进香的钱，"赶斋"庙里进香的钱，"金木水火土"算卦的钱，瞧病的钱。这些进项，称佛钱。音乐会每年花几千元。正月十五早晨"烧头香"。现在赶得早的，一过正月十四晚上十二点，就有来烧香的。西顶与后山距十几里，本会主要去西顶，从未去过郑州庙。那时春节挂"十殿阎君""如来佛""蚕姑""文殊""普贤"，挂过"药王像"。音乐会是和尚经，传说是一个庙里和尚教的。我父亲80多岁去世，他说：70多年前，有个东北来的姓"韩"的"韩祖"。他家是徐水人，来此治病。每年许愿的，送东西的有30多份，其中有布、粮等。

采访齐立全（67岁，管会的）。他说："四清"烧了一箱子经，原会里念经，现在也念，恢复的不到十分之一。有《地藏经》《华严经》，现恢复《早经》。现正月十五在庙中院子里搭一棚，念经，十二搭棚，十三开坛，十六封坛。今年初开始，来拜会的有63道会。其中音乐会没几个，大都是花会。念经只有我们一村。

采访齐振英（72岁，会头）：现有的《早经》，是我们抄的。《地藏经》《华严经》已不行了。我们现在还能奏《华严》《道章》《走马》《挑袍》。《普庵咒》能念能吹。高土良（79岁，念经老师傅），齐成章（66岁，管子），王文炳（原头管师傅），宋老照（文坛老师傅）。

他说："文化大革命"中村里没什么娱乐，春节就在一起热闹一下。吹原来老曲子。吹大管小管，这一片没有比他吹得好。原来老书记"文化大革命"中也不管，一直比较开明。百姓对会有好印象，会里不要钱，行善。"四清"时（1965年），地委书记李月能，亲自来本村带工作队，他也不管音乐。他在此一年多，"文化大革命"一起（开始）就走了。音乐会对军属拜年（也吹老曲子），地委书记也不管。平整土地时（1956年），现在的头管，抬着筐也吹管。我们村是县里的先进。当时县委书记张国忠，规划"田字城"（县城规划），现在实行了。当时就是没想到高速路（意思是，除了高速路没有计划，张国忠的计划都实现了）。他有见地！想把安新、徐水、容城三县并一县。1958年合并，1960年分开。1958年当时的中央领导到大寺各乡、谢坊营、商庄、"八四机械厂"。大寺各庄改为"八四大队"，因为当时的中央领导是8月4日来的。"大炼钢铁"时，水车、锅、门上铁钉都烧了炼铁。水车本来就是铁，还要炼。听说有的地方把云锣也给炼了。1960年这里也饿死不少人。1961年音乐会就活动了。

音乐会原有一幅挂，是位老"秀才"写在绸布上的。篆字，写得很好。可惜了（齐振英说时很痛心）。这会儿上了年纪的人，想起来，心痛啊！

莱县庄（音名）的和尚，来此教我们恢复一些大曲。最早是谁教的，说不清。年轻人入会，学好！

（调查日期：1995年2月26日下午，调查人：钟思第、张振涛。）

河北省保定市徐水区大寺各庄乡迁民庄

【地点】河北省保定市徐水区大寺各庄乡迁民庄

【邮编】072550

【会名】吹歌会

【联系人】徐振远（64岁，会头）、王吉兰（77岁，会头）

【人数】20多人

【乐器】大管子5、笙6、海笛1、唢呐1、海锥子2、大胡1、大堂鼓1、小堂鼓1、小镲1、云锣1、小钹1。

【会史】王吉兰说：今年（1995年）春节刚闹了一个月会，串村"拜棚"，花了一万多元。钱主要用于买烟、花炮。会员一天给三四元钱。早先是义务，现在得发工资。这一项花了七千多元。在学校门口广场上搭棚，来了70多道会。有的会来，我们管饭，如大次良村、容城县北张村，与我们是一个老师教的，关系好，所以必须管饭。一般的会，自带饭。教我们的老道，是南宫县冀州东禾草村点笙人王乐云（全活）。现在没有接班人了，所以村委会派支部委员任会头。支部规定，这个会必须传下去。对老师傅们要求，谁教出来学生，村里给赏，但个人不能提条件。

县文化馆任玉林，1956年来本村，他给我们排《英雄们渡过了大渡河》《骑兵进行曲》，1958年带着去北京。中华人民共和国成立以来，县里对各个会考核，因为这个生产队先进，所以选择我们做典型。1960年本会也坚持闹会，村里给了些粮食。有几个上年纪的营养不足，但这里旱涝保收，情况比较好。"文化大革命"中没散，吹"语录歌""进行曲"。现每年去县里演奏，一般给点饭钱。"八四机械厂"去年请去演奏，只给点烟。

徐振远说：任玉林当兵时驻军于本村，知道本村有南乐，复员后就来辅导。1958年国庆时，应文化部副部长邀请去北京演出。那时我27岁，吹头管。我15岁（1945年）开始跟师傅王老震（1959年去世，时年69岁）学。1958年去文工团，1959年回来，1960年去东北，当年回来到县文工团。当时村里去了8个人。

现村里年轻人都是我教的。有十几个人（笙、管、唢呐）干专业了，如山西阳泉歌舞团、石家庄歌舞团。在保定会演，听过定县子位村吹歌会，但无交流。无论是1960年，还是"文化大革命"，因为县里总有任务，所以就没断。1958年8月4日，通知到县里欢送中央领导。我们心情很激动，但第二天早晨到文化馆时，听说中央领导已经走了。这之后，在县政府小礼堂东边小广场，我们为中央领导演奏《骑兵进行曲》《大渡河》，史端乡北里村狮子会，一起表演。1958年我们也在县招待所为傅作义演奏，在县政府为中央领导演奏。外国来宾（主要是东欧社会主义国家，也有澳大利亚）到徐水县比较多，每次迎接、欢送，县里都把我们调去。吹的曲子有《社会主义好》等歌曲。那时不管饭，不给钱，吃薯干，不给补助。那时思想高尚，不求钱，是任务，为政治服务。

任玉林来时，我们村是第一个学新曲子的。他教简谱，也把简谱翻成工尺字，上面写工尺，下面写简谱。我认简谱，开始觉得困难，但脑子好的，很快学会了。老师傅没有不接受的，比较喜欢新东西，但老的也保留。老人们在烧经卷时，有点心痛。我们觉不出什么，因为不会念。南乐曲子，速度较快，"音乐"比较慢。听老人们说，140年前没南乐，原也是北乐，本村改"南乐"，有130年历史了。南乐也念老道经。据说"闹日本"时，本会也没断。原有"水陆""十殿阎君"，春节挂像、吊挂。红白事我们一般不揽（不接受），只有老师傅们去世或他们家中有事，我们才去尽义务。

【常用曲目】《放驴》、《大扯不断》、《抱龙台》、《小走马》（正调，录音）、《花舞飞碟》（录音）。吹奏曲目上，我们没有成套大曲，都是零曲子。南乐跟形式。

我现在也修笙，吹歌会主要用 12、13、14 簧笙。点笙是：

1	2	3	4	5	6	7	8	9	10	11	12	13	14	15	16	17
比上高半音	上与10八度	一	四	凡	背凡	工	五	上也说凡	一	工尺	尖尺	六	六	尺	比六高半音	比尺高半音

（调查日期：第一次：1993 年 9 月 7 日，调查人：薛艺兵、钟思第。第二次：1995 年 2 月 26 日，调查人：钟思第、张振涛。）

【补充材料】采访徐水区原文化馆任玉林
【地点】徐水区医院家属院宿舍，任玉林家
【邮编】072550
【采访日期】1995 年 2 月 26 日晚

任玉林（64 岁）说：我原在北京军区二炮部队宣传队，去朝鲜（抗美援朝）时，患有气管炎，所以回国。1953 年，跟随部队创作采风，住在迁民庄，常跟农民一起。当时迁民庄乐队有 20 多人，会员岁数都很大了。1953 年冬，春节过后至 5 月，我都住在那里。1954 年从部队复员，老家在北京，最初分配到保定地区。这里文化馆要人，就到徐水来了。1955 年，因为对迁民庄有印象，就去了那里。我学会了工尺谱，翻成简谱、工尺对照谱，教他们学。当时翻译了《踩坡街》《集贤宾》《豆叶黄》《寡妇泣》。自己动手刻板，油印出来，分发给会员。1956 年，全县才有一个工厂，第一个买了发电机。当时吹的新曲子主要有《歌唱二小放牛郎》等。

那时徐水县有 300 个村，100 多道南乐会、音乐会。当时南乐与音乐会的比例是 30％ 与 70％，音乐会多。"十番会"仅知孤庄营一家，三叉口也是南乐会。各会我都见过一些。

1959 年，在徐水县"刘伶醉"酒厂，我组织了全县的"南乐训练班"。三十多个南乐会头管在一起。我看北乐，管子小，音量小，所以让许多音乐会改吹大管。参加训练班的人，政府每天补助四角钱，村里还给记工分，共11天。我的主导思想是，会与会之间，在封建传统中太保守，让他们团结到一起。管可以调平，但笙没法调。通过我的调解，把三十多会的笙统一了。当时青庙营的姚乐平，给点的笙（他在集上买笙），统一为F调。三十多个会都学会了《英雄们渡过了大渡河》《骑兵进行曲》。1957年保定（原河北省会）举办"河北省民间音乐舞蹈会演"，迁民庄获了"优胜奖"。当时文化部钱俊端副部长找我谈话，他说："你搞的演出形式很好，听我的通知，去北京演出。"1958年，我应钱部长之邀，带领迁民庄吹歌会、北里狮子会去北京演出。1958年8月份，中央歌舞团、民族乐团、民族歌舞团、广播乐团联欢，正值全国音乐家协会开会，中国音乐家协会主席吕骥主持，我们给他们演出。《英雄们渡过了大渡河》的配器，我下了功夫。开始是大家一起吹，后来配器，四个声部。文化部管吃管住，送了几支管子。后文化部又送给我们一台留声机。8月在音协礼堂演出，中央电台让我介绍经验，并给我们录音，灌制了两张唱片。9月20日，除了迁民庄，又组织70多人，一起去参加国庆游行。当时除了迁民庄外，我也跑过许多村的南乐会，组织去外界转转。我与他们关系比较好，老师傅们到节日时，拿着烟来看我。所以我教他们简谱，没有抵触。

1960年，因为迁民庄就这一道会，村里每家人都拿白菜、粮食给他们。迁民庄在县里属中等经济状况，每家拿一斤粮食、一斤小麦，就够吹歌会的人解决困难了。有群众基础，所以1960年（经济困难时期），吹歌会也没有断。"文化大革命"中迁民庄也未断，吹"语录歌""样板戏"。他们那时也到我家来找我。"文化大革命"中南乐会的传统没有断。我把南城与迁民村组织在一起。他们原来不是一个师傅，总是斗。在庙上打擂台，常打仗，真动手。商庄与迁民庄是一个师傅，也在一起齐吹。

1958年时，县委书记张国忠，走到哪里，带我到哪里，我觉得他很忠实。中央领导来视察时，由县文化局安排。我从街上看到中央领导的车,跟着跑到公安局处,中央领导跟我握握手。

"文化大革命"前县里没有发过严禁民间音乐组织不准办白事的文件。迁民庄南乐没有过挣钱的红白事。有些亲朋好友的事,推不过去,也有一些,但不挣钱。

原老师张××(记不清名字)是出家人,第二传人张老录,我见过。张老录说,该会建于明末清初。王洛云是老道,传给他们音乐。当时村里没有大庙,都是一般小庙。

我刻了《外国民歌二百首》,所以"文化大革命"挨整。1959年也挨整。"文化大革命"中期,算是解放了。打倒"四人帮"后,又因为写了一个歌曲,被审查了几个月。现在已经离休。想起那些年的事,我仍然很激动。

(调查日期:1995年2月27日,调查人:钟思第、张振涛。)

河北省保定市徐水区城关乡青庙营

【地点】河北省保定市徐水区城关乡青庙营

保定市西部许多县音乐会都说，在徐水县青庙营点笙，因此我们采访了"姚家笙"传人姚海军。一进村，打听做笙的，村里人都知道，可见知名度。姚家正翻修房子，一家人现在亲戚家寄住，房中很乱。

【做笙情况】姚海军（31岁）说：他家做笙、点笙，已有几代人传统了。老爷爷姚乐（"文化大革命"中去世），姚鸿儒（爷爷，82岁，现半身瘫痪，生活不能自理，神志不清）都以做笙、点笙为业。父亲姚兴华（61岁），因耳朵有病（一只聋），没有继承父业。技术传给叔叔姚兴礼（现在"涞水县河北梆子剧团"吹笙）。姚家每代人只传一人，爷爷哥仨，只有一人会这门手艺。父亲姚兴华，因耳朵有病不能做笙，但帮着干活，如在笙上刻字。所以父亲这一代人，只有叔叔一人会。现在这代人，只有一个男孩（姚海军），所以也是只传一人（采访时，姚海军两个姐姐在场）。姚家二十多年来基本不做笙，因为竹子买不来。做簧用的铜，多从五金店买来。姚海军15岁开始学做簧片。

姚海军说：没见过方笙，但见过排子笙，十年前安新县来人点过排子笙。他记不清排子笙管苗的音高。但他说，如果见到排子笙，看到管苗响孔，就知道音高。因为管苗上的开孔位置与音高关系是"死的"（固定的）。他见过"嗡笙"，只见过一两次"大嗡笙"，曾把一把嗡笙中间截短，做成常规小笙。他称最长的苗为"大管"，"小管"指最短的管。

北乐会笙多用 ^bE，也有 E 调。南乐多用 ^bA 调。南乐笙可以吹北乐曲，用 5 = 1。现点一攒笙十几元。每年各音乐会都有上百攒笙要点，大部分不要钱，这些与我家都有几代人的关系。我也不在乎钱，应该把关系维持下去。钱乃身外之物，不能太在乎，这是我的性格。

姚海军也钻过笛子孔。原来点笙都用笛子筒音定音，谁来点笙，谁就把笛子带来。跟太爷学过做笙、点笙，但现没有传给孩子。我已有儿子（现10岁），我点笙时，就让儿子看着。这门技术，也要传给他。保定市里的"宏声乐器门市部"来要过笙，但我始终未给他们做。每年腊月里来点笙的最多，几乎每天都有。

姚海军说17簧笙音位：

1	2	3	4	5	6	7	8	9	10	11	12	13	14	15	16	17
空	上	乙	四	凡	下	工	五	空	凡	尖	小	六	合	大	比	比
比			五		凡				乙	工	尺			尺	六	尺
上															高	高
高								尖							半	半
半								上							音	音
音																

据他解释：第一管常空，原来应是比"上"字高半音（此管应该是"勾"字，可以看出他已经不会说"勾"字了）。第九管常空簧，但有的音乐会点为"尖上"。十六、十七常空簧。从他叙述中也可看出，这两管谱字是"哑四、哑工"，但他也不会说了。

【音乐会情况】 现本村"音乐会"已变为"吹打班"。他见过老谱本，不知在谁手里。"文化大革命"后音乐会恢复了几年，现已不活动。1963年发大水时，有"念经"，祈求别发水。

【人口】 2000多人

【其他音乐会情况】 白塔铺、东张丰，恢复了"水陆"，请人新画的。谢坊村是南乐。在这一带，北乐、南乐已经不分。龙山音乐会也有谱，用"老正把笙"，有30多人。原白塔铺有"念经、渡金银桥"。

（调查日期：1995年2月23日下午，调查人：钟思第、张振涛。）

河北省保定市徐水区南张丰乡东张丰村

【地点】河北省保定市徐水区南张丰乡东张丰村

【会名】南乐会

【乐队编制】6笙、3唢呐、4大管子、1云锣、二胡、板胡。

【南乐会情况】原本村是"北乐会",用小管子,现是南乐会,用大管子,主要曲目是《大、中、小二番》。据说本会传有七代人了,"音乐会"改为"南乐",有50年以上了。"小管"音不好听。老谱本现在。据老人说,本会是从青庙营学的。师傅刘景云(60多岁,会头),刘洪玉(52岁,会头,二胡),刘学智(51岁,板)。原来去易县后山,三四年前也去过后山,绘有"十殿阎君"像。现"音乐棚子"就在原"奶奶庙"庙址上,"龙王庙"现在重修了,这庙已有几百年历史。现在大队里存有一块"修奶奶庙碑",白玉石,清代的。原来的"吊挂"已被"文化大革命"宣传队做了幕布,现是请的白塔铺一位年轻人画的。据说南邵庄有人画得好,"四值公曹""地藏王""圣公圣母""文殊菩萨"都会画。村西原有"奶奶庙""五道庙",发丧"报庙"要去那里。奶奶庙是徐水县最大的庙,嘉靖年间的碑文。正月里把这些都挂起来。

恰逢丧事,音乐会吹打,路祭,摔盆后起灵。

唐桂叔(61岁)是看龙王庙的。龙王庙中挂"五龙圣母"像,右挂"龙王爷"像。有"无生老母之神位"木牌、"观世音菩萨之神位",庙外贴"修庙捐款人名单"。他说,原庙是抗战时期日本军官从此路过,捐钱建的。有汽车路过此地,但车子走不过,两个老头说是庙的原因。所以我就操办建了这庙,1963年、1954年发大水,老百姓都在大堤上,也有老人到龙王庙祈求。今天轮到本村,有近80道会。原有《混元》卷"大棚会"供三教主,"三姑圣母"音乐会,50年代"取缔反动会道门"运动时消失。

念经与吹在一起，原有高桥会。队里出钱修会用房子，各会来此拜会，就在龙王庙。存碑一通，上刻"重修东岳庙记，大清嘉庆三岁次戊午菊月下莞立"。

（调查日期：1995年2月23日下午，调查人：钟思第、张振涛。）

河北省保定市徐水区大王店乡北龙山村

【地点】河北省保定市徐水区大王店乡北龙山村

【会名】南乐会

【乐队编制】3大管、6笙、6笛、二胡、京胡、梆子胡、云锣、板鼓、大翁子。会里有只大箱子,存放乐器。大管子看起来已有几十年历史了。

【活动地点】有"官房子",也称"音乐房"。进村打听音乐会,村民便领我们到这儿。可知,村里人只要谈与音乐会有关的事,都会自动与"音乐房"联系起来。房中备有茶具,一面墙有黑板,上有工尺谱。会中人说,这是教孩子们学音乐用的。

【南乐会情况】高玉山(68岁,会头,大管),王锡福(69岁,会头)说:本会有20多人。存有"老本",主要抄录的是戏文,有四五十曲,另有部分戏曲唱腔工尺谱。常用曲目有《小二番》(正调、反调),《踩街》。本会从未去过后山。本会教过正村乡大公村、遂城填大次良村、釜山乡釜山大队"南乐会"。遂城韩家营是北乐会,大王店西街是南乐会。

【传承情况】本村南乐会是满城县齐村庙里和尚教的。在八九十年前。认识那个和尚,所以请他来教。王锡福父亲辈,是跟"悟明"(法号)师傅学的。把"悟明"师傅请来,住在村里。悟明师傅去世50多年了(抗战前)。和尚还教了"丝弦戏"。许恒然(1991年去世)也跟和尚学过,是当时跟和尚学的人中年龄最小的。他与王锡福是一代人,当时学的有十人。

(调查日期:1995年2月24日下午,调查人:钟思第、张振涛。)

河北省保定市徐水区正村乡韩家营

【地点】河北省保定市徐水区正村乡韩家营

【会名】南乐会

【会史】王义（69岁，笙）说：原是"音乐会"，1971年改"南乐会"。因为音乐会的曲，年轻人吹不了，费事。大家跟着形式走，所以改南乐。我17岁学小管，那时是"北乐会"。张书亭（50岁，笙），1964年学音乐。王义的师傅叫李乐平、李进忠（都去世）。说不清从哪里学的，有四五辈人了。曲目有《八板》《踩街》《扯不断》。现有20多人。我去过一次后山，1958年之前。原会里要我去。

【常用曲目与宫调】正调、背调、工字调、凡字调、五字调（很少吹）。《红绣鞋》"五调"，其他不用这个调。《泣颜回》、《落合香》、《行道章》、《普庵咒》、《放驴》（大、小管都用）、《华严》是大曲。《挑袍》《山坡羊》是最大套（根据王义说的曲目，该会原来应是"音乐会"）。

赵永庆（71岁，原小管，现在武场）的管子已不存，原有两个谱本，现找不到了。原谱本上有"民国"抄，具体年月记不清。

17岁开始学，父赵老差，敲云锣。《落合香》念正调吹背调，老和尚说是"梅灵调"。谢坊营有老和尚吹南乐，我在抗战前见过，他们用的就是工字调。南乐与北乐差别大了，《小二番》南乐北乐都吹。南乐大套，就有两套，《傍妆台》《踩坡街》，可能还有《小走马》。

1958年，我们还吹北乐呢，大次良南乐会较有名。戊己台村，广北乡，跟这村学的，他们的谱本也是从此抄的。

【去后山路线】去后山路线是：大王店、白岭、苇庄、山北村、东西岭（仕在此）。沿路都有茶棚，供"蚕姑奶奶"。原会中有"全神像"，在"十殿阎君庙"中,该庙在抗战第二年拆掉。原村中有 13 座庙,1958 年拆了。

(调查日期:1995 年 2 月 24 日上午,调查人:钟思第、张振涛。)

河北省保定市徐水区遂城填谢坊营

【地点】河北省保定市徐水区遂城填谢坊营

【会名】南乐会

【乐队编制】2大管、3笙、2架云锣、唢呐、龙头胡。

【会中情况】张福森（58岁，会头），宁振山（58岁，二胡会员）说：现在是南乐，原是音乐会（北乐），跟大次良村改学南乐，时间说不清。现有50多人。上一代人在这村接待去后山的人，准备饭菜。活动是在"灯棚"搭建"三姑奶奶庙"。每个庙有个院子，在院里搭棚。搭一个南乐会棚，吊挂有"十殿阎君"。去后山的会在此"燃灯"，为会里吹一段。原有工尺谱本，是北乐的谱。去年春节、今年都没动，现发丧人的事也不多了。

【常用曲目】《扯不断》、《喜亭迎》、《一相封》、《小二番》、《山坡羊》（大曲）、《踩街》（大曲）。

【建庙情况】村中有一座新建"碧霞宫"，1992年冬重建。庙中神像由本村人塑。村中有个叫宋奎义的画匠（59岁），与一个瓦匠一起塑的神像。庙中供"云霞""碧霞""琼霞"奶奶。村人说，她们是"姐仨"。

采访中，贾志（80岁）十分热情。老人十分健康，满面红光，一脸善相，也十分健谈。谈起建庙的事，滔滔不绝。从旁边的人对他的态度来看，他是受尊敬的人，村人称他为"大善人"。他说：他一生行善，身体力行。日本侵华时，他接待过去后山的人，自己也去过后山和西顶（蚕姑庙，在狼牙山，被日本人烧）。1993年，再次去后山（我们在后山马头村采访，又见到刚刚从山上下来的他）。他解释说："无生老母"最早，"后土皇娘"受皇封，排在"无生老母"之后。二老母排序是：中间位置是蚕姑，旁边一左一右是蔡姑、张姑。

"文化大革命"前，各种班会还在庙前活动，1958年左右拆。这次重新建庙，县里开始不同意，但因为庙址存有石碑，原庙拆了后，这块地也没有建什么（谁也不敢占）。所以重新建庙不占地，县里也就同意了。

该庙重修过三次，原有山门和一个大院，现在只能建一个庙，建不起大院和山门。原四月十八日庙前"戏台"演戏，"事变"时还唱过戏。原"大棚会""弘扬海会"念经，经很多，有《龙华经》《朝阳经》《金刚经》十部。贾志也念过。

庙后面存有一通石碑。为了看到上面文字，贾义叫来许多人和我们一起把石碑翻过来。上书："重修谢坊营碧霞宫碑记　清乾隆五十七岁次甲寅蒲月立"。碑文上有关于"歌台"的记载，可证贾志所说"戏台"之事。

村中还有一座庙，也是新建，称为"祥和宫"。门前匾上有"辛未年孟秋重建"。庙中专门有一老年妇女负责看管。贾志带我们看时，庙门锁着，他到邻近老年妇女家，请她来开门。可见这位老年妇女十分负责。贾志说：一般在正月二十献香。捐款人名录上捐钱最多的人是"宁会祥捐2700元"，村中人说，他是一个酒厂厂长。

（调查日期：1995年2月24日下午，调查人：钟思第、张振涛。）

河北省保定市易县马头乡马头村

【地点】河北省保定市易县马头乡马头村

【邮编】074200

【会名】音乐会

【联系人】魏国良（现任易县民委道协副理事长）

【采访原因】马头村是以易县为中心的百姓崇拜对象"后土娘娘"张生香的修身地（出生地正定府行唐县上方村），这个故事在该地民间流传的《后土宝卷》中记述甚详。因这个民间传说，源此而生的民俗活动十分繁盛，蔚然成风。传统上，该地音乐会和各种花会都在农历三月十五左右，到此赶庙。活动现已恢复，由县旅游局、宗教局组织。参加者如云，规模宏大。县民委专门出版了几种小册子，介绍历史渊源。县文化馆公李先生，写有专著，记录后土故事。我们多次对朝拜仪式进行采访，因篇幅所限，有关材料另文发表，现仅将该村音乐会谱本与会员情况记述如下。

【乐谱】魏国良说：本音乐会的谱本是后山庙主持人即该会老师傅陆九荣所传，是后山庙道士吹奏音乐的"老底"。

易县马头村音乐会谱本目录

1.《华严》	2.《茶合徹》	3.《大伍声佛》	4.《送仙人》
5.《行道章》	6.《第贰节》	7.《第叁节》	8.《第肆节》
9.《合肆排》	10.《庆元真》	11.《乐章》	12.《双赶动山》
13.《双劝君盅》	14.《山荆子》	15.《清天歌》	16.《道章尾》
17.《喊动山》	18.《雁过南楼》	19.《南骂玉郎壹套》	20.《太平春》
21.《一支花》	22.《感皇恩》	23.《采茶歌》	24.《大梁洲》
25.《脱布衫》	26.《叹苦髅》	27.《金字经》	28.《小五声佛》

(续表)

29.《送金娘》	30.《送仙人》	31.《脱蓝衫》	32.《小梁洲》
33.《汉草子》	34.《柳行烟》	35.《翠太平》	36.《玉鹅郎》
37.《春景》	38.《夏景》	39.《秋景》	40.《冬景》
41.《麻郎儿》	42.《刀郎儿》	43.《云中子》	44.《鹅郎儿》
45.《苦中马》	46.《贰节》	47.《叁节》	48.《肆节》
49.《伍节》	50.《陆节》	51.《豆叶黄》	52.《耍孩儿》
53.《北骂玉郎（小筲背调）》	54.《感皇恩》	55.《采茶歌》	56.《仙侣一套（小筲正调）》
57.《天下乐》	58.《鹊踏枝》	59.《哪咤令》	60.《寄生草》
61.《出对子》	62.《孔子泣颜回（小筲正背调）》	63.《甘州歌》	64.《扑灯鹅》
65.《沽美酒》	66.《下山虎》	67.《迓鼓一套》	68.《后庭花》
69.《感青歌》	70.《赶动山》	71.《小将军》	72.《劣马儿》
73.《青山口》	74.《水鸭儿》	75.《月儿高》	76.《王大娘放驴》
77.《放海青》	78.《拿天鹅》	79.《张飞祭枪》	80.《三皈赞》
81.《十忏悔》	82.《谈皇经（设使江河水）》	83.《三皈依》	84.《观灯赞》
85.《宣灯》	86.《五雷咒》	87.《浪淘沙》	88.《赶动山》
89.《启圣》	90.《薰坛科》	91.《上华坛》	92.《当持诵》
93.《和息铍》	94.《幡和息》	95.《行走和息》	96.《粉蝶子》
97.《贰节》	98.《叁节》	99.《肆节》	100《伍节》
101.《陆节》	102.《柒节》	103.《十八小鬼暗巡河》	104.《平地一声雷》
105.《风入松》	106.《梅花引》	107.《倒提金灯》	108.《顺水推船》
109.《一条鱼》	110.《单头雨中莲》	111.《双头雨中莲》	112.《西牛望月》
113.《黄龙摆尾》	114.《秦王挂玉带》	115.《风绞雪》	116.《狗牙》

易县马头村音乐会会员登记表

姓　名	年龄（岁）	擅　长	姓　名	年龄（岁）	擅　长
魏国良	80	管	魏青山	55	笙
芦宝来	40	笙	梁玉奇	55	管
刘福恒	60	鼓钹	梁宝管	30	武场
魏永江	28	武场	梁玉高	45	笛
贾义田	59	笛	梁文才	54	笙

（续表）

姓　名	年龄（岁）	擅　长	姓　名	年龄（岁）	擅　长
梁荣祥	54	管	梁学祥	63	云锣
梁荣真	60	武场	芦贵海	39	武场

备注：魏青山是魏国良的儿子。

（调查日期：第一次：1993年，调查人：薛艺兵、钟思第。第二次：1995年2月9日至14日，调查人：钟思第、张振涛。）

河北省保定市易县桥头乡北桥头庄

【地点】河北省保定市易县桥头乡北桥头庄

【邮编】074201

【会名】音乐会

【联系人】杨春安（会头）、杨春明（46岁，村书记）

【乐器】勺孔笛是杨春安爷爷所传，一支九孔管子是杨春安父亲所传。笙"合"=^{b}E，12簧，第1、9、16、17管无簧。

【道具】原存有正月与三月十五日挂的"后土像"和彩灯。布棚二丈长、宽，两个棚有四丈。

【人口】村中人口2000多人。

【会史】杨春安说：我爷爷杨思林（已故）原吹笛，父亲杨宗献（60年代去世）吹管，传给我。本会曾与南白马村音乐会对棚，那次我父亲吹了一夜，八套大曲都吹了，一炷蜡点到大明。我父亲是个愿比赛的人，不吹过不去，谁也不服。

本会1960年也没散，"文化大革命"中散了。1992年恢复，大队里很支持，书记也支持（采访中，书记前来，十分热情），今年村里给钱搭棚。村里有在石家庄美院上学的大学生，他画了神像，原来的一套神像中仅仅存下了"九殿平等王"一幅。

现正月十五、三月十五、十月十五活动，也念、也吹、也打。原去过后山，见过康熙手书的"太宁宫"匾，"文化大革命"后就没去过。知道马头村、流井村有音乐会，因为原来去后山在马头村落脚，在马头村附近三岔口扎棚。老忙念《坛前清众》《佛说太上混元灯科》，放焰口也差不多。原来三月初一去后山接驾，接来之后供在本村棚里。奶奶像用木头雕塑，用木头轿，四人抬着回来，供奉到十五日，其间每日吹念。

十五日搭棚,这一天送驾,接驾、送驾都要吹。路线是:山北村,坟庄,匡山庄,李家坟村,流井村,马头村。到马头村音乐会的会棚前参驾。

所谓"后山八大会"有:中幡会、大鼓会、狮子会、音乐会、十幡会。"老会"总管各会。东留庄有一个"大车会",八只牛架起一个戏台,并排行走,上边唱戏,唱哈哈腔,单出小戏,这也是八大会之一。坟庄的叉会,也是八大会之一。他们抬轿人都穿黄马甲,一路上受人尊敬。各村有茶棚,挂"后土像",接八大会。各会都自己带饭。

【与其他音乐会的关系】易上营关帝庙跟这里学,把谱本拿走。三月十六"山北村"音乐会、佛子会来本村拜会,一块去涞水县铺头村。山北村是南乐会,虽然在一起活动,但各吹各的。

【碑文】村里有写在布上的一幅"碑文",全文抄录如下:

万古流芳

诸佛神像及音乐圣会　在我村流传已数百年历史　十年浩劫期间而辍　改革开放以来形势喜人　百废俱兴　因之诸善人募捐资助兴会　并绘佛神像数尊　又由董事人念佛经　此之大兴实为神佛之默感善人　而善人虔诚敬奉佛神　而致佛法宝随缘流传　兴旺发达　吉祥如意　并祝愿世界和平　人民安乐　正法永驻　法轮常转也

癸酉年乙丑月二十一日记

董事人:杨宗云　杨春安　赵秀祥　高福庆　杨春香

```
王杨赵王娄娄杨赵刘杨杨赵杨杨赵杨杨高王杨杨王赵
振永文世海海思振永永思秀永振春文春春福永宗春玉文
生军宝福春金山堂来祥平荣祥久启永生福安庆久云龙华起
                                                    施
拾拾拾拾拾拾拾拾拾拾拾拾拾拾拾拾拾拾壹壹壹壹         舍
                                元  佰佰佰佰          人
元元元元元元元元元元元元元元元元元元村元元元元元      数
                                长
赵杨杨杨杨王周杨杨任杨王娄王杨王高王杨杨高杨杨杨王
文春春春德守桂春永德永振海展春廷艳永宗永振宗宗春振
喜果雨元军阑玉茂银利启金芝香银春之亭永年才水利堂友

贰拾拾拾肆拾壹伍拾拾伍壹拾拾拾伍拾拾拾拾拾拾拾伍
        拾      佰伍              贰
元元元伍元元元元元元元元元元元元元元元元元元元元
        元                      四
                                角
杨王王杨杨刘刘杨赵王任任王杨赵王杨杨杨赵赵王王王
宗永凡永永德德春文世德德春秀永永宗德振文守永世
珍明志玉成福明泉荣普友顺保奎风亭岭昌毓河文水军水金水龙

伍伍伍贰贰伍伍贰伍伍伍拾伍拾拾拾伍伍拾拾拾叁贰伍
                    拾
元元元元元元元元元元元元元元元元元元元元元元元元

入款一千陆百柒拾捌元肆角
```

支出清单抄记在佛教象征的黄色大纸上，现全文抄录：

九二年十月

去北京买笛子1个　共花费壹佰叁拾元零捌角五分　高福庆 刘德明经手

买管子1个　贰拾元　经手人杨永平

买磁带2盘　蜡烛3包　拾叁元　杨宗武经手

去商方找云锣买烟22盒　贰拾捌元　经手人高福庆　任德银

杨永平

九三年十月
买鼓 1 个　壹佰元　经手人高福庆　杨永平
买大煤 10 吨　壹佰贰拾元
管画神像饭　30 张　双超纸在内　共贰拾贰元
买灯笼　陆拾捌元
出画像款贰佰元
出买墨汁麻纸贰拾元壹角伍
出买帐子款壹佰伍拾伍元
出买炮香油香肆拾元另陆角
买毛笔 2 个壹拾贰元肆角
出买黄白纸款壹拾肆元捌角
出买白的凉布 1 尺 1 寸壹元壹角
出灯棚电费叁拾元
出买文启煤壹佰元
出付杨春涛画像款壹佰元
又出付杨春涛画像款叁佰伍拾壹元伍角
出修笙 4 个壹佰叁拾元
出管修笙的饭费叁拾元另伍角
共出款壹仟陆佰柒拾叁元□角

收自愿献金款壹仟肆佰贰拾捌元肆角
入大队转来款——贰佰伍拾元
共入款壹仟陆佰柒拾捌元肆角
共支出壹仟陆佰柒拾叁元柒角
除出净存款肆元柒角

【乐谱】原有《四上拍》《骂玉郎》《雁过楼》《走马》。现可演奏的有《柳黄烟》《翠太平》《又太平》《麻义郎头身、二身、三身》《四拍上》《一串珠》《佛送》《金字经》《蛾螂》各身。

【谱字】合、四、一、上、尺、工、凡、（呀）。

易县桥头乡北桥头庄音乐会谱本目录

音乐歌集本，公元一九六三年九月十六号，刘振江印

1.《五圣佛》	2.《留黄烟》	3.《小走马》	4.《将军令》
5.《放驴》	6.《遂太平头身》	7.《遂太平二身》	8.《遂太平三身》
9.《照圣宝》	10.《仙吕》	11.《天下乐》	12.《鹊踏枝》
13.《出队子》	14.《赶东山》	15.《雁过南楼》	16.《南麻衣郎头身》
17.《南麻衣郎二身》	18.《南麻衣郎三身》	19.《洒网》	20.《海青》
21.《引路》	22.《拿天鹅》	23.《鹅鹅儿头身》	24.《鹅鹅儿二身》
25.《鹅鹅儿三身》	26.《鹅鹅儿四身》	27.《鹅鹅儿五身》	28.《鹅鹅儿六身》
29.《鹅鹅儿七身》	30.《鹅鹅儿捌身》		
全部写完　公元一九六三年十一月二十五号			

易县桥头乡北桥头庄音乐会会员登记表

姓　名	年龄（岁）	擅　长	姓　名	年龄（岁）	擅　长
杨春安	75	文坛	杨宗云	62	笙
刘殿香	60	笙	任德昊	59	鼓
王永久	40	钹	王振华	18	管
赵振来	28	笙	赵振爽	18	笛
杨春永	52	鼓	杨永军	25	武场
高福庆	64	笛	杨春香	74	钹
高振才	43	钹	王振声	48	武场
杨德喜	19	管	杨保华	20	笙
杨永华	19	笛	赵金利	17	笛

备注：杨德喜是杨春安孙子。

【补充资料：访杨春安】

我23日去后山，找梁树明，与马头村村支书联系关于去后山不买

山门票之事。但听他们说：今年马头村承包了后山活动，必须上交县里21万元。所以不论是谁，都要花钱。对我们优惠，每人收五元。村里有些妇女也跟音乐会去，也收门票，这样实际上音乐会的人就没省钱。这件事使我心里不愉快。音乐会置办了一个大棚，但一直没有钱。把钱这样花了，我心里不愉快（采访中，杨一直在说这件事，可以看出为了把钱买了门票，心里很不舒服）。

我们到后山去修好，花了一百多元，其中二十多元香钱。村中一个卖豆腐的捐了十元，还有一人捐了二十元，门票花了六十元。音乐会买了些油条、大饼大家吃。支书的儿子有辆212型汽车（卡车），拉着老人；村中一个做买卖的人，拉着大家。上午七点走，到后山上吹了一阵，念了"请神赞"，下午四点回。

原来我定于三月初一去后山"接驾"，会里两个人不同意，个人坚持个人的，打起来了。后来还是我定下三月初六去后山。

涞水县丛溪村（音名）原有音乐会，已经散了。我们打听到这事，就到他们那里买了一架老云锣，花了550元。卖云锣的人不知姓名，因为不敢公开。乐器是老辈里传下来的东西，就是会散了，也不敢公开卖（云锣是青铜老锣，音高基本还准，但有的位置挂得不对。）

最近麻屋庄对面部队要搬走，空出地来，乡政府要盖中学，号召全乡每人捐70元，没钱人家捐粮食顶替（我们采访时，村里喇叭正在广播这事。杨先生十分忧虑，他与老伴根本没有收入，怎能捐得起钱）。

"三奠茶"用：1.《挂金锁》（同时吹）；2.《大三宝》；3.《浪淘沙》；4.《骷髅》。《二十四孝》不太能念了，《骷髅》也记不全，《迓鼓令》是真言，原本在正月十四、十五、十六念《后土卷》。

村中所存经卷，最后写"大清光绪三十二年正月立"。新中国成立后收经卷，我们说没了。但"文化大革命"不行，红卫兵挨家收，藏不住。我把有的经卷用木头盖子埋在地里，但《观音卷》《老爷卷》被红卫兵抄走。这些经，据说都是从碑上拓下来的。部队住在附近，他们不管发丧人的事。抗日时八路军，解放战争期间的部队，也不管这些事。区政府管反动会道门，但不管吹打音乐。

我跟父亲撑管（吹头管）吹音乐，念经我是跟杨思深（已故）学的。现在我孙子学笙。本会原是混元会，但不祭祖师爷。经卷上是"十供养"还是"十六"，我也不清楚了。

原有五十多幅神像，后土像，十王像，地藏王，四大金刚，上、中、下八仙。梁树明画的"十王像"不好，要是好，我们就买他的。他抄《后土卷》卖，给我们瞅了瞅，与本村原《后土卷》一样。

原后山奶奶像好看，红嘴唇，戴耳坠子，金面，衣服绣得好。院中香炉（两个）有我屋子这样大，里面的香灰，堆起来比屋子高。（杨对后山管理很不满意，抱怨只管收钱，根本没有好好修奶奶庙。）

有时村里人叫我去"净宅"，先念赞，念《普庵咒》。用五色粮食，大米、小米、玉米、青子、小马子（后两种是什么不清楚）从屋里向院子外撒。一般家中有病、有鬼，都要净宅。原净宅请音乐会吹，放焰口。现只请我一人。原一昼夜，现在简单了。现在"送路、烧车"仍然念赞。

北山南盖了后土庙，有会。山北也有音乐会，他们现算一个会。"文化大革命"后，他们不接触了。

临行时，杨春安的老伴（瘫痪在床）给钟先生要钱。她说："你可怜可怜我们吧。"她知道乡里要捐钱盖学校的事，但自己没有一点能力帮老伴。钟先生给了他们50元钱。杨春安坚持不要，说："这是给音乐会的，我自己不能要。"我们说："这是给你个人的采访费。"他才收下。钟思第女友"解放了"，看到杨的老伴瘫痪在床，心里很难过，她从未见过这样的贫困。

（调查日期：第一次：1995年2月8日，调查人：钟思第、张振涛。第二次：1995年4月25日上午，调查人：钟思第、张振涛。）

河北省保定市易县桥头乡麻屋庄

【地点】河北省保定市易县桥头乡麻屋庄

【邮编】074201

【会名】音乐会

【联系人】郭田(头管)

【采访原因】1995年农历三月,我们在后山采访时,遇到该音乐会去后山朝拜,遂在山下做了短暂采访,并根据他们提供的地址到村中再次采访。后山相遇时是农历三月十四日,次日即后山庙会,听说该音乐会将于次日上后山吹奏,可能有聚会仪式,故晚饭时赶到该村。到村后才知道他们于昨晚集中排练,为了到后山能吹好。今晚也集中,但不吹奏,只是在一起开个会,安排明日上山事务。因此,我们只在郭田(62岁,头管)家做了采访。

他说:我们音乐会明天早上八点钟"朝顶",上去的人,除了吹打的,还有打旗的、跟会的共25人。

【会史】本村音乐会最早从七里亭大寺(土改时,约1948年拆)的僧人学的。大寺传给了我们经卷,但没来得及学念,只学吹打。音乐会老辈的人也只念白事,不念神事。早年春节搭棚也只吹打。七里亭大寺,送给王老恩一个木鱼,王老恩又给了刘学增,"文化大革命"中刘学增给了大队,就失了。

郭田说:我12岁(土改前,1945年)开始学音乐,老师傅叫李老印(已故)。当时是村公所组织大家伙学。村里看着音乐会老师傅都老了,怕失了,所以出钱让年轻人学。那时会里还有十几个老师傅。学这会"得上伴儿"(大家入会结伴一起学),与我一起学的有六七十人。凡愿意参加的人,要吃"上班饭",村里管饭,所以学的人很多。后来有些人"掰不过"(即脑筋转不过来,掌握不了),跟不上,师傅就不要他们,就剩下了二十多人。我学了三年。前三年主要教吹打,应该是第四年开始教经科,结果第四年上打仗了,就没来得及学。我们学的时候,这一带正在"拉锯战"。一段时期内,共产党一方和国民党一方交替占领。国民党的马辉,和共产党的杨成武,在这一带打仗。电影《狼牙山五壮士》就说的是那时候的战争(注:不准确,那是抗日战争)。我年轻时没别的事干,就学这个。

小时候没进过学校门,识字不多,识谱子可以,就那么几个字,好学。1953年,我去北京,在东郊朝外砖瓦厂工作,1964年返乡。回乡后还吹过。从1958年"大跃进"时就不吹了。人民公社时(约1957—1958年),我去过后山烧香,回来后村支书批判我。

教新的一代,需要一拨人一块学,单独学,没法教。所以郭田说,他没有教儿子学管子,儿子只跟武场。小孩子们不学,主要是家长不干,怕耽误功课。村长喜好音乐。有三四个年轻人现在开始学,有陈海清、刘士杰。乐器是村里花钱买,自己不捐钱。

直到改革开放后,国家不管了,分了地以后,才拾起来了(恢复)。现正月里不搭棚,农历三月十五音乐会去后山吹。后山二月十五、十月十五庙会。平时办白事。白事有摇铃、磬(可能也念,但他好像不愿意说念的事)。去后山吹的曲子一样。

【活动】现一般老忙时管饭,给烟。正月十五有时吹,十六晚上围村转,散点"黄钱",称"送神"。

今年三月三,北山南村"后土庙"开光,请我们去了。原来那里有个老庙,现在是恢复。虽然他们请我们去,但村里没有一个干部出面接待,也没有管饭,只是管水。

【宗教情况】"文化大革命"中烧了老经卷和"后土"神像。吊挂中有"王莽赶刘秀"的故事,一套十幅。还有"四值功曹"等。我们这拨人一起学的音乐,待准备学习经卷时,解放战争开始了,就中断了学习,所以我们不会念。原村中有观音庙、老爷庙、五道庙。

中华人民共和国成立前一直去后山，1958年、1960—1963年没去，"文化大革命"没去，1994年、1995年都去了。原此地闻名的"八大会"有：幡会（西茹堡）、狮子会（东茹堡）、鼓会（中茹堡）、音乐会（本村）、架会（东茹堡）、执事（即"信子"）、炮会（东茹堡）。原东茹堡有后土大寺庙，所以抬架到他们村。原来是三月十二去，十七回来。

这里四乡的庙会不少，大部分是物资交流的，只有少数是"香火庙"。

原来去后山要相互拜会，现在去，只代表本村给马头村委会发个帖。原来去后山的路上，只要看见对面来了会，就得停止打家伙，停止吹奏，打小旗的人，施礼拜会，大家相互拜。人家过去后，才能继续吹奏。这是会规。原后山有奶奶"送娃娃"的观念。七月也烧秋香。

原村中有个"老会"，有棚、杆子，负责搭棚、拆棚。大棚分为三个，中间挂像，两边晚上男女分开睡觉，有次序。总共能睡150人。

【后山财产】原易县县城有一姓陈的人家，有白事，我们音乐会给他发丧，为了报答我们，他在后山买了一块地（有两亩半地），送给我们老辈人。我们每年在那里搭棚，设茶棚。平常马头村的人，用作打麦场。原来我们有这块地的文书，"文化大革命"中失落了。原来存放在马头村的两个大缸，现在还在我们村的一个亲戚家（住马头村）放着。马头村的村支书，现在也承认这块地是我们的。承包时，支书说：这块地暂时不定，因为将来形势发展，还可能还给我们。我们不一定要回来，但他们必须承认，这块地属于我们。

大约从1993年以后，就有音乐会上后山了。如易县上黄蒿音乐会。我听过他们，和我的音乐有字眼儿不平的地方，点字（加腔）的手法不一样。

去年去后山没要我们的门票钱。我们在二月份，给马头村一个会帖。他们给我个字据，说明三十多人，不用花钱。但卖票的人说：他们是承包的，不管村里的条子，为此吵了一架。1994年，我们也给他们吵了一架。

【村中人口、族姓、经济】2078人。在场的被采访人中,有位村支部委员,专管计划生育,所以人数精确。周姓、刘姓,是大户。现在,每人每年交60斤小麦,秋季交40斤粗粮(如玉米)。如果交不了粮食,就按市场价格,交这些斤粮食的钱。全村平均每人八分地。年轻人主要到城市里去做泥瓦匠。

【所知其他会社情况】西茹堡有位老人存有老卷,那里原有音乐会,现在散了。北桥头村音乐会没有学出来。裴山镇向阳村有南乐会,他们不文明。那里二月二十五,有个规模很大的庙会,是南乐北乐比赛的场地。北山南新建了个庙,原庙址规模很大,神全,"文化大革命"中拆了。这一带庙不少,物资交流性质的庙会,只有少数是香火庙。

中华人民共和国成立前易县县长赵玉昆崇拜后土皇帝,因嫌后山太远,出钱在易县城旁建了后土庙,让人拜庙。

【宫调】正调、越调、背调、隔字调、乙字调。郭田所说大曲名称,都在前面加上"拍"的曲名,但他把"拍"说成"板"(谱本也如此写)。如《四上板骂玉郎》(正调)、《合四板挑袍》(越调),背调《华颜》《道章子》,正调《普庵咒》。

郭田说:"隔字调"也叫"皆字调"(发音"皆")。"隔字调"就是"借字调",即向下(指管子的孔眼)借一个字。一般曲子都能用这个调。所谓借字调,就是改一两个字,即改变一两个管孔音位,其他字不变。要改全曲统一改。念谱用正调念,变调是在手上变。乙字调(郭说:实际上也算是借字调)拿乙当上,所以没上有乙;拿六当怯凡(高凡),所以没六有凡。

原音乐会点笙在徐水青庙营,用D调笙。

【常用曲目】打击乐大套子打不上来了,能打镲子器《五节》(《粉碟子》中第五节)。早年学过的大曲有《花园》《道章子》《合四拍》《挑袍》《拿天鹅》《赶子》。现恢复常用的主要是《合四拍》《挑袍》。

【谱本】存有两个谱本,一本为老本,已经残缺不全,抄写年代不详。毛笔抄写,横长宣纸,字体笔迹很好,谱字边有朱红点板,大曲前标有红色〇记号。

另一新谱，封面所写文字如下："麻屋庄大队　音乐会全曲　一九八二年　84个曲"。郭田说，此本是他所抄。曲中划的反复记号：（）。用钢笔抄在横长宽纸上。

【谱字】 合、四、一、上、尺、工、凡、五、六、仩、伬、仜

【板眼】、〃 ×

【读谱法】 谱本中有谱字横写与竖写结合的《普庵咒》，现将读谱方法列表示意：

上 〇 尺 〇 工 〇 尺 〇 尺 〇 工 ← (1)

六 六 六 五 六 〇 工 尺 六 五 六 〇 工 尺 六 五 六 ← (2)(6)(10)(14)

(15)(11)(7)(3) □　　× (13)　× (12)　× (9)　× (8)　× (5)　 (4)
　　　　　↓　×　×　↓　　×　↓　×　↓　×　↓　×　↓
　　　　　　　×　×　　　　×　　×　　×　　×　　×
　　　　　　　×　×　　　　×　　×　　×　　×　　×
　　　　　　　×　×　　　　×　　×　　×　　×　　×
　　　　　　　×　×　　　　×　　×　　×　　×　　×

易县桥头乡麻屋庄音乐会谱本目录

1.《四上板》	2.《马义郎》	3.《贰身》	4.《叁身》
5.《感皇恩》	6.《照上宝》	7.《迎贤客》	8.《叹颜回》
9.《合四板》	10.《挑袍》	11.《金玉盆》	12.《大赶子》
13.《花园》	14.《道章子》	15.《二身》	16.《三身》
17.《四身》	18.《五身》	19.《小赶子》	20.《记心草》
21.《苦中马》	22.《二身》	23.《三身》	24.《普庵咒》
25.《折归令》	26.《二身》	27.《二身》	28.《南金宁津》
29.《豆菜黄》	30.《引路》	31.《上驴》	32.《大道为》
33.《拿海清》	34.《拿天鹅》	35.《下山老虎》	36.《三奠酒》

（续表）

37.《拿天鹅沙板》	38.《送军令》	39.《蜂采花》	40.《大良洲》
41.《采茶歌》	42.《玉芙蓉》	43.《二身》	44.《三身》
45.《下梅凤凰赞沙板》	46.《张飞祭枪》	47.《雀查枝》	48.《琵琶令》
49.《鸡生草》	50.《留黄烟》	51.《翠草平》	52.《二身》
53.《五声佛》	54.《脱布衫》	55.《观灯赞》	56.《小周仓儿》
57.《二身》	58.《三身》	59.《四身》	60.《打×》
61.《佛送子》	62.《塌鹅蓝》	63.《二身》	64.《三身》
65.《四身》	66.《下梅三调腔沙板》	67.《尖鹅蓝》	68.《二身》
69.《三身》	70.《四身》	71.《五身》	72.《沙板》
73.《赶东山》	74.《串金盅》	75.《挂金锁》	76.《尚工板》
77.《刀刀令》	78.《不二凡》		

易县桥头乡麻屋庄音乐会会员登记表

姓　名	年龄（岁）	擅　长	姓　名	年龄（岁）	擅　长
郭田	52	头管	周军	68	管
周谦	66	云锣	刘贺云	65	笙
郭福全	66	笙	伊学树	68	笛
伊国祥	80	板	郭福和	32	钹
周燕	47	铙	刘云	50	钹
工江	68	管	李学文	64	管
刘福善	65	笙	刘宽	64	笙
刘福林	74	笛	刘少全	61	鼓
刘坡	48	钹	陈海峰	45	铙
伊财	72	笙			

备注：郭福和是郭田的儿子。

（调查日期：第一次：1996年4月23日，调查人：钟思第、张振涛。第二次：1996年5月1日晚，调查人：薛艺兵、钟思第。）

河北省保定市易县桥头乡陈旺村

【**地点**】河北省保定市易县桥头乡陈旺村

【**邮编**】074201

【**会名**】音乐会

【**联系人**】杨振东（会头）、马宝才

【**采访原因**】2月7日上午，在易县县城礼堂前大院子里，由县文化部门组织的春节花会上，我们见到该村吹打班演奏。唢呐演奏者把盘子用唢呐杆顶着转，玩弄杂技等技艺，然后用鼻子吹，两个鼻孔一次一音。县文化馆公李先生介绍，我们认识了吹打班负责人马宝才，知道该村有音乐会，约好第二天到该村采访。所以，8日的采访，就在马宝才家。

【**乐器**】青铜制云锣，音色极好。笙用12簧，"合"字＝E。在徐水县清庙营姓王、姓姚家点笙。

【**会史**】杨振东说：我爷爷杨老铺（已故20多年，时年87岁）是老会头，谱本上的曲，能会90%，现大部分老会员都是跟他学的。我父亲杨得荣（已故）也是音乐会会员。一开始学音乐时，我学云锣，把云锣图案画在墙上学着打。但是，我琢磨，"千日管子百日笙，要学云锣一五更"。我要学个难的，我就去李石才家学管子。他开始学管子（现70岁），后来半途而废。我想接替他。每天早晨捡粪时，把粪篓子一放，就开始吹，后就成了头管。我上过一年私塾，读《百家姓》、《三字经》、《上论》和《下论》(《论语》)、《大学》、《中庸》。原音乐会徒弟拜师，要吃"上班饭"。我和苏亮，还学过一些老曲。大曲《乐章》已经不能奏了。

1958年左右，音乐会就不太活动了，1978年恢复。原音乐会在"观音堂"前搭棚，正月十四、十五、十六三天闹会。年三十晚上，在街

上转,叫"净街"。如有一次,村里有人上吊,就在街上转,为了把"邪气"去掉。死了人到五道庙报庙,老忙第二天下午"烧车",第三天上午送到村头。中华人民共和国成立前去后山,1949年后,不再去后山了。我们这一代人基本上没去过后山。现正月也不活动了,只在老忙时活动。

易上营音乐会跟北桥头音乐会学的,把谱本借去。杨振东与苏亮,去北桥头音乐会一起吹过《蛾螂子》。知道东范村和尚会吹音乐。

【村史】村有2300多人,主要务农,另有个体造纸厂。原村有老爷庙、五道庙、观音庙、灶王庙、奶奶庙。"文化大革命"中庙都拆了。

【其他艺术班社】本村旱船会也有几十年历史。另有吹打班。

【宫调】正调、背调、越调、乙字调。

【乐谱】存有一本老谱,另有前些年抄在塑料皮笔记本上的新谱。

【谱字】合、四、一、上、尺、工、凡、六、五、伬、仜、伏、仁。

易县桥头乡陈旺村音乐会谱本目录

第一页:陈旺村音乐堂,公元甲子年腊月下旬抄			
第二页:我村会员请听明　忙中屉(抽)闲用真功			
学会笙吹和细乐　就是文人老先生			
1.《四上拍》	2.《麻玉郎一身》	3.《麻玉郎二身》	4.《麻玉郎三身》
5.《彩茶歌》	6.《刘黄烟》	7.《公门九》	8.《金字经》
9.《佛送子》	10.《翠太平》	11.《鹅落头身》	12.《鹅落二身》
13.《鹅落三身》	14.《鹅落四身》	15.《鹅落五身》	16.《鹅落六身》
17.《鹅落七身》	18.《鹅落八身》	19.《鹅落九身》	20.《鹅落十身》
21.《落地拍》	22.《玉芙荣》	23.《美粉人头身》	24.《美粉人二身》
25.《豆叶黄头身》	26.《豆叶黄二身》	27.《王大娘驴》	28.《耍孩》
29.《小走马头身》	30.《小走马二身》	31.《引路》	32.《海青》
33.《放鸭子》	34.《拿清鹅》	35.《凤凰黄赞》	36.《凤凰赞》
37.《赶子》	38.《挑袍战板》	39.《哭瓜》	40.《合四拍黄河楼》
41.《折桂令头身》	42.《折桂令二身》	43.《折桂令叁身》	44.《折桂令四身》
45.《折桂令五身》	46.《劝金杯》	47.《共合拍》	48.《昭圣宝》
49.《颜回头身》	50.《颜回二身》	51.《蒲萄鄂》	52.《三奠酒》
53.《下山虎》	54.《三国赞》	55.《乐账头身》	56.《乐账二身》
57.《乐账叁身》	58.《乐账四身》	59.《庆阳镇一身》	60.《庆阳镇二身》

（续表）

61.《庆阳镇三身》	62.《浪淘沙》	63.《六句赞》	64.《刘亲娘》
65.《上公拍》	66.《普奄五种》	67.《头五种》	
《中坛粉碟头身》接入暗送《二身》《三身》《四身》《顺水推舟》（中间残缺）《七身》			

易县桥头乡陈旺村音乐会会员登记表

姓　名	年龄（岁）	擅　长	姓　名	年龄（岁）	擅　长
杨振东	50	笙	苏　亮	61	管
郭洪庆	65	笙	杨树德	65	笙
蔡文启	43	笙	李建国	48	笙
马义水	34	云锣	何　勇	68	笛
梁　峰	64	管锣	国养宗	64	笙
李树申	36	笙	董　理	51	笙
郭树林	49	笛			

备注：苏亮11岁学云锣。苏老奎（笙，已故）。

（调查日期：1995年2月8日，调查人：钟思第、张振涛。）

河北省保定市易县易州镇后部村

【**地点**】河北省保定市易县易州镇后部村

【**会名**】十番会

【**联系人**】杨朗奎（77岁，弹三弦、吹笛、打扬琴）

【**乐器**】"文物"（文场）：横笛2—4、云锣、笙4、二胡2—4、四弦胡、扬琴、三弦、火不思、提琴（弓在弦中）、八角琴（似秦琴）、怀鼓（单面小鼓）、板（兼奏）。武场：铙2—4、钹2—4、鼓（单皮鼓、板鼓 - 戏曲式样）、长扦号、12—4小唢呐、铬子、手锣（小芒锣）、镗儿（手锣）、星儿（碰钟）、大锣。文武场不合奏，一场休，一场起。一个会里二组乐队。用过木斗笙，十三簧。乐器扬琴背后写有"道光年间制"。

【**器物**】三眼铳，一个眼的火炮（里面放黑火药），点一响就知道"会"来了。

【**会史**】杨朗奎（1917年生，现77岁，汉族，小学教师，在各区任过教，75岁退休）说：1985—1986年，是最后一次活动。本会没有会头。村干部谁"好"，谁组织。

从易县被日军占领，会就散了，抗战后，没有恢复。直到1983年，县里搞"音乐集成"，下指令才恢复起来。解放初和初级社时，搞过几年，当时老人们还都在，村里干部也喜好这个。那时约在1947年至1952年期间。1952年"互助组"时，就没人组织了，散了。十番乐器最多，全了有50多人。加上打旗、挑架、打灯的，共70多人。我记得"七七事变"前，民国初期，最多时60多人。那时大部分人种地，不"吃皇粮"也过得去。十番是过去没有的会。

我年轻时在本村学堂上学，初中师范毕业（公立学校）。父亲会弹弦子。我们一批一起学。会里有管事的人，组织教学，他委派专人教。

学时先念曲子,以自己爱好为准,分配乐器。现教的一批年轻人,都在20—30岁之间。学了三个小曲,有《大伍对》《上孤坟》《一套龙》。现在他们也不一定会了。

1986年,我随会去过后山。事变前,去后山的十番会有:韩村十番会、涞水居士村十番会。别的说不上来。过去出会,没见音乐会。太平峪有音乐会。过去有规矩,会与会相见,不许演奏,要相互让路。

【会员】1983年恢复时,有邢印堂(村支书的父亲)、邢有才、丁景田与杨朗奎。现在只有杨朗奎,另三位都已去世。

【活动】主要春节活动,初一至十五。三月十五到后山出会。1984年、1985年去过后山朝拜。

【村史】大部分是汉族,有回族、蒙古族,没有满族。后部村早先叫"礼部村",住在这里的人负责修陵。过去太和庄、下岭、华盖、北华北村。这四村属泰陵(雍正陵)礼部。清朝时,一当皇帝先修陵。泰东陵是雍正皇帝皇后的陵。本村由北京、山西、浙江等地移民而来,杨姓由浙江迁来,李、辛、丁是大姓。修完陵墓,外来户大部分就留下来,居住在本村营房。部分留下来当差,用于一年春秋大祭。大祭最少要来个王爷。村民当皇差,制作供品。部分人迁自北京。官家迁民至此,不种地,吃皇粮。也有自家在周围买地的,补充家用。

十番会与祭陵无关。有人造谣说我们与祭陵有关,这是胡说八道。

现"行宫"招待所有人家,俗称"喇嘛庙"。他们为皇家祭祀,是黄庙。没听说吹的,也没听说宫廷乐人到民间。没有皇帝祭陵的事,民间乐队也有迎驾的。皇帝一来,就跪下,不敢抬头。"过白差"就是皇帝死过后,迎送灵柩。从村南道走,经涞水县、燕子村过,仪式隆重。

这里是1945年日本人投降,1947年解放,1952年互助组,1956年高级社。

【人口】现全村有1300多人,中华人民共和国成立初有700多口人。

【术语】"吾"(加花)、"头翻"(从头到此反复)、"贰翻"(第二次反

复从始);《灯月》是"一板三眼";《二龙戏珠》是"一板一眼";《回围》"有板无眼";"没眼""没板"就是散板。

【宫调】就一个调，D 调笛，原是 ♭E 调笛。点笙按笛，乐队以笛为标准。

【乐谱】杨朗奎存有一本《曲本》，是他 20 岁左右抄的。他说：当时会这个的大都有工尺本。十年前我翻成简谱，翻抄了简谱、工尺谱对照本（现存）。

易县易州镇后部村十番会乐谱目录

1.《上孤坟》	2.《一江风》	3.《朝天子》	4.《万年欢》
5.《清天歌》	6.《大伍对》*	7.《闹花灯》	8.《灯月交辉》*
9.《莲出水》	10.《荷花放》	11.《莲生子》	12.《采莲歌》
13.《思郊》	14.《游春》	15.《采猎》	16.《回围》
17.《水龙音》	18.《龙治水》	19.《二龙戏珠》	20.《柳叶锦》
21.《第二》	22.《第三》	23.《第四》	24.《四来帽》
25.《和风至 春》	26.《饰云亭 夏》	27.《桂花香 秋》	28.《雪梅花 冬》

注：* 为采访中录音的曲目

（调查日期：1993 年 8 月 20 日上午，调查人：薛艺兵、钟思第。）

河北省保定市易县裴山镇东白涧村

【地点】河北省保定市易县裴山镇东白涧村

【邮编】074203

【会名】音乐会

【联系人】魏林（会头）

【采访起因】4月14日近中午时，我们在后山采访时，遇到裴山镇东白涧村音乐会。打着两面粉红色会旗，20多人正在演奏。我们现场采访，王宝才（45岁，会头）说：能奏《赶子》《挑袍》《骂玉郎》，曲子老本上都有。1965年，还来后山，"文化大革命"中把乐器埋藏地下。魏林（65岁，文坛）说：近六七年来，音乐会每年来后山。原来，马头村头的戏楼边，有我们音乐会的两亩地，由马头村人种。我们赶会时来住，他们负责接待，管饭。原正月十五，在村里念《后土卷》，三月十五在后山念《后土卷》。王星（26岁）跟王文耀（已故）学写《后土卷》，这种年龄的人很少会这种技术。村中原有官房子，现无。

我们下山时遇到该村老调剧团，与音乐会一起来，带着戏装。他们说，剧团演武戏（神戏）不唱，只念白。"文化大革命"前剧团一直来后山，原马头村戏台在时，就在戏台上演。原有文戏（带唱的），现无，家中存有戏文，1963年最后一次来后山。"文化大革命"演《沙家浜》《红灯记》，1980年恢复老戏班。"文化大革命"烧了部分戏装，但好的仍存在一只大箱子里。

【乐器】管1，笙2，云锣2，笛2，武场。原会里有"大磬"，"文化大革命"时交给大队，已失。

【会史】魏林说：南白虹村原有寺庙，叫"阳泉寺"。王凯（老师傅，50年代故去）原是老画工，会"抓胎"（塑神像）。开始他跟阳泉寺和尚学"抓胎"手艺,住在庙里。后来,他听和尚吹音乐,执意跟大寺和尚学。和尚们说:你学不会,他就每天吃完饭学。谱本是他边学边记,他还会点笙。他在村中当过"工会主任"。后因为上面领导逼着"交余粮"交不起,活活愁死了(谈到这里,大家都觉得很惋惜,说王凯技术好,人聪明,就是心胸太小,撑不住事)。

"阳泉寺"和尚们吹大管,属南乐。本村是小管音乐会,吹的曲子差不多,但调不一样。

王林(近70岁,自"文化大革命"以来,一直担任村书记,现退休)说:我们村的音乐会和戏班在马头村有戏楼,有会馆,有20亩地。"文化大革命"后期,我去过马头村打官司。我问:你们把我们的戏楼拆了,为什么不拆自己的戏楼?马头村的村长开始承认这产权属于我们村所有,但后来就不承认了。我找到县法院,院长告诉我,现在是"文化大革命",谁能管谁?他劝我算了。我们听村里上年纪的人说:"文化大革命"前,戏楼重修时就有二百多年历史。戏楼上有块匾,记载着年月。但"文化大革命"中这块匾不在了。我去马头村时,看到他们正在把从戏楼上拆下来的木料,给学校做桌椅(王林仍然希望把这种所有权争取回来)。

王林说:马头村的地,是我们老辈人买下的。马头村的人白种白得。按定下的规矩,到赶山的时候,我们村不管去多少人,都可以免费住在那里。当地人给我们准备做饭的家伙(炉灶、柴火、锅碗等),平日里给我们打水。我们在那里唱戏时也从不收费。现在我们音乐会去后山,不收费买票(山门)。流井乡白羊村的戏班,是跟本村学的。所以我们不去演戏的时候,他们可以在这个戏楼唱戏。

交谈中,他们提到"祭冰雹"仪式,并解释说:"祭冰雹"就在"中易水"(当地人把易水河的三条分支称为"南、中、北",离该村最近的水段,称为"中易水")中放河灯,音乐会要吹。"七七事变"后还闹过一次,现有50多年不闹了。去年七月曾举行过一次"求雨",参加者头戴柳条帽,抬着老爷牌位,音乐会参加奏乐。按照县里规定,现在每年水渠给村里农田灌溉，放十几天水，必须交28000元。原来放水一个月才要300元。所以村里农民仍然要靠天吃饭，不愿意花钱买水，因此还用求雨形式。1964年时，村里老人们也偷着求雨，但那时不敢动用音乐会，闹大动静。老人们商量与大队一起求，1962年也求过一次。

谈到村里戏班的戏装，王林说："文化大革命"拿出一些戏装烧了，但我让把一些好的藏了起来。那时我是"革委会主任"，说话算数。每年我偷着让老人，找个背人的地方，如到离村较远的地里，拿出来晒一晒。我给他们开点工分（现村长说：还给他们40元钱，让他们晒服装）。用这种办法，总算把老辈里传下来的东西保住了。那时要是让人知道了，我连党籍也要被开除了，冒很大风险！

王纪忠（70岁，老管事）说：原音乐会在王文耀家活动，把那里叫"会馆"，多少辈一直如此。魏林说：原三月十二到后山，十七回。回村后要搭棚，老人们上心此事，从"高级社"开始就松散多了，糟蹋了。

王凤章（头管）说：我1961年跟父亲王平（74岁，原吹管）学管子，1965年当兵，1973年回来时，村里音乐会还活动，我又继续学管子。"文化大革命"中遇到老忙的事，只敲打一阵，不敢吹了。这村有老忙的事，东头请"佛子会"（也叫"吵子会"），西头请"音乐会"，戏班是全村哪儿都去。我们是"和尚经"，"佛子会"是"老道经"（主要是武场，念经）。原有"全神像""后土像"，现找不到了。

【宫调】正调、越调、背调（已不会）。正调管子筒音出"塌四"，"越调"出"尺"。

【人口】2000多人。

【乐谱】王凯的儿子，在家里找了很长时间，终于找到老谱本。该谱本已残缺不全，仅剩几页，内有朱红色符号点板，谱字非常大，一页中只抄有十几个谱字，谱字多为俗写体。会中人说：他们认为老谱本没有了，1980年左右，会里的几位老年人，在一起靠记忆，又背着抄写了一份，但现不知存在谁手里，一时找不到。

【谱字】上、凵（尺）、工、凡、六、五、一、合。阿口符号：几

（读"哑"）。

易县裴山镇东白涧村音乐会会员登记表

姓　名	年龄（岁）	擅　长	姓　名	年龄（岁）	擅　长
魏　林	60多	会头	张金亭	40	笙
王凤章	50多	管	张金财	40多	云锣
王　海	40多	笙	王凤启	30多	笙
王　宏	不详	武场	王纪忠	70	管事
王玉明	50	笛	魏明良	50多	管
魏云峰	50多	云锣	魏合辅	37	笙
王春财	40多	武场	王　平	74	管

备注：已故老会员有：王文耀、王老贺。

【补充资料】

东白涧访魏喜（70岁）。他弟弟在"总政"，有个侄子在北京，所以常年住那儿。南庄有乐会。佛事会主要活动是白事，念《亡灵卷》。"佛事会"（也称"华严禅会"）念《后土卷》《地藏卷》。我会念《哭皇天》《十报恩》《曹戏水》《心经》百句。这些赞，主要用于白事。音乐会老一代人会《后土卷》。原来正月十五念《地藏卷》《十王卷》。三月十五、十月十五念《后土卷》。佛事会中高福连（60岁）念得最好。

魏林还说："今年去不成后山了，许多人打经济仗去了，组织不起人来。音乐与南乐不同，吹打班有个唢呐就行。音乐会得各行都有人，云锣是个眼睛，个人不成个说法。会里打云锣的人在北京干活。说是回来，没有他不行。应该每年给后山庙老奶奶祈祈乐。"

我们于1995年曾去东白涧采访，听说有一年轻人抄了《后土卷》，而且会念。今天落实，看来只是个传言而已。

（调查日期：第一次：1995年4月15日上午，调查人：钟思第、张振涛。第二次：1996年4月24日下午，调查人：钟思第、张振涛。）

河北省保定市易县易州镇西范村

【地点】河北省保定市易县易州镇西范村

【会名】音乐圣会

【联系人】孙金峰（68 岁）

【乐器】存有九孔老管子，传了四代人。筒音出"塌四"。原有大、中、小三种笙。原在定兴县小牛庄点笙。原有大鼓，两架云锣。

【会史】孙金峰说：本会原有 20 多人，中华人民共和国成立后散了。父亲孙老磬（已故）原吹笛，我 14 岁跟他学笛子。吹管的单老清，吹笙的郑老利、张老启、张老瑞、杨宏志，都已故去，他们都是会里的老师傅。吹管的岳峰阁尚在，但已病。现有老会员是：原吹笛，打鼓的（61 岁）。郑长信（50 多岁），郑凤顺（67 岁）。

每年三月十五去后山，大旗上有"音乐狮子圣会"。一般三月十一去，十二朝顶，十三日山下"穿插"（意为相互拜会，各会换地方），十四、十五在棚里吹（原会中有棚，去后山自己搭棚），十六吹半天，下午回来，或十七回来。吃的东西自带。平时不吃会，就是在后山时一起吃会。

当时上后山最有名的"八大会"是：音乐会、狮子会、八大鼓会（有八只大鼓）、七里亭十幡会、幡会、少林会、花炮会、架子会。但是叉会、高跷、小车、灯会，不在"八大会"之中，只有老会才算"八大会"。八大会的会头，穿小黄坎肩。穿黄坎肩的会，什么都敢干，赶山时把沿路摆摊的摊位踏了也不怕，敢骂县长。八大会员，身上挂一个小黄条，没有人敢挡。对他们只有服侍，他们有时坐木轮大车。

春节正月闹会。七月初一搭棚，也去后山烧秋香。老忙时放焰口。春节出会用红帜（小红旗），去后山用黄帜（小黄旗）。"穿插"时与各会换回帖,各会遇见时要礼让。进庙时走右边,出来时走左边。会头拿着旗帜,放在背着的挎子里。铁炮是进村时放,进后山庙时,要放三炮。进山要上三炷香,上"黄表"。黄纸折成四角长方形,上写音乐会会名、村名,最后烧掉。各会在庙里的地方,是用钱买下来的,多年固定。在后山住的地方,也是固定的。搭的是人字棚。跪拜磕头的数,也有讲究,叫作"神三鬼四"。就是进庙磕三次,死人磕四次。上庙不忌口,吃素吃荤都行。文化馆公李说,不能买羊肉。但孙金峰说:无所谓,不能买羊肉,可以买猪、牛、驴肉。

"拜师"时,要跪拜、磕头。老师傅站一排,徒弟站一排,面对面。学习时,说好几点来,徒弟不按时来的,师傅就不发给他灯油。"上班饭"就是新学的一班人,与师傅一起吃一顿饭。每一班吃一次。

孙克昌(63岁)说:原村里有《十王卷》,无《后土卷》。原东范村有个人,大家都叫他"小和尚"。他会吹笛,会打会念。我看过他念经卷。经卷上有些字,但就是不念这个字的本音。没学过的外人怎么会念?1962年"民主补课时",音乐会恢复过几年。

他说:八大会是音乐会、大车会、幡会、七里亭十番会、八大鼓会、架子会、戏会。去后山有固定路线,一路上遇"奶奶庙"就要拜、吹。本会路线不过易山,南路需走易山。抬架的要在丘家店供奉。

村民说:人们见了面,不准说"上庙",只能说"进香"。相互间不准问"你去不去"。如果有人不去,就不好意思了,所以不准问。

【与其他音乐会关系】梁格庄乡上黄蒿村音乐会,是跟本村音乐会学的。我们曾与黄蒿村一起吹过。原有两个谱本,一本给了黄蒿村音乐会。流井村音乐会没跟这村学过。

【其他艺术班社】原村有"佛子会"。佛子会有打没吹,念经卷。念《后土卷》,是东范村大寺和尚教的。他们也用《普庵咒》,也朝顶,与音乐会一起去。原有车会,现村里有狮子会。

【寺庙情况】原有老爷庙、忠文庙,"文化大革命"初被拆。

【宫调】正调、乙字调、隔字调、越调、老隔少调(大小哨同吹)、五调、尖背调。

【曲目】《普庵咒》没学,《泣颜回》学了一知半解。会吹的大曲有《挑袍》《骂玉郎》《玉芙蓉》。另有《合四拍》、《四上拍》、《挂金锁》、《乐章》(六身)、《折令》。

【乐谱】他们十分肯定地说,老谱本尚在,但孙金峰未找到。

最后孙金峰用管子吹了一段《蛾螂子》,可以看出,他已经很长时间不吹了。县文化馆公李陪同采访,他说:每年来后山的人很多,有从新疆、广东、辽宁来的。我是从现在拍的相片上看出来的。

(调查日期:1996年2月7日下午,调查人:钟思第、张振涛。)

河北省保定市易县高村乡神石村

【地点】河北省保定市易县高村乡神石村

【邮编】074211

【会名】音乐会

【联系人】李凤材（60岁，管事）

【采访原因】1995年在易县后山采访时，遇到该村一位妇女，称该村音乐会每年三月十五活动。我们前往采访，但因修路，未能走到。1996年再去采访，到村后了解到，村中现有三道音乐会，分别称：南会（音乐会）、东会（音乐会）、西会（音乐会）。原另有中会（高跷会）、北会（戏班）、小车会。现只有三家音乐会活动，其他会已散。东会人最少，西会人最多。我们主要采访了南会，另对东会、西会作了短暂采访，现分述如下。

【南会会史】会员们说：各会分开，主要是因为居住分区自然形成的，不是因为姓氏家族的原因。但西会姓史，东会姓郭，南会姓傅的会员多。看来这种区分既有居住区域的自然成分，也有姓氏家族的血缘成分。

我们问：既然住在一个村，为什么三家音乐会不在一起活动？会员们说：因为各会的师傅不一样，传的曲不一样，演奏中许多小的地方都不一样，所以没有办法合起来。

李坤贵（头管）说：我爷爷李得鹏（1995年前离世），原吹笙、打云锣。老爷爷李来文（1970年病故），原吹笙。我跟他们学音乐。原会中的老师傅有：傅延和吹管（于1993年病故），吹得好。傅连和之父傅作仁（20年前故去）原打云锣，会念经卷。傅仲三（1983年故去，时年86岁），原头管，打云锣。他云锣打得好，一个字缺不了。他会的曲子多，但他怕我去各村点笙，把曲子教给别人，所以他不教我太多，教够了常用的几个曲就行了。有一次他让我念曲，他拄着拐杖在一边听，我念少了一板，他说："你少了一板，少了一个'啊'。你再教别人，就少了一个'啊'字，你给我改了。"他死的时候还念《大走马》，糊涂了还在嘴上念。他打水时也念，你跟他说话，他听不进去，也不管，心里念着曲。我去别处求南乐的曲《小二番》，他说不对，说明南乐会的曲子他也能全背过，记忆非常好。保定曾来录音，当时是傅仲三打的云锣。傅仲三死时，我在外边干活，村里人把我叫回来，给他发丧。本会不知谁传的，有几辈子了。听说是原来寺里僧人教的。

【活动】正月十五在村里人家吹，称"上供"。在谁家吹没有规定，村中有人家好喜这个，就设"供"，把音乐会请来。一般不管饭，但也有管饭的。三月十五的活动，也是如此。选择的人家，每年不同。今年是傅廷贵家定好了。这需要事先约定好。村里不组织活动，都是村里人个人自愿请音乐会。另外两个会，也是三月十五活动。三个会各办各的会。

这代人从未去后山。春节给其他两个音乐会相互拜会。

【乐器情况】李坤贵会点笙，该会用12匹簧笙。他父亲会点笙，但他是跟徐水县大次良村的张瑞（曾在县委工作）学的点笙。他也给"东会"修笙，但西会不让他点，有自己的人点笙。他说南会的笙用E调，东会用F调，西会用D调笙。所以他说：一方面是因为曲子对不上，不在一起合奏（但李坤贵又说：有些曲子，三个会都一样）；另一方面，各会的调门也不一样。

李坤贵说：1976年本会恢复活动，1980年各会都恢复了。当时因各会都恢复，点笙很忙，有一个多月，我天天干，都忙不过来。东会与西会同时恢复。"文化大革命"中会散了，把乐器都放在大队部，恢复活动后，就把乐器分了，各会都分了四攒笙，本会先把乐器修好。

他给许多音乐会点笙，所以知道各会笙的音高标准，他说：东白涧音乐会用E调笙，西白涧音乐会也用E调笙。上黄嵩音乐会原用D调笙，我给他们点成E调。下黄嵩音乐会是E调，麻屋庄用E调笙。

他说：我自己做官哨，苇子煮了烫烫才能做。我一般自己到北小寨采苇子，我总有苇子。

【宗教情况】 老辈会念经卷，我们这代人没学。原正月十五念，三月十五不念。那时有"王莽赶刘秀"等神像吊挂，后洗了，把布改为帐子演戏。原村中有天王庙、奶奶庙、五道庙、老爷庙。三月十五搭会棚，吊灯、吊神像。会里有竹竿173根，八张八仙桌，24条凳子，现在这些财产都在私人户里。原音乐会有"官房子"，财产放置其中。我们村在后山没有地产。

【与其他音乐会的交流】 李坤贵说：我父亲那代人去后山，下黄蒿音乐会见了说：神石村来了，咱就别吹了（意思是他们技术不行）。易上营也不敢与我们对吹。东白涧在后山有戏楼，听说他们去天津打官司争自己的权利没有赢。向阳村二月二十五日有大庙会，大部分南乐会在那里。该村三年前建了后土庙，说是供后土奶奶的妹妹三姑奶奶。塘湖镇南中庄吹越调《合四拍 挑袍》，吹得好，"我不如他们"。南中庄的谱本用毛笔抄，抄得讲究。南白虹村有三道会，其中有音乐会，他们的笛子不是老长笛，较短。辛庄莱山（山东）的打家伙多，有《粉蝶子》《斗蛐蛐》。

【宫调】 所用宫调有：正调、背调、越调、乙字调。乙字调用笙上的3、7、11苗代替"六"字，谱字中用"六"字，就用这几根苗代替。

【常用曲目】 值得注意的是，李坤贵说大曲名时，总是先说"拍"名。《四上板 玉芙蓉》《上三拍 普庵咒》《一枝花 大走马》《五四拍 颜回》，小哨背调《庆元真拍、花园、道章儿》《合四拍 挑袍》。原有正调《北骂玉郎》《南、东、西骂玉郎》。

【乐谱】 原有谱本，现在不知放何处。李坤贵说：他十几岁学音乐时，学一个曲子，就抄了一个曲子。父亲不太看谱，主要靠记忆。原会里老谱本，是师傅傅仲三所抄，现在也失了。东会、西会也无谱本。

【求雨】 去紫金观山顶上（离此一百里地）求雨灵验。1947年有一次求雨。60年代（大约"四清"以后，因"四清"后庙被拆，这次是在拆庙之后）大队组织音乐会去吹的那次，走回来晚上了，真下了雨。当时是自己带粮食，当地人给敛柴（拾柴）。要戴柳条帽，吹奏的曲子没有规定。

【人口】有4000多人。

5月2日恰是农历三月十五，即"后土"诞辰。三个音乐会于当日晚各设神坛供奉、演奏。现将第二次采访情况分述如下：

【南会】神坛设在农户傅廷贵家中庭堂内，布置如下：音乐会会案安置在院子东侧，神位的供案放置院子中间，上方挂有七道帐帘，上书各种敬语。据说这些是香客信徒们还愿所送，音乐会设坛时便挂起来。供桌上摆放着制作精巧的各式面点和水果、蔬菜、茶水、香蜡，前摆香炉。院子里面香烟缭绕，乐声盈耳。院内和门口站满了前来烧香、许愿、还愿和看热闹的村民，不断前来烧香的人以中老年妇女居多。神位无画像，仅在纸上书写文字。中间写"敕封承天效法后土皇帝之神位"。左右两联写："功承天而效法位焉育焉；德配地以滋生傅也后也"。

音乐会乐手们围坐在长案周围吹奏，乐器有：小管2、笙5、单云锣1、笛1、鼓1、小镲1。我们进门时他们正在演奏《扯不断》接《玉芙蓉》，据说该曲笙用正调，管子用背调。据校音管现场测音，管子筒音=F（稍偏低），曲调宫音（或为合）=A（稍偏高）。

随后演奏并录音的曲目有：《万年花》、《老八板》、《千声佛》、《醉太平》、《大赶子》、《茉米（莉花）》两个、《鹅郎子》、《后拍》。艺人说：这些曲子笙用正调，管子用背调，只有这样才能合上。

乐声中，采访该会张德义（54岁，会头）和傅金贵（65岁，会头）。他们说：音乐会现无"官房子"，三月十五办会时，由村里自愿者在自家设坛请会，由音乐会组织安排、演奏，村里和周围四乡的老百姓都来烧香。这个村原有二道音乐会"南会"和"西会"，还有高跷会，现已散。（不知什么原因，他们似乎不愿提起东音乐会，当我们提出想去别的会参观时，他们也只说可领我们去西会。当问到东会情况时，他们又说可能没什么活动。）我们正月十五敬"三官"（指天官、地官、水官），三月十五敬"后土",十月十五也是敬"后土"。过去有奶奶像和吊挂(后土出家故事),也有《后土卷》。正月十五有三官像(挂正中),还有十王像。现在这些东西都没了,也没人会念经了。武场(套子)过去能打,现在不行了。

【西会】刘志忠说:三月十五各坛是谁设坛谁就是香头。一般村中各家送香、烟,村里有小店专卖香。原各家捐粮食,卖了换钱买乐器。正月十五、三月十五、十月十五活动,都是"后山会"(即为供奉后土而组织的香会),一般是事先定好人家。原西会有"官房子",有二百多幅像和许多灯笼。本会无经卷。原村中有"十番会",中华人民共和国成立前散了。他们吹唢呐,有108件乐器,包括拉、弹乐器。"十番会"中包括音乐会,是所有会的总称。张金贵家可能有谱子。史志义、史茂斋是西会的老师傅,都已故去。

【西会活动情况】农历三月十五晚,西会所正在演奏,敬神现场是村民史德义(60多岁)家的院子。西会会头是史玉文(62岁)。我们采访时仪式已接近尾声,在场的群众仍有不少。院子一侧搭一小棚,其中供神位,设供品、香炉。供桌上放着一铁磬,有人烧香磕头时敲磬鸣示(当时见一儿童乱敲 气,形同儿戏),桌前还置一木箱,供香客随意布施(据说收入归音乐会办会之用)。神坛上挂一后土画像(据说是本村人自己所画),棚口挂对联,右联:皇帝深恩万古传;左联:后土芳名传百世;横批:敬神如在。院子另一侧置放音乐会案,光线暗淡,乐手围坐奏乐,有:小管、大管各1,笙4、笛1、单云锣2架、鼓1、铛1、小镲1。音乐会为我们吹奏曲目如下(录像):《赶子》、《万年花》、《小二番》、《末梅花》(疑《茉莉花》)、《老八板》。

吹管者说:(以上曲目)用背调吹的,大小管都用背调,笙、云锣也用背调,笙是D调笙。

据说,曲子中以"合"为宫。该会大小管和吹《小二番》,颇近南乐,然乐曲风格与该村南会无多大差异,仍为"音乐"风格,或可认为吸收了南乐的某些因素。

【东会活动情况】请了西会的人带路，左拐右绕，感叹村子太大，难怪一村中要成立三个音乐会。（一村立三会，其原因有二：其一是村子太大，若只有一个会举行仪式，那么多的人恐怕会拥挤不堪，且天黑路远，会给群众带来不便；其二是这里的传统由个人家请会设坛，一个会是没法照顾到全村人需要的。）当我们找到东会时已经收摊，音乐会已经离去，好在设坛人家就是音乐会会头赵玉田（65岁）家，遂做简短采访。

此次神坛设在赵家正屋，供桌上摆放着各式面点、水果、茶水、香蜡等供品。主人说这些供品中的食品，可吃的将分给大家吃，不能吃的就给孩子们拿去玩。上方有幔帐。神坛正中供后土像，两边供其他神位。文字如下："后土皇帝"（后土像），"后土照明千古、威灵震赫四方""天官地官水官三官大帝之神位""诸佛祖诸位老母满天全圣亿万菩萨大帝之神位"。房门口有一对联："甘霖润芸芸众生；受香头年年不断"，横批"修炼后土"。

赵玉田说：本村三个会是各学各会的，不是互相学的。我们东会年代久了，是一代代传下来的，最早学自哪里说不上来。

用正、越、背三个调，同一曲子可用三个调吹。管子、云锣都用这三个调。艺人说：越调不用（正调的）"六"，只用"怯凡"；背调只用（正调的）"六"，不用"怯凡"。

我们这里老辈人就是小管和大管一起吹，小管吹背调时，大管吹越调。吹管子要下大功夫，会里原先吹管的老康，真是下功夫，常常在驮粪的时候还跟在骡子后面吹管子练习。

音乐会会员们的住地不集中，一般是东会的人大多数住在村子东面。正月十五三个会互相串，拜会、换会帖（上面写的是拜年祝福，也叫拜年帖）。现在每年举行两次仪式，正月十五祭"三官"，三月十五祭"后土"。村子里由谁当"香头"（即接会设坛之人），一般是事先自愿申请，由会里组织抓阄确定。确定之后写在一个牌子上，到时候就按顺序由接会的香头家布置神坛，请音乐会在他家演奏（过去也念经），周围的乡亲们前来烧香。按程序，今年三月十五我是香头，所以神坛布置在我家。每一次，香头可以是两人，由两家合办，也可以是一人，由一家单独办。该会存有"香首圣会程序"牌，写于1992年。上面把每年由谁家来承接香会的户主名，按年顺序排列下去。

易县高村乡神石村音乐会（南会）会员登记表

姓 名	年龄（岁）	擅 长	姓 名	年龄（岁）	擅 长
李凤明	63	笙	李凤材	60	鼓
傅振明	72	笙	任贺明	60	笛
傅金贵	65	笙	傅白子	26	笙
李坤贵	61	头管	傅连和	63	管
傅友泽	62	笙	傅玉明	61	笙
傅黑子	26	云锣	傅振声	66	云锣
傅友学	54	板			

备注：李凤明是李凤材之哥，傅白子与傅黑子是双胞胎。

易县高村乡神石村音乐会（西会）会员登记表

姓 名	年龄（岁）	擅 长	姓 名	年龄（岁）	擅 长
刘志忠	50	管	史玉文	62	管子
史建月	35	管	史敬祥	64	笙
赵晨良	57	鼓	赵福晨	55	云锣
张 永	68	云锣	史德祥	60	笙管
史顺祥	58	头管	张金贵	58	管
史福祥	68	笙	赵明元	50	笙
史宏宾	55	笛	张金国	35	笙
史永海	70	鼓	赵玉材	58	管
史德义	60多	武场			

备注：张金贵现在北京做木工，史建月现在北京做买卖，节日回来。

易县高村乡神石村音乐会（东会）会员登记表

姓　　名	年龄（岁）	擅　长	姓　　名	年龄（岁）	擅　长
郭凤林	64	头管	郭连仲	40	管
赵玉龙	62	云锣	赵玉田	65	鼓管
赵福云	40	笙	郭炳文	60	笙
钱凤田	60	笙	郭廉中	68	笙
赵　村	61	管	郭文喜	40	笙
钱洪春	40	笙	郭仕思	50	云锣

备注：赵玉田是赵玉龙之兄。

【神石村求雨仪式】 张金贵（67岁）讲述了乐社原来的求雨程序：易县附近有数个祈雨仪式的采水点，如青阳沟、易水东。求雨前，把几个地点写在纸条上，卷成球，放在茶盘中，摇摆上下，掉出哪个，就选择哪一地点。香首组织人，扎戴柳条帽。青阳沟离此一百多里地，去时不许坐车，不许拉大车，必须行走，以示虔诚。行路时不准交头说话，各人走各人的道。自己带着饭，到达地点后吃饭。需带铳子，进山后燃放，后来多用爆竹代替。青阳沟有块大石盘，下面盖着龙潭。平时龙潭上覆盖石盘，上撒沙子。当地放牛放羊的人，听说神石村音乐会来求雨，就扫开沙子。香首把带来的葫芦，沉入龙潭取水，雨下得大不大，就决定于葫芦中能灌进多少水。这时音乐会要在石盘边吹奏乐曲，曲目没有特殊规定。取水后返回。回来的路上，遇村就吹，见庙就拜。一路上共有二十几个村，有的村接会管饭，我们把备用葫芦中的水，分发这些村落，但不能把主要葫芦中的水分给别人。原北石楼、大雁桥两村拦截取来的水，因这两个村有龙王庙。

本村人用木头做成的轿去这两村偷龙王。红脸的龙王下雹子，白脸的龙王下雨。不能抬错。要生人去，偷了龙王放到四人抬的轿子上，闯大窑。抬着龙王轿子闯，可以闯县衙门。县太爷也要出来迎接，向龙王身上泼水。音乐会跟着吹。把水葫芦绑在轿子上。原村中有大寺，寺中有四大天王。仪式从大寺出发，最后回到大寺。抬轿子串街，音乐会是仙门之徒，村中的高跷会不能跟着。这一带讲，十番会最大，音乐会第二，上后山也是如此排列。龙王爷回位，三天中，每天串街，准下雨。有一年特旱，闯到县太爷府上，给他看我们有多团结。整个仪式由村里组织，以三家音乐会的名义办事。

下雨后，音乐会要还水去。如果不下雨？没有不下雨的时候！去后把水倒回龙潭。一路上遇村就吹打，返回时就不吹打了。

现在有了水渠，就不举行这些仪式，我也就不参加了。下雹子，向天上抛刀，放火炮。历史上北易水名为濡水，南易水名为雹水，只有中易水一直叫易水。当地人说祭雹也就是另有解释。

（调查日期：第一次：1995 年 4 月 15 日上午，调查人：钟思第、张振涛。第二次：1996 年 5 月 2 日，调查人：钟思第、张振涛。）

河北省保定市易县黄蒿乡下黄蒿村

【联系人】魏家（60多岁，本村书记的父亲，吹笙）

【人数】十几个

【会史】魏家说：以前念经，但不知经卷名字。"文化大革命"中经卷没了。"事变"前音乐主要在立秋后去后山烧"秋香"。现在比我大的人都死了。吹大曲不行了，小曲还行。

我父亲不会音乐会。我是在本村音乐会学的，该会不知来历。老乐器还在，无人会念。"文化大革命"后恢复出会，有五六年时间了。1987年出会，乡里有干部支持。20岁上的一拨人，学了一冬，学不出来。年轻人嫌麻烦，不好好学。大队出钱，每人每晚六元钱，花了二年，还是学不会。队里没钱了，就没人学了。

采访会头。他说：现在会还活动，有十几人。经本在"文化大革命"时期被烧。音乐是从附近匡山村学的。老挂像被北京的一个人拿走了，复制了三份给我们，旧的他留下，可能卖了八万元钱。原吊挂不少，"文化大革命"中洗了做粮食口袋。现只有一幅神像，死了人发丧时挂。请人画了一炷香的像，要160元钱，二炷香的要300元钱。我吹笛子，吹管的老人，吹得好，但他死了。现有三人吹管，可我们四五个人都比不上那老人吹得好。

【活动】过去正月里搭灯棚，出会拜年。现不搭了，没钱干，也没人管。

【其他艺术组织】有"小戏曲"叫"蹦蹦儿"，也叫"会戏"。

【乐谱】魏家说："老册子"（曲本）没了，"文化大革命"中被烧。会头说：现在还有，40年前手抄。

易县黄蒿乡下黄蒿村音乐会常用曲目表

1.《普庵咒》	2.《骂玉郎》	3.《拿天鹅》	4.《道章子》
5.《挑袍》	6.《祭枪》	7.《赶子》	8.《放驴》
9.《小放牛》	10.《一枝花》	11.《茉莉花》	12.《翠太平》
13.《苏武牧羊》	14.《小中番》		

（调查日期：1993年8月20日，调查人：薛艺兵、钟思第。）

河北省保定市易县流井乡西豹泉村

【地点】河北省保定市易县流井乡西豹泉村

【联系人】采访李永恕（71岁）。他非常健谈，身体健康，嗓子很好，唱得有味道。记忆力超强，能背许多经文，也很愿意给我们介绍。他说："烂到肚里也没用，你来找我，我就教给你。"开始我们在村外，他儿子看果园的小屋（他儿子种了一大片果树），与他们家一起吃午餐。最后我们到村里他家中看保存的经卷。他抄了许多经卷（都用毛笔），其中有些是算卦的签、签文。他靠这门技艺赚钱吃饭。

他说：我今年71岁，8岁上私塾，上了5年。一年3.5元洋钱学费。《老子》《诗经》《千字文》《百家姓》都背过，现在也能背。念过《大学》、《中庸》、《上论》、《下论》、《孟子》（上、下本）、《高子》（上、下本），"七七事变"后就不念了。14岁从本村老一代"佛事会"开始学念《十王卷》《后土卷》。十七八岁，我就把"四部大韵"（四种曲调）掌握了。《老还乡韵》《少还乡韵》《老泰山韵》《少泰山韵》，合称"四部大韵"。《十王卷》《后土卷》都用这四部大韵。我母亲不喜欢我学这些，父亲不会。

我参加过儿童团、游击队，当过青年队长、豹泉副乡长。我16岁结婚，17岁加入共产党，在村里当民兵，后来当过村宣传站站长，当过一届生产队小队长。1954年左右，我是村支书。因为佛事会的事，停职三年。后来也没什么事，让我复职，但我不干了。

我的师傅叫张泰，活到90多岁才死。张泰在世时，村里有七八个人一起念。王永江、李进才、冯雨善、邢德、张亭、南庆泰。这些老师傅都去世了。他们敲的磬上，有"民国十八年"字样。原来敲木梆子，现在改敲木鱼（他诙谐地说："该揍的木头"）。一般一个人开头，六七个人入板后，开始一起念。

我这一代有：李兰亭、梁德成、郭士启、李海、李雪（他一打就忘了念，一念就忘了打）。原村里有"铜器铺"，可以做钹、铙，"土改"后就失传了。

　　本村没有音乐会，只有"老道经"，叫"佛事会"。佛事会已有四代人，现在仍然活动，有六七个人。我们是老道，不住庙。自古代唐僧印度取经，我们念的就是。本村佛事会一直在，"文化大革命"中不活动了，后来国家不管了，又活动起来。佛事会从来没有吹打。我姥姥家是马头村的，我小时候也跟他们的会一起念。本村师傅也跟马头村学过。我是马头村的外甥（母亲是马头村人），我就跟他们学过念，但没学过乐器，也会念一点工尺谱。马头有"上韵"，没"下韵"。我们村的佛事会与李家坟的是同一个师傅传的。不过他们学的不多。

　　本村有个吹打班。这一带的音乐会，三月十四、十五、十六都去后山，直至"文化大革命"才不去了。易县的音乐会都叫"音乐圣会"。

　　马头村的魏国良太烧包（太傲慢），没文化，不认字（李永恕对自己识文断字很自豪，谈到魏国良时，认为他没文化，与自己不能相比）。流井的张德金，我这个（他伸出小拇指）也赶不上。马立、贾玉田的管子，是我给他的。原村里好几个吹的，没有管子。我要来，送给他们。

　　村里原有上寺、中寺、下寺、娘娘宫观。我小时候，大寺里有和尚，我师傅张泰，就是出家道人。原有四大柜子经卷，"文化大革命"拆后山庙时，我拿了两卷出来，保存了下来，其中有半部《后土卷》，其他的都烧了。现在这本经卷，是我五十几岁时，背着抄下来的（凭记忆写）。老本全烧了。现在我有半部《后土卷》，被李家坟借去抄了。我15岁时就拆庙拉神了。原师傅的经卷，是从寺里传出来的，当时各村都有不少经卷。

　　问："七顶十"是怎么回事？

　　"七顶十"就是"老还乡韵"是七字句的，能唱十字句。简单讲，就是以七个字代替十个字的格式。七字句按十句字念下来，中间要反复一次，有很多拖腔。第一句加一个"上佛"，念"南无阿弥陀佛"。第二句加一个"下佛",念"南无阿弥陀佛"。曲调差不多。《少泰山韵》与《老泰山韵》用同样的词,但曲调快。

如《老泰山韵》《少泰山韵》:

> 上韵词:人之初,性本善,赵钱孙李,南无阿弥陀佛。
> 下韵词:性相近,习相远,周吴郑王,南无阿弥陀佛。

上面是十字句,同样这个韵(曲调),也可用七字句。

> 十字街前一座楼,楼里点灯不用油。
> 用手推开门两扇,五字真经在里头。
> 西方路上一众僧,我请师傅开此经。
> 六门紧闭三簧锁,钥匙交与主人翁。

念经前,先打法器《天下同》。上韵、下韵之间,不打家伙。不清楚《后土卷》有多少品,因为我保存的不全。每一"分"(宝卷结构名词)开始都是"念白",也叫"白文"。接一个十字体韵,再下接曲牌。念一品,打一回家伙。

同一卷子可用四种不同的韵念,是自由的,由领唱的起唱,领什么韵,大家就唱什么韵。一部宝卷不可能全念,一般念个二三分,就不少了,最多念到五六分。

问:可否介绍一下其他经卷的情况?

死了人,我们光念《十王卷》,没有《伏魔卷》。男人死了念《老爷卷》,女人死了念《十王卷》。三月十五,后山念《后土卷》,七月十五念《老爷卷》。中间衬词叫"接佛"(加在唱念词语中间)。李家坟的情况也是分男女,男的死了念《伏魔卷》,女的死了念《十王卷》。

葬礼第一日、二日、三日,念《小骷髅》,四日、五日、八日、七日念《大骷髅》。意思说,人死之后,每天到了哪里。如:

第一日来到了鬼门关,第二日来到了华有山。第三日来到了望乡台,才知道是无常道,骷髅儿。第四日来到了酆都城,城城冷冷清清。大小鬼卒,骷髅儿骷髅。第五日来到了鬼乱庄,庄庄闹闹嚷嚷。第六日来到了恶狗村,第七日来到了万一山。

一般仪式唱"三日"为止,就只用《小骷髅》。因为大部分时候简略到"三日"。

这一带没有《地藏卷》。老了人念经挂"地藏像",念《佛前赞》。到什么神的庙就念什么神"赞",韵都一样,词不一样。《太阳经》是不是混元教,说不太清楚。本村有两个在"大佛教"的人,50年代反"反动会道门"被枪毙了。当时没有触及"老佛门"。"四清"时这里还念,"文化大革命"前也一直念,"文化大革命"开始就不敢念了。那时,被子上有个"福"字,还要拆下来,怎么敢念经。1981年后又开始念。

问:求雨念什么经卷?求雨中龙王和其他神的关系?

过去求雨念《龙王赞》。请龙王,或者可请别的神,老爷、后土都可以请来求雨。究竟应该请谁,由老百姓选择,他们信哪个就选哪个。请什么神就念什么神的,求雨没有专门的经卷。我十七八岁时有过求雨,五个村民,抬着龙王和老爷出游,戴柳条帽。现在也搞,只是念,烧香。求雨念《十王卷》。无生老母,无生老父,开天辟地,无人而生。他们与后土娘娘不一样,后土娘辈分小。

作为党员,我觉得念这些经卷没什么事。村里人死了,不去给别人念(超度),别人会有意见。因为只有我能念,党内对念这些也不反对。我喜欢念经,让老师傅看上了,学了这些经卷。我用了二十多天,全部学完。现在我就靠念这些混饭吃。没有功夫,学不了!《八赞》《二十四孝》《观灯》《放焰口》《大骷髅》《小骷髅》,背不过这些,你撑不了那个台。我去过北京,但未听过北京的道士念。原来去易县,也没听过龙兴观道士念经的事。

我听《小妹妹坐船头》是老民歌改编的。原民歌中的词是"老伴俩",现在的是"小两口",他唱了一下老民歌,旋律确实差不多。

李永恕保存的《佛士赞本》（大部分拍照），包括经卷和曲牌，目录顺序为：

《请灵官赞》《皂君赞》《三道赞》《地留子》《门神赞》《碾子赞》《佛前赞》(赞地藏王)、《挂金锁》(秦广王至"引入龙华会"，赞十殿阎君)、《祖宗赞》《月亮赞》《三教皈依》《大运（韵）挂金锁》《三奠赞》《烧车诗赞》《送神赞》《佛前赞》(赞地藏)、《骷髅》(孤魂鬼子坐荒郊，讲述到阴间过种种关卡)、《金字经》《望江南》(《炬香赞》)、《七顶十老还乡》《安家》《八仙赞》《翠红花》(赞观音)、《祖宗赞》《月亮赞》《太阳赞》《玉皇赞》(下葬)、《沐浴亡灵经》《西江月》《西偈》《献供赞》《鬼王赞》《财神赞》《鬼王赞》《天师赞》(喃无生老父、无生老母赞)、《开坛赞》《开经咒》《十王宝卷》《煞岁净宅咒》《大香赞》《二十四孝》《大三宝真言》《大三宝》《消灭三灾苦》《消灭八难苦》《太阳经》(安宅用，七字还乡韵)。

录音：《老泰山韵》《少泰山韵》，《佛士赞本》中《挂金锁》大韵，《挂金锁》小韵，《老还乡韵》《少还乡韵》(同样的词)等。

（调查日期：第一次：1995年2月10日，调查人：钟思第、张振涛。第二次：1996年5月9日上午：采访李永恕，调查人：薛艺兵、钟思第。）

河北省保定市易县流井乡流井村

易县后山朝会期间，车到流井村路弯转处，已开始堵塞。从易县过来赶山的车，一辆接一辆。易县马头村的私人出租面包车很多，载满善男信女。看起来妇女较多。有几个老年人，衣服领口处挂着红布条，自觉维持交通秩序，但效果不大。路两边排满买东西的摊位，一个接一个。大部分自己搭布篷，据说多是外地商人的晚上住宿处。吴桥杂技团在张德金家后面大空场处，搭建了一个大棚。我们到时，张德金正在搭建的茶棚中间挂后土像。旁边用土垒起一个炉子，正在点火，烟气熏天。高音喇叭不断播放流行歌曲。杂技团铜管乐队，在一辆汽车上演奏，边上一位姑娘兜售门票。

音乐会会头张德金（有点耳背）说：原来别的会到本村，都住在此，几乎每家都安排一个会。今年人不如去年多，因为马头村的人要钱太多（上山门票）。许多地方自己修建了后土庙，人就不来了。原来，别的会来，本会也接，也与别的会一起吹，主要在十五之后。十五之前，来人太多，会里都忙着接待，凑不齐。

张德金（61岁，云锣）；邓春生（笙）；杜全生（64岁，管事）；南凤云（50岁，现已不在会了）。

我们不会念《后土宝卷》，许多人现已不在会了，去放羊。去年设茶棚，顾不上看有多少音乐会，不在会的人，看了也不认识。

吴家川画神像不行，给我们画了一个，所以请马头村梁树明画。老"山神"、"土地"、老"全神像"，都是"文化大革命"中保存下来的。

他讲述了现在音乐会仍然使用的"白事"过程：

发表大的，三昼夜用"渡桥、焰口、观灯"，二昼夜用"渡桥"，一昼夜就用"三奠茶"。白事过程：开坛钹，开坛禅（念）。这些程序完后，去报庙。报庙回来用三奠茶。

念《归家路》：

> 一朵宝莲开，虚空吹下祥云盖。
> 三魂杳杳依然在，今请亡灵转家来。
> 闻经早蹬三魔界，闻经早蹬三魔界。

曲用《挂金锁》。三奠是：阿弥陀佛、观世音、地藏王。共三段。灵前奠茶唱，报庙回来时，吹打唱。三奠：

> 稽首皈依阿弥陀佛，常住幽冥放豪光，放豪光。
> 常住幽寞的举王主，度托亡灵、度托亡灵出幽冥。
> 稽首皈依观世音，常住幽冥放豪光，放豪光。
> 常住幽寞的举王主，度托亡灵、度托亡灵出幽冥。
> 稽首皈依地藏王，常住幽冥放豪光，放豪光。
> 常住幽寞的举王主，度托亡灵、度托亡灵出幽冥。

唱《骷髅》，打铛子、板，各人不同，有打有唱。《二十四孝》有吹，只吹念其，可选用。报庙回灵用。"三奠"的程序《归家路》，打《婆珂叶》。《稽首皈依》《骷髅》《二十四孝》可选用。两者有数段，中间都插《薄荷叶》，各段之间有白文，"送路"念《三奠茶》。

张德金说：他未做过"渡桥"，那种仪式必须有钱，用大白布搭起桥来。有人化妆做事。1958年就不接架了。我见过八大会，有幡会（竹幡）、音乐会、南乐会、大车、炮会、竹马会。大车会就是在大车上边走边唱戏。把"老奶奶"接家住几天。"奶奶"平常放在后山大殿里，塑的泥胎有真人一样大。

1999年，流井村在关键的十字路口搭起棚，绕过去一点是"灯阵"，音乐会在灯阵东边，搭起会棚。会棚中间供后土像，沿棚一溜挂着各位神祇画像。棚前的面南房屋的墙背，贴粉红色纸捐资录，上写姓名和钱数。前面是个戏台，演河北梆子《秦香莲》。观众排成数十排，随地势高低，沿街而立。街两边是临时搭成的商摊，汽车从拥挤的摊位中缓缓驰过，常被永远不会提速的推自行车的人，堵上半个时辰。百里方圆，一年之内，就是这时最热闹。姑娘们打扮得花枝招展，老年人到这里，不为买卖，只图开眼。

"灯阵"用360根一米多高的木桩，圈成两个方阵。从外向里，每圈留一个出口，图形与迷宫相似。因分为两个对称大方形，到最后时，两个大圈在中心相接。人从左边方阵走进，只能从右边方阵走出来。木桩与木桩之间，用绳线串拉，阻挡越行。每行之间宽度，约可容下两人，许多姑娘双双搭伴，领着手一圈一圈绕。所以一旦进入，就不能退出，除非跨出绳索，只能一个个排队跟着走。每根木桩，插一小碗，内放蜡烛。点燃后，整个灯阵，如同一条灯龙，颇多妙趣。

灯阵中心和北面，相对墙边，用木杆扎起两座高约十几米的灯架。一层一层，用木条支撑。每层摆放一圈灯烛，呈金字塔型，沿梯而上。整个灯架，用松枝装饰。

晚上九点多钟，音乐会从一直演奏的棚内走出来，走入灯阵。最前面是神像，后面接云锣、管子、笙、笛、匾鼓、铙、钹、铛子。音乐会发生了极大变化，加进唢呐，音量最大的唢呐，走在前面。音乐会边行边奏，村民一个个紧跟音乐会后，围灯阵绕。一时间，人流如织，密密麻麻，穿梭往来。持续半小时，音乐会从灯阵中绕出。再进入会棚，稍事休息，继续演奏。

全神像

红世如燃弥	益太玉太无	太残全观药	泰送后眼斑	青火马虫罗
阳界来灯勒	青清皇极生	阳疾手音王	山子土光疹	苗神王王王
佛佛佛佛佛	佛佛大真老	佛娘全菩爷	娘娘娘娘娘	神爷爷爷爷
	帝人母	娘眼萨	娘娘娘娘娘	
		观		
		音		

转平都泰卞	救	一二三四五	土山五财
轮等市山城	护	殿殿殿殿殿	地神道神
王王王王王	天	秦楚宋玉森	爷爷爷爷
十九八七六	尊	广江帝官罗	
殿殿殿殿殿		王王王王王	

［调查日期：1996年3月2日（正月十五）流井村第一次，调查人：薛艺兵、张振涛。1996年4月12日上午流井村，张德金家第二次，调查人：钟思第、张振涛。1996年4月24日下午流井村，张德金第三次，调查人：钟思第、张振涛。］

河北省保定市易县流井乡李家坟

【地点】河北省保定市易县流井乡李家坟

【会名】佛事会、吹打班

【会中情况】勾贺亭（51岁，拉二、京、板胡）说：村里吹打班八九人，1981年成立，"样板戏"时学的。

本村"佛事会"念经卷，有十人，主要是念赞、打（开坛钹）。发丧的程序是：报庙念《归家路》、白文、赞、咒，《门神赞》（报庙回来在门口）；进门后到神王像念《天地三界》赞；到灵前念赞；进屋念一个赞，一个打贺；休息；"三奠茶"（三段）；"龙王"九段，中有牌子，如《骷髅》、《二十孝》、《挂金锁》、《浪淘沙》、《翠黄花》（给观世音的）、《八仙赞》。

发丧活动，佛事会与吹打班交叉。《十王卷》（女死念）、《老爷卷》男死念），需是在较长时间中念，如正月里，人家有空，才可能，因为卷较长。

吕信（73岁）保存部分老卷。老卷由吕全才（已故）在"文化大革命"中保下来。吕信是吕全才的侄子，所以现藏吕信家中。

勾贺亭带着我们到吕信家中，吕信家房屋很好，他也十分热情。他保存的经箱里，用布包着。他叫来吕恒祥（47岁）一同为我们念卷。

吕信说：《十王卷》《老爷卷》在"奠茶"程序中间可以插入，间插主要看时间。《少还乡》《老还乡》《少泰山》《老泰山》四部韵。

《后土卷》从李永恕处抄。还有《老爷卷》未见。

所存经卷有：（数字与拍照顺序一致）

1.《泰山十王之神》（抄本）卷上，共八品。

2.《施钱消灾积福宝卷》，放焰口用。

3.《佛会道扬（场）明言会立》，报庙后整个过程用。

4.《天地三界诸佛神咒》，抄得好，似老本。

5.《焚香消灾增福卷》，背面文字："民国二十九年四月二十二重表，张文田首静立"。观灯用，"灯科"最难念。

6.《护国佑民伏魔宝卷上》，共十二品。

7.《后土娘娘源流宝卷　上卷》，李永恕抄。

【录音】（1）第一赞，（2）少还乡韵。

一般一起念，也可以轮流念。整本十字体都用此韵，其他韵已失落了，牌子的不少。

男的死用《伏魔卷》，女的死用《十王卷》。原有《后土卷》，三月十五用，村中搭茶棚念。

张永（61岁）是佛事会的，他抄的《后土卷》背面有"公元一九九四、农二、初一日抄　学笔　永"。

老神像存有六七幅，有"后土神像"，"伏魔大帝"新像。西乐亭村姓廖（40多岁）的所画。地藏像、全神像、鬼王像、十殿阎君，一百多元画一张。村主任不管也不支持。

下面是他们唱的经卷，"少还乡"韵。符号△代表一页上的文字。词后面的是他们加"号佛"的地方。

```
　　十王卷　展放开　奥妙无穷　（阿弥陀佛）　上佛
△宣宝卷　各用意　项礼虚空　（南无阿弥陀佛）　下佛
　　外说凡　内说圣　答查对号
　　都是我　辩道人　一步工程
　　起为头　上蒲团　关门闭户
△咬钢牙　卷竹帘　采取清风
　　揽饱满　晃一晃　翻江搅海
　　提一提　摇一摇　体透玲珑
　　里不出　外不入　无形无相　接佛、上佛
```

△穿过山　透过海　洒乐纵横　　下佛
　一段光　才超出　三界以外
　撇凡胎　丢假相　性等虚空
　往上观　尽都是　诸佛诸祖　　下佛
△往下观　才观透　地府幽冥
　诸佛祖　在灵山　洒洒乐乐
　地狱里　鬼打鬼　乱乱慌慌
　见善恶　两般事　心中不忍　　上佛
△因此间　游地狱　查看分明
　正走着　抬起头　睁眼观看
　鬼乱庄　恶狗村　鬼乱神警
　破钱山　鬼打鬼　狼嚎鬼叫　　应接佛而不接，因下页三行，一次完成。

△鬼门关　在目前　杳杳冥冥
　鬼门关　且不看　定了一定
　见善恶　分两下　走西走东　　下佛

　　鬼门关上。有善有恶。不必口分白。
　　善者金桥。善者奈何。善往西南。即走如梭。
　　欢天喜地，声声念弥陀。

　　白文：天堂有地狱　　地狱有天堂
　　行善心欢喜　　作恶痛恓惶

【补充资料】1996 年 5 月 3 日，易县流井乡李家坟（村）采访

李家坟全村 2000 多人，有佛事会，但没有音乐会，只有吹打班，而且是外村一起搭班干的。村里婚事请吹打班，丧事也请吹打班或请外面的音乐会。

勾贺亭，虚岁51，属狗，佛事会成员，吹打班拉弦。本村有二三人参加吹，全班共八九人，乐器有唢呐、笙、二胡、板胡等，吹老曲子，唱河北梆子，吹新曲，流行歌。这一带流行京剧，但会唱的少，也流行梆子，会唱的多。据说，因为京剧太正规，不易普及，梆子随便些，不拘形式，所以会唱的人多。勾贺亭本人18岁（1963年）开始学佛事会的经卷，同届学的有四人，现在只剩下两人。1965年"四清"运动开始，自己就在家里学，没有公开活动。"文化大革命"后才恢复。他说："一个会摊没有真正的音手是不行的，我大哥勾贺民（已故）唱。"

勾贺亭：咱们这儿的佛事会与西豹泉李永恕唱的不一样，我村的"不软"（即"硬"很好），资料多。

佛事会为村民办事不要钱。过去，佛事会一般给大家庭安宅，人家赠送礼物。还有，家中人员生死不平稳、灾难层出，就要请佛事会的去安宅、净宅。听说村里以前求雨，从本村抬老爷到后山去。我都不记得了，解放后没有求过。

（带领我们去佛事会老师傅吕信家去采访，到家后又叫来佛事会其他成员）

现有成员名单：

吕 信	73岁	张文田	76岁	张 勇	60岁	勾贺水	52岁
勾贺亭	51岁	张 润	50岁	吕恒祥	47岁	吕恒福	45岁

吕信，73岁，从本村学的，是第三番（代），一起学的现在只剩下两人了，另一位叫张文田，76岁，他现在也不大出会了。第四番现在只剩二人，勾贺亭和张润。"文化大革命"后学的，有五六个人。过去办事穿衣服，戴五佛冠。

吕信：过去会四种韵，现在只会念少还乡韵，老还乡韵、老泰山韵和少泰山韵都不会。因为其他几种韵不好听，久不念就失传了。

经有韵，同一个经可以用不同的韵念。大牌子是丧事用的，固定念法，不讲韵。不好学，要转，急咒叫"转咒"，是固定的念法。

安宅就是净宅，"文化大革命"前有，现在没了。安宅有一路（专用的）经，叫《龙虎经》也有安大宅，要观灯、放焰口，要找属龙的和属虎的人配合。

念《观灯卷》《消灾增福卷》，算"大牌子"，从头唱到底，从一分灯念到十二分灯。观灯是祈福平安，过去法坛上的小人是铜制的，两只手上指天，下指地。

过去三月十五要念《后土卷》，村里搭棚念，全卷要念四五天。解放后就不念了。老了人（死了人），女的要给念《十王卷》，男的要给念《伏魔卷》。这卷以前也不常全念，要看时间，解放后就不大全念了，一般只念前面（开始偈、佛、小上楼）就行了。丧事时间短，念这些时间也就差不多了。

【注】该村收存雕版印刷本（年代不详）《泰山东岳宝卷》上，封记《泰山十王》，目录：

举香赞、开经偈
宝卷初展分第一《小上楼》　纳子前到金桥分第二《红莲儿》
功德堂言罢分第三《耍孩儿》　戏恶行善分第四《寄生草》
已祖立地基分第五《了道歌》　看罢善会道场分第六《挂金锁》
看罢饿鬼狱分第七《折桂令》　起出三界分第八《皂罗袍》

又：该村《十王卷》"请神"名目众多，内容多与妇女生育和生死有关，现此段抄录如下：

顶上娘娘　王母娘娘　天妃娘娘　眼光娘娘　注生娘娘　送生娘娘　催生娘娘　疹娘娘　东岳天齐　二圣大帝　十帝阎罗一同来赴会

该村另一科仪本题名《佛会道场明言会立》，为"大牌子"，目录如下：

官赞（有板、韵）—唐头令—白文（伏易州南瞻部州令居大清国保定府直隶易某社某村信女孝眷……）念往生咒—五道赞—门神赞—白文—天地赞—公差赞—孝眷擎杯茶斟初奠—……二奠—……三奠—佛前打合—请灵—提冈（纲？）—浪沙—打贺（合？）—佛家念吉祥咒—化币—哭皇天—请灵赞—白文—送灵赞。

请他们念经卷，说是要录音，他们似乎很慎重，在外面商量了半天，叫来了佛事会所有人（据说人多才能念得好）。临念之前，他们自觉地在外面净手洗面。传统规矩也表现出他们对念经活动的尊重和对神的虔诚。摆好鼓（中号堂鼓）、法铃（自称"摇铃"）、小镲等伴奏用的法器之后，录音开始：

录音曲目：

1.《伏魔卷》第一品（可看作"开卷"）：（1）赞；（2）偈；（3）佛

2.《佛会道场》：中间部分"请灵"（停、文、唱）《浪淘沙》

3.复录《佛会道场》"如迟真言"开始，《浪淘沙》，"打合"（用大家伙铜众唱）

4.《哭皇天》(又标"哭楼"，或名"叹骷髅"）

5.《金字经》

6."祭"（无本，背唱）

关于经卷中"佛"的演唱结构，据现场请教，大致如下规律：

一开始，第一句（一般是"某某卷初展开……"）要念"全佛"。所谓"全"指在这一句的拖腔之中就先念一个"上佛"（阿弥陀佛）和一个"下佛"南无阿弥陀佛；接下去，"四句一拖腔"，即每四句念一个"上佛"（阿弥陀佛），念一个"下佛"（南无阿弥陀佛）。

（调查日期：第一次：1996年4月24日下午5点30分，调查人：钟思第、张振涛；第二次：1996年5月3日，调查人：钟思第、薛艺兵、张振涛。）

采访易县文化馆公李

1995年2月7日下午，易县文化馆，采访公李先生，谈后山朝山情况：

县城南有一通碑，介绍后山庙历史。我小时候在陕西户县，听到过刘秀的故事。我1979年调入易县，又听到这个故事，因此萌发了研究的想法。"文化大革命"时，有关部门定易县后土庙为封建迷信庙。那时我看到十几万人来朝拜，就想到中华民族的信仰问题。在这里，汉族在找精神支柱。

为什么叫"洪崖山"，先秦有"洪崖"其人，《史记》《左传》都有记载。可能是皇帝家庙。狼牙山有庙，祭嫘祖养蚕。道教演化成为民间故事。这说明后土的故事流传下来，与民族史有关。道教有祭酒仪式，是真人流传下来了。宝卷成于金元时期。

风俗认为，要三年求拜才灵验。这里的风俗活动，一是春节，二是朝山。朝后山比过春节更虔诚。易县里的文化可分三大块：一是清西陵的满族文化，《红楼梦》中有记载，贾母看十番会；二是后山汉文化；三是回族文化。县里有清真寺，过古尔邦节。回族原无音乐活动，但也搞花会。回族花会中，戴少数民族帽子。这里老百姓表演的高跷，戴满族帽子，可能是满族带来的。

公李先生带我们去易县城南"龙兴观"遗址，看保留的唐代石碑。石碑的刻文，是老子"道德经"。遗址还保留了其他几通石碑，其中一块石碑，刻写了"龙兴观"传承情况。因石碑上文字，许多难以辨认，刻写于什么时代也不清楚，现把可以看清的文字抄录如下：

重修龙兴观　　大明正统八年岁次癸亥夏四月

城西北有上清观　豹泉村玉泉观　张家庄充真观　洪崖村云溪观　流井清真观　县之涞水城太虚观　乐平村东溪观　至如水北有狱灵观　□耳庄云溪观　上庄有清溪观

另有"重建龙兴观　悟玄纯素法师功行碑"。碑文（正面）：

大元易州龙兴观宗支恒产记

祖师韩真人　初与同志　萧、路、杜三真人　沐□南拜　三十代天师　受天心正一法　得法而归　北方学者　遂共立萧、韩、路、杜四真人教　自是厥后　韩人传法于沙阙　元命王真人　元命传洪崖和光刘真人　和光传本观祖师正真王真人　正真传孚真大师　本宗提点王善明　孚□真传崇和灵静大师　王进善自抱元安素时大师　孙道继崇和　即玄正师也　且观内唐碑《道德经》石幢三级　雅台宛在　立正等无所肖似　幸守故业　每怀愧于先祖先师　今即奉承

碑文（背面）：

龙兴观正一宗支图　汉三十代天师
　　　　　天　十　汉
　　　　　师　代　三

```
            ○────────○          ┌──┐      ○────────○
            杜        □          │  │      □        □
            真        真          ├──┤      真        真
            人        人          │  │      人        人
                                 └──┘

       ┌──────○────○──┐      ┌──────○────○
       │      刘    洪 │      │      王    沙
       │      真    崖 │      │      真    师
       │      人       │      │      人    阀
       │                      │
       │      ○────────○──────────○──────────○
       │      任 观 梨 刘      □ □ 王 正 本 □ 天 玄 □ 南 流
       │      大 妙 □ 充      □ □ 真 真 观 □ 师 刘 通 春 井
       │      师    泉 真         人                  玉
       │
       │      ○──────────○──────────○──────────○
       │      张 □ 烟 源 住 □ □ 法 □ 王 师 三 □ 刘 大 宁 祖 和 泉 豹 主
       │      真 玄 □ 泉 持 □ □ 师 □ 正 本 真 □ 师 真 □ 善 大 观 泉 持
       │      人 观                    真    宗 大             义 师 冲 玉
       │
       │ ○──○ ○────────○          ○────┬────○          ○────────○
       └─○   季 道 崇 □ 提 崇    │ │魏 □      孙 大 抱 □ □ 宋 住
         通  正 判 玄 □ 点 和    │ │观 道 □    道 师 元 □ □ 道 持
         □   元       大 王      │ │主 玄 □    □    提 娄 □ 春 提
         大  宫 □ 陈 师 □        │ │持 师 大         ○ 点 素 │ ○ 点
         师  □ 宁 大    大        │ │   提             │ 明    │
         □   德 师 道 师          │ │   点             │ 真    │
         觉  觉 王 易              │ │                 │        │
             王 □                 │ │                 │        │
                师                └─┘

    ○────────○──────○────────○              ○────○────○────○
    淶 □ □ □ □ 大    道                    郑 知 领 淶 提 提 陈 住
    德 □ □ 道 提 □   师                    德 观 杨 水 点 点 志 持
    宁 □ 玄 提 点 □   郑                    □ 志 道 县 宋 张 松 提
    □   远 点 □ 德   德                    □ 通 春 道 德 德    点
    大   安 金 宗 随   冲                    大 道 道 彬 门 □
    师   □ □ □ 玄   玄                    师
              定                           门
                                          提
```

道 提 阐 李 李 王 王 □ □	李 □ 杨 张 魏 庄 曹 宗 刘 赵 尚 知 靖 刘 李 赵
门 点 志 淳 志 志 思 □ 志	志 □ 志 玄 志 志 玉 志 玄 志 道 观 福 玄 福 福
提 徐 恭 童 福 玄 童 □ 圣	壶 兴 让 调 玄 淳 义 静 净 义 安 新 兴 诚
点 德 ───────
宋 真
志
福

下面的文字，介绍观中财产：本观常住园林地□所条观界畔等。

【采访易县梆子剧团高燕霞】高燕霞 1959 年进团，现退休。8 岁开始学艺。她介绍说，易山镇的袁晓燕，知道许多村的音乐会情况，管过各会的事。以前各村都有音乐会和戏班。

"文化大革命"中剧团服装被烧了。我们的服装花了十几万，全是新的，我们心痛哪！"文化大革命"中，县长许大发说："这些服装可以改做别的用，年轻人不要烧。"红卫兵就给他戴高帽。剧团地毯，也被铡刀铡了。现在，我们从龙泉村、盘石村买来一些老戏装。有的村还留有老戏装，这两个村的，就存在贫下中农家里。

老师傅让我们学戏时，各处走着去，怕我们年纪小，跟不上睡着了，跟在毛驴后面"揪驴尾巴"走。老师给吃的，可以挣点小米。我现在的工资 100 多元，与解放前一样，生活没改善。"文化大革命"中我说："林彪不如毛泽东魁梧"，结果打成了个"反革命"，下放了八年。我是个戏曲艺人，被打手板、打脸，为了学戏。现在演一场一元多钱，而歌星演一场上千元。团里的人，都出去参加农村红白事，唱几段唱腔，挣点钱。演戏包场 500 元，管饭 450 元。团里有位男年青演员，现在外面卖衣服。一个观众看上他，问他一个月挣多少钱。答，几十元。那位观众就出钱让他去卖衣服。剧团半年不发工资了。

原保定地区，高阳县的京剧第一，我们团第二。徐水县富，要我们团，县里又不放，但又不管。剧团团长也干不下去了，去桥头乡政府工作。

团的乐队有梆子、笛、笙、板胡、二胡、琵琶、三弦。我们团不去后山，那里太乱。梁岗、汉西，新建庙。农历二月十九日庙会上演出，叫"会戏"，即"清唱"，几个人坐着不表演。

（调查日期：1996 年 5 月 7 日，调查人：张振涛、钟思第。）

河北省保定市涞水县义安镇南高洛

【地点】河北省保定市涞水县义安镇南高洛

【会名】音乐会

【联系人】何清（会长）

【乐器】木制管子、钢制管子、笙（有老笙1攒）、笛、云锣；鼓、钹、铙、铛子、磬、木鱼。

【器物】云帐数面，最老的一幅上书：大清光绪辛卯年冬日谷旦信士弟子衡俊雯叩；另一幅书：华正声传七代千年未泯　南灯圣会连十家百岁长荣。会旗数面。全神佛像，十王像及各种神像吊挂百余幅。

【会史】正月十五晚坐坛，念《后土卷》，吹、打、念相互交替。三月十五去后土庙，中华人民共和国成立后就没去过。我们与北高洛音乐会每年正月十五互访，一起吹，商量互让当头管。我们是一个师傅教出来的。

村长的父亲、祖父、老祖原来都在会里。"文化大革命"后音乐会恢复，在小屋油灯下念经谱。学事先念《小过楼》(《过楼拍》)，难会难记，常刷下一大批。先念熟，才拿家伙。村长主张先念好记的，会念一个就拿乐器吹，让他上瘾。

【活动项目】"老忙"(丧事)过程：中华人民共和国成立后没大办的，一般三天。第一天准备：死人家用人请厨，何清是本村"总理"。他按主家的经济条件办。第二天后响，音乐会去。先写灵牌挂像请神(地藏神)。现不设灵棚。人死在哪屋在哪屋挂像，这叫"净宅"。先打"开坛合息钹"，念个赞，吹念互交。过去是放焰口。现在音乐会去的当天晚上还搭高台念经，渡金银桥。晚上念"荐灵"。音乐会位置是"文东武西"。念的为"文"，吹打为"武"。过去有"破相"(叫花子头)，领花子来帮忙,要吃的,扮夜叉。斗装高粱、黑豆,插香用。用完归花子,还要给钱。中华人民共和国成立后没有这些仪式。第一晚上三招魂,现不报庙。第三天没什么规矩,吹打出殡,送至村口。

【其他艺术形式】南高洛村南头是音乐会,北头是南乐会,还有吹打班。村里有丧事,可请音乐会,再请南乐会,还请一班吹鼓手。但一般规律是,南头找音乐会,北头找南乐会。吹打班共八人,音乐会有三人参加,南乐会有一人参加。本村原还有吵子会、长拳会、短拳会、龙灯会、狮子会、剧团,现在只有武术会。过去涞水县数南高洛剧团(河北梆子)最有名,"文化大革命"中演《智取威虎山》。60年代演现代戏,曾以唱《农民的女儿》而闻名。现大队办公室就是旧戏台。后台供戏神,供的神是:唱的供唐明皇,做、念(说书、算命的)供东方朔,五音六律供师旷。炒菜供在红白案几上。戏台后有个老爷庙,1992年建盖办公室。

【村史】何清说:日本人来之前是乡村制,一个"村长",两个"保长",一个"地方"。一个保长是何进湖、蔡升。日本人来了,原村干部不变。国民党时期警察叫"清乡队",日伪时期叫"白砸"。抗战时期"百团大战"是在这一带打的。1949年前这里经常打仗,但音乐会不受影响。

【资助形式】音乐会有四亩地,是早先会里买的。1958年人民公社时收回社公有。过去会里有打土墙板,木工工具,可出租挣钱。1990年村里给音乐会买了一吨煤,准备招收学员,但没人学。有"万善同归"吊挂,是音乐会捐资录。老的捐资录字迹模糊不清,可见上面所写计量钱的用语是"文"计。

1930 年碑文

栏位	第一	第二	第三	第四
经手人蔡霖　蔡泽　单学　单长　单福田　画吊挂施钱人等开列于左				
衡俊　施银洋陆元	何进有　壹元伍角	何进海　壹元	单久信　伍角	
衡德水　伍元	单学　壹元	双合成　施洋七吊	何进湖　伍角	
单福田　伍元	蔡德利　壹元伍角	单亮　壹元	单达　伍角	
蔡质起　叁元	乔德祥　壹元伍角	蔡恒　壹元	单起　伍角	
蔡德清　叁元	单来　壹元伍角	蔡清　壹元	单云　伍角	
蔡泽　叁元	单德顺　壹元伍角	单文学　壹元	单永海　伍角	
单重　叁元	单德生　壹元	孙祥　壹元	陈至广　伍角	
阎泉　叁元	单德清　壹元	何进明　壹元	单久山　伍角	
张平　贰元	单祥　壹元	单德瑞　壹元	单彩　伍角	
衡兆麟　贰元	单德明　壹元	衡焕耀　壹元	单擅　伍角	
孙振明　贰元	单长　壹元	衡金　壹元	单信　伍角	
单维利　贰元	单水　壹元	陈至禄　壹元	单云和　伍角	
单德容　贰元	蔡霖　壹元	蔡起　壹元	王廷喜　伍角	
单德新　贰元	何泉　壹元	李树声　壹元	单珠　伍角	
单德春　贰元	蔡行　壹元	蔡德盛　壹元	单林　伍角	
单德源　贰元		蔡富田　壹元	单德裕　伍角	
单文泰　贰元		蔡质长　壹元	单云德　伍角	
李升　贰元	单楷　壹元	蔡明　壹元	单景海　伍角	

玖角以中元，上华伍出共民角买入国，布银拾亏银洋玖银元壹年洋贰佰之拾零数肆玖南元，灯，捌会出角顶花叁补费先。银。洋画叁吊拾挂四元叁十捌路角叁，先出。工除钱季出陆春月净拾谷旦除出净亏银洋伍

1990 年碑文，罗列捐款数目，现抄录如下：

公义同堂

自前清龙飞道光岁，以我村民乐善者施资开立之南灯会神社，迄今逾一百五十春秋。历沧桑几度，斋堂凋敝，相已流海外英伦。且独我村民之不美，亦失国人之颜色。因是主持奋然，锐意翻修。四走募化于会友之家，得人民币一千三百余元。张雨捐全部电料、人工，以照明。衡福忠、孙文江、蔡树清、单才旺、单树森、王庆山、单福堂、单志东、单兴泽、单兴芬、单玉祥、闫志、程志富、闫海义、丁顺、单志同捐车马、人工以运料。更得村方赞助，于一九八九年竣工。经办人：何清、李树同、蔡安、单玉德。实用现款两千元，超支数百，视今值每元13斤粮布之资。然有众志，自可成城。

制榜人　单福义　一九九零年正月

蔡海增伍拾元	李书同叁拾元	蔡安叁拾元	何清叁拾元	单玉德叁拾元	单荣庆叁拾元	蔡永春贰拾元	何义贰拾元	蔡福元贰拾元	穆德才拾元	孙文斌拾元	蔡福起拾元	闫文魁拾元	蔡廷俊拾元	单玉田拾元	单久升拾元	蔡环拾元	李文忠拾元	蔡玉润拾元	单志福拾元	闫增祥拾元	闫廷财拾元
单玉才拾元	张雨拾元	蔡树拾元	单树槐拾元	蔡树拾元	陈见章拾元	蔡和拾元	单金山拾元	蔡江拾元	李润田拾元	何俊田拾元	蔡然拾元	蔡福昌拾元	单树桐拾元	蔡福强拾元	闫文玉拾元	蔡起柒元	衡玉祯陆元	王文青陆元	单玉祥陆元	单福鸿陆元	单智明陆元
衡玉宽伍元	蔡坤伍元	蔡福见伍元	蔡福云伍元	王纪德伍元	孙玉堂伍元	单玉永伍元	单树江伍元	单树森伍元	单纪伍元	李春魁伍元	单明魁伍元	单福全伍元	单久桐伍元	蔡福民伍元	衡福忠伍元	李增田伍元	孙绍武伍元	蔡增文伍元	孙博文伍元	孙博田伍元	单明伍元

上　编　冀中音乐会普查报告

（续表）

闫廷山伍元	闫廷利伍元	闫廷贵伍元	单明新伍元	何俊岩伍元	何恭伍元	孙文兴伍元	张见增伍元	孙宝田伍元	陈义起伍元	单勤伍元	单志海伍元	蔡永智伍元	单福君伍元	单营伍元	单玉山伍元	单福智伍元	蔡福强伍元	单伶伍元
蔡廷春伍元	张贵勤伍元	衡明伍元	何长文伍元	何俊伍元	牛智祥伍元	闫见元伍元	张见臣伍元	张见财伍元	蔡永树伍元	蔡幸伍元	单炳顺伍元	单宝森伍元	蔡银伍元	孙文江伍元	单有伍元	孙文明伍元	闫增田伍元	闫见有伍元	李廷刚伍元	单炳文伍元	闫海起伍元
单永升伍元	单金斋伍元	单金刚伍元	陈义升伍元	乔海伍元	张见义伍元	单增春伍元	蔡永长伍元	蔡来伍元	单子良伍元	单子强伍元	单明田伍元	单明俊伍元	张见德伍元	单炳元伍元	单玉来伍元	衡福霖伍元	单炳文伍元	王庆山伍元
单智良叁元	单荣兴叁元	何泽叁元	陈振存叁元	蔡福桐叁元	蔡福德肆元	蔡福春肆元	闫德温肆元	衡霖肆元	单福起伍元	单福和伍元	单福海伍元	单炳增伍元	闫见恒伍元	单见来伍元	单金才伍元	陈义忠伍元	单明润伍元	单福忠伍元	单智龙伍元
蔡俭叁元	张景卉叁元	单振海叁元	单秀芬叁元	单增霖叁元	张国庆叁元	王秀福叁元	穆相霖叁元	闫廷印叁元	单炳国叁元	何金升叁元	何文臣叁元	衡国良叁元	蔡素叁元	单福起叁元	单永强叁元	蔡新叁元	乔江叁元	蔡东叁元	乔江叁元	蔡田叁元	单福永叁元
单福祯贰元	蔡印贰元	蔡福兴贰元	单明亮贰元	单智安贰元	单智桐贰元	孙明贰元	蔡永霖贰元	蔡永理贰元	单智财贰元	单智怜贰元	单智国贰元	蔡利和贰元	王起贰元	何炳起贰元	单明森叁元	单福森叁元	蔡东叁元	乔江叁元	张起叁元
何莲升贰元	单金海贰元	单金忠贰元	闫海福贰元	单云禄贰元	闫海涛贰元	单炳来贰元	蔡玉强贰元	衡玉海贰元	单荣强贰元	单金才贰元	单水江贰元	单明堂贰元	何礼贰元	蔡礼贰元	张见江贰元	闫见海贰元	闫见国贰元	何俊元贰元	衡国喜贰元	李永强贰元

（续表）

李廷强 贰元	单增时 贰元	单明增 贰元	张守信 贰元	李永德 贰元	王霖 贰元	蔡永 贰元	单永 贰元	张纪芬 贰元	孙文安 贰元	闫见国 贰元	蔡福国 贰元	单明和 贰元	衡玉友 贰元	蔡纪刚 贰元	张振江 贰元	安茂通 贰元	单永进 贰元	闫惠武 贰元	单明卉 贰元	何俊宝 贰元
单智飞 壹元	单智强 壹元	单智君 壹元	蔡全 壹元	李宝善 壹元	蔡书 壹元	蔡旺雪 壹元	单智国 贰元	孙宝国 贰元	李惠晦 贰元	单明仟 贰元	陈见祥 贰元	蔡勤 贰元	何民 贰元	蔡福和 贰元	蔡莲忠 贰元	蔡永国 贰元	单增君 贰元	何金霖 贰元	何俊霖 贰元	李廷义 贰元
							蔡沿增 壹元	王海 壹元	蔡淑青 壹元	李素祯 壹元	李永瑞 壹元	李文衡 壹元	李文阁 壹元	衡玉岩 壹元	李永篷 壹元	蔡增文 壹元	蔡福灵 壹元	蔡长君 壹元	单福礼 壹元

加施：衡玉友壹佰元正　大旗　竹杆　数拾根

制榜人：单明　李廷刚　绘画：蔡树明　于公元一九九七农历丁丑年春正月复制

1997 年碑文，罗列捐款数目，抄录如下：

万善同皈

我神社自己已募资建神堂，又经几度春秋。逢年敬神，元宵祭坛，超度亡灵。无奈所用之铙、钹、笙、管，俱以破损，做以上善事，实在勉强。如若置买，耗资甚钜。幸有为振兴我会之仁人志士，善男信女，佛门弟子，慷慨捐资。英国朋友亦解囊相助，使我会得以振兴。实乃我会之幸也。我会得此天助、人助，振兴有望矣。今特制此"功德碑"，以资纪念，流芳百世。此次捐资者，凡二百六十一户，共施洋柒仟柒佰元。买置乐、法诸器、灵棚等，共耗资伍仟柒佰伍拾元。

公元一九九七年丁丑正月复制

制榜人：单明　李廷刚　绘画：张大勇

蔡玉润贰拾元	陈义录贰拾元	单志同贰拾元	单伶贰拾元	单明参拾元	单勤参拾元	单玉田参拾元	蔡然参拾元	何长参叁拾元	蔡福宏叁拾元	蔡廷俊叁拾元	陈永志叁拾元	蔡福起叁拾元	蔡福元叁拾元	单纪福伍拾元	蔡安忠伍拾元	衡玉起伍拾元	何后增伍拾元	单玉德伍拾元	单玉才壹仟元	单荣庆壹仟元	钟思第英壹仟元	王树国壹仟元	衡树国壹仟元	衡桂君壹仟元	衡玉友壹仟伍佰元
单炳元贰拾元	单树永贰拾元	蔡永贰拾元	衡玉宽贰拾元	蔡俊田贰拾元	闫文贰拾元	何义贰拾元	蔡强贰拾元	单海增贰拾元	孙文彬贰拾元	单明永贰拾元	单树贰拾元	安茂贰拾元	孙文通贰拾元	孙文清贰拾元	单树申贰拾元	单玉堂贰拾元	单才旺贰拾元	张树槐贰拾元	何建臣贰拾元	蔡东贰拾元	张建德贰拾元	闫廷才贰拾元	蔡福昌贰拾元	李文忠贰拾元	
李润田拾元	李春田拾元	单之冬拾元	蔡庆一队拾元	蔡增民拾元	单志堂拾元	单起君拾元	单林宝拾元	单林木拾元	单玉江拾元	王庆山拾元	单金堂拾元	蔡沿增拾元	单玉中拾元	蔡宝幸拾元	蔡廷文拾元	李永忠拾元	蔡连民拾元	蔡福营拾元	单炳强拾元	单国武拾元	单祥拾元	单玉拾伍元	王来贰拾元		
蔡振坡拾元	单志超拾元	乔江拾元	蔡顺拾元	蔡素拾元	孙宝田拾元	李永德拾元	蔡永树拾元	李永芬拾元	蔡廷成拾元	单之义拾元	陈福起拾元	蔡福兴拾元	孙伯田拾元	陈铁生拾元	单义起拾元	单永树林拾元	孙明拾元	陈福顺拾元	单福国拾元	蔡俭拾元	蔡新拾元	单之福拾元	单思亮拾元		
单树林拾元	单炳忠拾元	单炳安拾元	何泽起拾元	蔡福德拾元	单明堂拾元	何俊岩拾元	闫廷立拾元	张建才拾元	何俊国拾元	单金国拾元	单建起拾元	张国平拾元	张江拾元	张勤拾元	何文生拾元	闫茂才拾元	穆雨永拾元	乔德才拾元	单福忠拾元	王珍拾元	李增田拾元	单福拾元	蔡振东拾元		
蔡旺拾元	陈国存拾元	衡国良拾元	孙宝申拾元	单炳恒拾元	何纪民拾元	张俊中拾元	单学雨拾元	何俊芬拾元	张乃水拾元	何国胜拾元	张建义拾元	单振海拾元	孙宝强拾元	何俊江拾元	何俊生拾元	何水元拾元	何拾元	单炳阁拾元	单树桐拾元	王树臣拾元	单振海拾元	单来拾元	单炳德拾元		

（续表）

单金生拾元	何俊林拾元	单金刚拾元	单金义拾元	单金贵拾元	单明海拾元	孙文安拾元	蔡庆国拾元	闫俊德拾元	蔡廷君拾元	单志歧拾元	蔡泉拾元	蔡舒拾元	蔡庆增拾元	衡玉才拾元	蔡庆江拾元	衡福建拾元	单玉国拾元	闫俊江拾元	王纪德拾元	陈振存拾元	单金垒拾元	单金顺拾元	衡国喜拾元	孙宝堂拾元	蔡福拾元
孙博文伍元	孙义之雪伍元	蔡福增伍元	单永智伍元	李宝智伍元	单福祯伍元	单福申伍元	单福刚伍元	单福永伍元	单福和伍元	单福增伍元	陈义泉伍元	陈义来伍元	陈炳顺拾元	何俊喜拾元	单振江拾元	蔡永国拾元	蔡永长拾元	单明荣拾元	单金海中拾元	李廷山拾元	李廷刚拾元				
单明和伍元	张建增伍元	张建起伍元	单永进伍元	衡玉强伍元	闫建国三队伍元	单金才三队伍元	闫建海伍元	单福海伍元	蔡云伍元	蔡立和伍元	单志正伍元	蔡宽伍元	乔河伍元	衡玉岩伍元	乔之江伍元	单之才一队伍元	何俊顺伍元	单金田伍元	李之林伍元	单之海伍元	单之泉伍元	李文明伍元	单志国伍元	蔡利明伍元	单盈伍元 单福礼伍元
										闫建永伍元	衡林伍元	何俊章伍元	蔡勤才伍元	王春才伍元	单炳来伍元	闫华中伍元	蔡廷久伍元	单明军伍元	何俊保伍元	蔡树立伍元	单明军伍元	何俊会伍元	闫建友伍元	闫海强伍元	

单荣庆加施坛鼓一佰　　用资一佰伍拾元

【人口】 2600人，600多户。解放初可能900多人。1971年、1972年时，是1700人。15岁以下占四分之一，60岁以上占五分之一。最大年龄的97岁。男女数差四人，妇女少四人。自然死亡率4%。儿童入学率100%。本村小学400多学生。四年级以下在本村小学，五、六年级的要到北高洛高小（乡办）去上，初中到胡家庄中学和西义安中学。去县中学的少，成绩达不到。有五六个人上中师，两个大学毕业。

【《后土卷》情况】 蔡然说：八里地、定兴东关、田侯，原有《后土卷》，北高洛有《白衣卷》。过去有《十王卷》，念唱法与《后土卷》同，《后土卷》共十二个曲牌。《十王卷》也不出这些曲儿，《十王卷》更熟，中有赞、偈、曲。

《后土皇帝宝卷》目录

上卷宝卷完成随意笔录（虎贲驿村献图序）
中华民国三十二年岁次癸未年正月谷旦

后土娘娘慈悲灵应源流宝卷上
举香赞——开经偈
后土宝卷初开分第一（《画眉序》）
老母出家辞别邻里行程分第二（《傍妆台》）
老母过了深山来到海边分第三（《金字经》）
老母洞中行功明心见性分第四（《山坡羊》）
王宝上帝接老母归圣分第五（《走马词》）
刘真人盖庙贾甫救主分第六（《耍孩儿》）
后土老母救主脱身分第七（《浪淘沙》）
汉光武登基立位御口敕封分第八（《走马词》）
圣旨御敕修盖宫殿分第九（《黄莺儿》）
刘真人南京代透灵碑分第十（《挂金锁》）
老母显化引井耕上山分第十一（《驻云飞》）
井耕化缘重修宫殿分第十二（念《化缘歌》曲《皂罗袍》）

后土娘娘慈悲灵应源流宝卷下

员外夫人焚香求子分第十三（《桂枝香》）
后土老母与张斌送子分第十四（《皂罗袍》）
员外求老母画像供奉分第十五（《驻云飞》）
老母神通金丹种子分第十六（《耍孩儿》）
张斌员外好善得子分第十七（《金字经》）

员外得子满月贺喜分第十八（《海底沉》即《浪淘沙》卷本上写《浪勾沙》）

员外请师傅功画分第十九（《耍孩儿》）

李保存读书登科分第二十（《驻云飞》）

员外夫人上京受诰封分第二十一（《驻云飞》）

张斌王氏上京起程分第二十二（《黄莺儿》）

翰林修书进朝告假分第二十三（《浪淘沙》）

居家进香老母差神接引归天分第二十四（《朝天子》）

【乐谱】音乐会（北乐）有一本乐谱。南音乐会（南乐）有一本乐谱。

涞水县义安镇南高洛音乐会谱本目录

1.《四上派》	2.《麻义郎》	3.《麻义郎》	4.《麻义郎》
5.《鸡声草》	6.《小托布衫》	7.《小凉舟》	8.《柳黄烟》
9.《对答平》	10.《翠太平》	11.《过楼派》	12.《小走马》
13.《到取金灯》	14.《普灯鹅》	15.《金字经》	16.《琵琶论》
17.《恭贺派》	18.《翠竹莲》	19.《逃军歌》	20.《张公赶子》
21.《翠花开》	22.《一封书》	23.《过桥派》	24.《将军令》
25.《祭枪歌》	26.《跑驴儿》	27.《打周仓》	28.《合四派》
29.《颜回歌》	30.《甘舟歌》	31.《三六九》	32.《三六九》
33.《伍善佛》	34.《普安咒》	35.《三归赞》	36.《芬花赞》
37.《接佛赞》	38.《观灯赞》	39.《门神赞》	40.《其上古坟》
41.《已上古坟》	42.《浪淘沙》	43.《折桂令》	44.《小梅令》
45.《拿天鹅》	46.《小喊动山》	47.《大走马》	48.《大挑袍》
49.《我兰资》	50.《我兰资》	51.《我兰资》	52.《我兰资》
53.《我兰资》	54.《小桃红》	55.《红绣霞》	56.《富三台》
57.《清天歌》	58.《拿天鹅》	59.《一善佛》	60.《象牙床》
61.《我兰资》	62.《我兰资》	63.《我兰资》	64.《开坛和息》
65.《过街先》	66.《第一身粉碟大套》	67.《第二身粉碟》	68.《第三身粉碟》
69.《第四身粉碟》	70.《第五身粉碟》	71.《第六身粉碟》	72.《第七身粉碟》

涞水县义安镇南高洛音乐会会员登记表

姓 名	年龄（岁）	擅 长	姓 名	年龄（岁）	擅 长
何 清	61	鼓笙	蔡 安	52	云锣
蔡玉润	40	管	蔡 然	44	文坛
李永强	35	管	蔡 水	77	笙
蔡永昌	42	笙	李春天	32	笙
单玉田	47	笛	何 建	63	笛
单丙元	50	鼓	李润田	44	铜器
单玉德	51	文坛	李树同	70	管
蔡海增	52	文坛	单明奎	63	文坛
单久盛	75	笙	阎文玉	70	笙
蔡复明	48	云锣	何 义	75	笛
李廷刚	43	笛	蔡永国	34	云锣
何俊田	56	铜器	单久同	71	笛

备注：此表"文坛"指念唱，"铜器"指武场。

［调查日期：第一次：1993年9月14日，调查人：薛艺兵、钟思第。第二次：1993年9月17日上午，调查人：薛艺兵、钟思第。第三次：1994年2月22日（农历正月十二），调查人：薛艺兵、乔建中、张振涛。第四次：1995年2月春节，张振涛、钟思第。］

河北省保定市涞水县义安镇南高洛南乐会

【**地点**】河北省保定市涞水县义安镇南高洛

【**会名**】南乐会

【**联系人**】单云明（会头）

【**人数**】20多人

【**南乐会情况**】乐器采用大管子，其中有少见的龙头号。

【**碑文**】老碑文书："大清光绪拾肆年新制，南高洛村观音堂会"，可说明该会历史。"中华民国拾玖年阴历正月廿五日出画佛像十二，花费钱陆佰伍拾伍吊四百廿文"。"中华人民共和国一九五三年起南乐会，一九六二年复习龙灯会，共施洋叁佰零贰元"。

该会几幅布制碑文，款式与音乐会一般无二。新云帐列有捐款人姓名及捐款数目，文字如下："南高洛东灯会于中华人民共和国公元一九九二年，修建房屋所花布施人等列于右……总花布施款贰仟玖佰捌拾元肆角，另有壹拾伍元"。

该会老碑文保存较好，文字娟秀，设计素雅。现全文抄录如下：

中华民国拾玖年	涿州城西豆	闫安祯施洋陆元	单洛祯施洋肆元	单久涟施洋贰元	闫洛学施洋贰元	单洛开施洋贰元	张洛树施洋贰元	管事人	闫廷和施洋陆元	单明礼施洋陆元	闫桂明施洋陆元	闫廷奎施洋伍元	阎来施洋伍元	赵有恒施洋伍元	单云利施洋伍元	阎廷山施洋伍元	单悦施洋伍元	中华人民共和国

（续表）

阴历正月廿五日	家庄孙师伏	闫洛如施洋壹元	闫洛祯施洋壹元	闫孟施施洋壹元	闫来施施洋壹元	张有志施洋壹元	闫洛兆施洋壹元	单子刚施洋壹元	张桂生	单福禄施洋伍元	单子刚施洋伍元	张廷楷施洋伍元	张文施施洋伍元	阎廷泉施洋伍元	阎孟福施洋伍元	阎凤阁施洋伍元	阎梦兆施洋伍元	一九五二年起南乐会一九六二年复习龙灯会共施洋叁佰零贰元
出画佛像十二花费	经理 画人	单洛为施洋壹元	闫洛彩施洋壹元伍毛	闫洛长施洋壹元伍毛	王洛云施洋壹元伍毛	王志忠施洋壹元伍毛	闫洛芝施洋壹元伍毛	张树	单梦金施洋伍元	单洪来施洋伍元	单梦兆施洋伍元	单树金施洋伍元	单云常施洋伍元	王积福施洋伍元	阎凤池施洋伍元	单明安施洋伍元	阎保岐施洋伍元	
钱六百伍拾伍吊	单久员 单久华	单洛如施洋壹元	王廷喜施洋壹元	闫太施施洋壹元	王洛花施洋壹元	单孟生施洋壹元	单岳施施洋壹元	阎凤和	阎凤树施洋伍元	阎凤桐施洋伍元	单云仙施洋伍元	单云桐施洋伍元	单明金施洋伍元	阎凤利施洋肆元	单明如施洋肆元	张月施施洋叁元	王纯施施洋叁元	
四百廿肆文	单云生 闫梦华	赵洛从施洋壹元	单洛元施洋壹元	张桂元施洋壹元	张桂香施洋壹元	张凤瑞施洋壹元	闫凤栋施洋壹元	闫孟生施洋壹元	单洪恩施洋壹元	单明堂施洋壹元	单云仙	闫廷桐施洋叁元	王凤明施洋叁元	刘汗焕施洋叁元	阎凤增施洋叁元	穆洛增施洋叁元	李全施施洋叁元	阎廷生施洋叁元
	管事人 人等	王廷奎施洋壹元	单洛洁施洋壹元	单平施施洋壹元	闫孟能施洋壹元	闫志和施洋壹元	穆洛顺施洋壹元	阎凤桐	阎德良施洋叁元	阎廷禄施洋叁元	阎海泉施洋叁元	单明忠施洋叁元	阎有财施洋叁元	王廷兰施洋叁元	王骥民施洋叁元	阎孟起施洋叁元	张桂友施洋叁元	

（续表）

单德同施洋叁元	王孟生施洋叁元	王明成施洋叁元	单鸿章施洋叁元	单明兆施洋叁元	阎梦瑞施洋叁元	单云利施洋叁元	单云刚施洋叁元	张如施洋叁元	阎凤池	张洛公施洋壹元	单德施洋壹元	李燮笔施洋壹元	闫孟松施洋壹元	张洛桐施洋壹元	张议	闫志仁
单子江施洋贰元	阎梦山施洋贰元	高术山施洋贰元	李克有施洋贰元	张桂生施洋叁元	阎梦文施洋叁元	阎堂施洋叁元	阎文施洋叁元	阎廷旺施洋叁元	张文	单堂施洋伍毛	王义生施洋伍毛	闫桂生施洋伍毛	闫廷全施洋伍毛	王洛太施洋捌毛	张洛松	
赵之义施洋壹元	阎梦海施洋壹元	单明荣施洋壹元	李子良施洋贰元	单云顺施洋贰元	丁常发施洋贰元	段有海施洋贰元	张芝施洋贰元	王全施洋贰元		阎孟金	闫俭施洋伍毛	闫振槛施洋伍毛	单殷明施洋伍毛	刘占奎施洋伍毛	闫梦松	香首
							阎梦田施洋贰元	张桂廷施洋贰元	王积福	阎廷泉	闫孟兴施洋伍毛	闫孟堂施洋伍毛	张翠笔施洋伍毛	单月施洋伍毛	单云明施洋伍毛	闫冀恒
									阎孟桐	阎来	解维岐施洋伍毛	单德珍施洋伍毛	衡德明施洋伍毛	李庆生施洋伍毛	王洛贵施洋伍毛	张桂霖

同一碑文，右写"中华民国拾玖年"，左写"中华人民共和国一九五三年"。老会员解释：此碑立于"民国十九年（1930年）"。当时"施

洋"人名记于右边，剩余部分空着。一般情况下，不敛钱就不立碑文。1953年本会改南乐会，当时只添置几样乐器，没花钱。不花钱也就不单立碑文。所以碑文记载为后来追记。1962年"复习龙灯会"（经济恢复后再次活动），又一次募捐。按说，再次敛钱就要新置碑文。但当时并未单独再置"云帐"，就把此事写在"民国十九年"碑文的左半边空白处。因此碑文上就出现了"中华民国"与"中华人民共和国"的情况。

碑文以中间空行为界，右边施洋者写于1930年，左边捐资者写于1962年。两边墨迹，左深右浅。如此可释，何以右左两边人名，基本一样。另外，两边许多人名，写法不一。一边写"阎"，另一边写"闫"。同一人名中的"梦"字，常写作"孟"。"阎、闫"二字为繁简之别，是写碑人有意区别。"梦、孟"二字，则是写碑人笔误。

【乐谱】存有乐谱两本，老本封面"中华人民共和国一九"下残。新本未见，是单云明新抄。

涞水县义安镇南高洛南乐会谱本目录

1.《朝天子》	2.《集贤宾》	3.《吹头》	4.《番八挂》
5.《大二番》	6.《小二番》	7.《车字调小二番》	8.《玉芙蓉》
9.《柴坡街》	10.《穿白落业》	11.《胡闹》	12.《第一段》
13.《第三段》	14.《第四段》	15.《鹅阑子》	16.《第二段》
17.《第三段》	18.《第四段》	19.《第五段》	20.《第六段》
21.《第七段》	22.《大磨房》	23.《对嘴》	24.《茉莉花》
25.《干芝门》	26.《绣荷包》	27.《水里音》	28.《打油曲》
29.《鸡毛猴》	30.《小良周》	31.《四上仙》	32.《华黄花》
33.《前神佛》	34.《邦子》	35.《老调邦子》	36.《上四调》
37.《探阴山》	38.《四平调》	39.《五穴坡》	40.《老司弦》
41.《崩板》	42.《落子》	43.《反调》	44.《小放牛》
45.《钉大钢》	46.《河南坠子》	47.《兰州影》	48.《一字调兰州影》
49.《刘二姐上庙》	50.《探亲家》	51.《瞧亲家》	52.《画扇面》
53.《步步错》	54.《洋号歌》	55.《五星红旗》	56.《国音歌》
57.《土地改革》	58.《三八小调》	59.《胖娃娃》	60.《东方红》
61.《雄赳赳》	62.《一月一更里》	63.《二郎山》	64.《卖便食》
65.《二十四胡都》	66.《句句双》	67.《歌唱毛主席》	68.《麦穗歌》

（续表）

69.《小小灯》	70.《寡妇泪》	71.《旧社会》	72.《功课完毕》
73.《光绪坐龙楼》	74.《五金花》	75.《摘棉花》	76.《众位老乡们》
77.《一想来》	78.《十二谈妹》	79.《牛儿吃草》	80.《天津卫》
81.《古楼车》	82.《社会主义好》	83.《学习雷锋》	84.《高高的上甘岭》
85.《采茶舞》	86.《艳阳天》	87.《蜜坦花》	88.《小开门》
89.《选村长》	90.《一更黑了天》	91.《种棉花》	92.《借快曲》
93.《跳舞曲》	94.《李方瞧德妇》	95.《宪扬花》	96.《贫下中农一条心》
97.《粉碟大套》	98.《二身粉碟》	99.《三身粉碟》	100.《四身粉碟》
101.《五身粉碟》	102.《六身粉碟》	103.《七身粉碟》	

［调查日期：第一次：1993年9月14日，调查人：薛艺兵、钟思第。第二次：1993年9月17日上午，调查人：薛艺兵、钟思第。第三次：1994年2月22日（农历正月十三），调查人：薛艺兵、乔建中、张振涛。第四次：1995年2月春节，张振涛、钟思第。］

河北省保定市涞水县义安镇北高洛

【地点】河北省保定市涞水县义安镇北高洛

【会名】音乐会

【联系人】严增焕（村长），村支书闫瑞才，村副村长闫干河，音乐会会头李俊兰、李廷起（当会头七八年了）。南乐会会头周金天。

【人数】音乐会20多人；南乐会20多人。

【乐队编制】1982年恢复时有管6、笙7、云锣2架。现有3管、3笙。头管叫"正管"。笛子不分。

【服装】音乐会是道门的，过去穿道袍，不剃头。

【器物】原有十殿阎君、佛像、吊挂、地藏像，"文化大革命"中全烧了，现是新置办的。现存一面老帐子，背后书云：中华民国元年管事人等 闫凤、李英、闫白明、闫进、闫好刚、闫德顺、闫宝龄、闫宝明、闫保福、闫北丰。

新吊挂绸绣精工。上书捐资人姓名与捐款数目。文字可说明音乐会恢复情况，现按原格式抄录如下：

万古流芳
管事人等

孟制月	闫雨田	李廷起	闫兴田	闫兴旺	闫世良	闫富才	闫从元	陈万春	李永志	闫俊兰	李增魁	李俊杰

我北高洛"蓝旗盛会"，继世至今，计有数百春之久。曾几经战乱荒年，兴衰数次。唯近年"文化革命"之运动，将所传文物，

全部毁灭，村众为之悔恨，惶惶不可终日。至今年春月，望雨水频繁，风调雨顺，民情振奋，思再兴圣会。号出群起拥护，咸踊跃。为此立碑，以记之。愿此村风，名传千古。

时中华人民共和国公元一九九零年孟月

闫从元 伍拾元	闫富才 肆拾元	李俊杰 叁拾元	柳海瑞 叁拾元	闫万春 贰拾元	闫世良 贰拾元	闫以刚 贰拾元	闫兴禄 贰拾元	闫俊义 贰拾元	闫宝长 贰拾元	闫志泉 拾陆元	李宜俭 拾伍元	闫富江 拾叁元
闫德生 贰拾元	闫增魁 拾元	李俊兰 拾元	陈永志 拾元	闫兴田 拾元	闫兴旺 拾元	闫世臣 拾元	闫从泽 拾元	闫从德 拾元	闫增恭 拾元	闫德恭 拾元	闫茂田 拾元	闫雨清 拾元
闫金印 拾元	张吉水 拾元	闫增贵 拾元	闫德田 拾元	闫世刚 拾元	李富山 拾元	周双清 拾元	闫德申 拾元	闫增德 拾元	闫德还 拾元	闫保禄 拾元	闫以富 拾元	闫魁元 拾元
闫以柱 拾元	李章 拾元	李廷章 拾元	李茂林 拾元	李刚 拾元	闫雨田 拾元	闫万林 拾元	薛福田 拾元	闫富顺 拾元	李廷起 拾捌元	闫雨禄 贰拾元	闫兴海 拾元	闫世平 拾元
闫富良 六元六角	闫宝礼 六元	闫雨重 伍元	陈永水 伍元	闫兰奇 拾元	闫增会 拾元							

（续表）

闫闫增文洪伍伍元元	闫闫增荣行伍伍元元	闫闫文焕财有伍伍元元	张李吉田如伍伍元元	闫闫春万来国伍伍元元	闫闫友滋起梅伍伍元元	李李生富贵刚伍伍元元	李李廷富财义伍伍元元	闫闫世春山江伍伍元元	闫闫增山江伍伍元元	闫闫万万福城伍伍元元	闫闫泽以海民森伍伍元元	张闫占义宝海祥肆伍拾捌元元	李闫着富华伍伍元元	闫闫着春和耕伍伍元元
闫闫明久兰永伍伍元元	闫闫俊清强伍伍元元	闫闫瑞永生文伍伍元元	闫闫永武海伍伍元元	李闫维明福有伍伍元元	李李廷廷海林明华伍伍元元	闫闫雅金富福富伍伍元元	闫闫宝生于平伍伍元元	闫闫万世臣田伍伍元元	闫闫万世臣顺伍伍元元	张刘义梅贵海武泉伍伍元元	闫闫增滋义和伍伍元元	闫闫滋金山元伍伍元元		
				闫李瑞廷兴迁贰贰元元	闫闫长兴海周叁叁元元	闫闫金富贵利叁叁元元	张闫国子栋占叁叁元元	张闫国润良贵叁叁元元	闫单德明温志伍肆元元	闫李以濯伦田伍元伍元	闫李从廷元芳伍伍元元	闫闫雨富芳贵伍伍元元	闫闫瑞富财文伍伍元元	
仅将布施名讳开列于右								李春东贰元	李闫继润生堂贰贰元	闫闫德滋增彬贰贰元	闫闫金着祥亭贰贰元	李周德万祥兵贰贰元		

【活动】正月初一搭棚，正月十五开坛。正月初一和十五"行街"。过去三月十五上山帝庙，音乐会不开坛，别的会不能开。

【会史】原先叫"蓝旗盛会"（皇帝去西陵过皇差用）。有丧事时，蓝旗会在正堂，南乐（从音乐会分出去改的）在侧，吹鼓手"看门狗"在门口。战争时期，老人去世也吹。开坛时念经，现老人死了，年轻的念。念的专学念，学吹的不会念。南乐会也坐坛。在街上相互穿插，拜见拜会，再进棚吹。南高洛音乐会（本村南乐会是从南高洛"南头"学的）也来村里。音乐会与义和团不是一事。现会头入会是 1960 年，那一批有 20 多人，现只剩下三人（吹笛的），闫全（已故）教的。《大走马》《小走马》《拿天鹅》《泣颜回》都不会了。会吹的有《青天歌》《普庵咒》《琵琶轮》。其余是小曲。

【活动场所】原村里有两位先生留下房子供音乐会用。闫富才的哥哥在新加坡，他出钱在村里办厂，未成，厂房给了音乐会。解放前没有"官房子"，在住家练。

【资助形式】存有写在黄色纸上的老捐款单，已残破。现抄录几条：

×××送款伍元　送煤500斤　出灯泡子玖元　出点笙款　出大壶款　出豆腐大葱酱油盐款7.51　出还富才大锅款60元　出抄曲本花费伍元　出抄曲本花费肆元　出表经卷币壹元　出猪肉、团粉、糖、瓜子等共收入陆百玖拾肆元四毛七分　入自宝礼赁款肆百元　入村工作队人力款六拾肆元四毛　入前存过来柒拾伍元伍角七分　由92年正月十二日结住

【村史】原有大寺，供释伽。比南高洛大，有和尚、钟鼓楼、一排房子。曾住着巡警。解放战争时，寺里的钟炼铁做地雷了。1941年日本人进村，是经过村子往南进军，村里大部分人跑了。本村老户姓闫，外来的有姓李、赵、王、周、勾、张、谢，占10%—15%，是山西人，已有几代人了。村南有大戏楼，游击区时，拆了一些烧火，中华人民共和国成立后没人修，塌了。

【其他艺术组织】有一吹打班，七八年前成立。谢申忠（南乐会管事的）主持，全会18人。少林会。老人们都死了，小孩们在学，没出过会，其中严志全会气功。该会有40多人。该村"狮子会"有一布制云帐，背面是捐资者的姓名和捐资数目。正面文字可说明该会及南乐会的历史情况，现抄录如下：

丰功伟绩

古语云：文制武安，纵横观北高乐东大街，有史以来，多贤聪，少愚庸，仁人义士、孝子贤孙、节妇烈夫，人人颂扬，个个仿效。此街风追根寻源，皆于文化二字所致。

东大街白衣灯会年代深久，一付钹、一面鼓，填补了节事之空白。承事者传宗接代，古老无计追究，二十年代初，承事者：单云从、张旺、阎井兴、阎福财。由此上溯到三十年代中叶，北高乐戏会出世于东大街。承事者：单云清、阎福亮、单云从、阎福旺、阎德俊、阎德忠、张旺。文化说教，深得人心，瞬时，蔚成风气。逐集全村之人材，使之兴盛，名震百里。公元一九五一年，报经区委批准命名为涞水一区育民评剧团，成为北高乐戏曲界第一个里程碑。

由此上溯二十年，东大街继往开来，在原白衣灯会的基础上，聘请南高乐南乐会为师，发展为南乐会，以民间曲调警育世人。承事者：周进海、阎德宽、阎金田、阎德温、阎春财、阎春水、阎德瑞、阎德海、阎春连、单云从。

公元一九八一年，五谷丰登，万民乐业，壮士赳赳，人材济济，人心思动。羡狮龙之雄姿，跃跃欲势。集思广益，捐募成资，遂延北瓦宅狮会为师。于是人欢腾腾跳跃，彩狮蹁千（跹）起舞，一派和气景象。承事者：阎金田、阎海、阎仁中、阎子度、阎春财、解甲忠、阎春莲、阎强、阎景海、阎德平、阎德温、李富。

推之，上述之业绩无不以礼乐为先，起于文明，达于文明，文明贯于始终。起于东大街，达于全村，四下飞扬，实乃东大街文明之精华，孕育之硕果也。

资料提供者：阎崇然、阎福平、阎德斌、张文、阎金田、阎以平。

撰录者：阎义勇　东大街　公元一九八一年正月初一日立

【人口】1700人，400多户。

【经本】《泰山南无依科三宝本》《泰山南无心经神咒本》

【乐谱】有老谱本，无题记说明，时间不明。

涞水县义安镇北高洛村音乐会谱本目录

1.《庆元贞》	2.《大走马》	3.《过楼派》	4.《小走马》
5.《富三台》	6.《坐坛走马》	7.《引堂走马》	8.《合四派》
9.《歌回歌》	10.《甘舟歌》	11.《下山虎》	12.《四上派》
13.《麻义郎》	14.《二反麻义郎》	15.《三反麻义郎》	16.《赶皇恩》
17.《鸡声草》	18.《小托布衫》	19.《小凉舟》	20.《恭贺派》
21.《翠珠连》	22.《逃军歌》	23.《赶子》	24.《翠花开》
25.《尖三六九》	26.《过桥派》	27.《大托袍》	28.《击枪歌》
29.《打周毛》	30.《伍善佛》	31.《普安咒》*	32.《琵琶论》
33.《将军令》	34.《拿天鹅》	35.《云锣》	36.《洒网》
37.《拿海青》	38.《普登鹅》	39.《金字经》	40.《折桂令》
41.《小梅令》	42.《到取登》	43.《壹封书》	44.《柳黄于》
45.《跑驴儿》	46.《小桃红》	47.《叁陆玖》	48.《清天歌》
49.《我兰资》*	50.《二身我兰资》	51.《三身我兰资》	52.《四身我兰资》
53.《五身我兰资》	54.《三归赞》	55.《小喊东山》	56.《翠太平》
57.《对答平》	58.《我兰资》	59.《二身我兰资》	60.《三身我兰资》
61.《四身我兰资》	62.《五身我兰资》	63.《小喊东山》	64.《芬花赞》
65.《其上古坟》	66.《已上孤坟》	67.《接佛赞》	68.《阿神赞》
69.《浪淘沙》	70.《伍声佛》	71.《红绣霞》	72.《观灯赞》
73.《接佛赞》	74.《我兰资》	75.《我兰资》	76.《壹善佛》
77.《拿天鹅》	78.《象乐床》	79.《万年欢》	80.《老八板》
81.《行堂和息》	82.《开坛和息》*	83.《七字钹》	84.《粉碟大套》
85.《二身粉碟》	86.《三身粉碟》	87.《四身粉碟》	88.《五身粉碟》
89.《六身粉碟》	90.《七身粉碟》		

注：*为采访中录音的曲目

涞水县义安镇北高洛村音乐会会员登记表

姓 名	年龄（岁）	擅 长	姓 名	年龄（岁）	擅 长
李俊杰	78	管	李俊兰	65	笛
闫富才	65	笛	闫增会	68	头管
闫兴海	40	云锣	闫士旦	54	锣
闫士良	78	管账	闫雨录	39	笛

（续表）

姓　名	年龄（岁）	擅　长	姓　名	年龄（岁）	擅　长
陈永水	56	笛	闫士文	42	铙钹
闫保奎	67	笛	陈永志	67	笙
闫兴旺	54	笙	闫兴友	42	管
李廷水	55	管	闫兴田	53	笙
李廷起	52	笛	闫德生	62	云锣
闫长海	38	管	闫增魁	67	教师

［调查日期：1993年8月11日上午，调查人：薛艺兵、钟思第。第二次：1994年2月22日（农历正月十三），调查人：薛艺兵、乔建中、张振涛。］

河北省保定市涞水县东明义乡东明义村

【地点】河北省保定市涞水县东明义乡东明义村

【会名】音乐会

【联系人】任文泉（会长）、许忠（会长）

【乐器】锡制管子，音色高亢，哨子较小，15簧笙。

【服装】出会不穿道袍。任文泉说：我记事起就穿便服，我父亲、爷爷都在会，老人们说以前穿道袍。

【会史】任文泉说：最后一次去"后山"朝拜，是民国二十几年的事（日本侵华前）。那时我18岁。在后山过两天，各会有"会棚"。我们和司徒村，搭一个棚，与他们是一回事。听老人们说，过去本村音乐会和司徒村音乐会是一道会，1949年前他们改为少林会。过去司徒村大庙住着道士，不清楚他们吹不吹音乐。庙在抗战后改为学校。那儿的老道与后山的是一事。后山姓周的道士送我一本《救苦》，但我不会念，现在失了本子。

【村史】过去村里有观音堂、老爷庙、三义庙、三关庙、两个五道庙（两个庙是分）。司徒村有后土庙、宝合观。本村姓任的、姓冀的是两个大户，还有姓刘、薛的，大部分是从小章州（音名）搬来。

【其他艺术班社】早先村里有旱船会，出会时音乐会跟上吹，吹唱《绣门帘》。

【活动】正月十五、七月十五。现音乐会实际上已经组织不起活动，前二三年还参加过几次丧事。过去丧事有"渡桥""跑城"。渡桥、跑城都有车。我只是听说，没亲身见过。民间不用了，就失传，百姓叫我们"老道经"。现在村里人遇丧事，到外村请吹打班。本村音乐会的人只敲打一下。丧事一般三天，实为两天半。

【经本情况】会《普庵咒》。会里有《十王卷》，老本"文化大革命"中收了，现存经卷从冀家沟村重抄。冀家沟村的老本，在冀连清（是位老干部）手里。冀家沟村一直没有音乐会，只会念经卷，丧事另请吹打班。本会念《十王卷》，主要有"坐坛""悲灯计""六句赞""二十四孝"等。统称"小杂板"，算不上卷。《十王卷》全称《泰山东岳十王宝卷》（坐坛用），另有《举香赞》、《开经卷》、《二佛普庵十咒全本》（坐坛办白事用）、《御旨全本》（报庙用）、《往生咒》（走文）、《见灵全本》（灵前用）、《祛祥咒》（走文）。

【丧事用经顺序】开坛，坛前念"六句赞"，打"开坛铙"。之后"坐坛"，念《十王卷》《金字经》《普庵咒》。人死在哪间屋，就在哪间屋念，到五道庙报庙，专用《御旨全本》。

【宫调】正、越、背调。

【乐谱】存有乐谱一本，残破，无封面。

涞水县东明义乡东明义村音乐会乐谱目录

1.《小走马》	2.《蜂采花》	3.《一枝花》	4.《金字经》
5.《六句赞》	6.《普安咒》	7.《打有臣》	8.《四河香》
9.《下河香》	10.《叁身》	11.《肆身》	12.《小放驴》
13.《哭瓜》	14.《宫门九》	15.《贰身》	16.《叁身》
17.《肆身》	18.《伍身》	19.《雁过南楼》	20.《骂玉郎》
21.《贰身》	22.《叁身》	23.《回头杭便敢黄恩》	24.《采茶歌》
25.《大寄生草》	26.《小梁州》	27.《托布衫》	28.《合四拍》
29.《泰烟回》	30.《气烟徽》	31.《普檀鹅》	32.《金字经》
33.《下山虎》	34.《四上怕》	35.《大梁州》	36.《佛送子》
37.《干诸哥》	38.《岁太平》	39.《贰身》	40.《叁身》
41.《肆身》	42.《伍身》	43.《陆身》	44.《柒身》
45.《小周仓》	46.《银钱课》	47.《挑袍者古令头身》	48.《二身》
49.《三身》	50.《四身》	51.《五身》	52.《赵上保怕》
53.《萨海青》	54.《大达为》	55.《引路》	56.《拿天鹅》
57.《混天鹅》	58.《上工怕》		

另在采访提到而谱本中未抄的曲牌：《浪淘沙》《挂金锁》《悲灯记》《二十四孝》《一枝花》《八句赞》（对曲对念）。另有"打铜"：《河西钹》、《开坛钹》（办坛打）、《上三牌》、《中坛粉蝶子》。

（调查日期：1993年9月15日，调查人：薛艺兵、钟思第。）

河北省保定市涞水县胡家庄乡北汝河

【地点】河北省保定市涞水县胡家庄乡北汝河

【邮编】074199

【会名】音乐会

【联系人】刘怀（会头）

【乐器】八孔小管（刘怀吹，芦凯华刚学，还不会很多曲子）。12 簧笙（一直保留几代人用过的，据说从徐水县青庙营买来的老笙），现存 5 攒，5 人能吹；曲笛（现仅一人能吹）；云锣（单架，其中一锣已破，传自老一代），钹铙。

【会史】采访刘生（属牛，音乐会第二代成员，鼓手及铜器家伙，会头之一）、刘树（会头，第三代管子手，刘生亲叔伯弟）、芦有志（第三代笙手）等人。

我们村音乐会从义安镇南高洛学来，现已传至三代，有一百多年。现在会里共 14 人，其中第二代 1 人，第三代 11 人，第四代 1 人。打日本以后，第二代开始学，学了几年，日本人就来了。当时第一代人已经不全了。抗日战争、解放战争，老打仗，音乐会就不大活动。中华人民共和国成立前后恢复，一直没散，春节出会，到别村去"串村"演奏，相互拜年。最远去过定兴县石柱村。1957 年又教了一批，算第三代，大约一年就散了（因"三年严重困难"而停顿）。1962 年又恢复起来，至"四清""文化大革命"又散。1980 年左右，又收拾起来。当时会里师傅（第二代）王德才、申刚等人，教大家恢复了一些曲子。

这一带原先没有音乐会，本村学的最早。东文泉村音乐会也从南高洛学的，胡家庄音乐会又从东文泉学的。过去请别村的人来教（南高洛来教），不给报酬，就管个饭，也在村里住一段时间。

第二代人学之前，本村音乐会已经衰落了，所以才又招了村里一批青少年来学。申宝庆是会里第一代师傅，当时已经 70 多岁，他组织教学。村里 10—20 岁的年轻人，只要本人和家长愿意，都可以来学。村里没有什么文化活动，所以青年人愿意来。但最后能学成的，就剩下十个八个。学习时，年龄较小的学打击乐，年龄较大的学吹，吹要有力气才行。

当时，刘生家有空房。学习的摊儿（地点）就在他家。因为如此，刘家的人和亲属差不多都学了。后来音乐会里刘家人很多，样样乐器都占全了（虽然村中刘家是个小户，但刘家门中人可以凑全演奏各种乐器的人）。

学音乐时，村里有观音庙、龙王庙、财神庙、白衣观音庙、老君庙等。会里当时的吊挂有：西岐、十王像、四值功曹、四大天王等。过去附近司徒村大庙是后山下院，什么神都有。可能以后土为主，每年二月二有庙会。届时，本会去搭棚演奏。听说本会第一代人曾去后山庙上香，自第二代人，就未去过后山演奏。

南高洛音乐会没有教我们打击乐大套《粉碟子》，为什么没教也说不清。但过去我们会打《粉碟子》，听老一代说，我们是用一个什么曲子与定兴县平堽村交换的（一曲换一曲，互通有无）。现在不打《粉碟子》了，年久失了。

老会时，每到春节正月十五、十六或十七，要去南高洛拜年。他们是我们的师傅，看望师傅是应该的。去时不带家伙，不演奏，只是互相交谈，交流经验。南高洛音乐会没有来过，记得他们村的戏班，春节时曾来本村演出。

刘怀说：今年正月里，我们会三个人去了南高洛。我们一直承认师徒关系，保持联系，应该去拜会一下，也是向他们学习。我们到坛棚去了，听他们演奏。他们人多，家伙全，在这一带还是有点名气。相比之下，他们吹的"舒阔"一些。

【村史】杂姓聚居村，人口 1309。

【宫调】就用一个调，据云锣音位，是正调。术语：演奏前众人先合一下，说：试看"搭不搭"（意为音高、调高能不能配搭）。

【曲目】现仍能演奏的曲目：《鹅郎子》《对打平》《醉太平》《金字经》《扑灯蛾》《骂玉郎》(会其中一首)、《琵琶轮》《苏武牧羊》等共约十几曲，已演奏不了大曲。打击乐有：《长三牌》《河西钹》。

刘怀韵谱曲目：《金字经》《醉太平》《过楼拍》。演奏曲目（缺笛手和器手）（录像）：1.《琵琶轮》；2.《骂玉郎》（加锣鼓段）；3.《金字经》。

涞水县胡家庄乡北汝河村音乐会会员登记表

姓　名	年龄（岁）	擅　长	姓　名	年龄（岁）	擅　长
刘　怀	56	管子	刘　军	62	笙
申其泰	53	笙	申伟全	57	笙
刘　锐	55	云锣	申德贤	60	会头
刘　生	72	鼓	芦维华	28	管子
申正明	64	笙	芦有志	55	笙
申其和	51	笛	申　其	58	云锣
刘　会	50多	铜器	王德胜	60	铜器

备注：近两年开始，属该会第四代。

（调查日期：1996年4月28日下午，调查人：薛艺兵、钟思第。）

河北省保定市涞水县王村乡赵各庄

【地点】河北省保定市涞水县王村乡赵各庄

【邮编】074100

【会名】音乐会

【联系人】胡志财（会长）

【现存乐器】笙6攒、2笛、7管（2大管、2小管吹，吹大管的不吹小管，吹小管的吹大管，也不合着吹）、云锣1架（坏了三个，买不到，另1架坏了）、铛子1架（买的）、小手鼓（超灵用）、大钹2副、大铙2副、大鼓2面。

【器物】原音乐会里财产不少，有香炉、袍、搭衣，有六只箱子。

【活动】正月十五放焰口，十六燃灯。挂像有弥勒、释迦、十王像、地藏。放焰口吹相间，有的念、吹同时，如《普庵咒》。全神像全了，千佛万祖（玉帝往下排，关公第五位）。办丧事一般要两天。去年四月初八去云居寺（过去叫"西游寺"），前年去了五天，去年去了五天，七月十五不活动。

【活动场所】胡志财说：这家是个"摊"。

【会史】胡志财说：音乐会最少有三四辈子人了。我28岁入会，学了两年就学会了。是和尚经，记得曾准备办《后土卷》，白布都买了，因"七七事变"就没搞。本会没有《十王卷》。分文场武场，文场念经。隔三两年去一次后山，要商量，因为花钱不容易。最后一次去后山是"四清"前。三月十五去后山奶奶庙。中华人民共和国成立前不去云居寺，过去轮不到咱们。过去吹大管的、吹喇叭的进不了庙。吹小管的不管技术多差，都让进庙。现在云居寺也吹南乐，与音乐套着吹。

出经时，要把头剃光了。原先，出经的人家，给果子、帐子。音乐会卖掉挣点钱，置服装、旗子。原先我们没有南乐，上辈人一个吹管的人喜欢大管，请了老师。这老师是南边来的，离这里百八十里地，都叫他"夸冯"（音名）。他姓冯，会点笙，来教了些南乐曲，也教了些音乐曲，因为我们音乐曲少。他是个能人，吹喇叭能吹出管子味来，别人学不上。

我们这辈老师有：胡华生（老谱本是他抄的，当过生产队长，已故）、胡殿。会里叫会头"领会的"。他要求严，定了规矩。参灵完去吃饭，要掐了烟，系紧衣领扣，排一排去吃饭。老一代认识海波、海亮和尚。北辛庄音乐会，是我们教的。现北辛庄有音乐会，又出了吹打班。老辈人认为，音乐会是佛门家的，吹打班是下九流。

【村史】原本村有九莲菩萨庙，供奉四大金刚、四大天王、李靖。二月十九音乐会在此庙一天。扒庙时，胡志财30岁左右，没人敢扒。后来一人一元钱，一人拉一根绳子。材料后来盖学校了。该庙前殿有三霄女奶奶庙、药王庙，后身是观音奶奶庙。汤州南关药王庙，过去庙会大。

【宫调】音乐一个调门，南乐一个调门。南乐比北乐高两个调。

【乐谱】有乐谱一本。无封面、无题记、无板眼（为了省事）。抄写年代是胡去清（武场，吹小管）十四年前抄，根据原老谱本抄。打击乐没谱子，牌子有《长三牌》、《开坛》(《挂像开坛》失了)、《结字钹》、《出字钹》。经念完了接最后开打完了接念。

涞水县王村乡赵各庄音乐会乐谱目录

1.《三归赞》	2.《走马》	3.《二节》	4.《柳黄烟》
5.《二节》	6.《灯赞》*	7.《翠太平》	8.《二节》
9.《三节》	10.《四节》	11.《柱铃》	12.《二节》
13.《三节》	14.《四节》	15.《四哦□头节》	16.《二节》
17.《三节》	18.《四节》	19.《四上京头节》	20.《二节》
21.《三节》	22.《四节》	23.《冒而头》	24.《合四片》
25.《挑袍》*	26.《翠竹连》	27.《翠华开》*	28.《赶子》
29.《放驴》	30.《壹封书》	31.《大赶东山》	32.《小赶东山》
33.《吗玉郎头节》	34.《二节》	35.《三节》	36.《大良周》

(续表)

37.《二良周》	38.《稍代良周》	39.《练谈歌》	40.《彩义歌》
41.《赶黄恩》	42.《跳达神》	43.《彩彼街》	44.《普庵咒》
45.《耍孩》	46.《亲上枯坟》	47.《工四喜》	48.《莫尼华头》
49.《豆叶黄》	50.《四合乡》*	51.《二结》	52.《三结》
53.《四带》	54.《小而凡》*	55.《金香玉》	56.《集利哑》
57.《三上殿》	58.《小华园》	59.《滚玉雷》	60.《小人反》
61.《王云马》	62.《云牌洛》	63.《小四声佛》	64.《万年华》
65.《金链锁》	66.《老八板》	67.《大光灯》	68.《二节》
69.《小华园》	70.《此业华》	71.《拿天鹅》	72.《大华园》
73.《小北门》*	74.《人仙庆寿》	75.《腊梅华》	76.《四上先头节》
77.《二节四上先》*	78.《三节四上先》	79.《大四升佛》	80.《中四升佛》*
81.《西方金连锁》	82.《织布心》	83.《千升佛》	84.《句句双》
85.《哭长城》	86.《天下童》	87.《小放牛》	88.《苏伍牧阳》
89.《梆子起板》	90.《干枝梅》	91.《悲秋》	92.《照九州》
93.《画扇面》			

注：* 为采访中录音的曲目

涞水县王村乡赵各庄音乐会会员登记表

姓 名	年龄（岁）	擅 长	姓 名	年龄（岁）	擅 长
胡志财	77	笙	郑昆	69	领会
胡文禄	50	小管	胡印森	68	大管
张水森	44	笙	胡文彩	47	笙
宗庆昌	48	笛	胡金生	62	笛
康维新	70	念唱	万育奎	75	念唱
田泽	69	领会	胡殷福	64	大管
胡家明	50	小管	胡启林	52	小管
胡润河	28	笙	胡宪成	69	笙
胡印海	47	云锣	郑振海	47	翁子

备注：现有四个年轻人在学。文场多由武场。

（调查日期：1993年9月19日，调查人：薛艺兵、钟思第。）

廊坊市

河北省廊坊市霸州市信安镇高桥村

【地点】河北省廊坊市霸州市信安镇高桥村

【邮编】065703

【会名】音乐会

【联系人】尚学智（48岁，高桥宏声乐器厂业务）、郝山（56岁，会头）

【人数】25人（包括"渡桥""跑方""搭衣""办佛事"的）

【服装】"文僧""武僧"服装不同，还有一套"提灵"的衣服。现穿家人的衣服。

【器物】尚学智、郝山说：本会存有"民国壬戌三月直隶正定府隆兴寺主持僧意定重刊《焰口施食》"。板存北京前门外杨梅竹斜街中间北家盛斋刻字铺。封面有印（不清），题为："瑜伽焰口施食——大王庙"。

【乐器】尚学智、郝山说：胜芳南楼大队用16簧笙，在民间用17簧的少，屈家营用14簧笙。一般音乐会用15簧、16簧笙。专业团体用21簧笙，17簧的戏班里用。方圆几百里地内，音乐会一般用E调笙。平谷县、蓟县、香河（天主教音乐会）、宝坻、房山的"戏房"，定做F调笙。今年北京智化寺主持和十几个徒弟来这里点笙、指导。笙的价钱是：13、14簧的130、140元。17簧的150元；点笙7元；也有工人外出点笙的。厂里能做管哨，但不卖。管的价钱是：一支20元。笛子的价钱是：10元。唢呐杆：20元。

【会史】我们是和尚经。张庄是道，我们是僧。"跑五方"是金木水火土。现在还有"对棚"，和张庄也对过。我们先吹，"先僧后道"。我们与永清县北五道口的和尚对过棚。对棚时，两班不一块吹，也不太跟着同吹一曲，这是艺人的规矩。

我们从正定县大王庙学的，老人们说是"广达"和尚教的。听说从康熙时学，现在这一代往上推还有四代，再往上就不清楚了。老师傅说，已传了270多年。现会里能打的只有《长行钹》。能吹的大曲有：《锦堂月》《豆叶黄》《跳绳》《川拨罩》《大三宝》《刀兵计》《小灯子》《玉芙蓉》《翠竹帘》(中曲)。对口曲（"对口曲"是念一段经吹一段，在灵前用）：《望江南》《堂头令》《焚香赞》《清江引》《浪淘沙》。小曲有：《一五六》(《琵琶令》)、《八板》、《绊马管》。《普庵咒》不大会吹了，没念的。

这会里我们一家占八口，老哥四，小哥四。也是笙厂的，干活也是我们八个，音乐会的有六十多户。1979年恢复音乐会，1992年前开始念，以前不让念经。"文化大革命"时有宣传队，音乐会有人参加吹笛、拉弦。

永清县的丁锐修、丁锐衡、丁锐、盖玉德，吹喇叭很有名，俗誉"三丁一盖"。民间有请三班和尚念经的，分"文僧"（念的），"武僧"（打的）。

【活动】过去村周围有柳村河，有座大桥，故称"高桥"。村南有条大清河。过去这里是水乡，现在全干了。本村原称"金鱼池"，后改"宣文乡"。

办丧事分"办佛事"（念经、吹打、做仪式）和"坐棚"（单吹）二种。办佛"搭衣"。经里也有念和吹是分开的，不合。本村办事不收费，外村的随意。1962年、1963年还有"跑方""渡桥"，1964年断了。正月十五放灯，七月十五放灯。今年天旱，不放灯，放灯老百姓会不高兴。

【村史】本村原有金龙寺，1945年前后拆，是正定的分庙。共有四五个和尚，他们会吹。还有菩萨庙，"大跃进"时拆，也有一大一小和尚，但不会吹。另有药王庙、娘娘庙、送子庙、龙王庙、土地庙，1945年、1946年解放区共产党破除封建时拆了。本村有一个二十多岁的人去五台山出家当和尚了。过去有天主教，村里还有个教堂。"文化大革命"中拆了，教会也散了。本村原有"老君门""同善会"。

本村的人姓郝、王、尚的占了80%以上。早年是娄、唐、尚姓多，尚家是首户。

【人口】全村784户，4000多口人。

【其他文艺形式】有高跷会。音乐会头也是高跷会头，高跷会有三十多户人，全村敛钱，不办丧事。有个"什锦会"（杂技会），有锣鼓，过年乐。历史很久，过去还有幡会、叉会，过去有戏楼很好。就是郝、王、尚三家的。没有龙华会，有盒子会（实为焰火会）。

【宫调】隔指调（皆止）、越调。过去曾用四个调：大引子背调、小引子正调、小引子小工调。大引子背调悠缓，小引子正调明快。小引子背调指法叫小工调。

【乐谱】存有一本乐谱，无封面，年代不详。

霸州市信安镇高桥村音乐会乐谱目录

1.《濮澄鹅》	2.《甘州歌》	3.《虎下山》	4.《金字经》
5.《八板》	6.《吹四吊》	7.《昼锦堂》	8.《水晶宫》
9.《醉翁子》	10.《豆叶黄》	11.《川拨罩》	12.《鬼车套》*
13.《金堂月》*	14.《招圣令》	15.《叨叨令》	16.《和四板》
17.《山坡羊》	18.《妻上夫坟》	19.《关公辞曹》	20.《张公赶子》
21.《巧跳神》	22.《唐朝令》	23.《扑蚂蚱》	24.《张飞店》
25.《混江局》	26.《大发头》	27.《发头》	28.《醉太平》
29.《叠落金钱》	30.《祭枪》	31.《到剔金灯》	32.《行到章》
33.《浑水龙》	34.《逃军令》	35.《五声佛》	36.《八仙庆寿》
37.《春景》	38.《夏景》	39.《秋景》	40.《冬景》
41.《白玉堂》	42.《柳春烟》	43.《采青草》	44.《小跳神》*
45.《翠竹帘》*	46.《放驴》	47.《三条箭》	48.《春郎》
49.《杀伐》	50.《救命鬼》	51.《应仙客》	52.《六句赞》
53.《焚香赞》*	54.《普安咒》		

注：*为采访中录音的曲目

霸州市信安镇高桥村音乐会会员登记表

姓　名	年龄（岁）	擅　长	姓　名	年龄（岁）	擅　长
尚学智	48	笛	郝山	56	会头
尚宝营	23	笙	尚学增	64	笙

（续表）

姓　名	年龄（岁）	擅　长	姓　名	年龄（岁）	擅　长
郝　顺		鼓板	尚学芝	47	钹
尚留江	17	做笙	尚学文	54	做笙
郝光华	61	念唱	尚立山	31	管
王振顺	81	云锣	邢　友	74	鼓
王书源	50	铙	尚宝旺	24	做笙
尚学林	57	做笙			

霸州市信安镇高桥村尚家笙厂传承关系表
（以尚学智为主。登记时间：1994年）

代　序	辈　分	姓名年龄	专　长
第一代	高祖	尚克志	做笙
第二代	祖父	尚振禄	管子、吹笙、做笙
第三代	父亲	尚景西 1976年 69岁时去世	管子、吹笙、做笙
第四代	大哥	尚学增（65岁）	管子、吹笙、做笙
	二哥	尚学林（57岁）	云锣、做笙
	叔伯哥	尚学芝（49岁）	铙、钹、做笙
		尚学智（48岁）	吹笙、做笙
第五代	尚学增之子	尚立山（32岁）	管子、做笙
	尚学林之子	尚宝营（25岁）	吹笙、做笙
	尚学智之子	尚宝旺（25岁）	云锣、做笙

（调查日期：第一次：1993年9月7日，调查人：薛艺兵、钟思第。第二次：1994年4月12日，调查人：张振涛。）

河北省廊坊市霸州市信安镇张庄

【地点】河北省廊坊市霸州市信安镇张庄

【邮编】065703

【会名】音乐会

【联系人】李都岐（老师傅）、张凤涛（会头）

【会史】李都岐（74岁）说：我老家在固安县北关横街。10岁时出家于固安县城隍庙，该庙有20多人，属天师正一派，传22代人。本村关帝庙是固安分庙，我于1947年由固安庙派至此庙。一个师弟在此，他不行了，我来接庙。我来之前这里就有音乐会，现老师傅都已不在，我教了本村的小孩学音乐，1962年音乐会散了，这次恢复是1990年，我1989年回到这里，我于1952年还俗。

我师傅是刘蜀汉（1962年6月21日去世，23日出殡），他吹打都会。他教我，师兄有十几个，现在只有两个人活着，在固安，叫李都田、李都衡（党员）。他没学好，庙里规矩大，他后来参加了解放军。

白云观里是龙门派。原来白云观是单念《禅经》，没吹打，哪一派都能有吹打。他们会《禅经》，这不易学。学音乐都要从小学。过去与涿州北关庙有联系，当然，道派不同，但吹打差不多。

我们小时候去不挂单，由监院接待。挂单时，有早晚坛经。人一辈子不能无过，念经，做"海会"，招魂，为死去之灵免灾。办"法会"，得此道场，可减过免灾。《救苦经》放焰口，念《大叛盟经》。正一派可以成家，但在庙里不能成家。出来后有房居，有徒弟，有孩子。

李都岐说：齐有志之弟齐有明，住天津虹桥区河北大街。制鼓人：雄县米北乡，张春东。他为北京智化寺，屈家营音乐会做鼓，400元一面。

中口乡也是老道会，是跟这里学的。原来是音乐，跟这儿学的对口（吹念）。马家堡也是音乐，是老佛门，所以就跟这儿学老道经，对付事，学了二年。我们的"早晚坛经"失掉了，只有《救苦经》，也是李师傅近年回忆记下的。静海的道会多，夫君庙公社白杨树村。为这里点笙的是静海小黄庄的陶来诚。小黄庄也是道会。但是佛教，原是和尚传的，都失传了。后来有个化缘的道士又教给他们道传。街里东会是道传的。他们就是个音乐会，说不准是僧传道传。

这一带就我们是真正的道会，传人还在。这儿建这个庙，就要立会，我师傅、师爷就在这里传音乐。现在会里人追忆已经是第四代了，再往上就回忆不起来了。过去村里有三个庙，关帝庙、观音庙、土地庙。我大伯在会，是铺备先生。本村80%人在会。他是总管，会里事如念什么，吹什么要听他的。会头管全面，会内会外都管。

恢复会有八家：张凤涛、刘振生、张金桥、夏振国、崔国田、张金衡、张金堂、崔国祥。他们出钱买了家伙，算是管事的。会里的人每天晚上在这里吹念，从7点到10点，年轻人学得很认真。

【活动】 正月十五放灯，吹《金燃神灯》。开始必吹这一个曲，以后随便，在道口上吹。二月十九，南海大士寿辰，搭棚，坐棚要吹大曲。七月十五搭棚，供菩萨，放灯。九月十五供火神。现在就是正月十五放纸灯，七月十五放灯。应该放荷灯，这里没水。过去上庙必吹《神灯赞》。

【活动场所】 本村专有音乐会部，是原关帝庙旧址，原有大磬，记写是800年前建庙。

【乐谱】 李都岐说：本会原有四个《音乐本》，"文化大革命"中烧了，现存一本，如果没有这一本（称"官本"），也恢复不起来。

【宫调】 有大引子正调、小引子正调。以前七个调都有，现失了。

霸州市信安镇张庄音乐会乐谱目录

1.《玉宝毒》	2.《二节》	3.《三节》	4.《四节》
5.《五节》	6.《琥珀苗儿》	7.《二节》	8.《三节》
9.《四节》	10.《五节》	11.《六节》	12.《石榴花》
13.《二节》	14.《三节》	15.《四节》	16.《五节》
17.《六节》	18.《七节》	19.《琵琶计》	20.《金字经》
21.《妻上夫坟》	22.《五升山》	23.《感动山》	24.《正八板》
25.《山更子》	26.《头节好事进大引子平凡调》	27.《二节千秋岁》	28.《三节圣贤讫》
29.《四节兰花梅》	30.《五节滚绣球》	31.《大打围》	32.《列马儿》
33.《放海青》	34.《感东山》	35.《招圣宝大引子平凡调》	36.《孔子叹颜回大引子平凡》
37.《二节孟子叹颜回》	38.《三节鲍老崔》	39.《四节下山虎》	40.《春季》
41.《其二》	42.《其三》	43.《其四》	44.《头节小花园大引子平凡调》
45.《二节柳红烟》	46.《伍声仙》	47.《关公显圣》	48.《雁过南楼》
49.《拉步断》	50.《得胜令》	51.《倒提金灯大引子》	52.《红绣鞋大引子》
53.《白绫袜》	54.《香罗带》	55.《其二》	56.《其三》
57.《其四》	58.《感动》	59.《清江引大引子》	60.《翠竹帘大引子》
61.《三国赞》	62.《春季》	63.《其二》	64.《其三》
65.《其四》	66.《得胜令》	67.《尔小生》	68.《弦子歌》
69.《豆叶黄大引子》	70.《豆叶黄小引子》	71.《拉不断》	72.《扯不断》
73.《中炉鹅朗》	74.《金字经》	75.《妻上夫坟》	76.《小辞曹》
77.《小断桥》	78.《张飞祭枪》	79.《小更子》	80.《小引子》
81.《好事进小引子头节》	82.《二节千秋岁》	83.《三节圣贤记》	84.《四节兰花梅》
85.《五节滚绣球》	86.《大打围》	87.《烈马儿》	88.《放海青》
89.《拿天鹅》	90.《感东山》	91.《雁过南楼》	92.《孔子叹颜回小引子头节》
93.《贰节孟子叹颜回》	94.《三节鲍老崔》	95.《四节下山虎》	96.《春季》

(续表)

97.《夏季》	98.《秋季》	99.《冬季》	100.《风送云小引子头泊》
101.《四时歌》	102.《饶命歌》	103.《鬼魅小引子》	104.《小走马小引子》
105.《二节赴军令》	106.《小花园小引子》	107.《柳红烟》	108.《小张公赶子》
109.《关公显圣》	110.《金子经》	111.《妻上夫坟》	112.《招圣宝小引子》
113.《翠竹帘小引子》*	114.《三国赞小引子》	115.《金童引路大引子》	116.《志心礼小引子》
117.《志心礼大引子》	118.《志心礼小引子背调》	119.《志心礼越调》	120.《浪头沙大引子》
121.《三皈依引子》	122.《六同赞大引子》	123.《神灯赞越调平凡》	124.《神灯赞小凡背调》
125.《神灯赞大引子》	126.《快六同赞小引子》	127.《小朗淘沙小引子》	128.《小朗淘沙大引子》
129.《小朗淘沙》	130.《小朗淘沙小凡》	131.《何公赞》	132.《取水小赞》
133.《取水末尾小赞》	134.《刀兵计》	135.《金然神灯小引子》	136.《金然神灯大引子》
137.《金然神灯》	138.《金然神灯大引子》	139.《金然神灯越调》	140.《金然神灯小凡》
141.《金童引路》	142.《金童引路大凡》	143.《张公大赶子小引子》	144.《张公大赶子大引子》
145.《张公大赶子小凡背调》			

注：* 为采访中录音的曲目

霸州市信安镇张庄音乐会会员登记表

姓 名	年龄（岁）	擅 长	姓 名	年龄（岁）	擅 长
李都岐	74	鼓	孙文书	62	云锣
孙文山	62	笙	张少奇	63	笙
张金明	60	笛	王 林	54	笛
刘振生	49	笛	张全贵	47	笙

（续表）

姓　名	年　龄	擅　长	姓　名	年　龄	擅　长
张居才	46	云锣	刘双胜	24	笙
张中浮	24	管	孙冬全	24	管
张建柱	19	管	宁国庆	17	管
李庆余	20	笙	孙宝江	18	笛
孙国旺	17	云锣	宁海涛	17	笛
张凤波	59	云锣	刘玉宗	63	管
张凤涛	50	钹	陈友才	58	管事
崔国田	47	笙	张会想	20	云锣
刘双明	24	笙	吴建华	20	笛
郭良生	28	管			

备注：会员姓名由张凤涛写。

【补充材料】采访张凤涛、李都岐。

张凤涛说："文化大革命"中张树春（1994年去世，时年85岁）把谱本藏起来。张原吹管，学的曲子一点不忘。原还有一个厚官本，"文化大革命"中烧了。僧道两家的曲子一样，但一吹，僧道就不一样了。

二月十九会是素会，七月十五是荤会。"祭子"是念一句，法器打一句。《金燃神灯》《翠竹帘》都是有乐器伴奏的。经卷分三种，和尚、老道、尼姑。现经卷是李师傅口传的，其中有些，只知发音，而不知用哪个字了。

李都岐说：我十八九岁学，所以记得清楚。跟"磬主"学了四年，师爷使唤人使得太很，两人干这么多活，他也看不上。我一气就走了，在白洋淀待了半年。回家后又被送回庙里，一做科就是六年。吹管，也吹笙。学的打鼓，鼓学得不错。师爷让承"磬主"，是第二把手。因为"磬主"管仪式，所以学的多。老师告诉我，曲、经，用在什么地方。"监院"管财务，如庙里来去多少人，吃饭等，是第一把手。方丈不管任何具体的事，管大事。

原来谱本的"四"就是"四"，"五"就是"五"，"六""合"分，现在是都混了。

我十四五岁时，在北京开过店，往外租公寓。我们去白云观不挂单，有24个县的，我们去，不用挂单。他们来，我们去，都不用花钱。吃素面，年年九月十八去，住七八天。因为我们有关系，所以不用挂单。不管什么派，到白云观就得入龙门派，方丈也得改。白云观也有吹打，主要是"经禅"经。

我们有一次去大成县，四棚经，二台戏。知府也来了，我们不上席。有荤席，素席，有回民席，有上等席。

我于1951年还俗，1947年来此村，这里有个师兄弟，他让我来。1959年回家乡固安，但家里地少地薄，收不到粮食。1962年又回此村，这里人对我不错。"文化大革命"受点冲击。出家人不与人作对，人家也看着这样做不对，对我也不坏。

有一次我与张凤涛喝酒，聊音乐会恢复的事。我说经卷都没了，怎么办？后来靠回忆记录，一个字不差是不可能的，只放"焰口"一项，想了一年才成。如《骷髅》"八最"：雷、云、雾、露、雨、霜等。我记住这"八最"，就可以找到风怎么、雷怎样……我就用这种方法，恢复记忆。这"八最"现在会里能念了。音乐会恢复后，对经本上的文字，我想起几句，说几句，会里人就记几句，慢慢恢复出来。

张凤涛说：钱的问题不大，我与大哥一起组织，一个星期就恢复了。李都岐"文化大革命"受冲击，觉得这玩艺没用了。我让会里把李都岐说的记下来，给他看，他很惊异。如果没有他18岁开始学，没有老师傅告诉这个经怎么用，就恢复不了。

李都岐：我有个师兄去电台（"闹日本"时的电台），说日本人给十万元，一次两元，让我们录音。他回来给师爷请示。师爷说：不行，给一百万也不行！师爷不识字，只用脑子背。不让写下来，怕传出去，也不传给日本人。

师爷教音乐时，不会就打，我受打不多，年龄越小的，越受打多。师爷念一句，我们用手掌打拍。学习时，俩手分在两腿上，一手打鼓，一手打禅磬节奏。老师教我们时,你越松,越给你加功课。

马家铺音乐会成立得早,也来我们这里学过。他们有个老底,张树春是那个村老爷,所以也教过他们。中口乡马家铺,与僧门和了,改编了我们的曲。

（调查日期：第一次：1993年9月5日,调查人：薛艺兵、钟思第。第二次：1994年4月9日,调查人：张振涛。第三次：1995年1月23日下午,调查人：钟思第、张振涛。）

河北省廊坊市霸州市胜芳镇向阳街南村

【地点】 河北省廊坊市霸州市胜芳镇向阳街南村

【会名】 南音乐会

【联系人】 胡德明（会头）

【会史】 胡德明说：我家三辈家传，再往上还能推三代。过去胜芳镇有十道音乐会，乾隆南巡从这里过，封了三道会。大头是云锦会、挎鼓会、秋千会。

过去出会百十人，有仪仗。1979年恢复。原镇中庙里的和尚、姑子都会吹、会念。火神庙里的和尚最好，药王庙里也有和尚，都是出家人。音乐会早辈里也不念，有专门念经的班。民间班有个"道班"，会念不会吹。他们念《瑜伽焰口》，我们随着吹。向阳大会是到玩会时组织各会。大会在前进街，音乐会在向阳街。会头是40年代末学的，1962年学了一年。这村就是本南乐会大，其他六道会小，而且四年前就解散了。

【乐器】 常用15簧笙。但息金德可背17簧各苗音位。有四支管子。

【乐谱】 存有两本乐谱本。谱本一封面如下："南音乐会 全调各曲总簿""民国十三年甲子旧历十一月七日重新建立纪念"。

胜芳镇向阳街南村音乐会乐谱谱本（一）目录

1.《上字调清吹》	2.《哑一调清吹》	3.《五字调清吹》	4.《六字调清吹》
5.《大凡调清吹》	6.《工字调清吹》	7.《尺字调清吹》	8.《关公辞曹》
9.《正逃军令》	10.《紫逃军令》	11.《辞马》	12.《大走马》（大哨）
13.《正走马》	14.《小走马》（小哨）	15.《东游》	16.《正五字调逃军令》
17.《工字调紫逃军令》	18.《六字调紫逃军令》	19.《工字调正逃军令》	20.《绣求》

胜芳镇向阳街南村音乐会乐谱谱本（二）目录

1.《玉芙蓉》	2.《柳合烟头》	3.《四长牌》	4.《鼓板九》
5.《到提银灯》	6.《天下乐》	7.《雁过南楼》	8.《合四牌》
9.《豆安春》	10.《道提银灯》	11.《哑一吊鬼三台》	12.《六字调鬼三台》
13.《送佛记》	14.《送神欢》	15.《紫合四板》	16.《哑一吊崇逃军令》
17.《五字调崇逃军令》	18.《赶子》	19.《上字调正逃军令》	20.《赶子》
21.《哑一调东游》	22.《小东游》	23.《金堂月（小金堂月）》	24.《五字调玉芙蓉》
25.《五字调柳合烟》	26.《五字调四长牌》	27.《五字调串曲（串鼓板）》	28.《雅一调玉芙蓉》
29.《雅一调柳河烟》	30.《雅一调四长牌》	31.《雅一调古板九》	32.《上字调柳河烟》
33.《上字调四常牌》	34.《串上字调古板九》	35.《六字调紫合四板》	36.《六字调全家悲》
37.《小引子锦香宾》	38.《小引子全家悲》	39.《小引子送神欢》	40.《小引子送佛记》
41.《小引子玉芙蓉》	42.《小引子柳合烟》	43.《小引子四长牌》	44.《小引子鼓板九》
45.《小引子鬼三台》	46.《小引子紫合四板》	47.《小引子雁过南楼》	48.《小引子正合四板》
49.《小引子凡字吊斗鹌鹑》	50.《小引子凡字吊天下洛》	51.《小引子道提银灯》	52.《小引子凡字调合四板》
53.《小尹子骂玉郎（过三番）》	54.《子弟书（骂玉郎第三番）》	55.《叠乐金钱》	56.《上鼓板九》
57.《骂玉郎第二番》	58.《满江红》		

霸州市胜芳镇向阳街南村音乐会会员登记表

姓 名	年龄（岁）	擅 长	姓 名	年龄（岁）	擅 长
息金德	76	管铙	胡德明	60	管子
于永贵	49	笙	马万宝	49	笙
刘福成	47	笙	冯玉林	64	武场
杨宝传	62	云锣	于宝宗	42	云锣
于永福	42	笙锣	薛金才	40	笙
刘连琪	57	笙	于即奎	66	笙
杨义田	49	笙铙	邢子良	65	板
马万成	52	笙	刘连发	54	管

（调查日期：第一次：1993年9月8日，调查人：薛艺兵、钟思第。第二次：1994年4月10日，调查人：张振涛。第三次：1996年春节、正月十五观灯，调查人：乔建中、张振涛。）

河北省廊坊市文安县高头乡蔡头村

【地点】河北省廊坊市文安县高头乡蔡头村

【邮编】065899

【会名】音乐会

【联系人】马宝全（老会头）、吴炳章（现会头）

【乐队编制】笙8、管3、笛2、云锣1。钹、铙、大鼓、铛子。

【现存乐器】有九孔管，但背下孔已不会用。管盒有字："岁次壬申之秋七月"。

文安县高头乡蔡头村音乐会实际演奏位置示意图

```
  齐长林    铙○  铙○   镲○   桑俊代
                  马连增    ○钹  马永忠

桑宝林   鼓●
                              □管  马宝全
李春申   笙□                  □笙  桑永春
桑文义   笙□      案          □管  马法云
马法印   笙□                  □笙  崔根林
崔拴林   管□                  □笙  李祥来
马连章   笙□                  □笙  陈建华
吴炳申   笛□                  □笛  郭建立
                  □云锣  吴炳章
```

【服饰】便服

【活动项目】主要"白事"。

【会史】马宝全（80岁）是现会里年龄最大的人，他说师傅是崔云海，是位和尚。"文化大革命"时期中断活动，但村长很支持，70年代又恢复活动。村长说，老人有这个规矩，"白事"请外面的音乐会来，还得伺候他们，自己有音乐会，勤俭节约。（村长确实是位热心人，采访时一直陪着我们。因为 8 月 4 日下午到时很难召集起人来，定于第二天再去。第二天去时，村长已提前发好通知，亲自广播召集人，很快就组织起人来。）

【经济】蔡头村位于海河大堤西侧，村子就建在大堤之上，土地较少。所以村里现在主要制作电线。有一般民用电线、电话线、电缆等。村里人说，他们的村称为"电线村"。产品供应国内外，经济效益很好。有的年轻人说，村里每户年收入在几万元以上。我们沿大堤而来，看到临河一面，几乎全是家庭电线厂，有自己的发电机。村里住房条件比较好，经济较富裕。

【乐谱】有一本现在抄写的乐谱，是崔根林用圆珠笔横抄在现代印行的笔记本上。老谱本现找不到，会里人说可能还在。目录抄录如下：

文安县高头乡蔡头村乐谱目录

1.《皮皮令》	2.《灯华灰》	3.《八板》	4.《迎春歌》
5.《□敢尧》	6.《四娥子》	7.《二》	8.《三》
9.《四》	10.《五》	11.《海马》	12.《辞曹》*
13.《思曹》	14.《合四拍大哨》	15.《倒金灯大哨沙》	16.《合四拍正调》
17.《乐章1》	18.《2》	19.《3》	20.《4》
21.《5》	22.《6》	23.《尾1》	24.《2》
25.《3》	26.《4》	27.《5》	28.《6》
29.《思曹大哨》	30.《乐章大哨》	31.《2》	32.《3》
33.《4》	34.《5》	35.《6》	

以下是会中老师傅马宝全回忆时说的曲名，谱本中未录：《大走马》《小走马》《泣颜回》《锦堂月》《山坡羊》（靠凡调）。他说《大走马》一曲，演奏时可以走十里地。现在该音乐会只能吹奏《辞曹》一套大曲。

文安县高头乡蔡头村音乐会会员登记表

姓 名	年龄（岁）	擅 长	姓 名	年龄（岁）	擅 长
吴炳章	50	铛锣	崔拴林	50	管
马喜民	30	笙	马东军	26	笙

（续表）

姓　名	年龄（岁）	擅　长	姓　名	年龄（岁）	擅　长
马连章	65	笙	李祥来	23	笙
马宝全	80	管	吴炳申	47	笛
齐山林	60多	铙钹	桑俊代	48	武场
马法印	—	笙	马法云	40多	管
桑永春	42	管	崔根林	43	笙
陈建华	23	笙	吴炳银	56	笙
桑文义	62	笙	李春申	48	笙
桑宝林	74	鼓	齐长林	60多	铙钹
马永忠	—	武场	马连增	60	武场
郭建立	30	笛			

（调查日期：1993年8月4日下午调查，5日下午录音，调查人：乔建中、张振涛。）

河北省廊坊市文安县史各庄镇南疃村

【地点】河北省廊坊市文安县史各庄镇南疃村

【邮编】065801

【会名】音乐会

【联系人】张德志（会头）、张殿阁（会头）

【乐队编制】笙4、管4、笛1。钹、铙、大鼓、铛子。

【会史】原出会去鄚州大庙，那时会中有47人，四支管子，四架云锣。

【服饰】便服，原有的衣服、乐棚都没有了。现存有会旗。

【活动项目】主要是"白事"。正月十五、十六、十七，连续三天闹会。三月三蟠桃会，也有音乐会活动。七月十五放河灯。

8月5日下午，史各庄乡二合村有一刚刚故去的老人办丧事。我们前往采访。该村中间有一条很宽的大道，村民房舍沿大道建在两旁。办丧事扎起的大棚，搭建在大道终端。大棚用木杆和竹竿撑起，四周和上面蒙以白布，长六七米，宽四五米，高约两米。棚的前面，用五色彩纸剪扎起门框，门框两边贴挽联。棚内铺有席子，头戴白布孝帽，身穿白孝服的男女老少，蹲坐里边，等待仪式开始。棚的最里面，放着一口朱红色棺材。故去老人已经火化，现在只把骨灰盒放在里边。村里人说：虽然人已火化，但老仪式还必须进行，不这样就是不孝。谁也不敢违反风俗，否则将被村里人唾弃。棺材前放一张桌子，上摆各种菜、水果、点心。丧棚右侧摆放彩纸扎成的一匹马和一辆马车。

一般仪式下午3点钟开始。因我们到来，好心的主人提前于2点30分开始。仪式第一项，是一位小伙子手拿一挂鞭炮（其中大号爆竹与小号爆竹间插鞭挂），沿村中大道左右小跑，手中小号爆竹随着燃放，大号爆竹间隔于前前后后、左左右右燃放。小伙子跑起来很潇洒。一个放完了，第二个人接着来，如此三次。听见爆竹声，村里人开始走出家门。

音乐会的会案，安放丧棚右边。会员于中午到达，在专供他们休息的房子里的床上躺着。爆竹放完后，他们开始敲打锣鼓。开始演奏的是河北梆子曲牌。因参演人员来自各方，曲目很杂。该会将从下午一直演奏到晚上，并于第二天上午出殡时继续演奏。整个过程称为"渡河""安灵""送灵"。

下列演奏图中的人，是我们遇到的史各庄乡二合村丧事上实际参加人员。他们属于临时聚集的班会，但常年在一起活动，平时散在各村，有事便聚集一起。所用乐器也比较杂。组织者是杨新祺、张德志。

史各庄镇南疃村音乐会实际演奏位置示意图

```
              （58岁）张发生   铙□ 鼓□  任水林（49岁）
（65岁）张德志    钹□
（18岁）张球子    钹□                  □笙  韩  章（58岁）
（18岁）何增军    笙□       案         □管  何文华（42岁）
（59岁）张小黑    笙□                  □笙  刘小牛（57岁）
（57岁）何文志    大胡□        □大胡  杨新祺（52岁）
```

【经济】南疃村位于海河（原称赵王河）北侧。村中房舍，建筑有序，是经济较好地区。

文安县史各庄镇南疃村音乐会会员登记表

姓 名	年龄（岁）	擅 长	姓 名	年龄（岁）	擅 长
张德志	65	铙	张殿阁	60	管
李荣书	57	笙	张小九	62	笙
畲金树	62	云锣	张银东	57	笛
张文英	61	笙	张小套	60	笙
张大套	60	笙	张老多	57	云锣
张自华	61	鼓	张小年	46	武场

（调查日期：1993年8月4—5日，调查人：乔建中、张振涛。）

河北省廊坊市文安县左各庄镇福新村

【地点】河北省廊坊市文安县左各庄镇福新村

【邮编】065801

【会名】音乐会

【联系人】董钦增（64岁，村委书记）、郭云林（会头）

【人数】音乐会新老40人，十二三个年轻的，最年轻的23岁。

【器物】现存"瓦对"，右联：久荫法云俾火宅以晨凉绿池涨满枝头露；左联：重明慧目照青鸾而夜晓罗树光耀坐下莲。右联上有"乾隆壬寅嘉平上浣年"字样。左联下有"邑弟子井玉树沐手敬书"。下有朱红印章，字迹阴刻。老人们说，这是重建本村观音庙时所书。庙里还有架音乐会的驾，据传，与驾同起的音乐会。放家伙的柜子，原也有乾隆年间字样，"文化大革命"中涂去。这些文物说明，该会可能建于乾隆年间。白事罩棚都是齐全的，纸扎也会。

【乐器】有大鼓（直径90厘米），1905年制。另一特大鼓（直径150厘米），1991年沧州泊头镇毛三庄村制（4000元）。

【会史】董钦增说：学艺主要在晚上，叫"坐科"。过去凡入会得出钱。老人们都喜欢。现在家伙全是大队出钱购买，是集体财产。过去学锣的敲墙，吹笙的拉腿。不过三冬不让摸家伙。7月至12月务农。先学《琵琶令》。原董钦思（吹双管）能听歌翻出工尺字。我打双锣。

音乐谱分三大类：快曲：走道吹；慢曲：叫大曲子，长，板慢。有《关公辞曹》(必坐吹)、《山坡羊》、《逃军令》(我们这代没全学会)。哀曲：《鬼叫门》《迷魂引》(灵前奏)。

40年代兴盛，那时娱乐少，全玩会。年轻人不让学，也往"音乐房"里跑。50年代搞"合作化"，比较冲淡，但还坚持。60年代"文化大革命"最冲淡,在村里暗搞。"瓦对"被抄没到公社,书记要回来了。书记是出席北京积极分子代表大会的人。1978年恢复起来,1982年后带起了周围一大片。各村见了也搞起来了。过去正月十几吃会。在会的,吃会全来。内容有二:1. 吃会、集中,2. 纳会份儿。在会人家办丧事,会员都戴孝。送一块帐,在灵前参灵。不在会的只吃。

音乐会是文明事,凡在会都给予教育。在音乐会基础上发展了(10年前开始)杆会。音乐会在"文化大革命"中没有断会。音乐会、十杆会,合称"同乐会"。这里集体出资于1991年11月6日举办了一次"民间艺术节"。同乐会故以此日为庆祝日。胜芳镇的人来点笙。

【活动】红白事由大队"红白理事会"操办,不收费。没有做寿的事,结婚也不请会。白事两天,音乐会前一天晚上吹到12点,第二天送殡,火化埋骨灰。过去和尚在灵前念唱《大三宝》。会里人也会唱。解放后多年不用了,忘了,念不了。

【村史】过去有真武庙、龙王庙、三关庙。观音庙有和尚叫李迈,会吹,同我们一道吹。他是当地人,1946年拆庙时走了。文安县礼堂是庙前。

【人口】426户。好音乐的占四分之三。

【活动场所】原村原有的"音乐房",现为仓库。现在活动场所在村委会。存有捐资名录。

1994年春节文化活动赞助名单

王桂玉	300元	李根来	100元	陈乃东	500元
方圆板厂	300元	何忠祥	100元	董治军	500元
董汝板厂	300元	李全然	100元	张国治	800元
福东板厂	300元	张国桥	100元	洋　住	800元
王礼祥 俞士友	300元	刘景阁	100元	高增士	200元
天华板厂	300元	陈乐天	100元	陈维民	200元
鹏翔板厂	300元	刘庆国	300元	王志祥	200元

（续表）

李金才	300元	俞士臣 董　河	400元	王洪祯	200元
四合胜板厂	300元	忠吊车	400元	张国春	200元
张学臣	300元	关明德	400元	冠国芬	200元
何换吉	100元	杨永臣	500元	何敏祉	200元
街　道	200元	张国叔 宋丙臣	500元	郭云林	300元
张国叔 宋丙臣	彩镜一块	王宝增	500元		
董来板厂	300元	马文俊	200元	扁竹厂	500元
陈宝珠 陈水平	300元	张锡良	400元		

【宫调】《关公辞曹》小哨吹称此名。大哨吹称《东游》。五字调吹《锦堂月》。大哨能吹四个调：正大哨（六字调）、大凡调、哑一调之一（塌尺起头）、哑一调之二（六字起头）。小哨：正小调（正调）、五字调、小工调。翻调变工尺字，如：

念《琵琶令》各调前三字

大凡（大哨）	小工（小哨）	哑一（大哨）	哑一（小哨）	五字调（小哨）	大哨（大哨）	小哨（小哨）
五	上	六	尺	凡	工	一
六	一	凡	上	工	尺	五
凡	五	工	一	尺	上	六

【录音情况】大哨《辞曹》一半。

【乐谱】存有一本乐谱。外封面有下列字样："子曲总纲　左各庄南音乐会　一九九一年正月二十三日重订　钦立"。内封面字样如下："子曲总纲　左各庄南音乐会　民国贰拾贰年立"。谱本内有"序"一篇，"再序"一篇。现抄录如下（原文毛笔竖抄，繁简体混用，无标点，今加注标点）：

> 序
>
> 本会成立迄今，经历多年。前辈苦心经营，乐器齐备，惟曲谱从无校订成帙，散乱无章。后学者颇难入手。敝等有鉴于此，立意将曲谱校订誊清，以垂久远。
>
>   贰拾贰年 树檀
>
> 订一总纲簿，因时局关系未能如愿，今冬各同道议决，必成此举。庶后学有所依据。
>
>   民国叁拾年十一月初五日 荣先识
>
> 同道：董在田 郭树檀 董在洪 沈景熙 董在山 任泽峰 校订

> 再序
>
> 继民国卅年，先同道议举此业。后于一九八四年元月，经本会同道弟子钦立等，不负前辈苦心，重新置办灯、旗，乐器齐全。组织学员，继承先业，确保本会永立于世。
>
>   一九八四（甲子）年二月廿三日 桂玉草
>
> 同道弟子：董钦立 何尔才 何敏宜 郭云林 重订
>
> 本会友人：董玉发 梁荣武 杜家和 陈荣沉 协助承办

文安县左各庄镇福新村音乐会谱本目录

1.《合四番 大哨》	2.《倒提银灯 大哨》	3.《柳含烟 大哨哑乙调》	4.《斗鹌鹑 大哨》
5.《合四番 小哨》（中华人民共和国一九六三年新正初七日重修）			
6.《关公辞曹 小哨》	7.《上小辞曹》	8.《东和四板 小哨》	9.《陶君令》
10.《玉芙蓉 小哨》	11.《山坡阳 小哨》	12.《玉芙蓉 大哨六吊》	13.《六吊清吹 大哨》
14.《四上潘 小哨》	15.《燕过南楼 大哨》	16.《大哨走马》	17.《梅花引》
18.《两头尖》	19.《小哨沽美酒》	20.《妻上夫坟》	21.《六水三归赞 小哨》
22.《三归赞》	23.《小海马 大哨》		

文安县左各庄镇福新村音乐会会员登记表

姓　名	年龄（岁）	擅　长	姓　名	年龄（岁）	擅　长
董钦立	66	云锣	何敏宜	77	全能
闫见泉	66		薛子录	65	笙
何共德	56	武场	董士增	56	全能
付重春	60	笙	董治康	30	管
俞士长	45	笙	张洪水	40	笙
何尔才	75	笙	何敏德	65	笙
董玉发	60	管	陈则亮	61	武场
王维坤	54	武场	郭云林	56	笙
何海祥	42	云锣	郭万胜	30	笙
董治珠	35	笙	董三编	30	笙
董志友	58				

备注：此登记表由郭云林先生所写。另有一批新学员他未写下。

（调查日期：第一次：1993年9月9日上午，调查人：薛艺兵、钟思第。第二次：1994年4月11日，调查人：张振涛。）

河北省廊坊市文安县滩里乡西滩村

【地点】河北省廊坊市文安县滩里乡西滩村

【邮编】065899

【会名】音乐会

【联系人】杨耀东(会头)、刘亦庆(会头)

【乐器】存有两支小管子,传了几代人。另有一支160厘米特短小管子,两头箍银。会里人说:这支管子是会里老师傅传下来的,专用来吹戏,与其配搭的笙称为"小笙"。录音时,这支管子音量不大,但音色柔和,吹奏戏曲唱腔若人声。与一般小管子配合的笙,$^\flat$E调,专与这支管子配合的两攒"小笙",G调。原有笙,买自霸州市中口乡高桥村尚家,郑州邵家。云锣架子为旧传,雕刻精美,但锣盘新买,且音律不准。

【宫调】原来管子可翻七调,现在翻不出来。多用尺字调、六字调、凡字调。

【乐谱】存有一本谱本,宣纸毛笔竖抄,无封面,无文字说明。目录如下:

文安县滩里乡西滩村音乐会谱本目录

1.《琵琶令》	2.《苦音歌》	3.《四字调小曲》	4.《小五字调小曲》
5.《小字槽》	6.《大五字调》	7.《功明九》	8.《夏三胡》
9.《刹板》	10.《春秋悲》		

会里老人说:原还有大曲《大辞曹》《小尖字辞曹》《合四拍》。谱本均无。

文安县滩里乡西滩村音乐会会员登记表

姓　名	年龄（岁）	擅　长	姓　名	年龄（岁）	擅　长
刘亦庆	79	笳管	杨华宗	74	坐鼓
杨继明	62	管	杨继远	62	云锣
赵凯山	18	笙	杨宝长	17	笙
杨继川	62	鼓	张喜桐	68	马锣
魏士春	60	管	杨耀东	60	云锣
杨化槐	78	笙	赵大汉	18	笙
杨小果	16	笙	刘　会	12	管
杨宏房	16	笙	董红军	17	武场
杨宝福	19	管			

备注：该会新会员多在上学，有的已在村办工厂工作。

（调查日期：1994年5月20日下午，调查人：薛艺兵、张振涛。）

河北省廊坊市永清县里澜镇北五道口村

【地点】河北省廊坊市永清县里澜镇北五道口村

【邮编】065602

【会名】音乐善会,又称"和尚经"。

【联系人】高福明(会头)

【人数】13人

【服装】穿灰色内衣,外着红色袈裟。原念《大成经》,高福明说:"穿衣服就是经,不穿就是音乐会。"

【器物】曾有十殿阎君吊挂,"文化大革命"中被收烧。

【现存乐器】有九孔管,但已不用。现用八孔管。老云锣一架。

【乐队编制】文场:管、笙、笛、云锣。武场:铙、钹、鼓、铬(又称"板",即小镲铬)。"放焰口"时用铛子、铜磬、木鱼。

【会史】一说:高福明组建了该音乐会。虽然他什么乐器都不会,但就"好这个"。高福明是原村书记、队长,在村里威望很高。高姓也是该村的四大族(高、何、张、秦)之首。现在高家在村里有一百多人。中华人民共和国成立前,高福明负责在村里收敛粮食,供养会用。另据会里人说:该会原老师傅邢现明(1991年去世,时年79岁)说:清朝有位主持和尚,名叫郭增,因为抽大烟,破产,于民国十七年(1928)来到别古庄(音名)镇新立村里的"老爷庙"(关公庙)定居。因为村里人供他抽烟。是他教了那个村里人学音乐,后来本村人也从那里学了音乐。1947年解放天津时(何志怀、何泽是当时入的会),这个音乐会已流传了几代人。中华人民共和国成立后,音乐会停了30年,1975年重新组织。何志怀是该会老一代人,教了13个学生。

【村史】该村位于永定河东边(相距几十米)。村里本有个"奶奶庙"，位于村正中。另有和尚庙、关公庙。中华人民共和国成立初期被拆。村里有六七家石磨坊，有榨油作坊，是个自给自足的自然村。

【经济】主业：农业。有2845亩地，年上交国家九万多斤粮食。副业：村里经商活动都在本村进行，一般不远行。如做豆腐、卖棒冰、卖菜、钉鞋（在村里集市上，我们还看到有修理半导体收音机的个体经营者）。村里办了一家乐器厂，80年代之前，是集体企业。联产承包责任制后，被私人承包，现在又属于集体。名叫"永鸣乐器厂"，是天津市民族乐器厂附属厂家。有近30年历史。主要产品有：琵琶、扬琴、二胡、京胡、箫、电吉他、贝斯。

【乐谱】原有一本工尺字乐谱，会头高福明之兄高福林临死前遗嘱，必须将这本珍爱的乐谱随葬。现有三本经本，封面有下列字样：

```
中华民国拾捌年新正月十五日合会    立
    己巳年      瑜伽焰口
```

```
民国拾捌年新正月十五日    合会
北五道口村    立    杂念本
```

```
民国十九年九月初九日
北五道口村
                    音乐善会
瑜伽焰口
                （红印章）福兴永立
                （红印章）褚文惠
```

【宫调】会里人说：以前能吹四个调，靠凡调、背调、正小引子吹小工调、正大引调。正大引子走靠凡调指法，这样换大引子（大哨子）指法统一。

永清县里澜镇北五道口村音乐会常用曲目

1.《刀兵计》(慢、长大曲)	2.《小跳神》	3.《三宝》*	4.《挂金锁》
5.《玉芙蓉》	6.《翠竹帘》	7.《三关辔》	8.《唐头令》
9.《琵琶令》	10.《过街番》	11.《醉太平》*	12.《仙子阁》*

（续表）

13.《放驴》	14.《扑蚂蚱》	15.《仙入洞》	16.《三枝箭》
17.《哭皇天》*	18.《大哭皇天》	19.《小走马》*	20.《烈马倒上桥》*
21.《浪淘沙》	22.《帽头》*	23.《清江引》	24.《往生咒》
25.《华严经》(对口曲、在灵棚里用)*	26.《望江南》(对口曲)	27.《撼东山》	

备注：1.*为采访中录音的曲目。2.会里人说：到天津"娘娘庙"出会，不会吹《刀兵计》就不承认是"音乐会"。吹一套念个赞，念完过个过场钹，这就算一套。录音有念经：《大三宝》《三皈依》。

永清县里澜镇北五道口村音乐会会员登记表

姓 名	年龄（岁）	擅 长	姓 名	年龄（岁）	擅 长
高福明	75	会头	何志怀	60	管鼓
邢现宗	74	铙钹	邢治强	27	云锣
贾彦军	25	笙	朱广江	25	笛
何 泽	62	云锣	何士如	80	管钹
邢治山	26	管	邢 键	22	管
杜福臣	60	板钹	高玉林	27	笛
王明启	60	笙			

备注：会员职业都是农民。

（调查日期：1993年7月9日，调查人：薛艺兵、张振涛。）

河北省廊坊市大成县旺村镇西子牙河南村

【地点】河北省廊坊市大成县旺村镇西子牙河南村

【邮编】065906

【会名】音乐会

【联系人】李子恒（会头）

【乐器】原有木斗笙，现只存木斗。大鼓一面。

【会史】李子恒（52岁）说：本会由陈师傅教的第一代，第二代会员有：吕兵奎（子牙河北村人，住本村）、李恩原、李勉弟、柳树森（第二代人均已故）。我于14岁开始学音乐，是第三代人。"文化大革命"中，音乐会中断，1982年初恢复。现教的一批年轻人，是第四代。

李恩义（44岁，曾在湖北当兵，曾任村书记、大队长、民兵队长，现任镇司法所司法员）说：我的想法就是，祖宗传下来的东西，不能在我任上丢了。所以1982年，从各家各户募捐，村委会也出部分钱，购买乐器。李子恒说："没有书记李恩义支持，音乐会恢复不起来。"

子牙河北村的音乐会也是陈师傅教出来的，有20多人。该村还有高跷会。这两个村只有一街之隔。

【活动】正月十五放灯，去各村转，走神灯。文安县德归镇衢里村有药王庙，四月初一至初十有庙会。音乐会去赶庙会（当日下午，我们驱车去此庙，但庙会已散）。

【乐谱】存老谱本，宣纸毛笔抄写，已残破。封面文字中，有许多字迹残缺，可辨文字如下："光绪叁拾壹年，由教师陈师傅，传于众李凤彩、稀有、登第等，留遗本抄写，众会员代"。

大成县旺村镇西子牙河南村音乐会谱本目录

1.《四上》	2.《倒踢银灯》	3.《斗蟋蟀》	4.《南八板》
5.《蛾拉子》	6.《小辞曹》	7.《火辞曹》	8.《陶军令》
9.《豆叶黄》	10.《慢四曹》	11.《合四板》	12.《八板歌》
13.《琵琶令》	14.《吉祥彬》	15.《翠公花》	16.《揽花梅》
17.《朝元歌（词）》			

大成县旺村镇西子牙河南村音乐会会员登记表

姓　名	年龄	擅　长	姓　名	年龄（岁）	擅　长
李子恒	52	铙	李少刚	50	笙
李世通	48	笙	李子树	51	笙
李河贺	34	管	李祥增	57	管
李同勇	25	云锣	李福增	50	鼓
李玉海	36	铙	李庆功	36	铙
李玉铜	47	笙	李少正	50	笙
李增先	50	笙	李文革	29	管
柳化武	43	笛	李世建	30	笛
李玉长	36	铙钹	李玉金	36	铙钹
李恩西	50	铙钹	李恩宣	49	笛
李宝友	53	鼓铙			

备注：会员职业都是农民。

［调查日期：1994年5月20日上午（晚上录音），采访人：薛艺兵、张振涛。］

沧州市

河北省沧州市任丘市辛安庄乡辛安庄村

【地点】河北省沧州市任丘市辛安庄乡辛安庄村
【邮编】062555
【会名】音乐会
【联系人】姜全来（会长）、刘连启（会长）、李秋良（会长）
【乐队编制】管5—6、笙6、笛4—5、云锣2、钹4副、铙4副、小镲4副、大云锣（称"铛子"）1架。文场与武场交替演奏，无单独武场。
【现存乐器】旧笙8攒（其中能用3攒，已不用）、管4支、云锣2、铛子1、小镲4、钹4、铙4、大鼓1面。新乐器有：笙7攒；笛6支。
【服装】便服
【器物】会旗2面，上书"民国二十六年孟春谷旦 辛安庄音乐会"。
【活动场所】大队部
【会史】会史记载在一面布帘上。现全文抄录如下：

辛安庄音乐会历史简介

我会始建于公元一四八一年明永乐十九年，至今已有五百多年的历史。在这漫长的历史长河中，本会久经兴衰，能保留至今，和它受皇封是分不开的。本会主要的特点是在演奏中能描绘出音调广寒，缓慢幽静的意境。每一部乐章，有它独特之处，古朴、真诚、悲哀、诗一般的抒情。听起来动人心弦，在民间引起后人对历史的回顾。

本会自有文字记载在公元一七二三年乾隆二十一年。这一年春天，乾隆来白洋淀行宫避暑，正是鄚州大庙香火鼎盛之时。乾隆得知，为不惊师动驾，扮成商人，来郑州大庙敬香。当得知全县各种班会都在演奏自己的拿手名曲，当乾隆发现我会正演奏古曲《关公辞曹》，便近前细听。发现我会的《关公辞曹》和宫廷乐队的演奏有不同之处。事后问明情由，回行宫后，他亲自批文，传旨，命我会老艺人抄录《关公辞曹》。接旨后，我会开始了历史新纪元。每年郑州大庙开光第一曲为《关公辞曹》。从此立标制旗，一切对象均向宫廷采用黄色、青龙、锯齿黄旗，来为标志。我会的标志旗二百多年来更改过三次：

第一次道光十二年；

第二次光绪三年；

第三次民国二十六年。

新中国成立后我会在党的关怀和文化部门的大力支持下，经本会老艺人精心整理了多年失传的千古名曲《孔子泣颜回》《关公辞曹》《昭君令》《豆牙黄》《一芙蓉》《山坡羊》《一江风》等。现在这些古曲名曲又在广大民众中重放光彩。

辛安庄音乐会　一九九〇年孟冬

四周都承认本会最早。过去有钱人喜好，拿钱支持，后来有权人喜好。"共产党管理后"，支书、村长都支持。"文化大革命"时期中断。"三中全会"后，村里拿钱买乐器，支持出外演出，有时给予考核奖励。

【村史】1949年前叫"大姜村"，有姜、王、李、孟四大姓，由明代迁居而来。本村由大姜村扩展而成。中华人民共和国成立后改为现村名。村原有三爷庙，是姜姓家族出钱修建。

【人口】1500多人，400多户。

【活动】"天下大庙数郑州"（药王庙—扁鹊），四月廿八是庙会。四周有七十二道会云集。辛安庄村音乐会数头道，音乐会不响（先奏一曲），别的会不能动。各会中唯有音乐会是黄旗绣走龙（第二代会旗）。

原村里也有药王庙,正月十五、十六、十七"神游村",音乐会随神演奏。丧事时,武场先奏一番,结束时奏一番,中间吹奏音乐。

【乐谱】有乐谱两本。A 本年代如下。B 本无封面,年代不详,但肯定晚于 A 本。

扉页字样:

A 本封面字样:

| 中华民国肆年正月立
音乐本 |

扉页字样:

| 中华民国叁拾捌年正月二十八日 |

任丘市辛安庄乡辛安庄村音乐会谱本目录

1.《一芙蓉》	2.《天落花》	3.《小走马》	4.《二虎争》
5.《重泣回》	6.《小梁州》	7.《海马》	8.《喜英登》
9.《壹江风》	10.《豆叶黄》	11.《挑袍》	12.《西阳八板》
13.《关公辞营》	14.《山坡羊》	15.《泣颜回》	16.《四上板》
17.《和四板》	18.《淘金令》	19.《哭城》	20.《赶子》
21.《一江风》	22.《敌枪》	23.《山东歌》	24.《三点茶》
25.《姑嫂月》	26.《唐头令》	27.《山坡羊》	28.《娥娥子塌》
29.《娥乐子平》	30.《娥娥子尖》	31.《娥娥子平》	32.《三国赞》
33.《月儿高》			

任丘市辛安庄乡辛安庄村音乐会会员登记表

姓 名	年龄(岁)	擅 长	姓 名	年龄(岁)	擅 长
徐 扁	75	笙	蔡保安	78	小镲
李常有	72	铛子	柴保恒	58	管
李 群	59	鼓	蔡安和	62	镲笛
高鸿柱	58	钹	刘连启	41	管
姜发明	28	笛	郭和平	36	笙
李文棋	28	管笛	刘建义	46	笙
李春来	27	云锣	徐平原	28	笙
李秋良	24	笛	刘备战	22	云锣
王元记	61	笛	李铁匡	76	云锣
姜国华	84	云锣	李 年	63	笙

（续表）

姓　名	年龄（岁）	擅　长	姓　名	年龄（岁）	擅　长
李大山	61	鼓	李三虎	57	笛
郭春来	43	云锣	姜全来	58	武场
王瑞波	46	笙	姜赶明	28	笙
王义明	37	镲	刘景藏	30	镲
蔡锁贵	45	笛	刘国美	30	管
李长虹	24	武场			

备注：以上会员均是农民。

（调查日期：1993年7月2日上午，调查人：乔建中、薛艺兵。）

河北省沧州市任丘市辛安庄乡东姜村

【地点】河北省沧州市任丘市辛安庄乡东姜村

【邮编】062555

【会名】音乐会

【联系人】高进宝（会长）、王东山（会长）、李耘田（会长）

【现存乐器】有17簧木斗笙5攒（多残损不能用）、管2、笛6—7、云锣1（旧损，已有五个音不好）、铛子1、小钹、大铙、大钹20（部分残损）、大鼓1（新的）。

【会史】任丘市文化局王秀中介绍：该村领导班子重视"音乐会"和"老调剧团"。换班子交接时，第一要事就是让新班子管好这两个会，不要在他们手里失传了。

【器物】会旗两面，一面上书：大清直隶河间府任丘县城东北梁召镇东姜村 光绪贰拾陆年正月肆日造 音乐圣会。另一面所书字样相同，只是最后为"音乐大会"。从破旧程度上判断，此物为真品。吃会牌106片，每户一牌（旧器），木牌上写着户主的名字（已拍照）。音乐会每年正月十四吃一家，按顺序派。

【设施】在大队部活动

【服装】便服

【村史】大东姜村建村很久，一百多年前分出东姜村。村中原有一座庙，中有个大架子，上面供药王爷。会中人说：音乐会是冲他来的。

【经济】主业：农业。副业：果林，大队可收入三万多元。村里还拨出一块地让个人办工厂，村里收地租。

【人口】1646人，472户。

【其他文艺组织】本村曾有一个老调（丝弦）(河北大梆子）剧团，

有 50 多人。属于业余性质。剧团过去称为"戏班",历史不详,已经有些年头了。其中部分人员参加"音乐会"。

【乐谱】老乐谱已失。现有钢笔手抄谱一本,存高进宝处。

【曲目情况】高进宝说:音乐分三个"坐曲":

§ 外套《一江风》包括:《一江风》→《锁连枝》→《二虎争》→《灯赞》→《小走马》。

§《桃玉林》(两番、两遍起头不同)→《鹅鹅子》(三番、有塌、平、尖之分)→《三脚鹅》→《枪中台》→《五声佛》→《沙(杀)无板》→《劝一杯》→《鹅鹅子》(常吹)。

§《豆黄》→《八板》→《六工鸡》→《豆黄二番》→《鹅鹅子》(常吹)。

§《闹五歌》(与《豆黄》替换使)、《满桃玉林》(二番)、《哭城》→《甘子》→《张飞祭枪》。

§《一芙蓉》→《功莫就》→《对太平》(两番)。外套后接什么比较自由,最后每套都转《鹅鹅子》结束。

仁丘市辛安庄乡东姜村音乐会会员登记表

姓 名	年龄(岁)	擅 长	姓 名	年龄(岁)	擅 长
高进宝	42	管	王东山	62	鼓
王合军	47	笙	高玉宝	51	笙锣
李国员	46	笛	李锁贞	30	管
李文波	42	大铙	孙顺增	43	大镲
李连山	32	笙	李玉山	41	大铙
刘东来	28	笛	王双增	27	笛
郭宝军	45	笙	郭国安	31	笙
李耘田	80	鼓	李老多	70	小钹
刘宝三	50	笛	王二虎	47	笛
王宝石	32	管	王宝山	40	大镲
王锁根	27	笛	李增元	45	笙
王佩增	31	笛	孙连增	27	笛

（续表）

姓　名	年龄（岁）	擅　长	姓　名	年龄（岁）	擅　长
张福江	26	笛	张大臭	71	管
高分良	28	笛			

备注：会员均是农民。

（调查日期：1993年7月2日下午，调查人：乔建中、薛艺兵。）

河北省沧州市任丘市出岸镇东良淀村

【地点】河北省沧州市任丘市出岸镇东良淀村

【邮编】062550

【会名】音乐会

【联系人】李柱（副书记）、赵凯甲（会头）

【乐队编制】文乐：管5、笙5、笛5、云锣2架。武乐：1面鼓、2副铙、2副钹、小钹、铛子。

【活动项目】丧事：参灵、渡桥、跑幡。观灯，到县里参加灯节。

【村史】村北原有大寺，赵凯甲记事时（日本侵华）就被拆了。传说拆寺的人拆不倒，"拉不了寺"。音乐会就是从大寺和尚处学来的技艺。

【乐谱】有一本乐谱，无确切年代，是40年前（约1940年左右）赵凯甲抄谱。

任丘市出岸镇东良淀村音乐会曲谱目录

1.《泣颜回》	2.《干州歌 二身》	3.《扑灯鹅 三身》	4.《金字经》
5.《叠落金钱》	6.《沙滩醉卧》	7.《寒梅吐玉》	8.《吊古战场》
9.《骤马赴敌》	10.《夜酒光杯》	11.《杀落》	12.《张公赶子》
13.《过桥赞》	14.《观灯赞》	15.《贺三宝》（三宝赞）	16.《普庵咒》
17.《张飞祭枪》	18.《一支花》	19.《劝君悲》	20.《走马》（头曲）一编
21.《兰亭序一身》	22.《风雨引舟》	23.《哭长城》	24.《二编》（反复一次）头身
25.《二身》	26.《曲头》（引子）	27.《小歌（小曲）壹个》	

会中人说，常吹曲目是《泣颜回》一套（包括《四上板》《泣颜回》），《走马》一套（包括《合四板》）。《昼锦堂》《骂玉郎》《扑灯鹅》

《金字经》不常吹。《过桥赞》《观灯赞》《三宝赞》称为"三个赞"。采访叙述曲目中还有《苏武牧羊》，谱本中无。

任丘市出岸镇东良淀村音乐会会员登记表

姓　名	年龄（岁）	擅　长	姓　名	年龄（岁）	擅　长
赵凯甲	78	管	王树芬	83	云锣
刘树珍	78	管锣	刘五常	68	笙
何三更	60	笛	刘福兴	64	笛
董落	60	云锣	王树	60	鼓
高治平	47	管	王虎	44	笙
孟发册	63	笙	高彪	39	笛
刘玉林	89	管	马岳	83	管
何增新	63	笙	孟宝玉	62	笛
孟三团	60	管	高黑炭	57	管
王春华	40	笛	刘万成	45	管
何发强	45	笙	孟宪恒	46	管铙
高升	32	笙	孟宪书	34	笙
王金柱	49	笙			

备注：以上会员均是农民。

（调查日期：1993年7月3日，调查人：薛艺兵、乔建中。）

北京市

北京市通州区马驹桥镇史（家）村

【地点】北京市通州区马驹桥镇史（家）村

【邮编】101102

【会名】音乐会

【联系人】李连荣（会头）

【会员情况】1949 年学的是第一代，1962 年学的是第二代，1990 以来的是第三代。

【会史】李连荣说：本村原"观音寺"属僧门，是北京广济寺分寺。据老人们说，该寺建于明朝，清朝和尚有音乐。寺内方丈叫"悟然"，曾于民国六年（1917）在广济寺当方丈，观音寺是悟然家庙，他师傅叫"本永"。1949 年，他徒弟"昌继"（吹笙）教了我们音乐。中华人民共和国成立初仅有一个和尚，庙被拆，和尚被撵。我跟凹小营"盛林"和尚学管子，他也教了北辛庄吹、念、打，并教《瑜伽焰口》。初学时十五六个人，学了三十多个曲。"四清"与"除四旧"时停散。

张家湾原庙里有道士吹笙管，与和尚不同。牛堡屯是老佛门的会，能吹笙管，现不存。马驹桥庙会是四月十五。梁善坡有 48 道会，但没音乐会，那里是白云观的下院。

【活动】以前正月十五放灯花，吹打。佛教节日二月十九、四月初八、四月二十八。

【宫调】大小引子正调、背调、凡字调，大引子变一个调是隔指调。

【乐谱】存有传自原本村"观音寺"的《音乐本》。原有《孔子泣颜回》《料峭》，都失传了。

通州区马驹桥镇史（家）村音乐会乐谱目录

1.《大出对》	2.《小花元》	3.《骂玉郎》	4.《采茶歌》
5.《三皈赞》	6.《四上排》*	7.《雁过南楼》	8.《玉芙蓉》
9.《合四排》	10.《普庵咒》	11.《翠竹帘》*	12.《逃军令》
13.《皆拉锁》	14.《祭枪》	15.《走马》	16.《小跳神》*
17.《夫上妻坟》*	18.《妻上夫坟》*	19.《皮邦令》	20.《行马》
21.《拉不断》	22.《平思耳》	23.《赶子》	24.《天头鬼》
25.《挝不住》	26.《五声佛》	27.《跨天王》	28.《迓古令》
29.《滴流子》	30.《小出对》	31.《柳含烟》	32.《乐头歌》
33.《望江南》*	34.《唐头令》	35.《华严会》	36.《灯赞》
37.《菩萨陀》	38.《清江引》	39.《浪淘沙》	40.《憾动山》
41.《好事近》	42.《千秋岁》	43.《滚绣球》	44.《往生咒》
45.《红绣鞋》	46.《乾翠》	47.《大闪板》*	48.《春季》*
49.《夏季》*	50.《秋季》*	51.《冬季》*	52.《大杀尾》
53.《开坛钹》	54.《河西钹》	55.《小河西》	56.《引布头身》
57.《二身》	58.《三身》	59.《四身》	60.《五身》
61.《六身》	62.《连环锁》	63.《乱古舟》	64.《童子拜观音》
65.《平地一声雷》	66.《豆鹤鹑》	67.《战鼓板》	

注：* 为采访中录音的曲目

通州区马驹桥镇史（家）村音乐会会员登记表

姓 名	年龄（岁）	擅 长	姓 名	年龄（岁）	擅 长
李连荣	65	管笙	李连山	60	笙锣
李士良	46	铙	刘如林	50	笛
李国宣	68	铙钹	沉永年	48	云锣
李连贵	51	笙	李士泽	45	笙
郝玉生	51	管笙	马凤奇	55	鼓
柳相刚	22	管鼓	张德风	50	锣钹
柳泽民	48	管钹	李少忠	46	笙铙
李万志	60	铙钹			

备注：职业都是农民。

（调查日期：第一次：1993年9月11日，调查人：薛艺兵、钟思第。第二次：1994年4月7日，调查人：张振涛。）

北京市大兴区长子营乡李家务

【地点】北京市大兴区长子营乡李家务

【邮编】102606

【会名】音乐会

【联系人】赵炳义（55岁）、赵鸿才（64岁，吹笙）

【乐器】用14簧笙，过去也如此。缺钹，北京买的钹太小，没有大肚的。怀柔的不结实，一打就破。

【器物】存两块"贴义板"，其一：蓬莱仙境。其二：阆苑归真。中间有死者生辰。过去衣服上有白水袖，上有八仙人头。原白事挂十殿阎君像。

【会史】赵炳义说：1958年、1959年，音乐会有四人选去北京吹《社会主义好》。从黄村坐火车，住首都剧场。当时乐器有云锣、笛、管、笙。各地来的民间艺人有四五百人。成立"人民公社"时，"十一"游行，本会会员也参加活动。从王府井往西走，过天安门。赵炳义从小（12岁）在村里学，是会里第一拨学的人。1969年去县宣传队，吹笙、拉二胡，表演节目《王国福》。1979年宣传队散，留在宣传站，1974年转正，现任县艺术团团长。星期天回家，村里"有事"（丧事）叫回村，仍然属于音乐会的人。

访敬老院高李旺（71岁，约1922年出生），他说：老家在长子营，1939年（17岁）进玉皇庙，1943年出家梁善坡王母娘娘庙。进庙学吹笙，拜李德慧为师。李师傅当年52岁，是灵宝全真派的第13代传人。念《灵宝》《全真》(属于天津传《全真》)。原谱本中有《唐头令》《翠竹帘》《刀兵计》《大祭枪》《小鬼敲门》《玉芙蓉》等。过去人不够，找村里吹鼓手帮忙。庙在长子营，村中音乐会的人有李志慧、马志亮、康志善、刘礼香、张李旺、程志山共六人。我于 1945 年出庙，参加解放军，打日本，后加入吕正操的军队，又打国民党。1949 年回长子营，参加生产。中华人民共和国成立后给李家务教过一年多音乐，也教念经、教吹。1987 年进敬老院，现院中有 17 人。每村送一个人，交 700 元，几百斤粮食，平常发给八元零花钱。

梁善坡后殿供铜弥勒佛，中华人民共和国成立后扒了庙，修县礼堂。拆时发现肚子里全是经本。

1993 年 9 月 11 日，访刘李香。他说：梁善坡的庙，中华人民共和国成立初还在，1958 年拆。原有十个老道。音乐会会员还有高礼旺、徐李新、张李才。高礼旺在新中国成立时有 40 多岁，住过庙，吹管。1950 年第一批教我们，当时有学念经的。"文化大革命"中两本经本烧了。张凤祥（65 岁，村长）吹笙，王福龙（44 岁）是管事的会头。李金龙也管事。吹打的有十个人左右（十七个）。

每会都有谱本，大曲子叫"慢谱"。有二板谱、三板谱。快谱叫"三板谱"。有"闪板"（张凤祥语）。"对口曲"放焰口用。曲念同时。"应事的"头天找齐人。

【活动】打、吹（灯赞）、念《诵经功德》（见灵用，见空灵出来，吹段快的）。

【录音情况】1.《唐头令》（小引子正调）。结束最后，铙钹叫《天下同》。《唐头令》是"对口曲"。"对口曲"就是"见灵""跑方""渡桥"时吹的，是"渡桥"第一个曲。2.《谨然神灯》"观灯"用。

【宫调】笙 $^{\flat}E$ 调，笛子三孔为 $^{\flat}E=$ 宫

【谱本】存有两本谱本。

大兴区长子营乡李家务音乐会乐谱（一）目录

1.《唐头令》（正调）	2.《翠竹帘》	3.《谨然神灯》
4.《三教》（正吊）	5.《三信礼》	6.《郎头沙》
7.《五圣仙》	8.《上灯赞》（正吊）	9.《祭枪》
10.《刀兵计》	11.《淘军令》	12.《放驴》

（续表）

13.《翠太平上截》	14.《翠太平下截》	15.《妻上夫坟》
16.《行道章》	17.《四季》（大哨正吊）	18.《夏鹅浪》（正吊）
19.《秋夏鹅浪》（正吊）	20.《冬夏鹅浪》（正吊）	21.《玉福荣》
22.《四上板》	23.《大赶子》	24.《小赶子》
25.《月云高》（正吊）	26.《行道章》	27.《鬼敲门》
28.《春景》	29.《秋景》	30.《冬景》
31.《杀尾》	32.《杀尾》	33.《捯不柱》
34.《天头鬼》（正吊）	35.《摔凤观》（正吊）	36.《拉马》
37.《冀火蛇》	38.《西调》（和尚叫八谱）	39.《无鬼头》（大小哨正吊）
40.《柳皇烟》（大小哨正吊）	41.《对太平》（上截）	42.《对太平》（下截）
43.《（小）三板一五六》	44.《（大）二板一五六》	45.《窃三归赞》（小哨）
46.《小三归赞》	47.《林庆歌》	48.《灯赞》（对口）
49.《上灯赞对口》	50.《大杀板》	

大兴区长子营乡李家务音乐会乐谱（二）目录

1.《灯赞》	2.《呀古令》	3.《菩萨陀》	4.《清江引》
5.《小出对》	6.《夫上妻坟》	7.《妻上夫坟》	8.《小跳身二身》
9.《走马二身》	10.《拉不断二身》	11.《拉不断三身》	12.《皮巴令》
13.《翠竹莲》	14.《祭枪》	15.《六句赞（对口曲）》	16.《大三皈赞》
17.《俄浪子曲 春景 夏景 秋景 冬景》	18.《开坛钹》	19.《七字打贺》	20.《四上排》
21.《合四排》	22.《且三皈赞三板曲》	23.《醉太平》	24.《乐太平》
25.《翠太平》	26.《四上排头》	27.《大曲雁过南楼》	28.《小跳神》
29.《乐头歌》	30.《五声佛》	31.《柳含烟》	32.《唐头令》
33.《滴流子》	34.《六句赞》	35.《侉天王》	36.《小跳神》
37.《走马》	38.《望江南》	39.《红绣鞋》	40.《大陕板》
41.《四六板》	42.《小皮巴令》	43.《且三皈赞》	44.《临庆歌》
45.《一马三箭》	46.《无头鬼》	47.《逃军令》	48.《接拉锁》
49.《拉不断》			

（调查日期：第一次：1993年9月13日，调查人：薛艺兵、钟思第。第二次：1994年4月7日，调查人：张振涛。）

北京市大兴区长子营乡北辛庄

【**地点**】北京市大兴区长子营乡北辛庄

【**邮编**】102606

【**会名**】音乐会

【**联系人**】石怀琛（会头）

【**乐器**】有配小管子的E调笙四攒，专配大管子的D调笙两攒。管子有九孔小管子，八孔大管子和双管。

【**器物**】存有青铜磬，木鱼。十殿阎王吊挂及新置办的服装。会里原有两箱子经卷，现存的器物不足原有十分之一。

【**会史**】本会会员都是原本村关帝庙和尚"达光"（法名）师傅教的。达光（1966年去世）受戒于北京潭柘寺。会员们都存有一张与师傅一起的合影照片。

【**村史**】原村里关帝庙院子有五十平方米左右，两排正房，两边各有厢房，前立山门。庙上有"道光三十六年重建"字样。

【**人口**】全村1000多人。

【**乐谱**】存有乐谱两本，一本封面有下列字样："音乐本　张凤翔　1952年11月"。后面抄有几段经文。另一本为近些年所重抄，封面字样有："曲子簿　北辛庄音乐会"。

大兴区长子营乡北辛庄音乐会乐谱目录

1.《唐头令》	2.《翠竹莲》	3.《三信礼》
4.《谨然神灯》	5.《三教》（正吊）	6.《郎头沙》
7.《郎头沙大起头》	8.《五圣佛》	9.《灯赞》
10.《上灯赞》（正吊）	11.《絮伧》	12.《刀兵计》
13.《放驴》	14.《翠太平》（上截）	15.《翠太平》（下截）

（续表）

16.《淘军令》	17.《妻上夫坟》	18.《月云高》（正吊）
19.《四季》（正吊）	20.《夏鹅浪》（正吊）	21.《秋鹅浪》（正吊）
22.《冬鹅浪》（正吊）	23.《柳行烟》（正吊）	24.《无头鬼》（正调）
25.《无头鬼》（二截）	26.《淘军令》	27.《妻上夫坟》
28.《摔凤观》（正吊）	29.《大赶子》	30.《玉福荣》
31.《四上板》	32.《禧梧桐》（二板曲）	33.《行道章》
34.《拉马》	35.《对太平》（上截）	36.《对太平》（下截）
37.《小赶子》	38.《鬼敲门》	39.《春景》
40.《秋景》	41.《夏景》	42.《西调》
43.《冀火蛇》	44.《杀尾》	45.《杀尾》
46.《小一五六》	47.《琵琶令》	48.《抓不住》
49.《跑柳头》《开坛钹》《锥凤钹》《七星当》		

大兴区长子营乡北辛庄音乐会会员登记表

姓　名	年龄（岁）	擅　长	姓　名	年龄（岁）	擅　长
石怀琛	70	唱念	连　奎	63	管笙
周文竹	59	钹	周文荣	65	铙钹
张博学	65	钹铙	张博习	49	铙钹
张振宇	50	云锣	石怀仁	63	笙锣
娄廷芬	59	笛笙	李连田	46	管笙
张玉恩	80	鼓管	张广材	49	管笙
满得春	66	板铙	张广林	31	走会

（调查日期：第一次：1994年4月7日，调查人：张振涛。第二次：1995年，调查人：钟思第。）

北京市大兴区朱家乡东北台村

【地点】北京市大兴区朱家乡东北台村

【邮编】102606

【会名】音乐会

【联系人】张福贵（66岁）

【乐器】存一支八孔管，管身中间的管箍用银扎，两头亦用银口箍。上刻"北京恒利和记纯银"字样。张福贵说："一样的管，这支出来的字，就比其他的漂亮。"

【会史】张福贵说：我16岁出家，21岁开始学音乐。一解放就不许在庙了，我去天津（1949—1950年）城隍庙，也不允许。当时没家的道士，分配入工厂，或进街道工作，有家的就回家。这称为"跑墙"，意思是还俗。我现在家务农，自个吹音乐，解闷解烦，骑着车也念谱。

梁善坡有王母蟠桃宫，面积大概有150米×90米。民国fg二十八年（1939）日本人烧了大部分，1954年县里盖成礼堂。梁善坡寺有三层殿，金龙盘玉柱，一层是老爷，二层是玉皇，三层"三清殿"是后搞的。阁上"三清"，阁下"弥勒"，王母、送子等十三位娘娘，有十三顶凤冠，全是金色的。吊珠是：避火珠、避灾珠。有一个铜钟三千多斤。三月三蟠桃会，南边河套的都来赶庙会，当时称宫里有三件宝：铜珠、铁塔、透亮碑（有攀龙）。这座庙观是白云观分院，属邱祖吕洞宾龙门派。天津白云观徐窦兵说，他那里的白云观分院，在杨村车站一带，有笙管乐，一个会经常有50多人吹，能应五棚经。那时五个道士，就是个吹打会。梁善坡原无吹打，一百多年前才有吹打。

我们老师爷死时，自己还没有吹打，因平常与李耳寺的人联系多，红白帖全过，就请李耳寺的人来吹打。完了事后，送了50两银子，还要拉大车把他们送回去。用轿子送点心。这样花费太大，上一代师傅一气之下，卖掉 80 亩地产和大树，三个人开始学音乐。他们是：李志慧（上辈当家的）、刘志江、贾志清。打听到武清县南关马家音乐好，就从那里学吹打，学《灵宝经》，从天津白云观学《全真经》《灵宝施食焰口》。学习时，请马家"教事儿"的来庙上，后来就去武清县。

梁善坡寺有三顷良田，常常卖粮修庙。庙分官供和私供。庙会在三月初一至初三"王母诞辰"时。三月三闹庙会有戏楼。过去白庙村有僧班音乐会。这一带全是鼓手，庙上人不够，就到河北南十里艾各庄道班、北尖塔道班，请搭班。讲究的，就到天津玉皇庙请。马驹桥旁三台山，大约四月十五有庙会。是道家，庙大大小小很多，但没有正式出家人。从天津拿来的科仪本有《全真施食科》。费嗓子，得七个人念。我不太会，只会念《灵宝》。李秀是大师兄，我是行四。排行是谁先进庙谁排先，排行辈字，共一百多，前几句是："大道通玄静，真情守太清。义阳来复本，何教永元明。致礼普诚信，崇高和法新。"

天津吕祖堂城隍庙全是火居道。我们曾去过北京劲松，请去演地秧歌，加文武场。当时也请房山县的人，一次就给 980 元。去年入冬开始就没去过。以前村里不许可出会，管得紧了就不出去，管得不紧就出会。

现在我什么会都不参加。村里音乐会能出经的，全班共十四个人。李家务村音乐会应事时，请我们六七个人去。李家务的道袍，是中华人民共和国成立后从天津买的。八仙人叫"花衣"，即道袍。原村里信佛的多，有老佛门的老太太治病，现无。梁善坡寺的一些道具在李家务，"文化大革命"时充公，大兴县给卖掉了。

【乐谱】存有张福贵于 1979 年抄录曲谱一本。

大兴区朱家乡东北台村音乐会乐谱目录

1.《翠太平》	2.《祭枪》	3.《刀兵计》	4.《放驴》
5.《五圣先》	6.《郎头沙》	7.《灯赞》	8.《大灯赞》
9.《谨然神灯》	10.《三信礼》	11.《翠竹帘》	12.《唐头令》
13.《玉福荣》	14.《山更子》	15.《大赶子》	16.《小赶子》

(续表)

17.《鬼敲门》	18.《抓不着》	19.《河板》	20.《春景》
21.《夏景》	22.《一五六》	23.《对太平》	24.《二节》
25.《西调》	26.《沙矣》	27.《五胜佛》	28.《翠太平二节》
29.《拉马》	30.《混江龙》	31.《行道章》	

谱本上"法器部"有：《打神子》（渡桥用）、《皆字度》（跑方场用、皆字是念一句打一句）、《谨慎焚香》（方场用，"方场"跑方的场。方场是五个字的）、《天下同》（普通用）、《追魂钹》（渡桥用）、《天灯引》（渡桥）、《孝依关呈》（经文名，用于尾部）、《吹四景》（打尾用）、《七星当》《河西钹》（坐坛用）；曾用《河气钹》（用于尾部，从北辛庄抄的，不大用）。

杂念部（即灵宝科）有：《谨慎焚香》（一段经文）、《跑五方》（五行）、《九方》（八卦）、《十三方》。《十方礼》放焰口、大拜座用，有走图形。

（调查日期：第一次 1993 年 9 月 13 日，调查人：薛艺兵、钟思第。第二次：1994 年 4 月 8 日，调查人：张振涛。）

天津市

天津市静海县子牙镇小黄庄

【地点】天津市静海县子牙镇小黄庄

【邮编】301605

【会名】音乐会

【联系人】李宝砚（80岁，老会头）、李书林（会头）

【厂史】小黄庄有八家以家庭成员为主的笙厂，是冀中地区民间音乐会主要购买乐器的厂家之一。我们采访了"宏声乐器厂"。他们说："抗日"前曾自己做笙自己用，但那时主要到天津买部分半成品，以修笙、点笙为业。常买河北景县王家（当时在天津）的产品，天津一带做笙的都知道王家。"人民公社"时，开始建厂做笙。现一天可做两攒笙，竹子从福建、苏州、杭州购买。

【会史】李宝砚说：我17岁开始学音乐，师傅为本会老人张友禄（识字）、陶国亭（不识字）、杨端山、张长武。他们的师傅叫张友泰、赵长青。开始学管子，后就样样都学，包括念经。吹管子放手的位置是：僧传左把（手）在上，道传右把在上。老管九孔，但我不会用背下孔，现用八孔。一般冬季农闲时学，一个冬天学十几个曲子，大曲《张公赶子》《合四拍》是一冬学的。春天又学了《大辞曹》。那时冬天打井，我与李宝正（已故）睡在打井处看管东西。晚上一手拿铍，一手拿铙，打板、打点，口中念着谱，练到两三点。我12岁至15岁读私塾，念完《大学》《中庸》《论语》《孟子》《诗经》，最后读《左传》。儒教与佛教、道教都是为了教育人，都讲究修身养性，不做坏事。

我于1949年入党，划成分定为中农。中华人民共和国成立初任本村粮草主任、村长；1953—1955年任小黄庄乡乡长（当时小黄庄乡包括小黄庄、大黄庄、潘庄子、西庄子、焦庄）；1956—1957年任子牙乡财政主任；1957年精简机构，回村任社长；1962年任村支书；1968年开始建乐器厂，任厂长，也是"文化大革命"时"革命委员会副主任"。

原音乐会也叫"老道会"，老师傅们告诫说，出门要规矩，不能东瞅西看。"高级社"时，音乐会断了，60年代初恢复一段，后又散。这次恢复是80年代初。1984年教了一批人，1992年又教了第二批。村委会给了500元钱，我们几个老师都没要钱，给学生们买了乐器，给他们一些钱。村里还给买了煤，新买的大鼓1000元。

李宝砚虽年逾80岁，头脑清楚，仍能背诵"四书五经"，所学乐谱和经文至今不忘。亦能说出17簧笙各苗音位。

【经卷】有《地藏金灯》五本。其中一本是老本，另四本是80年代初李宝砚重抄。会里的老人们怕他们不在了，再无人会唱，已经把所有经文唱奏录音。

【活动】正月十五放神灯，七月十五放鬼灯。三月三、十月十五拜庙。

【宫调】小工调

【乐谱】原老谱本不存，现谱本是李宝砚于1983年左右，凭记忆记写下来。他说：原还有《玉芙蓉》、《清吹》（共七番）、《雁过南楼》等大曲，但记不全。封面字样为："音乐会乐谱"，内用朱红点板。目录如下：

天津市静海县子牙镇小黄庄音乐会谱本目录

1.《合四拍》	2.《大辞曹》	3.《二板子》	4.《三板子》
5.《沙阿乐》	6.《阿乐》	7.《阿乐》	8.《柳杭烟》
9.《张公赶子》	10.《慢逃军令》	11.《醉太平》	12.《阿乐》
13.《阿乐》	14.《懒画眉》	15.《小走马》	16.《妻上夫坟》
17.《功煤九》	18.《紧赶子》	19.《紧逃军令》	20.《斗天鹅》
21.《桃李迎春》	22.《农家乐》	23.《梅花三弄》	24.《月明之夜》
25.《琵琶令》	26.《苏武牧羊》	27.《小桃红》	28.《五星红旗歌》
29.《姑嫂悦》	30.《小儿烦》	31.《高山流水》	32.《河西》

天津市静海县子牙镇小黄庄音乐会会员登记表

姓　名	年龄（岁）	擅　长	姓　名	年龄（岁）	擅　长
李书林	67	管笙	李宝砚	80	全能
李宝征	76	云锣	杨文智	61	管笙
张凤山	50	笙	李彩林	50	笛
李树勇	30	笛	李景全	39	管
李占鳌	43	做笙	陶士宽	75	管笙
赵亮恒	66	笙	李占海	54	笙
李占亭	48	笛鼓	陶士武	55	管
陶立文	30多	管	陶立学	27	管
陶立伟	23	唢呐			

备注：该会会员部分在笙厂工作。

（调查日期：1994年5月21日上午，调查人：薛艺兵、张振涛。）

天津市静海县东滩头乡南元蒙口村

【地点】天津市静海县东滩头乡南元蒙口村

【邮编】301605

【会名】音乐会

【联系人】李俊明（会头）

【乐器】存有一副旧传特大铙，一副老钹，均已裂。小管子传了几代人。大管子管身上雕刻梅花，较少见。存有两攒大笙（称"嗡子"），因多年不用，已无簧。现用常规笙，购自静海县小黄庄。

【道具】存有"地藏王"挂像，"亡灵官"像（"渡桥"仪式中"上桥"之前挂，后挂"地藏王"），这些挂像是六七年前，请天津美术学校的人所画。

【服装】原老人们有"大褂"，现在活动穿一般衣服。

【活动】李俊明说：主要活动是"老忙"。音乐会是"善门"，多穷的人家，凉水温成热水，招待口水，我们也给办事。今年（1995年）春节就闹不起会了，因为没钱。作为会头，我就心里有愧。学这些东西，就是让大家学好，不"使酒耍钱"去。

【经济】除农业外，村里有几家生产汽车配件的乡镇企业，产品出口美国、新加坡。

【其他艺术班社】原有高跷会、小车会、灯棍会，现无。原这一地区有女僧吹音乐，吹小笙。

【宫调】三支管子一齐吹，两支大引子，一支小引子。小引子比大引子上一把字。

【会史】会员王清章（38岁）的父亲王万记（1993年去世，时年80岁），是本会第二代传人。王万记的师傅叫马少文（主要吹双管，其他乐器全能），是本会第一代人。再往上的师傅就不知道了。师爷"马二爷"（马少文）会治病，他墓（离村不远）前有碑，上刻碑文，是他治好病的人捐送、雕刻的。"马二爷"的后代，不学音乐与治病，失传其能。去年（1994年）马少文的孙子刚刚去世。"文化大革命"时期音乐会解散，但大队在这一时期保护了乐器。王储华（现村红白理事会经理）把乐器都收藏起来。80年代初复会。除了老乐器，现在新乐器都由大队出钱购买。

该会所存《天地如意门经卷》（后写有"光绪十六 岁在庚寅三春之中 敬录经文"字样）中，有一段叙述文字谈及该音乐历史流传情况，是十分难得的文字材料。前一段是叙述中国历朝更替，可以看到在民间村镇，传播历史知识的方式。下一段叙述该音乐会流传，节录如下：

师家香玄机妙广大炉圆　　师明徒呈宝偈独绪串连
天盖地地托天阴阳二气　　自羲农至皇帝立留人烟
唐有虞号二帝按（暗）查私访　　相揖逊称盛世以天让贤
夏禹汤周文武称为五帝　　夏传子家天下四百余年
汤伐夏国号商六百余载　　周武王始诛纣八百七午
周辙东王网（纲）坠不依王法　　逞干戈尚游说口舍横言
始春秋终战国七雄五霸　　赢（嬴）秦氏始兼并二世相传
楚汉争高祖兴诛秦灭楚　　至孝平王莽篡一十八年
光武兴为东汉四百余载　　魏蜀吴争汉鼎三国紧连
晋司马平三国万民安乐　　十五代为两晋百五十年
宋齐继梁陈承为前五代　　出隋朝坐三帝三十八年
唐高祖都长安大唐一统　　二十帝共坐了三百余年
梁唐晋及汉周残唐五代　　口宋兴受周禅是十八传
南北混十七史全在兹业　　明朝没清朝初接接连连
自古今儒释道同归一教　　七十二祖一般来往巡还

普天下盖世界单表一处	提师祖住家乡山东济南
吴定府商河县董家林住	半路里退酒色弃舍家园
头一处自学好村庄彩玉	第二处参大道世路周全
第三处上方景名雪山寺	上雪山暗加功苦度良贤
观世界众迷蒙贪名图利	红尘世可不是久住家园
语（禹）城县李言庄明人才子	这位师讳清真本是姓谭
谭师傅培师祖道房常坐	听师言自参悟牢记心猿
看天地论古今明观正义	礼乐备四书熟讲得周全
按体法何处人分毫不错	讲的是分的白苦劝良贤
观吉利合韩村层层有错	表阜城王柳村孙师接连
郝宝葛合王师同学大礼	宝师傅夜见景任丘恍言
差王师下八方安柱立业	枝叶大根又深明人俱全
李张韩三位师一心正道	劝男女早回头礼拜空玄
瓦子头李赵师功课圆满	修其身诚其意直正参禅
万营庄张先师王先师傅	功德大教徒弟结绪道源
谭家庄田先师常常悟道	肯修持成正国（果）普度良贤
元蒙口马先师惺（醒）悟大道	行善道收门徒广把道传
救灾难济困危恩德广大	凭心田修大道万古流传
五层恩常想着诚心报答	保佑着合会人世世平安

会员们指着经本的地名与人名解释说：文中所言"瓦子头"现属静海县，"万营庄"也属静海县，"谭家庄"离此村约一里地。我们与"谭家庄"有过交往。文中"元蒙口马先师"，就是我们老师傅"马少文"。李俊明说：他不认识字，但经本上学过的经文，可以全部背过。我们试着写了几个字，他确实不认识。但他念起经卷来，却用手准确指着所念的字，绝无差错。这种奇特现象说明，经本上的经文连同所在位置，他烂熟于心。

从这段叙述中，可以看到该会传承确实与民间宗教传播密切相关，可以清楚厘清该音乐会的传承关系：

师傅姓氏	何地人
师　　祖	山东济南吴定府商河县董家林
谭清真师傅	山东德州地区禹城县李言庄
孙　　师	阜城王柳村
郝宝葛、王师傅	河北沧州地区任丘市
李赵师	天津静海县瓦子头
张先师、王先师	天津静海县万营庄
田先师	天津静海县谭家庄
马少文先师	天津静海县元蒙口

【乐谱】存有一本较完整的谱本，宣纸毛笔竖抄，无封面，无文字说明。谱中有朱红点板。另存一些乐谱散页，包在一块红布中。从纸张尺寸规格和笔记来看，散页不是这个谱本上的，至少应该分别属于其他两个谱本。另有抄在笔记本上的乐谱（目录如下）。会员们说："文化大革命"时期，李俊明在家中墙上打一个洞，把谱本、经本，存藏其中，用泥封上，保存下来。后家中失火，所以有残。

静海县东滩头乡南元蒙口村音乐会谱本目录

1.《雁过南楼》	2.《共木久》	3.《后开门》	4.《小开门》
5.《学舌》	6.《新世界》	7.《大琵琶令》	8.《吉祥斌》
9.《步步紧》	10.《苏武牧羊》	11.《四上仙》	12.《四手佛》
13.《毛身头》	14.《陈春》	15.《山沙头》	16.《小走马》
17.《妻上夫坟》	18.《一月一更里》	19.《月儿尖尖高》	20.《雄赳赳》
21.《庆长春》	22.《同志我问你》	23.《小抬扛》	

静海县东滩头乡南元蒙口村音乐会会员登记表

姓　名	年龄（岁）	擅　长	姓　名	年龄（岁）	擅　长
李俊明	59	笛	傅学忠	68	武场

（续表）

姓　名	年龄（岁）	擅　长	姓　名	年龄（岁）	擅　长
马守东	20多	云锣	赵永光	40多	管锣
王守林	38	笙钹	王守元	40多	鼓钹
王守华	37	笙锣	马树立	20多	笙
仲振朋	63	笙	王庆忠	50多	鼓钹
王清章	38	管	王守仲	42	管笙
张志福	40多	笙	刘万德	40多	笙
王庆深	51	板铙	王庆和	40多	笙锣
马老小	20多	笙	郑万方	63	笙
郑万奇	40多	管鼓	傅从征	31	笙钹
傅从波	45	笛			

【补充资料】

会员们一起为我们详细解说了办丧事的程序。笔录如下：

序

1. 开始"小赞"，只念不唱，接武场，念。

2. 接打家伙。

3. 大赞《弥陀佛》（吹、念，对口）：

　　　弥陀佛　忏门开　拔亡灵　除离尘埃

　　　喉中甘露　透心怀　喝饮余灾

　　　能今一滴扫孽苦　仗平照　阿佛如来

　　　前生有罪　忏当来　升佛界　接引莲台　南无求忏悔

4. 唱念《普陀》。

5. 吃饭。

6. 小赞《灵台思宝》，吹打念，与前不一样。

7. 吹打念：《大赞》：

叹红尘　苦奔忙　治家园　难脱无常　功名富贵如草霜
寿百岁　难脱阎王　满堂儿女难留恋　向阴荣　痛断肝肠
如来保法妙难良　送亡灵直到西方

8. 念大赞《如来宝法船》(曲牌名《梅花引》，在死者房里念)：

如来宝法船　度他良贤
古弥陀坐中元　珠将头栏　掌舵普贤　棚幡棚幡高悬
南海观音　手请洋枝　边照轩
地藏池定　九九连环　十殿阎佛护法护法巡还
接引佛崔撸撑船　冥曹游魂处处手捧真宝
男左女右两边　惟愿阿佛全度他
度进灵魂　达本还愿　南无步步莲台　高超天接引　领赴西南

9. "小赞"《亡灵高起》：

亡灵高起　自在逍遥　金童玉女赴蟠桃
仙衣罪为高　佛班挂号　西方玉帝把名表

只念赞（小赞只是念，大赞是对口）八九两项主要用于"超度"，"净屋子"。

10. 在灵棚里，死者的长子（大儿子）跪着，托桃盘。"三奠茶"仪式，用酒三杯，香三炷。（"三奠茶"用曲"三番"，三番曲调一致，调不一样。）

"说文"《一炷真香》：

一炷真香一盏茶　忏亡回乡出尘沙

皈依师宝蹬彼岸　方寸现出普提花

孝子擎盅茶真初奠。
"对口"《初真茶奠洗尘临》(曲牌名《金子经》)：

初真茶奠洗尘临　参破四代不久存
名利今何在　是问代德已分文
梦幻泡影叹无常　参透真空洗嚷嚷
朝佛求忏悔　抱守真灵拜法亡　阿弥陀佛拜法亡

接打家伙。打三铙。接"说文"：

家有黄金万两　难买生死无常
幽冥教主十阎王　如同清官一样
不图人家财物　便知人的心肠
真正公道大矣良　那怕阎王算账

11. 接打家伙，吃中午饭。
12. 送路：进灵棚，小赞《亡灵告祈》。"大赞"《骷髅对口》(吹打念)：

孤魂独自卧荒郊　焦又心焦
满堂儿女绕周遭　伤悲伤悲烦恼　骷髅　骷髅

头一日来到鬼门关　关黑雾漫漫
又不见日月并三关　珠泪涟涟　骷髅　骷髅

第二日来到破钱山　山又无边

又不见六亲共家眷　珠泪汪汪　骷髅　骷髅

第三日来到望弦台　才知无到来
深见乡不能回归　归鬼又来吹
切切悲悲泪双垂　不去了再不能回归

接"说文":

人命无常似风灯　如闪如电一般同
望山名利今何在　撒闪孝眷诵悲声
来也空　去也空　红尘路上不相逢
从空掉下钝钢剑　斩断合家恩爱情

转街：供老人桌。"小赞"《冥途路远》:

冥途路远　法立驾池　召请来人赴斋席
灵魂世愿吉　埋念归一　托化地狱九莲池　南无当来佛

13. 用"渡桥"十五项。

14. 烧桥，"小赞"《见灵三代》:

普渡真灵　回香云程　如来保法来接迎
顿断合家情　捧表前行　性灯培法正元明

15. 请灵。"小赞"《亡灵高起》:

亡灵高起　自在逍遥　金童玉女赴蟠桃
仙衣罪为高　佛班挂号　西方玉帝把名表

16. 说文：

  起来起来请起来　莫在此地恋尘埃
  今有亡灵祈灵位　随佛取法古如来

现老忙，一般死者在第二天火化，第三天进行这些程序，下午四五点钟结程。

五项程序

原文中有许多错别字，有一些会员们已经作了改正，用铅笔改在错别字旁边。一些没有改正，但是会员知道哪些应该用什么字。下面我又做了一些校改，字句多不通，以待再次采访时改正。

"渡桥"唱、吹：

  稽首皈依地藏王　世愿难良
  佛崔金手放毫光　勉见阎王
  普献常者　道名和尚　中发愿　度亡灵　早至天堂
  皈依佛　勉见阎罗　不脱尘

"贺子"持幡人唱、打击：

  西方路上有金桥　幢幡宝盖绕周遭
  弥陀如来垂接引　接引亡灵上金桥

"说文"持幡人念：

  赴金桥者　红光缭绕　紫露盘旋
  七珍砌就栏杆　八宝装成道路　桥排玉柱布金沙　行行仙乐来

迎接

　　对对金童引路

　　金童对对执幢幡　玉女双双擎宝盖

　　鬼使桥边擎铁棒　屈阻作恶之辈　此仙桥者　乃心地发生

　　非人间能所造　两头大开方便之门　中间修成助道之品

　　是天堂之正路　乃佛国之通衢

　　三恶道头　从此永断

　　九莲台直至高登　不入化成径登宝所

　　今辰受拔灵魂某人　欲渡金桥　舍利慈悲　振领演念

打一段；念、唱：

　　叹亡灵　归冥路　不恋念家中亲眷故　三魂杳杳在那方　七魂悠悠归何处

打一段；念、唱：

　　到奈河　无船渡　意下恓惶心恐怖

　　仗承如来大藏经　亡灵得上金桥路

打一段；念、唱：

　　上金桥　行一步　五道将军拦挡住

　　借问亡灵在生时　有何功德为凭据

打一段；念、唱：

　　唤仙童　来查簿　上面功德无其数

　　　　修桥补路作善因　亡灵得过金桥路

打一段，"贺子"持幡人唱、中间加打

　　　　桥梁高建有殊功　一路玄通佛界中
　　　　宝盖迎时胜瑞气　幢幡引处动香风

"说文"持幡人独念：

　　　　赴金桥者　奈河滚滚　波浪滔滔
　　　　人人于生死海中　个个于无回浪里面
　　　　铜蛇不容贵贱争吞　血浪红津　那管豪强伶俐
　　　　桥边一树　叶是非常　生来自是　累累未曾花放
　　　　根盘大蟒　枝锁蛟龙　千套锦衣　上面存万件　罗服枝头挂
　　　　不论殡妃彩女都红披发掩面嚎啕
　　　　那怕子公王孙　至奈河而哀声振地
　　　　官员遇公相到此解玉带　闻者伤切心酸　何况亲身到此
　　　　非仗佛法之威力　今魂（某人）之灵　欲渡金桥
　　　　舍利慈悲　振铃演念

吹、唱、念：

　　　　到银桥　行步　望见刀山并剑树
　　　　上下嵯峨万丈高　亡灵怎敢抬头睹

吹、唱、念：

　　　　善神言　休怕去　行善之人别有路

今日家中作道场　亡灵得上银桥路

吹、唱、念：

上银桥　行数步　童子双双前引路
干达婆王作乐音　幢幡宝盖成行数

吹、唱、念：

有孔雀　来衔花　又有鹦鹉空中舞
步步乘云到西方　亡灵得过银桥路

打家伙，"说文"（持幡人）：

下的桥来顶礼　童子两边相随
轻轻慢步下银桥　直入菩提大道　天堂恁汝往佛国
随意逍遥　诸佛菩萨手来招　引向佛前哀告

渡桥人念唱，现已不用

入门参礼黄金像　进步皈依大法王
闻经早证三摩□　听法高超六欲天

"小赞"《面然扶子赞》：

面然白于恶鬼畜生　食垒孤魂一斋灵
闻香来听经　赈济孤穷　来赴甘露拜五生

经本后面的部分没学，现在一般不用。如"龙王赞"是求雨时用，原来也有过雨。现在不求雨，也就不用了。《仪科本》中"说文"部分，都是念白，其他部分都是唱。"骷髅对口"谱与"渡桥"的谱一样。念"贺子"时不吹，每句中间打家伙。持"幡子"的人，专门念"贺子"与持幡人过桥，唱"渡桥"时，有唱有吹，大家一起。"渡桥"共十五项程序，曲调基本一致。最后小赞一起唱，曲调与前不一样。持幡人把幡拆断烧掉。

【民间信仰】本会属于"天地门"。"天地门"与"音乐会"是一样，都是为人民服务，穷富都一样，不要钱，再忙也去。东滩头村有"老君门"，"这些经卷没管"，至"文化大革命"时就不让念了。

（调查日期：第一次：1994 年 5 月 21 日下午，调查人：薛艺兵、张振涛。第二次：1995 年 1 月 24 日上午，调查人：钟思第、张振涛。）

下编 冀中学案深描

平原日暮
——屈家营的故事

许多人认识屈家营是从那条泥泞的土道开始的。每年3月28日，屈家营音乐会为了纪念中国音乐研究所的初次采访，广邀宾朋，鸣鼓奏乐。此时，汽车过处，尘土飞扬，如遇下雨，全村唯一的，原本只为马驾辕行的土路立刻泥泞不堪，难以通行。一进村，汽车便无力地陷在泥泞里。中国音乐研究所的教授们不得不下来，脱掉鞋子，挽起裤腿，站在车后的烂泥中用力助推。会员们拿着锨、抷着镐，一边说着抱歉，一边垫土铲道。这种让主人和客人都感到尴尬的情景不知道发生了多少次。所以，修一条柏油路，几乎成为屈家营音乐会在20世纪80年代末到90年代中期为之奋斗的最现实的目标。无疑，这也是当年的村长林中树最闹心窝子的事儿。

一、一个搅动京城的农民

林中树是个典型的北方农民，但绝对又是个农民中的异数，满脸的皱纹绝对没有透露岁月沧桑的真实轮回，看上去比实际年龄要老得多。所以，几乎认识他的人，都称他为"老林"。老林并未学过音乐，只是"音乐会"的"赞道"（热心辅助人），可那种介绍乐社来龙去脉、独特价值、快得像机关枪似的语速，说明他早已变成一个地地道道、名副其实的民间音乐家了。城市音乐家讲过的除了赞美还包含着相当技术成分的话，他都点点滴滴记在心头。用心之勤，肆力之专，真让人难以说清是他为了音乐会而生还是音乐会为了施展他的才干，才搭起这个平台。他知道自己居住的没有任何特产、任何特色、居住着六百多户人家的平凡村庄对于名都锦城的人来说多么无足轻重，唯一能够把握的就是被城里人称为"文化遗产"的"音乐会"。他越来越清楚地意识到，没有音乐会就不可能有屈家营的未来！因此，他把握住了可以充分利用、也是唯一可以利用的让屈家营出人头地的机会。虽然老林知道一个农民面对高高在上的城里人提出适当要求时应该保持的底线和上线，但他别无选择，只有通过被城市人称为古老文化遗产的东西，换取一群农民靠手中的锄头永远换不来的柏油路。为争取村里利益的那股倔强劲头，使人感到，他可以像古代赴京的上访者一样，不顾一切地冲进任何一级、任何一地的机关衙门。只要让进，他一准儿会闯进中南海。

十几年来，大概连他自己也数不清往返京城的趟数了，磨破了多少双鞋也数不清了。头发跑白了，两腿跑断了，牙齿跑没了。经常是从京城回来时，腿上好像绑了两块大石头，空手而回。但他还是没有白跑，靠着一张质朴的脸和不怎么会说、却坚持言说的嘴，竟然引来了数以千百计的中外音乐家和京城高官，而且一拨接一拨，一年复一年。

只要有名片的，都可以在老林的名片夹中查找得到——那是几大本令人惊叹、在无数次翻检中被摸得脏兮兮、从而说明使用频率的名片夹。从学者教授到博士硕士、从政府官员到政协委员、从媒体记者到投资商人、从中国人到外国人，各行各业，高低贵贱，应有尽有。

许多名人为乐社留下墨宝。这是一笔真正令人羡慕、潜在价值难以估量的财富。比起不会增值的名片来说，包括两届中国音协主席吕骥、李焕之，两大音乐学院院长赵沨、李西安，两任中国音乐研究所所长黄翔鹏、乔建中在内的一大批名人墨宝，确实是骄人的财富。到了屈家营，别的可以不看，到"音乐厅"二楼参观展示墨宝的这一环节一定不要错过。你想想看，一个乐社连续搞了二十多年活动，每一年活动都有至少二十多位名人赐给墨宝，每二十张墨宝都有二十个感人至深的故事，这是一笔多大的财富呀！

更为惊叹的收藏是，老林几乎把所有能打听到和淘换到的有关记述屈家营音乐会的报纸、杂志、学术期刊、书籍，全部收集，片言只语，也不放过。这是令每个专业图书馆资料员大跌眼镜的收藏，尽管它们已经在被捂得热乎乎的过程中，被捏得皱巴巴的了。

大概正是这股也许只有农民才有的韧劲和犟劲，屈家营音乐会已经成为20世纪末民族音乐学发展史中一个必须叙述的事件，而老林也就成为事件中必须叙述的人物。

1986年，林中树只身一人跑到北京。那一年，他46岁，正值壮年。当时的社会环境，农民还不知道怎样评价在自己村里流传了几辈子的"封建迷信"组织"音乐会"，不知道在当地人观念中半是宗教、半是艺术的组织，是否符合国家当下的文化政策。"文革"刚结束，城市人还在料理自己的伤痛，无暇顾及把文化政策落实到农村的麻烦事，而一个河北农民，却意识到家乡的传统是否可以面向现代社会的问题。这种今天被称为"文化自觉"的意识，大概连老林自己也不清楚到底有多超前。这是一个普通农民的觉悟，是不是有点传奇？

乡下人按照城里人的方式行事。林中树抱着如此心态，小心翼翼地走进北京。他的目的并不明确，按照今天的话，只想到京城"讨个说法"。他到了中央音乐学院、中国音乐学院，没人告诉他该做什么，但遇到了研究中国音乐史的冯文慈教授。冯教授似乎也不知道怎样解答他的困惑，但告诉他，北京有一个专门研究传统音乐的机构"中国音乐研究所"，可以让那里的学者采访你们。林中树这才知道有个"中国音乐研究所"，因此，第一次走进了位于东直门外新源里西一楼的中国音乐研究所。在这里，他遇到了时任副所长的乔建中。

1986年3月28日——也许真的要像屈家营对待这个非同寻常的日子一样——中国音乐史真的要记住这一天。那日，天光澄明，春水半塘，长芦高柳，犹有寒意。中国音乐研究所的九个人，乘着一部破旧的中型面包车，费了九牛二虎之力，终于在位于国道、省道、县道之外，找到了这个在田连阡陌的冀中大平原上普普通通，却开始进入中国音乐学视野的小村庄。乔建中、吴钊、冯洁轩、薛艺兵、秦序、录音师曹明申、徐桃英、顾国宝、摄影师张振华，开始了这次影响传统音乐研究20余年、至今遗风余烈、延绵俱长的采访。

当时，刚刚出现彩色照片，摄影师张振华用"带彩"的镜头记录下乐师们围案而坐的演奏现场。被赵沨誉为"天下第一钹"冯月池，"头管"胡玉生，司鼓屈炳麟，云锣冯月波……一个个裹着鼓鼓囊囊厚棉袄，在春寒料峭的露天农院中，在从未见过的录音机、照相机面前，会员们把准备了一辈子，或者更确切地说是准备了几辈子的"音乐"，第一次郑重地展示给对此全然不知，从而引发了一系列震撼性事件的音乐学界。那组"带彩"的照片已经发黄了，数着照片上的乐师一个个消失的时候，甚至连拍照的人也作古的时候，人们才能掂量得出依然把拍"彩照"当作稀罕事的时代留下的视觉档案的历史价值。

这是会员最全的时代，年长者80多岁，年轻者也近50岁了。这次留影十分难得，此后，乐师们便开始一个个"退出"人生的"乐池"了，他们中的许多人没有来得及把踩了一辈子泥泞土道的脚，踏到后来铺成的柏油路上，许多人也没有享受到一个音乐家一生都渴望在京都舞台上得到的掌声和荣誉。但无论如何，最后的岁月，还是迎来了转向"底层叙述"的历史机缘，迎来了迟到的光荣与骄傲。他们的姓名未被历史湮没，像专业音乐家一样，被学者们记录在案，收入历史，驰声走誉，俨然尊者。① 为了记住他们，把当年的登记放在这里。

---

① 林中树曾让笔者撰写"碑文"，以纪念所有去世的乐师。当年写的适用于所有乐师的碑文如下：某某某（？年—？年），固安县礼让店乡屈家营人。生于斯土，没于斯壤。一生趋务稼穑，耕读持家，别无所好，唯意笙管，入本村音乐会。春祈秋望，中元祭祖，趋奔乡里，鼓吹舞铙，睦族和亲，服务乡民。世道虽艰，一生不辍，为本村音乐会贡献良多。如今，本会名满京畿，享誉燕赵，某某某之功莫大焉！吾辈小民，名不彰世，所愿唯笙管谱韵，代有薪传。立碑于此，以不泯其志。

屈家营音乐会会员（1986年登记）

姓 名	年龄（岁）	特 长	职 务	姓 名	年龄（岁）	特 长	职 务
刘海棠	60	—	总管	冯谷才	83	笙	—
屈书章	40	笙	总管	胡玉章	56	笙	—
林石锐	42	—	攒管	林振民	42	笙	—
田佩霞	44	—	攒管	屈树芳	56	笙	—
胡玉生	61	头管	—	赵玉林	61	笙	—
冯月池	63	笙	—	胡锐昌	61	笛	—
林湿春	72	笛	香首	林云锐	65	云锣	—
冯月波	62	云锣	—	屈明生	67	铙钹	—
屈炳麟	56	鼓	—	屈明华	63	铙钹	—
姚茂发	73	铙钹	—	林中树	46	—	攒管

中国音乐研究所的专家们一致认为：屈家营"音乐会"具有极高价值，是传统器乐组合的典型形态。乔建中委派刚刚毕业的研究生薛艺兵、吴犇，继续深度采访。二人受命，住了一个星期，回京后写成了至今依然被学术界频频称引、题目异常朴素的采访报告《屈家营"音乐会"的调查与研究》。

二、媒体——重塑屈家营

论文于1987年在《中国音乐学》第2期发表。这篇论文与其说对刚刚复苏、尚未醒过神来的音乐学界产生的影响大，还不如说对整个社会产生的关注传统文化现状的影响来得更猛烈。它的影响就像投入了湖中的一块石头，引起的涟漪一圈圈扩大，从一个单位影响到另一个单位，从一个城市影响到另一个城市。中国音乐研究所具有的学术地位影响了京城媒体，记者们的判断往往以学术机构的权威导向为准绳。研究机构首开先河，进而引发了大规模、连续不断的媒体宣传，成为现代学术史上前无先例的新鲜事儿。由此可以观察到刚刚开始抖擞威风的现代传媒，介入学术领地时产生的狂飙般的强大覆盖力，以及反过来对学术研究的推动作用。今日回望，其时之社会，刚刚从"文革"中走出来，学术机构也刚刚恢复对民间音乐的采访，人们对传统文化的焦虑和关注极易被聚焦，热心恢复被"文革"破坏事物的热情一点就着，甚至马上出现了商界朋友撸起袖子对民间乐社给予物质资助的"实际行动"。传媒群体追随学术机构对乐社连续不断的深度报道，引起整个社会对乡村文化经过十年浩劫后究竟是啥现状的关注。充满人文关怀的跟进，确实起到了研究机构希望起到却永远起不到的"多米诺"骨牌效应。

大量国家级研究机构和学府的学者、中央和地方的政府官员、外国朋友，以中央电视台、北京电视台、中央人民广播电台、北京人民广播电台、《人民日报》、《光明日报》、《北京日报》、《人民音乐》、《北京音乐报》等为代表的数十家媒体机构，相继造访。长篇大论、短篇报道，连篇累牍；个人特写、集体合影，盈版充栏。乐社表演的地点，日日攀升；乐社听众的级别，年年登高。试图在中国当代社会通行无阻绝对必要的宣传桥梁，不断刷新着乐社演出史上的不凡记录。持续不断的记录，让蹲在家门口仪式中不知表演为何物的乐社，出没于炫目的城市舞台。"演出季"的地点、主题和观众名单里的鼎鼎大名，绝对够得上档次。

1987年5月26日，音乐会第一次挥师北上，在中央音乐学院音乐厅演出。时任文化部副部长高占祥、音协主席李焕之、中央音乐学院院长赵沨、中国音协副主席晨耕、中国艺术研究院音乐研究所所长黄翔鹏等音乐界著名人士观看演出。

1987年6月19日，在北京昆仑饭店（当时凤毛麟角的五星级饭店之一）为十几年来中国第一次举办的国际学术会议"亚太地区传统音乐研讨会"演出，来自20多个国家和国内的百余位"顶尖级"学者，与民间乐师们面对面。

1989年正月，中国人民对外友好协会会长陈昊苏在赵沨陪同下于"北京大观园庙会"观看演出。音乐会被邀请到随着电视剧《红楼梦》的播出一起走红的现代园林献艺，为之后多次成为北京庙会（如地坛庙会、龙潭湖庙会）的参演团队开了个好头。

1990年10月4日，在北京为第11届"亚运会"演出。周巍峙、吕骥、高占祥、李焕之、晨耕、冯光钰、黄翔鹏、乔建中等观看演出。

1992年5月12日，中国人民对外友好协会特邀"音乐会"在外国大使招待会上演出，人大常委会副委员长赛福鼎、全国政协副主席司马义·艾买提、中国人民对外友好协会会长韩叙、北京市副市长张健民，观看音乐会。

1995年9月，参加"首届全国民间鼓吹乐学术研讨会"，来自全国的大部分从事民族音乐学研究的学者，观看演出。

乐社被邀请到中央人民广播电台（1987年5月27日）、天津人民广播电台（1990年正月）录音。一群农民第一次走进中央人民广播电台的录音棚，所以，虽然喜气溢面，心里却不那么放松。头管胡玉生端出一副架子，还换一套干净衣服，但面对话筒仍然缺乏自信。录音前，他们不怎么习惯地咳嗽两下，调整一下情绪，还多余地掸掸上襟的土。录音效果，洁净无瑕，乐师们留下的声音将成为后人描述一段历史的声音依据。根据这批录音记录的乐谱，也成为《中国民族民间器乐曲集成·河北卷》的部分底本。

新闻媒介的披露以及音乐界学者的考察，使静若太古的小村和默默无闻的乐社一时成为整个京城的关注焦点。当亮闪闪的屏幕上出现了自己的形象，当全国发行量最大的报纸印上了自己的彩照，当从来没在纸片上见过自己的名字竟然被刻在祖祖辈辈连想也不敢想的党报、省报、市报上的时候，名不见经传的当事人心理上产生了何等幅度的撞击？像家门口的庄稼一样普通的会员们承受了哪种刺激？中国的国情太不一样了。一群农民的命运，往往就在超常搅动的漩涡中被推上一个又一个巅峰。这类事件在1949年后的社会音乐生活中频频发生，每个时期都以风起云涌般的超常之力塑造过一个典型。学术界是否可以拿屈家营音乐会为例，再延伸一个20世纪末"民族国家"与"地方社会"相互适应的现身说法？

这样的事例不断上演，仅以河北为例。杨荫浏对河北定县子位村的研究，徐水县迁民庄"跃进吹歌会"在"大跃进"期间的畸形"走红"等。几家乐社在空间距离上相距并不遥远，共同之点更是相近：国家意志以不同方式干预地方社会，打破了原本"事简民淳"的平静，把一个在生存环境中自娱自乐的组织变为社会关注中心，并根据城里人的意志，加工、改造、重塑，以迎合时代需求，阐述出一系列城市生活最需要的理念。从此，村里的生活发生了一系列随风而动的剧烈变化。定县子位村在杨荫浏发表《定县子位村管乐曲集》后的 40 余年间，先后有百余人参加了各级专业艺术团体，中央的、省会的、地区的、市县的，这个让人吃惊的数字和级序排列，意味着一大批农民放弃了祖祖辈辈赖以生存的土地，从此走上另一条与传统生活完全不同的道路，进入一个新的辽阔空间，而且还在不断吸引后来者继续走这条道路。年轻人从此改变了理想和追求，把艺术当饭碗，进入城市、进入剧团、进入音乐圈，几乎成为村庄中所有家庭成员坐在炕沿上最常拉起的话题。

媒体参与以及一系列后续行为，应该成为研究乐社发展史讨论的话题。无须说，现代环境中任何一个事件影响的大小，都取决于媒体对此的关注程度。一个开始仅限于学术范围、仅仅被刊印在学术杂志上的论文，被媒体改写为大大小小、长长短短、令人动容的报道后，一个开始仅属于学术圈的采访点，被媒体放大到电视屏幕上后，整个事件的意义就超出了学术范围。媒体越来越成为主导社会生活的力量，媒体的力量就是倡导或反对。人们无法阻挡媒体干预（当事人求之不得媒体的介入，其名声已与发行量和收视率捆绑一起），不管干预对事件本身的影响是积极还是消极，学者们必须考虑媒体介入的影响。因为介入改变了历史。①

---

① 昆德拉说："大众传媒的精神是与至少现代欧洲所认识的那种文化精神相违背的：文化建立在个人基础上，传播媒介则导致同一性；文化阐明事物的复杂性，传播媒介则把事物简单化；文化只是一个长长的疑问，传播媒介则对一切都有一个迅速的答复；文化是记忆的守卫，传播媒介是新闻的猎人……被新闻控制，便是被遗忘控制。这就制造了一个'遗忘的系统'，在这个系统中，文化的连续性转变为一系列瞬息即断、各自分离的事件……"安托万·德·戈德马尔：《米兰·昆德拉采访录》，谭立德译，载自李凤亮、李艳编《对话的灵光——米兰·昆德拉研究资料辑要》，中国友谊出版公司 1999 年版，第 516 页。

媒体介入采访，引发连锁反馈的复杂性被无限放大了。我们可以用另一种方式叙述：由于屈家营音乐会被标榜为传统文化的代表，以及衰微现状提示的传统艺术面临中断的忧虑，加上媒体的"煽情炒作"，极大地吸引了北京市民的关注，引发了大众对于弱势群体的同情。媒体宣传中，乐师们不再是一群拿着锄头的农民，还是一群拿着笙管忧虑着传统文化未来命运的人，是一群传承古老音乐的艺术家。半遮半掩在笙苗后面的那一张张爬满岁月痕迹的脸，吹出的古老音调，瞬间成了扯痛人心的断肠之声。

我们还是举两个例子，来阐释民众的胃口被怎样吊起来的吧。

在音乐学圈里，没人认真对待师旷是屈家营音乐会祖先的说法，半农半艺的乐师们敬奉行业神的做法，却反映了乡村组织寻找核心人物的凝聚力并且合理地找对了源头的努力。说起来，敬奉先秦乐师师旷，属于典型的行业神崇拜。传统乡村仪式中，没有这一崇拜对象的特殊礼仪。以古代乐师为崇拜对象的仪式，对当地百姓不产生意义。民间信仰中的崇拜对象都是功利性的，财神关公管发财，药王孙思邈管治病，后土娘娘管生儿育女，十殿阎王管阴曹地府，一一对应，毫不含糊。被崇拜的神灵必须具有被派定的职能，老百姓绝不花钱为一个与生活无关的神祇烧香礼拜，花钱不买实惠的事情没人干。民间组织的崇拜偶像，必须把百姓利益放在第一位。百姓花钱供养的乐社可以有行业偶像，但决不能把行业偶像作为主要神灵，师旷只是杂神崇拜中的普通一员。据我们在冀中普查中了解的情况，很少有乐社以行业神作为崇拜偶像的事例，乐社崇拜对象，必须与社区老百姓的利益挂钩。所以说，师旷崇拜只能局限于乐社小圈子中。

但是，屈家营音乐会却越来越强调敬奉的行业神。原先，师旷是位不关乎生计的神灵，有也罢、无也罢、主也罢、副也罢，今天，这个象征传统的行业神却成了关乎生计的崇拜对象。因为，对于媒体并通过媒体对城市人的宣传上，强调师旷，就是强调传统；强调师旷，就是强调专业；强调师旷，就是强调学术话语；强调师旷，就是强调建会立社模糊无定的漫长岁月；强调师旷，就是强调无关乎"迷信落后"却又带有吸引人的神秘性，一个游离于主流文化又能被主流价值体系容忍接受的行业规矩。

　　如此看来，就不难解释为什么屈家营音乐会要重新祭起古代第一乐神师旷的大旗！此举此行，就是为了迎合媒体口味，迎合城市口味。崇拜一个在音乐史上有呼风唤雨法力、地位崇高的音乐家，就等于把乐社的专业性、正统性、历史性置于无可争议的地位上，容不得别人怀疑。一般人哪里懂得辨别真假，乐社祖先为师旷，潜台词自然是乐社与师旷同庚同年、共生共荣。不言自明，迎合来自会员对记者和城里人口味的分析。与城里人打交道的过程，道听途说的新名词和新概念，便成了会员重构自己虚拟历史和言说系统的导向，乡下人当然有迅速把城市知识转化为乡村知识的应变能力。于是，原来曾与神明打交道的师旷，在九泉之下又给折腾出来跟城里人再玩了一套呼风唤雨的新花招！

　　再一个实例就是关于乐社组建日期的种种言说。本来，民间艺术组织的立会年代就是不可确考的事，对于屈家营来说，只有抄于老谱本上的一段文字可资凭据。封面写有："音乐谱，中华民国三十七年七月十五日抄。谨慎保存。屈家营村音乐会"。扉页文字有"第四次序谱"之句。①

　　按照民间习惯，续抄新谱后老谱本便弃而不存。序言所写"第四次序谱"，说明现存谱本的老底本上应该写有与此相似、记录传抄时间的序言。"序谱"的"序"字，用如动词，意思是每次续抄新本，都要记写类似上面的文字，用以作"序"。写一次"序"，就是"续"一次谱，"序""续"于此，可贯可通。按照民间手抄谱本大约使用50年的规律推算，"四次序谱"即是从1948年（民国三十七年）回溯200年，最初

---

① 扉页文字："本会自创始来，迄今亦不详其数载。传至我载，旧谱堪堪将息，唯恐失传。于民国二十七年七月十五日，幸有本会香首胡毓麟、总管屈运棠、帅者林茂财、许德发热心巩固，第四次序谱。望祈后世人等，谨慎保存，传流后世，万勿失传。抄录人屈树芬、香首胡毓麟、总管屈运棠。"

底本抄于1748年左右。另据会员回忆，乐社的"天罗"（演奏时撑起的"乐棚"）上也有类似史志。① 以上两物可以证明，乐社于清代中叶，已经开始存传。至于会里流传的乾隆年间曾进京表演并获皇帝赐匾之类的传说，与其他音乐会的同类口传历史相同，都无法证实。

但是，屈家营音乐会保留着一支鲜为人知的玉质管子，这确实是京畿音乐会中唯一仅见的、采用昂贵质料的乐器，因此也就成为唯一拿得出来证明乐社来源非同一般的依据。每遇采访，谱本和玉管，都作为会史明证，放在醒目位置。乐呵呵的老人们总是侧过脸来漫不经心地对身边坐着的音乐水平跟中学生差不多的记者笑着说："这是皇帝赐给乐社的。"那一瞬间的效果可以让不了解乐器却喜欢古董的人如同服了千年人参，得到超级的补养和刺激。这件从音乐家角度看来或者从音响效果上来说没有多少意义的乐器，却成为从会员角度看来，或者从历史意义上来说必须一提再提的器物。玉质管子在公开场合被无数次强调，以至于终于被认定其价值连城的本村人私下藏了起来，再也见不到了。玉质乐器的丢失叫会员们哭笑不得，尴尬异常。

把一件超越普通质料，代表着华贵身份的乐器作为本村本会与清代宫廷之间联系的物证，这样的叙述当然不简单，让听者无法忽略其中的复杂面向。人们可以说玉质乐器不一定出自清廷，却无法说玉质乐器一定不出自清廷，须知，"水晶鞋"只能出自宫廷，言外之意自然是，穿上水晶鞋者当之无愧就是曾经的公主、眼下的灰姑娘。如果说民族音乐学早已超越了把乐器仅仅作为发声器物进而转向揭示其中的隐喻和象征的话，那么屈家营的乐师早就具备了超前意识，践履如此释义家传"宝贝"的方法了。无法辩驳的通向宫廷的超级链接和叙述方案，就以乐器的昂贵质料吊诡地服务于言说"立会岁月"的目的。一场弥漫着浓厚宫廷戏味道的辩解中，让人多少产生出迷离乃至暧昧的感觉，如同一般人撞见

---

① "本会自开会以来，已不详数载，嘉庆（1796—1820）年间行将失传，现有某人等扶持资助，于咸丰三年（1853）再兴本会。"天罗毁于"文革"，原物虽亡，事历不久，乐师们记忆犹新。

了传世珍宝时的犯难,既不能相信也不能不信,似是而非的状态恰恰是乐社希望人们保持的状态。这种叙述确实是理解当时社会需求的关键,也是体味乡村精英追求宫廷化背景的深刻寓意的关键。

屈家营音乐会到底是想把传承如他们所言的那样推进一步,还是借由传媒渠道把自家的道路推进一步,我们自然也心知肚明。不管怎么说,他们已经把大规模宣传并借势向政府要挟变为谋取自身利益的建设性行为。无论如何,当一批批来自京城的官员、学者、记者,开着各种型号,会员们绝对叫不出牌号的汽车,浩浩荡荡涌进小村庄的时候,会员们真正意识到,自己的历史将要彻底改变了。如果把50年代"子位村吹歌会"被动接受采访与屈家营音乐会主动借用媒体进行比较,就会在两个同处河北的民间乐社采取的不同态度上,看到两代农民对社会环境变化以及新闻媒体的不同回应。这就是频频登上现代政治舞台和艺术舞台的民间组织,被不同时期的城市人以不同方式塑造和讲述,却被唤起的民众反过来利用的历史学意义。

老实说,"想当初"中国音乐研究所的学者对媒体的认识与林中树对媒体的认识并无多大差别。他们开始关注的当然是学术问题,但面对农民的贫困而生的同情心又使他们的关怀不止于学术。后来,学者们一厢情愿地认为,只要乐社得到更多捐助,就可以重新振兴,而要想重新振兴,就必须依靠媒体参与,至于捐助对乐社的影响以及是否依靠经济捐助就能恢复传承等一系列正负极的反映,还尚未有治本之策,来不及思考。总之,他们连同媒体一样天真地寄望于社会舆论的呼吁和支持,尚未想到经济的"双刃剑"对传统的冷面影响。北京"百花公司"的经理是位质朴的人,对民间艺术素来怀有的情感来自自然的感动,他慷慨解囊、为国分忧的举动,鼓舞的不单是农民,还有像受惠人一样不太冷静的学者和记者。那个当时还是个令人兴奋的数字使包括中国音乐研究所全体研究员和乐社全体会员在内的关注者产生了过分的幻想。

屈家营音乐会的演出,为城市人了解刚刚步入改革开放时代的传统音乐究竟处于什么状况打开了一扇门。乐社也充分利用名声,四处化缘,使质朴的民俗活动逐渐向商业行为转化,这就是现代媒体对传统文化产生的巨大影响。当然,一个乐社发现原本的仪式行为具有某种商业价值,正当利用,交换生活需求的动机,没什么可以指责的。屈家营音乐会的想法最初十分单纯,就是要把雨季泥泞不堪的土路变为柏油路。那时,昔日的生活方式连同昔日的观念仍然未顺着刚刚开始延伸进乡镇的柏油路走出村庄,何况当时还有百分比相当高的乡镇未通柏油路,屈家营这样的小村庄更是排不上号。"行路难"仍然是开始希望通商的新一代村民最苦恼的事。

一方面,经济上自给自足、行政上自治自理、文化上自娱自乐的小农经济体制,被大规模的经济变革逐步瓦解;另一方面,兴庙建祠、朝顶庙会、结社立会等传统体制,以完全相反的形式整合着分散的农户联合村落。屈家营音乐会以弘扬传统文化为名向外界广造舆论,并以京城高官与著名学者的造访为要挟,向地方政府施压修路,成为传统社团凝聚民众,以最传统的换最现代的典型事例。难以拒绝的理由,使经济上同样窘迫的上级行政部门左右为难。县政府一方面希望利用屈家营的古老文化吸引京城官员,另一方面,又被精明的乐社折腾得处处被动挨打。乐社为了修路打起的旗号和由此引发的一系列波及上至全国政协会议提案、省政府预算会议,下至县政府年度计划会议上的行为,成为聚合村落联合体的一项强有力的动力。无论如何,"要想富,先修路"。想法一旦确立,就成为全体会员乃至全体村民共同奋斗的目标。全村上阵,决不妥协。他们制订了一系列计划,并毫不迟疑地付诸行动。

1997年,也就是林中树只身闯京城的第十一个年头,中国音乐研究所第一次采访,全国人大常委会委员吕骥、全国政协委员赵沨第一次莅临考察的第九个年头,音乐会第一次到中央音乐学院演奏的第八个年头,中央电视台拍摄播出电视片的第七个年头,屈家营终于得到了林中树磨破了嘴皮子、踏破了脚板子才跑来的50万元人民币"巨额"的筑路拨款。

一条铺在平日里尘土飞扬、雨季里泥泞难行的村路上的柏油路,终于与县级公路成功对接，从而结束了封闭村落与外界的联系，也在观念上开通了一条走向致富的通途。"康庄大道"的建成，无疑向各自为政的小农制度宣布：只有村落的艺术组织而不是村委会，可以解决个体家庭永远不能完成的重大经济建设项目。当被全村人认定为通向富裕的大路终于以平坦姿貌从村头延伸到县级公路与"现代文明"对接后，当村民们那一双双在泥泞土道上踩了一辈子、半辈子或三分之一辈子的脚，踏到了坚实的柏油路面上时，村民们对音乐会可能创造的奇迹已经深信不疑！

三、新节日——绝无仅有的民俗

农民对恩人的情感之深，常常让城里人预想不到。屈家营音乐会竟然做出了一个普天之下闻所未闻的决定，把中国音乐研究所来访的日子当作"节日"！年年操办，岁岁如之。自1987年始，每年3月28日，音乐会践盟履约，广邀宾朋，集会奏乐，隆重纪念，真的如同"过节"一般。被一个社区认定为"节日"的某一天，一定是对于该聚居区意义重大的日子，就像农历节气一样，半点含糊不得。不是哪个日子都能随随便便、草草率率、说"过节"就"过节"的。这个日子的特殊性和称呼方式，反映了屈家营人对于改变自己命运的日子的重视和"吃水不忘掘井人"有情有义的古老心结。

每年"节"前，都是林中树掰着手指头倒计数的日子。他会提着每个中国音乐研究所的人几乎都认得的流行于70年代的黑色塑胶手提包，跑到北京音乐研究所，抄起一部对于他来说免费的电话，翻出厚厚几大本名片夹，一页页翻开，一页页寻找，两腿站立，拉开架势，扯着嗓门，向北京、向天津、向石家庄、向廊坊、向保定、向固安县，拨通一系列内容相同、半恭敬半命令的电话，把北京市、天津市、河北省、廊坊市、固安县的教授学者、各级领导、媒体记者请到村里来。许多老熟人，更是千叮咛万嘱咐，务必拨冗，务必驾到。

开始时,"过节"地点安排在住户院落中,后来安排在村小学校院中。历年仪式,套路相同。先由领导——从最高级别到基层组织,一一致辞。如果中央音乐学院名誉院长赵沨能来,总要说上几句。当然,中国音乐研究所所长乔建中,也总要从学术角度讲一下冀中笙管乐在中国传统音乐中的价值和地位。按照通行的官方惯例,依次是河北省、廊坊市、固安县、礼让店乡的领导讲话。领衔的首长讲完了话,接续的学者讲完了话,后面的人似乎也没有多少可说的了。但既然来了,都得一一表态。虽然是些客套话,但对乐社来说,仍然是莫大安慰。首长和学者每次对在座老乐师指名道姓地肯定和赞美,都让他们在交换的目光中满含无与伦比的幸福和喜悦。不用说一群农民乐师,就是专业音乐家,受用这等赞美,也会美滋滋的偷着乐。

发言之后就是奏乐。数年来形成的一套演出程序,让没有民间音乐经验的访客,了解屈家营在保护传统音乐方面具有的优势。屈家营"销售"的是乡村音乐,否则客人跑到这里来干什么。先是笙管乐演奏一套风格古朴、"看家"的"大曲",接下来是节奏略紧、风格欢快的"小曲"联奏,再接下来就是"锣鼓声错"的"法器"。被誉为"天下第一钹"的冯月池,日中的慧光和司乐的神情,便成为最受瞩目的看点。法器行至高潮处,冯月池那一组组或翻或转、或腾或收、或推或捂,舞动中透出的灵气,以及伴随着一组组动作而来的或强或弱、或抑或扬、或暗或明的声音,就让在场的人一次次鼓掌欢呼。眼花缭乱、洋洋乎盈耳的"法器",几乎就是节日高潮了,让所有来客惊叹不已,也赞叹不已。

之后,就是老乐师集体韵上一段工尺谱。只有专业音乐家才能看得懂的古老谱式,不但是乐社历史的见证,也是显示传承者功夫的方式,更是让外行人敬佩民间潜藏"高文化"的量尺。韵谱的效果是惊人的。面对保留了数十年的民间抄本和看着面熟却唱不出来的"谱字",几乎所有人都是一脸毕恭毕敬。来访者像触摸国宝一样,既爱不释手,又小心翼翼,翻上两页乐谱,发出懵懵懂懂的啧啧赞叹。

刚刚经历过"文革"的乐谱焚禁,谁也想不到还能见到前朝遗物。

十余年的"坚壁清野",导致了一个严重后果,那就是承载历史文化代码的老谱本几乎荡然无存。只有极少数在红卫兵横行范围之外的乡村被无畏的乡民收藏起来,侥幸存留。老谱本的稀缺以及大部分当代人不再认识的谱字象征的历史文化记忆,就是所有面对它的城市人心头感到沉甸甸的原因。经过民族记忆中断的极端年代,老谱本本身就是一种象征,代表着传统文本守护者的文化品格以及田园风光、牧笛悠扬的温存记忆。

赵沨是部长级干部、全国政协委员,最令乐师自豪,也最令当地干部无奈。他几乎年年来,总是带上两瓶好酒,与乐师们痛饮两杯。部长级干部对民间乐社的关注在当地产生了巨大影响。他的头衔对于地方官来说具有震慑作用。他都来了,别人能不来?再推脱"日理万机"也说不过去呀。他给冯月池写下的"天下第一钹"的墨宝传为名句。这位在学术上、政治上有点让年轻一代接受不了的领导人的是非功过这里不予评价,但他对这家民间乐社的深厚情感和坚定支持,着实令人刮目相看也令人感动(2007年,乐社在赵沨90周年诞辰、去世五周年的纪念日,采用传统方式到中央音乐学院演奏,以报知遇之恩)。

中国的地方官员十分清楚,对于不是直属的上级领导,即使是京城高官,其指示对仕途的影响,不能说完全不起作用,也是基本不起作用。京城高官不能直接制裁他们。但地方官员又希望结交一批京城高官,因为那些鼎鼎大名以及与他们的合影,都是向当地官员和同事炫耀的资本。结交名流是历代官员的通识,为了显示身份、文化修养和若隐若现的背景,这种资源就成了资本。如果把京城官员的话都置若罔闻,也就把自己的路给堵死了。

正是与职位或高或低的城里人打交道的经历,使林中树逐渐认识到农民身份的有利与不利,并充分利用其两面性。有利的是,他是一个普通农民,嘴里说出的话可以没轻没重。他的朴实憨厚,使提出的任何要求都让城里人觉得合理,只要不难办,都应该给予帮助。城市人认为能够给予满足的,不会拒绝其要求。修路的要求固然很高,但即使是这项要求,从他嘴里说出来也恰如其分,属于官员认可的范围。虽然回应要求不是一个人所能够决定的事，但一群憨厚农民年复一年不断提及，自然给当地政府无形压力。双方的交流逐渐发生着变化。县政府对发展经济的焦虑与屈家营在国内知名度的崛起碰撞在一起，使政府希望利用社会对音乐会关注的愿望，开始向另一面转化。政府与乐社经历了一场弘扬固安名声的"蜜月"后，迅速被乐社高要价的焦虑所代替。这是地方官既希望到屈家营参加节日又有点怵头的潜在原因。一个地方官员对于比自己职位高的官员所说的话可以一次不听，但不能总是不听，因为每年都要在屈家营碰面。

当然，对林中树的不利是，他无法让每个有权的官员都关心乐社，而决定命运的就是地方官。他的要求，别人可以答应，也可以不答应，或者说表面上答应而实际不答应，拿那些久不兑现的承诺毫无办法。

与老林打过交道的人，都会被其执着感动，也被其执着折磨得无可奈何。他不会轻易放过你，一定要达到目的。每次的目的，都十分明确。他的努力并非每次成功，但每次的挫折和成功，都给了他更多结实的人生哲学和再次备战的勇气，也给了接受者不得不让步的迁就和歉疚。

"节日"期间，按照中国人接待客人的惯例，当然要会餐，本着乡村社会聚集一堂、热热闹闹、喝酒吃饭的传统，乐社总以力所能及的方式招待四方宾朋。磨刀霍霍，烹羊鼎豚。乡村饭菜，对于京城来的人算不得什么，可对于村民来说，已是倾其所有了。乐社总是按传统方式，上几碗几乎没人敢碰的大肥肉。张罗铺排，让人心疼。虽然客人们总是提议，最让城里人喜欢的还是新鲜的花生和玉米，但主人那种"莫笑农家腊酒浑"的犹存古风，也总让客人感动。乡村里款待外人的老式菜单，确实让人觉得那种质朴与热情不合时宜了。中午吃完饭后，客人便开始陆陆续续离开了（常常在半推半就的"谦让"中把刚煮的花生和新炊的玉米倒入囊中）。乐师们又是不断的握手、不断的再见。

把岁岁如之的仪式仅仅作为一种社会交往，当然没必要加以详细描述，但如果把其看作一个民间会社借此机会向社会宣扬存在价值的举措，其中的社会学或者民族音乐志的内涵，就有了"深描"的意义。毋庸置疑，屈家营的精英们当然在盘算，应该通过怎样一种途径持久保持渐渐热乎起来的"城乡关系"别冷却下去？怎样才能与京城音乐界、新闻界建立永恒持久的联系？如何让能够提供潜在利益乃至决定村庄命运的领导人按时前来探访？一群农民，身无长物，除了质朴的音乐和新炊的玉米，没有什么办法能够长期维持这种关系。只有一个办法，一个像节气一样循环往复、运转下去的办法，这个办法就是"节日"。

民间乐社通过一个自我设计、古今皆无、郑重其事的"节日"，向社会发出呼唤，向根本不理会其存在的皇城发出信号，希望长久地引起公众关注，引来官方垂顾，引来经济支援。以艺术的方式、传统的方式、节日的方式，以笙管铙钹的冲天巨响，发出呼唤，这是民间组织亘古未有的制胜奇招！把一个可以说对民俗、对历史、对艺术、对普天之下绝对没有意义的普通日子"法定"为"节日"，一个比盖了村委会公章、音乐会公章以及乐师们的私章和鲜红指纹还要铁板钉钉、获得整个村民全票通过、一致拥护的"节日"，就是渴望城市人懂得，农村人对待城市人的判断多么重视，多么不想扯断那根连接着城乡、连接着京畿却看不见的如丝如烟的脆弱纽带。

为收宣传之效，决定在纪念采访日之际举办节日，既可以向京城展示新近努力传承的成果，也可以打打知名度。效果果真如此。每年节日，都能给村民带来意外和惊喜。场院上停满的大大小小的汽车，可是当年满眼土墙泥屋、古柳草径的乡村根本见不到、令乡里乡亲无比自豪、异常壮观的景色。村民们当然明白，一排排汽车意味着什么。因此村里人更加坚信，这是一个大有前途的"节日"，对屈家营来说，潜在价值绝对有望超过春节。

四、第一座乡村音乐厅

"节日"庆典总在寒酸的乡村小院举行，让会员觉得难为情。渴望有个拿得出手、敞敞亮亮的地方招待宾朋，为本村赢得荣耀。别以为道路通了老林的行动会就此打住。一个计划成功实施,另一个计划便应运而生。老林的野心没完没了。他坚定地认为,没有不能实现的梦。必须为乐社建立一个长年活动基地,一座现代"音乐厅"。

老林的想象,永远以城市为范本,甚至开始脱离自己的立足点。本来冀中乡村的音乐会都有个活动场地,称为"官房子"。不知什么原因,屈家营没有留下一间这样的公共活动空间。但是,老林不想复制其他乐社的模式,另起炉灶,干脆向城市看齐,建立一个城市化的"音乐厅"。此念一出,一片哗然。如果说音乐会为本村修路而不断呼吁社会各界赞助几乎得到了所有人理解和响应的话,那么要求建立一座村级"音乐厅"时,大部分听到的人都有点摇头,觉得超出了民间乐社的合理需求。前者是雪中送炭,后者是锦上添花。与铺平一条道路相比,此番追求的"可爱性"似乎已经消失。

老林可不这么想!他锲而不舍,直接投书文化部。也是天道酬勤,因缘凑巧,音乐会的要求竟然意外得到时任文化部部长孙家正的支持。部长亲自批示,拨款十万元。来自文化部的拨款对于当地政府来说,无疑就是追加拨款的命令,也无疑就是音乐会软腰背后的硬杠子。

老林真是赶上了好时候。以先斩后奏、越级方式处理事务的举动,虽然遭到县政府和许多人的反对,但文化部部长的亲自拨款,为老林的威信,猛加了十分。

音乐厅终于在 2006 年建了起来。但没钱装修,像个空壳,立于村头。村内经济收入只能应付部分装修款项,终因投入太大而停工。十几万的贷款,何时归还。立项盖房是一难,装修打扮,"斯又办事艰难之另一端也"。幸好,国力增强,地方政府已经有能力帮助原来无能为力的乡村建设了。但大部分钱款,还要乡民捐助。在此问题上,几乎所有会头都表达了两难选择:对会社负责还是对全村负责。一方面,他们是会员推举出来的,必须履行当初的承诺,维护会社权益。另一方面,又必须让全村人懂得,他们动员大家捐助,不是为了乐社,而是为了全村。他们必须完成自己的使命。

无论如何，老林念叨了三年、筹划了三年、争吵了两年、施工了一年半、停工了半年、装修了数月、总耗资80万元的音乐厅，总算建成了，虽然平常闲置着，但终于在"节日"期间派上了用场。乐师穿上统一服装，体面地坐在干干净净的舞台上演奏。虽然经历过农家小院"过节"的客人，瞅着"音乐厅"里像以前一样满地乱转悠的狗，总有种前景与背景不相称的感觉。

不管怎么说，当数百平方米的音乐厅矗立村头，飘出笙管时，一座农民营造的崭新文化空间，就成为乡村音乐史上从来没有的第一桩新鲜事儿，不但全村为之自豪，甚至全县为之自豪。无疑，这成为改写乡村文化史的空前纪录。

音乐厅再一次向村民证明，音乐会确立的坐标，就是整个村庄努力的坐标；音乐会致力的事业，就是整个乡村的福祉，它决不只为自家的利益奋斗。因此，音乐会以何种面貌出现，就成为今后一段时期整个乡村面貌的导向，反映整个乡村的基本生态。建立音乐厅的举措，显示出民间艺术组织在学术机构和政府机构认可后继续向纵深发展的新趋势，显示出民间文化向城市文化发展的新趋势。因宣传需要，进而引发由中央政府拨款、地方政府协助、乡民集资兴建音乐厅的举动，使乐社成为推动社区经济发展的"超级"组织。

显示了乡村精英智慧的音乐厅，为希望有所作为的新农民提供了平台。他们在舞台上发挥出庄稼地里永远施展不开的抱负。隐伏在青纱帐里的悄然变化，使观察乡村文化变迁的学者感到了落伍，使中国音乐研究所的学者们一次次瞠目结舌。老林在青纱帐里和青纱帐外一次次的出色导演与表演，刷新了民间乐社史上的一个又一个纪录，一次又一次证明了农民也能做到城里人难以想象、难以做到的事。那个被学者们一致地、坚定不移地认为可能性与太阳撞地球的概率相差不大的音乐厅，赫然矗立村头的景象，让似乎颇有前瞻性的书生们面对绝对的"后现代"现象哑然"失语"。一根管子，撬动京城，凭空"吹"出一座音乐厅来，如果不是眼见为实，谁都会认为是现代神话！

五、挺进智化寺

1950年，几乎在所有音乐学领域都是先驱人物的杨荫浏，采访了到天津调演的河北定县子位村"吹歌会"，继而发掘了隐藏在北京禄米仓胡同5号的智化寺"京音乐"，从而呼唤出冀中笙管乐研究的第一片云霞。可以说，子位村"吹歌会"在天津演出的笙管，吹响了畿辅大地上第一首清亮的"引曲"。引发冀中平原上民间乐社大规模普查的寺院，也真的让冀中平原上的文化显出了奇异光辉。薛艺兵、吴犇在调查报告中从学理层面把屈家营的传统与智化寺联系起来，没想到这层漂浮在历史时空中若隐若现的技术联系竟然一语成谶，变为两家联姻的现实景观。

在京城近郊发生的事儿，容易引起中央媒体关注。屈家营的影响范围一下跨越了地方政府，直冲京城。笔者曾受林中树委托，给时任中央电视台台长的杨伟光写信。杨伟光接到信后，马上做出回应，委派《东方时空》栏目拍摄小组进驻屈家营，拍了两集保护和抢救民间音乐，多少有点情节的电视片。片中介绍了乐社现状，几个"骨头"（乐社顶梁柱的称呼）的排练场景，以及老乐师们如何韵谱、如何看待前途的谈话。片中以相当篇幅介绍了一位年轻盲人学笛子的过程。结尾有点悲凉，似乎传承只能维系在一个年轻盲人身上。学者们虽然很不满意不太了解传统音乐的导演为什么把时间花在一个年轻盲人身上而未记录老会员们精彩技艺的介绍上，但无论如何，电视片播出后还是引来了强烈反响，落到实处的，就是北京智化寺决定从屈家营招收一批孩子，进入寺院，传承技艺。

这可是件天大的好事！整个乐社、整个村庄、整个县城，都为从天而降的好消息欢欣鼓舞。一群农家子弟进入京城寺院学习技艺，最重要的是落户京城，这可是农村人梦寐以求的事。智化寺的管理者明白，寺院特点就是"京音乐"，没了"音乐"，智化寺就像成千上万没有声音的寺院一样默默无闻。所以，留下这批孩子是寺院管理者的真心。让农家弟子到京城找份拿固定工资的工作，更是全村人的心愿。这个主题，跟捏面筋一样，被翻来覆去地谈论着，一时成为村里人最关心和灌满耳根子的话题。

1991年挑选的学员有：胡庆学（1974年6月13日生，管子）、胡庆友（1974年7月21日生，笛）、屈永增（1975年10月21日生，笙）、屈炳庆（1976年6月6日生，管子）、姚志国(1971年4月25日生，笙)。全部是老一代乐师的"子弟兵"。1992年4月，智化寺隆重举行了"智化寺学员拜师会"，七家媒体对此做报道。

按照谱序，智化寺最后一位传人84岁的张本兴师傅应该算第26代传人（师从智化寺第25代和尚普远和北京广济庵的德声、明声师傅），如此算来，胡庆学一代就应该被称为"27代传人"。他们都是屈家营1988年开始培养的弟子。张本兴师傅一点点教年轻人韵谱，几年下来，已经能够把智化寺的所有传谱，全部背诵和演奏下来了。

但是，户口问题远没有想象的那般顺利。智化寺属于北京市文物局管辖。几十年间，已经深深懂得失去特色就意味着失去市场的管理者，当然希望引进一批有音乐基础的孩子，营造旅游热点。尽快解决"新艺僧"的户口问题，使其安心，是双方愿望，但办个北京户口谈何容易。拖了几年，依然未成。1991年至1996年，被"智化寺文化保管所"招收为"智化寺京音乐见习考察班"的学员，不得不再次回乡务农。直到2004年4月，"北京文博交流馆智化寺管理处"又把他们请回来，并于2006年正式授予"智化寺京音乐第27代传人"。

2004年"二进宫"的传人们已经有家有室，只好来来回回地跑，也不知道自己到底是城里人还是乡下人。哪边需要，哪边待着吧。"新艺僧"每天上午和下午，在固定时间演奏两三次，一次约半小时。虽然智化寺恢复"音乐"的消息誉满京城，也成为全国保护文化遗产的典型，但户口问题依然没着落。

当然，这不妨碍他们为智化寺贡献青春。2004年8月，为寺院传统乐曲重新录音，并出版CD。这一年，还为东城区遂安伯小学和北京第二十七中学民乐队的师生定期教授音乐。孩子们按时到智化寺学习"京音乐",2006年,"27代传人"与学生们在"青少年民族民间文化艺术教育基地"的开幕式上联合演出。2007年,为美国驻华大使外交官演奏,还参加"北京市非遗保护项目展演"。2008年,为美国"纽约爱乐乐团"的同行演奏,同年为北京电视台《北京的胡同》拍摄节目。可以确信,"新艺僧"的音响已经与智化寺的建筑融为一体,成为这个景点上不可或缺的因素。

无所不能的老林,对孩子们的户口问题当然是一筹莫展,但还是利用了本村孩子进入京城寺院的荣耀。1994年,廊坊市固安县一个不惹人眼的宾馆里,召开了中国音乐研究所第一次与一个村庄互动,独树一帜的学术研讨会"首届中国民间鼓吹乐学术研讨会"。主办者请来了三家音乐会为与会者演奏。一边采访,一边开会,一边赏乐,这个会,大家开得高兴。会议影响了以前坐而论道、不事实践的模式,其后结集的《民间鼓吹乐研究首届中国民间鼓吹乐学术研讨会论文集》也因把一个乐种的历史记载和民间回忆辑录为正规记述而影响颇广。需要提及的是,当邻近的雄县韩庄音乐会、霸州市高桥村音乐会与屈家营音乐会一起演奏时,这种场合通常沉默寡言的老林,突然站出来炫耀资本,发表了一通讲话,把自家乐社与京城智化寺的联系大大宣扬一番。这通表白,无疑是向其他两个乐社宣布自己的正统地位和高人一等的优势。惧怕同一环境中潜在竞争对手的自我保护意识以及试图永保领先地位的意识暴露出来了。

老林的行为,解读起来十分可爱。他必须面对京城人不断诉说乡下,又必须面对乡下人不断诉说京城。在京城人面前显示自己的乡下身份,在乡下人面前显示自己的京城身份。无论如何,我们还是半是欣喜、半是忧虑地看到了北京智化寺的传统终于被来自屈家营的弟子们接续了下去,也看到了屈家营的传统在京城得到"充电"。没想到,民族音乐学的"双重身份"还能有这样的解释。

六、冀中学案

屈家营的柏油路是一条看得见的路，还有一条看不见的路。

自从薛艺兵、吴犇《屈家营"音乐会"的调查与研究》发表以来，"屈家营音乐会"几乎成为20世纪80年代以来民族音乐学界的一个"图腾"，指引着新一轮田野考察的方向。研究成果如雨后春笋，一茬接一茬地层出不穷，到了有点拥挤的程度。一石激起千层浪，由此引发出一个20世纪以来规模最大，简直可用"运动"一词来形容的田野考察"学案"。没有任何一个采访点聚集了如此多的关注目光，20年间发表的论文足以成为民族音乐学值得自豪的目录单。附录中的统计，只是令人兴奋的成果中的一部分，报道性质的文章多到不可胜计的程度，至于直接引用或间接吸纳这些论文的论文，更是无法——列出。粗略统计，共有：博士论文六篇，两篇英文，五篇中文；硕士论文12篇；学术论文50余篇；英文专著一部。

如果不把成果一项项列出来，大概不会有人相信会有如此多的学者和学生涉足同一地方乐种。所以，简直找不到比"运动"这个有点过时的词形容这一集体行为更贴切了。当我们获知河北大学音乐系齐易教授带领的研究生群体还在不断加入，成为一支越来越具特色的地方军团时，真有点担心"运动"演变成"风暴"。年轻学子的陆续加入，使将来的研究深度和广度都难以预料。

1987年的田野考察和研究论文，引发了一系列的后续行动，无须说，冀中学案的成果形式已非一般论述，而是厚厚的、数十万言的博士论文、硕士论文。薛艺兵、杜亚雄、李莘、林敬和（Enrico Rossetto）和我，先后写了博士论文，钟思第（Stephen Jones）写出了专著《万善同归》。肖学俊第一个以屈家营为题写了硕士论文，然后是李莘（硕士论文、博士论文）、谢穗、王延宏、刘丽斯、庄晓庆、崔晓娜、白莉、宋博媛、刘东兴，硕士论文竟达十余篇，当然，数目还在增加。更为重要的是，英国学者钟思第、意大利留学生林敬和的加入，使这一话题提升到国际层面。

历史学家总希望在"扎堆"的后果中圆通一个合理的前因。其中原因有以下几个。

（一）20世纪90年代初，中国音乐研究所的乔建中、薛艺兵、钟思第和我，组成"冀中、京、津地区民间'音乐会'普查小组"，对河北省的保定、廊坊、沧州市下属的市县及北京、天津郊县的民间笙管乐社"音乐会"进行全面普查，走进数百个村庄，访问了上百家乐社，《中国音乐年鉴》连载了50家乐社的采访资料。对京畿地区乐种、乐师、乐社、乐器、乐谱、乐曲的探讨，成为我们未曾间断的课题。改革开放以来学术研究机构的第一次大规模普查，已经不同于"文革"前的田野考察了，学者们在研究方法上获益于西方民族音乐学的新理论和新观念，把文化背景和民俗仪式纳入其中。当时真是遇到了千载难逢的好时机，"文革"刚过，经历过民俗繁荣期的老一代乐师都有一股压抑了十几年、按捺不住恢复传统的劲，他们身体尚健，恢复乐社的热情一触即发（实在说来，现在进行研究多少有点迟了，年龄最长、技艺最佳的那批乐师已相继故去）。无须说，研究成果的每一次叠加，都被音乐学界情不自禁地与综合国力的强大和学术观念的更新联系一起。此为"天时"。

（二）河北离北京最近，冀中平原近在咫尺，田野调查花费不多，平原上的交通也相对方便。音乐会如此之多，随便跑一家，就够干一阵子了。当然，最重要的是，题目也确实有令学者激动和兴奋的地方。屈家营音乐会的发现之于从事民族音乐学研究的人来说，就像曾侯乙墓之于从事音乐史学的人一样，就像50年代大庆油田的发现之于石油人一样，京城的学者终于发现了卧在身边的大油田，储量之丰，地域之广，前所未闻。被媒体关注了20年，在电视台的无数次播放中与老一代领导人一起愉快交谈的老乐师形象，已经成为公众话题，许多人耳濡目染过那些生动画面。无须说，中国音乐研究所的学者走向田野的行动，带动了一大批人。此为"地利"。

（三）谈及"冀中学案"的步步深入，不能不说到时任中国音乐研究所所长的乔建中。

"老乔"与"老林"相遇,也是一段说不清、道不明的缘分。"老林"属大龙,"老乔"属小龙,大龙小龙,一拍即合,导演了20世纪鼓吹史上一段双龙腾越,让人眼花缭乱的"龙舞",真把一颗大红珠"戏"出了彩。一个局内人、一个局外人,一个乡下人、一个城里人,一个农民、一个学者;联袂执手,心有灵犀,从各自的角度,呼唤社会,关注底层。大龙小龙,一起焦虑,一起兴奋,相互补台,内外呼应,把屈家营的故事演绎得撼天动地。

老林说:"老乔是第一个给了我明确答案的人。"

老乔说:"老林是我见过的最有心的人。"

因此,一对为了弘扬传统音乐而奔走的患难兄弟,不但鬼使神差地邂逅相遇,而且交情越来越深,到了隔一段时间不见"风雨故人来"就有点心里空落落的程度,真的是历史机缘加神秘机缘,不可思议实现的"超链接"。实在说来,一伙贫困乡村中的农民乐师与一群身处京城的学者教授之间的交往,注定不会是"平等沟通",但以从事民间音乐采访和研究为业的乔建中,靠敬业精神、职业敏感和细微体贴,巧妙地契合了一位乡村干部没完没了的要求,让老林真正感到了"平等沟通"。

现实给"老乔"提供了一个历史机遇,他恰如其时地利用了一个新发现的采访点的学术价值和社会意义,揭开了把新理念加入老话题的新一轮阐释。老乔的行为与以往不同的关键就在这里。新一轮阐释,不仅是书本的,而且是行动的;不仅是扶手椅的,而且是田野的;不仅是学术的,而且是媒体的。学者的智慧,外加民间的智慧,更添媒体的智慧,既有臭皮匠,也有诸葛亮,能不掀浪兴风?音乐机构不但与民间乐社携手共进,更突破了学术研究与媒体报道各行其是的模式,联手媒体,相互唱和,让整个社会忽略民间的冷视态度为之大变。

1986年以来,乔建中几乎年年都去"过节",与每位老乐师建立了深厚情谊。每当走进屈家营,就会有一大群乡亲围着他,这是城里生活中不多见的景观。对老林等老乐师的个人困难,老乔也总是解囊相助。

这些琐事可见他在待人接物上对农民的态度以及并非因为把对方当作研究对象才有的忠厚品性。

他总是在屈家营的"节日"上向媒体反反复复地讲:"音乐学家要用专业知识与媒体合作,逐渐改变社会对传统音乐的忽视态度。改变过分崇洋和忽略民族音乐的社会现状,要靠学者们和记者们一篇篇文章、一次次谈话,逐渐起作用。"确实如此,"冀中学案"的推进,就是靠学者、记者的一篇篇文章、一次次谈话、一堂堂讲课、一次次"过节",逐渐改变着。地方乐种生态环境逐步得到改变,让大家像认识保护环境与切身利益相关一样理解到民族文化资源对地方文化的重要意义。就是年复一年的"节日贺词",通过报道,影响了整个社会。这种局面与乔建中二十余年坚持不懈的努力和招引学者们不断参与的积极态度密不可分。此为"人和"。

有了"天时、地利、人和",自然"风景这边独好"!

冀中音乐会的研究产生了不一般的学术影响力,不一般的学术影响力来自于参与群体不一般的高学历,不一般的"高学历"们又来自不一般的领路人,这个半有组织、半无组织,让大家齐刷刷站到了同一条起跑线上"起拍"的领路人,就是乔建中。

一系列的"不一般",反映了一个新的研究群体开始上阵了。他们带着一肚子新理念,身怀利器,背负行囊,走进冀中平原的青纱帐,像当年的"平原游击队"一样,时而"打一枪换一个地方",时而定点住居,深挖地道,或普查、或定点,或宏观、或微观,终于把"冀中笙管"鼓捣得像"平原枪声"一样不绝于耳。

如此一支高素质的队伍中,有博士、有硕士、有本科、有海归,有中国人、有外国人、有住在外国的中国人、有住在中国的外国人,有一个单位结队而行,有不同单位共聚一村,如此一群应声而来、同赴相异、啸聚京畿、难得一见的理想团队,怎能不折腾出点事来?毋庸置疑,如此景观,民族音乐学的采访史上,未之有也!

当我们提到学术进步的繁荣景象并尽量因为自己的参与而保持审慎

态度时，并不否认这一行程中的跨越式性质。如果以"不尽长江滚滚来"描绘民族音乐学发展局面的动人场景，那么"风景这边独好"则表达了第一批淘金者看到研究成果的不断涌现而生的喜悦。屈家营音乐会的定点采访与继后的冀中音乐会的规模普查，重新聚焦了民族音乐学界的目光，标志着新一轮书写民间班社史的转折，这不仅仅是对屈家营而言，更影响了整个民族音乐学界的发展方向，标志了民族音乐学时代的来临。"这无疑是采访史上的分水岭！"中国音乐研究所的学者们如是说。

2006年，国务院公布了第一批"国家级非物质文化遗产名录"，屈家营音乐会、高洛音乐会、高桥音乐会、胜芳音乐会榜上有名。2008年，第二批"国家级非物质文化遗产名录"，有更多音乐会列入了"扩展项目"。列入"国家级名录"的音乐会，得到了河北省和各级地方政府的高度重视，乐社也得到了当地民众的强力推崇。学术界影响政府决策、影响社会导向的状况，欣然可见了。乔建中与我，都是"国家级非物质文化遗产保护专家委员会"成员，我们毫不掩饰自己的偏爱。

七、本村人写的书

英国学者钟思第，早有个心愿，希望看到一本由本地人给本村乐社写的书，而不是外来学者写得太学术化、太格式化的"严肃"读物。如今，这个愿望真的实现了。出生在屈家营的赵复兴写的《古乐奇葩》，于2008年由中国文联出版社出版。

当然，这不是学术意义上的著作，讲故事、道传说的风格，也只能当作半虚半实、云霞满纸的报告文学，但这是本村人的第一次表达。村里人对自己的事儿最熟悉，对村里的"社会"最有感情，虽然按照民族音乐学的理论，"局内人"的写作有失客观，但许多纪实绝对真实。

为了不打破、不影响本村作者的叙述原貌，学术界没有必要按照学术方式解读它，更没有必要按照学术方式评价它。我们可以借用"双窗口"解读法，解构表达自家故事的愿望背后隐藏的树碑立传的乡土意识。

从学理上讲，即使书写成文，也无法通过故事来确定一家乐社的正统性，更无法把作者表述出来的地区优越性放进学术史领域。虽然作者的表述中，地区优越意识是通过一系列半是评话、半是现实、半是演绎的讲述确立的。问题的关键并不在于写作主体能否提供除了大量照片之外（那些当代名人的题词墨宝的图片，比什么都更让读者确信专家学者的肯定）的真实史料，也不在于作者是否具有真凭实据提供本村乐社与皇室宫廷之间联系的纽带，而在于乡村精英表现出来的历史意识和建构家乡权威的愿望。

对享誉天下的民间乐社以及连带的"写作"，是否因为有了自家人的叙述或一系列学者的叙述便意味着在学术价值上占有了制高点？音乐史并不缺少来自局内人的呼喊，仅仅从本家人角度来定位价值的高低，反而降低了局内人写作引发的相关理念的学术意义。问题的关键在于，局内人的写作体现出的意识是什么？对于民族音乐学的底层叙述启发是什么？这些既不能太当真也不能不当真的乡村叙事，都是民族音乐志面对的新问题。

余语：一套笙管、仈个调门

民族音乐志的作者常常对自己的采访深度感到不满，这促使他们去挑选那些能够提供详细经历、具备叙述能力而且故事也恰好处于观察视线之内的被访人。当然，学者几乎无法指望一个民间乐师具备非同寻常的叙述能力，即使他有非同寻常的经历。像老林这样的人，生活能力非同一般，而且也是见过大场面、见过大人物、蹚过大河道、经历了像过山车一样大悲大喜的人物，但他的叙述能力仍然不能表述心曲于万一，好歹，他的表现方式弥补了表达方面的不足。虽然乐师们的生活空间与我们的生活空间相去甚远，但在一系列往来于京畿之间演绎的故事中，他们的生活半径竟然与我们的采访半径重叠，因而提供了观察他们不遗余力拓展活动空间的机会。这个范围没有跑出扫视的广角，我们幸运地记录了23年来乐师们跑来跑去的身影。

写下他们的故事后也困惑,这个引起我们职业兴趣和强烈共鸣的乐社是不是太特殊了?他们的个人经历以及整个乐社的经历,与90%的民间乐社、99%的民间乐师、100%遇不上的机会大不一样,充满偶然,充满意外。这是否是默默无闻的民间乐社的典型?但是,对于描述"改革开放"的特殊时代来讲,这个故事也许真是个典型!

屈家营的故事,有助于概括这一历史阶段民间组织顺应国运的崛起而崛起和民心所向的追求,产生了特定时代、特定环境才能产生的特定故事。一伙城里人走进固安县、走进农家小院,他们的照相机和录音机和采访报告,竟然改写了一个民间乐社原本的发展线路,引领出一段接一段非同寻常的生命跨度上的宣叙与咏叹。于是,天翻地覆的变迁,就成为我们剪切、拼接、整合一段民间乐社发展历程的真实故事,其间的登天入地、起承转合、紫上添红、锦上添花,都使叙事主体逐渐丰满和完整起来。

屈家营音乐会的经历,当然不会自动串联起来成为一个连续不断的故事。零零碎碎、断断续续的模糊轮廓是在我们的叙述中显现出来还是本身就具备了显现功能?这一过程是在旁观者的叙述中戏剧化和文本化还是本身就具备了戏剧化和文本化?这些,自然要靠读者判断。作为剪切、拼接、整合者,我只想告诉读者,这样的故事,就是叙述者试图挑战自古以来那支只留意宏大叙事和大人物的如椽史笔的努力。也许这个文本不是严格意义上的史志,但努力撩开遮蔽小人物的历史的粗枝大叶的态度确实极其严肃的。挑起这个故事和选择这个故事的人,同心协力,让由屈家营引发的冀中音乐会普查成为音乐史上必须记住的事件,让一群老林式的民间乐师成为必须记住的人物。他们必须被叙述,他们应该被叙述。因为,不被叙述,就被遗忘。

如果说在一般人眼里,通常都是"民族—国家"(nation-state)如何利用民间乐社装点升平的故事,那么屈家营变迁史却展示了另一幅相反画面:一个民间组织如何利用"民族—国家"的话语、学术权威的优势、传播媒介的威力，重塑自身、重建家园的故事。民间艺人借用国家话语，促使高官、学者提交政协议案，实现获得超越政府预算外的专项投资，应该算民间艺术史上一个了不起的创意。乐社利用文化领导人关于保护民间文化遗产的口号，竟然把似乎只是说说而已的口号"兑现为支票"，这是了不起的惊天动地之举。长期以来，中国社会环境中的官方话语、文人话语与民间话语总是各行其道、互不交汇，公开表态与私下议论向来不一致，会议陈词和实际行动常常背道而驰。屈家营硬是改造了一下多年来的官方"陋习"，硬是让公开表态和私下议论口心一致，让场面上的慷慨陈词与散席后的实际行动名实相符。想到20年来冀中平原竟然开始冒出这样的农民，能不悚然心惊吗？不是要保护民间文化遗产吗？就得有实际行动呀。什么是实际行动呀？那就是掏钱修路。修了路还不算，还得建音乐厅。修路花了50万，建音乐厅花了80万。这可是硬邦邦、坚挺挺、白花花的银子呀！半点虚的都没有。老林步步为营，紧追不放，一脸严肃，无往不胜。屈家营故事的精彩之处，就不仅仅是浪漫弦管伴奏下的质朴笑颜了！

这是一个半是民间宗教、半是艺术结社的乡村组织脱胎换骨、幡然猛醒的故事，一群糊里糊涂过了半辈子突然发现手里握有珍宝，因而重新过了一遍"成人礼"的一个乡村社团，一首把古老乐思融入世界俱乐部欢宴中的流畅大曲，最终以21世纪即将来临时汇入冀中平原那千条万条乡村土道中第一条柏油路上跑得过快的足迹，印证了梦想成真的腾飞形象。

屈家营过去的23年，是中国以日益具有的改革形象崛起于世界的年头，是改革开放收效巨大的年头，在每个人都能说出一大串"子丑寅卯"的成就中，有几个人能够说出冀中平原上一个普通农庄一群庄户人的变化？民族音乐志关注的就是正史缝隙中遗漏的"庄户乐师"的命运，关注的就是普通乐师的呼喊沉默、成败得失以及他们生命中不可重复、独一无二的故事。老林的生命轨迹，显露出对生活的大面积感受力和真正的热爱。一个像海明威一样"热爱生活"的老人，把浸透着音乐和乡情的一团浓烈收拢于中年的拼搏，到了令外人无法理解却肃然起敬的程度。

挂满图片的音乐厅展室中，现代摄影术竟然让四十几岁的老林与相差23年的六十几岁的老林，游走在同一时空中，随心所欲地压缩为一个"弹指一挥间"。两张脸上爬满的皱纹数起来差不了多少，但两副面孔埋藏的心态却相差十万八千里！对于老林来说，或许那条从土路"蝶化"而来的"油路"不算什么，那座全中国唯一的"高楼万丈平地起"的乡村音乐厅也不算什么，更重要的是，他收获了一个普通农民原本不可能体验的覆盖生命的浓荫和阳光。上至部长、院长，中至所长、社长，下及县长、乡长，无人不对他报以真正的尊敬。

我们之所以记录一个人——不管他是叱咤风云的大人物还是底层叙述的小人物——不单是因为被立传者的故事如此及时地呼应了学术界对宏大叙事的反思和对生命个体的尊重，必然还应该是传主的人生经历或者已成为方志的乐社史对一个领域有过的特殊影响和拉动了事件的原动力。一个不知名的小人物，用一句不经意的问讯，改变了中国音乐采访史的前进方向且持续了23个春秋，不是缘于其他，正是因为他触动了"民间会社向哪里去"这根"文革"刚刚结束时整个社会最敏感、最脆弱的神经元。这句问话一下子点醒了京城学者，让他们想做却未做、欲做尚不知如何下手做的采访，提起了头。被立传者的活动半径越广，造成的社会效应越强烈，传主就越可能被置于一幅城乡交错的京畿文化背景中以其身世揭示一段时代变迁的缩影，一如"一叶落而知秋"，因此，个体人生与历史时空，就在贯通一气中浑然一体了。老林和老乔，两个个体生命的唱和，涂红了冀中平原上的一片天地，无论人们把其视为朝霞还是视为晚霞，其迷人之处，都让人目乱睛迷。

青纱帐中的玉米，还是按节气一茬接一茬地长，但24年前第一次踏进音研所的"老林"已经跑不大动了，23年前第一次踏进屈家营的"老乔"也有点跑不大动了。那个坚守了23年、中国民俗史上独一无二的"节日"，像平民老百姓生命史中许多轰轰烈烈或平平淡淡的节日一样,终因老乐师们的相继故去再也"过"得不是滋味了。23年前抱着笙管、穿着老棉袄一起合影的庄户老汉,在平原日暮中的背影似乎越来越模糊了,但毋庸置疑,他们在民族音乐志中的身影却越来越清晰了。他们的声音被放大、被降噪、被提纯,成为一个时代最有代表性的旋律!当然,作为持续了23个春秋的观察者,我们还是希望,那座刚看怎么都觉得有点别扭、现在已经看顺了眼的"音乐厅",每年还能按时响起例行的笙管……

附记:2009年3月28日,到屈家营"过节"的人不到十个,坐在台上演出的人比台下的来客多。往年节日期间这条柏油路上熙熙攘攘、烟尘蔽日的情景不复存在,只有新建音乐厅里空荡荡的二楼上布满每一寸墙面和展台的图片和墨宝言说着曾经的辉煌。听完音乐,乔建中和我,探望了卧病在炕的"天下第一钹"冯月池。他已经不认人了。或者说,作为一个人的心理生命意识和作为一个音乐家的艺术生命已经终结,只有生物学意义上的生命还在延续。他的淡出,让了解他的人感到:或许我们都老了。同来的女学生哭了起来,其实,我的心也在哭泣。

(原载《中国音乐学》2009年第3期)

大北方笙管乐文化圈

中国音乐学家花了差不多60余年的时间，深入乡野，探赜索隐，逐渐建立起一份超越地域和宏观俯视整个北方器乐文化的蓝图。他们用录音机、镜头和笔，描述了一个个地方乐种的基本面貌，并把点与点之间的技术信息衔接起来，使吉光片羽，化作交光互影的密密针脚。当学术界可以关注分布整个北方的乡村仪式时，这一乐种慢慢隆起的疆域和显露的庞大轮廓，让关注者无比震惊。

中国学者的统一意识是天生的，源于"民族—国家"之前的"中国"和"天朝"意识，让采用统一文字且禁不住引述文献的学者，把"鼓吹乐"视为"分类不分家"的整体。与王朝规仪联体的礼乐制度，服务于大一统意识的既定前提。虽然学者们尚未获得笙管乐之所以区别于一般"鼓吹乐"的界标，但历史语境的全局视野，早就是学者心中不言而喻的景深，没有人太把地域分隔当回事。礼乐制度贯穿始终，社会实践大体相同，历史文献如影随形，决定了分支隶属却语境相同的"大一统"意识。当然，功能方面区别对待的缺失，使学者面对鼓乐分支、各司其职的现象时，有了不应有的含糊，表露了对笙管乐与唢呐音乐两个鼓吹王朝历史角色不加区别甚至仅仅认同形式上主奏乐器不同的苍白。这种缺失，使整体性归纳和功能分类有了探讨的必要。

一、两类音乐组织的特征

"笙管乐"一词来自山西民间,主要是寺院道观的僧侣道士使用的术语,民间随称。典籍上的鼓吹分类,依据宫廷标准,或据应用场合,或据发挥功能,或据乐器配搭,没有严格标准,模糊到让人难分难解的程度。但有一点一致,几乎不涉寺院道观,因此也就无人提到笙管乐。由于社会阶层之间在政治利益、经济利益、价值观念等方面的隔阂,致使典籍没有著录"笙管乐"一词,但这不等于现实中没有这个草根概念。自然,典籍上没有出现的事物,往往影响学界的关注和判断。

虽然名称在民间叫了几百年,学界提及的年头并不长,但醒目程度却越来越与"鼓吹乐、鼓乐"等这些在大众中知名度更高的概念平起平坐。20世纪末,接纳了民族音乐学观念的学者越来越感到采用文化持有人的口传术语的学术意义,形成了一面沿用历史的、书面的用语,一面并用"笙管乐"概念的现状。各地笙管乐,编制如一,叫法不同。学术界何以认为有必要采用"文化持有人"自己的概念称呼一个原来不觉得需要独立门户、专立一名的词语?问题的关键就在于,学术界不但从该词中获得了一种乐队编制外部特征描述方式的明确信息,而且从中提炼出一套"文化持有人"对待家乡乐种的价值定位,即从乐器编制延伸到民俗仪式和分类观念的一系列内涵。

从音乐本体上看,"鼓吹乐"(书面用语)或"鼓乐"(民间俗语),因主奏乐器的不同,可分三类:1.管子主奏的笙管乐;2.唢呐主奏的吹打乐;3.打击乐合奏。这是音乐学家根据音乐本体划分的技术分类,到了乡村,老百姓自有一套在实际生活中运用方便、极具操作性的分类法。文化持有人的分类,绝非音乐学家看重的主奏乐器和音乐风格,而是操演者参与民俗仪式的性质以及操演者隶属的社会阶层,甚至简单到一种乐队在乡村仪式的落座位置。换句话说,老百姓之所以称其为"笙管乐",不但因为那是一个手执笙管的乐队,而是因为它为之服务的仪式具有的严肃性以及相应生成的礼俗规矩。这才是文化持有人的分类标准或定位核心。

为醒目,现把笙管乐社与唢呐乐班的基本特征概括如下。对比或许能把问题阐释得更清楚,下述概况,例分为二。当然,归纳也不都能像"楚河汉界"那样分明,总有交叉之处。冀中"音乐会"与当地唢呐乐班的界限最为明显,我们以此为例,以见两分天下的原委。

(一)服务仪式。笙管乐社参与的礼俗仪式,大多与民间信仰、祭祀祖先和社区公益事务相关,岁时节日、祭祀葬礼、庙会朝贡,都有固定日期和繁缛礼仪。年度性、岁时性仪式之外,丧礼是主持最多的项目。笙管乐一般不参与个体家庭的生儿育女、结婚娶媳、祝寿开业、盖房破土等俗事。

与此相反,唢呐乐班参与所有的民俗活动,既有社区公共事务,也有家庭个体事务。

(二)功能划分。民间礼俗可分两类,一为神圣事务,一为凡俗事务,大致与学术界所说的"神圣"与"凡俗"的划分相同。笙管乐参与的社区、家族事务,具有"神圣"性,唢呐乐班参与的个体家庭事务,具有"凡俗"性。区别在于两种乐班参与同一民俗所处的空间位置。朝拜庙会,笙管乐坐落寺院道观的中心位置,唢呐乐班处在庙门之外。葬礼中,笙管乐社,坐落灵柩一则,唢呐乐班,处于丧家门外。前者的功能是奉献神灵,致礼尽孝,后者的功能是呼朋唤友,招朋引类。前者是核心,后者是外围;前者是内坛,后者是外坛;前者神圣,后者凡俗。老百姓分辨神圣与凡俗的方式,就是看两家在仪式中被指定的位置。

(三)组织命名。名称上,笙管乐以"社""会"命名。"社"是古老的祭祀旗帜和场地,"社稷"专指国家,性质具有集体性。唢呐吹手以"班"命名,"班"是私家概念,性质具有个体性。

(四)邀请雇佣。笙管乐不谋利益,不收佣金,春节或仪式期间,接受捐赠。募捐收入,张榜公示,谓之"功德"。唢呐吹手谋取利益,收入具有私人性质,不公开账目。前者具公益性质,后者具商业性质。

(五)乐师名称。笙管乐师,民间称"和尚""道士",含有敬义。衣服多着和尚袈裟、道士道袍。吹唢呐的称"吹手"（陕北）、"鼓匠"（晋北），旧时称"王八、吹鼓手"，含有贬义。服装没有规定。

（六）音乐风格。笙管乐大体相当于"古典音乐"，风格含蓄，技术繁难，内容没有特定指向，哀而不怨，多有禅意。对乐师的演奏要求是，双目紧闭，不事交流，神情超然，心平气和。来自唐宋元明清历代曲牌的祥和清新，使传承人保持超脱心境，未使这份遗产在生存夹缝中成为谋生的牺牲品。唢呐音乐，风格活泼，热烈欢快，睁眼演奏，炫技为荣。

（七）曲调来源。笙管乐的常用曲牌来自古老的南北曲，连接次序，大体相同。曲目因仪式各有区别，分门别类，受仪式程序规定。唢呐乐班演奏的乐曲，来源多样，民歌戏曲，无所不用。

（八）手抄谱本。笙管乐社大都有手抄谱本，京津冀"音乐会"、西安鼓乐、晋北五台山以及周边地区，存有的手抄本年代久远。有无乐谱是笙管乐社与唢呐乐班的最大区别。唢呐班一般没有乐谱，口耳相传，不著文墨。笙管乐社，传承乐谱，视为社规，以此为荣。

（九）标题记忆。笙管乐师一般能说出曲牌标题，甚至套曲名称。他们看谱习乐，文字一并记忆。唢呐吹手一般不看谱，标题不是传授内容，所以不记标题。传承方式导致的差异，使记忆截然不同。

（十）传承方式。乐社传承，双轨并行，一是书面传承，一是口传心授。笙管乐师按师傅传授的乐谱演奏，一般不加即兴。演奏不看谱，背谱是前提。唢呐音乐即兴成分大，吹管子与吹唢呐功夫用的不是一个地儿，皆因传授方式不同。

综上所述，笙管乐参与的礼俗性质是神圣的、严肃的、宗教的、社区的、家族的，"乐社"绝不是个单纯的音乐结社，而是一个具有极强功能并真切发挥着社区整合功能的乡村公益组织。唢呐乐班的活动内容，具有个体的、家庭的、商业的、凡俗的性质，是一个以营利为目的并为乡民提供娱乐的私人、家庭组织。两种音乐组织的价值取向和采取的相应态度，由此而定。民间艺术组织参与仪式的性质，为民族音乐学提供了社会学、民俗学、宗教学方面的研究维度，这些本与音乐本体不相干的内容，已经成为学科研究对象。

二、整体研究视野

杨荫浏记录的北京智化寺"京音乐"代表了"笙管乐"的严格编制：笙、管、笛、锣（云锣）；鼓、板（铛子）、铙、钹。杨荫浏及同事们的调查让人了解到，隐藏寺院的大批高手，技术能力与音乐史上一流的音乐家旗鼓相当。虽然音乐史家可以理解寺院蓄养大批像西方教会培养巴赫之类的音乐家一样出类拔萃、技艺超群的专业艺僧，但恐怕没有几人真正相信身着袈裟、朴素异常的艺僧，几百年间便取代了京城身居高位且经验丰富的宫廷乐师的霸主地位，但智化寺提供了无可置疑的事实。

杨荫浏尚没有条件把亲自调查过的西安鼓乐、智化寺京音乐、定县子位村"冀中管乐"、河南鼓吹乐视为一个独立乐种，相隔千山万水的缺环还需填充，但《笙竽考》一文，在乐器领域、宫调领域、乐律领域，已经搭建出了一个技术统一的整体图景和简易框架。[①] 作者采用的方法，就是铺排乐律学规律，让音列说话。大同小异的音列，令人吃惊地高度一致，呈现出无可置疑、具有说服力的技术依据。《笙竽考》关注的是一件普遍应用、具有定律性质、历史悠久的乐器，作者表现出的博学而识精，理到而词达的判断力，已经从历史文献的征引到现今实物的考察，把同类问题汇聚一处，从技术领域，打通壁垒，融会贯通，建立了系统的内在关联。前人使用的技术与今人使用的技术，一般无二，隐藏文献中的难解规律，才让人阅读起来，如此痛快，连贯起来，如此畅通。这是一个了不起的打通古今壁垒的方案，作者找到了两个突破口——乐器学和乐律学。音乐本体是解决文献不足的重要依据，历史逻辑，技术逻辑，相互补充，使分布异地的乐种沟通气脉，把文献留下的缺口该接上

---

① 杨荫浏：《笙竽考》，《音乐研究文选》（上册），文化艺术出版社1985年版，第362—387页。

的都接上了。掩卷而思，由乐器、乐律牵扯的整体图景，已经昭然若揭。

黄翔鹏也是把"笙管乐体系"①作为一个整体看待的学者。粗看起来，这是个不起眼的提法，然而，对于一系列问题的推进却是巨大的。这在当时，是一个比重新提倡民间词汇本身更令学术界期待的事情。

景蔚岗明确提出了北方"笙管乐"是一个在技术领域相互沟通具有系统网络看法的学者。②他的阐释，让学术界意识到地方乐种之间的相互依存关系，也让学者注意到把其他地区相关知识作为常识贮备起来，用以观察自己地区相同乐种的必要性。这种连接，让观察家园文化的人，一呼百应，相互唱酬，借他山之石，获得相互支撑。

如果说《中国民族民间器乐曲集成》的普查来自行政力量，因而在理念上没能过多体现学术性，那么，笙管乐种的归纳则大多由专业音乐学家独立完成，几乎没有大规模集体作战的弊端。1987年后，中国艺术研究院音乐研究所对京畿地区的"音乐会"普查，陈克秀③、景蔚岗对晋北鼓乐的调查，李来璋④、李润中和吴太邦⑤对东北民间鼓吹乐的研究，潘国强对以洛阳为中心的豫西地区俗称"十盘音乐"的调查⑥，使学界把分散各地、规范相同的乐种渐渐聚拢起来。甘肃的拉卜楞寺、陕西的西安鼓乐、佳县白云山道乐、晋北笙管乐、冀中音乐会、北京智化寺、鲁西南鼓吹、河南洛阳十盘乐、安徽北部笙管乐、内蒙古赤峰市宁城县、辽宁盘锦，由点而面，大同小异。换了地点、换了叫法、换了丛林、换了会社，仔细一看，只要主持者源自寺院道观，整个北方冒出来的每组乐队、每首乐曲、每种音色，其实一模一样，如同一个模子倒出来的。

---

① 黄翔鹏：《传统乐种召唤着研究工作》，《黄翔鹏文存》，山东文艺出版社2007年版，第436页。
② 景蔚岗：《晋北笙管乐字谱考索》，中国艺术研究院研究生部，1988年油印本。
③ 陈克秀：《雁北笙管乐的调查与研究》，中国艺术研究院研究生部，1993年油印本。节略版发表于《中国音乐学》1994年第3期，第46—64页。
④ 李来璋：《东北鼓吹乐研究》，吉林文史出版社1994年版。
⑤ 李润中、吴太邦：《辽宁盘锦文昌宫道教器乐调查报告》，《中国音乐学》1995年第1期，第73—91页。
⑥ 潘国强：《洛阳十盘音乐》，《中央音乐学院学报》1999年第2期，第19—27页。

乐器编制、套曲曲牌、谱字记写、宫调名称、传抄谱本等显而易见的特征，构成技术范畴上的统一样态。虽有地域特征，综合起来，相同性大于相异性。

没有技术总结，没有民间草根与宫廷精英相互关联的探讨，跨地域的主题就不能高扬，全局主题就不能获得崭新认知，变成自古而今、自西而东的通道。如果说20世纪50年代学界对鼓吹乐的认识还零星分散，一省一地，一县一村，那么到了总结几十年来的考察成果以及《中国民族民间器乐曲集成》基本出齐时，音乐地图，开始成型。"集成意识"的意义，就在于建立起了全国一盘棋，为系统眼界提供了前景。从杨荫浏的个案调查，到学者们的单独考察，再及《集成》各省卷的编辑，音乐学家越来越清晰地认识到，一个颇具规模的文化圈，隐藏于由寺院穿针引线的北方乡村。整体性网络在20世纪的最后几年，终于呈现出大一统面貌。

接下来的问题是：是什么背景造就了明清以降广大农村涌现出大批笙管乐社？哪种需求使社区空间产生出下位组织——社、会、班？结社旨趣与目的，到底是艺术雅集、宗教信仰、亲族睦宗、经济互助？乐社靠什么经济力量维持运转？什么信仰支撑乐社并使具有血缘关系的成员的凝聚力能够抵御历史风暴？乐社组织结构及会规与政治体制与宗族制度有什么关系？为什么乐社保持着许多古老的宫廷套曲？艺术传承通过什么渠道实现？

现在是回答这些疑问的时候了。学术界的一批专著基本上回答了上述疑问，这些成果是30年来取得的成就之一。

三、乐器——权力、秩序、等级的象征

德国社会学家马克斯·韦伯（Max Weber）的《音乐理性的社会基础》 书，通过对钢琴起源、钢琴音乐及中产阶级兴起的历史环境的追

溯，提出"钢琴是一件中产阶级的奢侈家具"的著名命题。①这一命题自然使当代人把相关语境引领到 20 世纪 80 年代的中国社会：坐在五星级饭店，啜着咖啡，聆听只有在那里才能听到的、低等饭店绝难陈设、身价数万的昂贵器物发出的音响，自然是身份象征。对一套器物的想象和占有，就是对社会地位、生活方式、时尚追求的想象和占有。

一件乐器与一个阶级画等号并视为身份代言体的暗喻，司空见惯。马克斯·韦伯开辟了一条切实可行、行之有效的途径：通过乐器，划分阶层，分析社会。命题把一件可资观察的乐器作为确认身份的标志，由此引申：乐器不仅装点品味，而且装点特权。中国典籍虽也从这一角度描述过乐器与阶层之间的联系，但未能总结出普遍的社会学意义，模式未加贯彻，一步之差，缺失了穿透力，即使孔子"是可忍孰不可忍"的愤怒早就表露了这层意思，也不得不承认马克斯·韦伯的高明之处。社会和文化制度，使包括乐器在内的所有物品，都有身份寓意。以此立论，便开辟了一条从乐器学切入社会身份认同的途径。

对音乐家来说，器物与人群对等的途径，太容易理解和接受了。不胜枚举，对号入座。"金石之声"代表帝王，"竽瑟之乐"代表诸侯，"瓴缶之乐"代表草民，"琴箫和鸣"代表义人。不同制料，对应于不同消费阶层。忠实明确，屡试不爽。人有尊卑贵贱，器有昂贵低廉。"金石之声""钟磬乐悬""八音""瑶琴"等寄寓雅俗、区别高低的说法，如出一辙。用乐品次，暗含级序。"阳春白雪，下里巴人"说的是这回事，"黄钟毁弃，瓦釜雷鸣"说的也是这回事。奏出"金石之声"的乐队，是含辛茹苦的平民百姓积累一辈子也沾不上边的奢侈品。没人敢做梦，那根本不是老百姓的消费模式。具体到管子、唢呐这种以贴近方式存在于老百姓身边的"家什"，就变得不那么高深了。僧侣道士的贡献就在于把音乐的玄虚变为普通人听得懂的平常话。所以乡下人对待管子、唢呐，不像城里人对待钢琴、提琴那么敬畏。

---

① 闫菁：《对理查德·克劳斯〈中国的钢琴与政治：中产阶级为西方音乐的抱负与奋斗〉的译介和研究》，硕士学位论文，西安音乐学院，2008 年，第 1 页。

把马克斯·韦伯"钢琴是一件中产阶级的奢侈家具"的命题放入中国语境，乐器学就获得了简明有效的民族音乐学意义，也获得了确认乐器与社会身份对应的公式。这种模式中国音乐家很熟悉，只是以前未把其延伸至乡村，放射到现实，嫁接到民间。管子代表僧侣道士，唢呐代表鼓匠吹手，如同"金石之声"代表帝王，"竽瑟之乐"代表诸侯，"瓴缶之乐"代表草民，"古琴阮箫"代表文人一样。以"文化身份认同"的理念解释乡村，是民族音乐学解答笙管乐何以成为寺院"标准乐队"的目标，"活学活用"古代礼乐制度和西方范式的隐喻明示，自然可寻用武之地。

四、标准寺院乐队

如果说"钟磬乐悬"代表皇家气派，"瓴缶瓦罐"代表草根之乐，介于两者之间，寺院道观的乐队，是否也应具备一套既不同于前者也不同于后者的模式？既然乐队是身份象征，一个政治势力上越来越强大、经济实力上越来越强硬，同样渴望建立话语权的僧侣阶层，自然不会放过体现地位的机会。于是，一套与之相应的乐队编制，就慢慢建立起来。寺院道观须像其他阶层一样，采用一系列可辨可识的符号，证明与皇室不同，与草根不同，与文人不同，与凡俗不同。如同寺院建筑区别于皇宫民宅，服装鞋帽区别于贵族百姓，寺院乐队也区别于宫廷草根。如何凝聚信众，吸引善男信女？组建一套既铺垫庄严气氛又具有特殊情味的编制，就是势所必然。量身定制，特立独行，品种专有，寺庙特供。

建立一支小型乐队，符合僧侣道士一贯提倡的俭约原则。宫廷模式对于尚不明确编制的僧侣阶层提供了中外搭配、编配组合的经验。笙管乐基本以宋代四部鼓吹为参照模式。宋代瓦肆出现了"小乐器""清乐""细乐""鼓板"等小型组合。"清乐"以方响、笙篥、拍板、笙、笛、小提鼓、札子等为主，《都城纪胜》"社会"记载了民间出现的"清乐社"组织。"鼓板"用拍板、鼓、笛三种乐器，并加入札子、水盏、锣等打击乐器。"清乐"与"鼓板",约略符合笙管乐编制。僧侣阶层毕竟要提炼为一套崭新组合,参照系自然是历史上已有的组合方式。笙管笛锣的俭约形式,无意抗衡大型仪仗,只为达到符合自身财力的目的。

模式来自宫廷,确定来自寺院。新乐队的效果出奇灵验,在世俗社会和乡俗礼仪中,上贯下通,左奔右驰,充分反映了僧侣阶层建构新秩序的智慧。总之,一切为了讨好百姓。经过高僧大德、艺僧道士一轮轮审定,一番番创意,新型组合,脱颖而出,笙管乐队终于果熟蒂落:笙管笛锣,鼓板铙钹,文场武场,正好对景。

一半旋律乐器,一半打击乐器;一半承接宫廷,一半吸纳民间;一半源自本土,一半引自外域。"笙"字代表中原,"管"字代表外域;笙管并置,代表中外结合;笙管并列,代表儒释圆融。外来管子领奏,中国笙竽定律,既不乱华,也不排外。外来管子,本土笙笛,水乳交融,相互唱和,成为外来品种与本土品种的联体。乐队既不能全是本土乐器,也不能全是外来乐器,兼而有之,一个来"左右儒术",一个来"纠正佛法",真是绝配。

僧侣精英,调整既有编制,既防止约化为历史成规,又避免归属为创新模式;既不让自己过分特别,以防危言耸听,又能特立独行,独步天下;既有相同性,又有独立性;既本土,又外来;既体现外来和尚好念经的时尚,又获得本土认同的文化身份。乐队既区别于宫廷的金石管弦,又区别于民间的唢呐锣鼓;等级上既低于宫廷,又高于民间;质料上既有一定规格,又物美价廉。

宋代登上"乐队长"之席的"众器之首"笙簧,外表修长,演奏五花八门、繁音急节的音符,不是难事,悲凉音色和绵连气口,更是魅力所在。小小管子,不负众望,扮演了让乐坛刮目的角色。管子也争气,翻云覆雨,出神入化。采纳管子,奉为主导,与佛教外来身份相一致。中国文化包容佛教文化,中国乐队包容外来乐器,"同唱一首歌",此事为文化史上"儒释道圆融"提供了一个绝好例证。

法器的嘹亮程度产生了特殊效应,僧侣道士选择了一组搭配的打击乐器，既因仪式处于户外，也因除妖镇邪的功能所需，更因声响健朗吸引听众，一石三鸟。宫廷雅乐死气沉沉，不死不活，强迫坐在仪式现场者摈弃个人意志和与音乐这个概念早已不相干的麻木，寺院音乐虽然要求与宫廷音乐相同的雅气，但摈弃沉闷，尤其打击乐，整体上将沉闷的雅乐比了下去。旋律乐器，如泣如诉，打击乐器，昂扬振奋；旋律乐器，浪漫主义，打击乐器，现实主义；文场武场，两相配搭，各占一半，合为完璧。

笙管乐站稳脚跟，取决胜负的是编制代表的宗教精神和艺术魅力。和尚道士精明地树立起业界标杆，直到现在也还没有其他什么类型的编制抢夺占领过这个玉树临风的山头。这是寺院道观的核心竞争力，至少在乡民口碑中从未被超越。笙管乐逐渐定型，成为寺院标杆和发号施令的载体，与红色袈裟、铜磬木鱼，共同构成寺院文化缺一不可的符号体系。

五、儒释道互补

20世纪中国学术界取得的最大共识之一就是"儒释道圆融"为中国思想和艺术发展主脉的命题。先有章太炎"重拾佛教"的审视，续有梁启超"多循斯轨"的定论，后有任继愈提纲挈领、关乎大体的著述，这一理念终于获得了本应该有的历史贯穿力。命题的重要性在于，突破了以往只重儒家、忽视释道的偏见，发现了中国艺术发展内驱力的三条脉源。

自从东汉佛教传入中原，代表东方文明最高智慧的儒、释、道三个思想体系，开始共同影响中华文明的进程。宋真宗撰《崇释论》："释氏戒律之书，与周、孔、荀、孟迹异而道同。"东京上清观道士说："非道教无以升君子，非释教无以化下愚，非儒教无以理国家。"元燕南芝庵《唱论》："三教所唱，各有所尚：道家唱情，僧家唱性，儒家唱理。"三教合一在宋元时代已经达到了深入人心的程度。"儒家治国，释家治心，道家治身。"这不但成为观察中国历史的关键,也是全面了解中国艺术的关键,是贯穿艺术史脉的总控性基调。

"达则兼济天下,不达则独善其身",即"入世"与"出世"理念,儒家把第一种理念发挥到极致,而把第二种理念出让给释道。释道观念在艺术上更是长足发展,所以,解释诸多社会现象,都应概取三家之说,以儒家为宗,统筹道释。

把儒释道"和而不同"的文化主脉作为一种底色,就会观察到,释道两家另辟蹊径,走了一条与宫廷不同的道路。释道取向,绝不攀登,回路向俗,一反官方"以钜为美,以众为观"的老路,以小为佳,从简为尚。如果说雅乐、宴乐是宫廷主导,那么民间科仪就是释道的天下,在乡村的影响力,远远大于官方。笙管乐的普及,得益于佛道教义的传播,归功于直接进入老百姓生老病死生命仪式的和尚道士。儒家的孝道与佛教的超度,是笙管乐参与葬礼在信仰层面上的精神支撑。儒家不赞成葬礼用乐,佛道反其道而行之,寺院道观毫不客气地把儒家的孝道纳入科仪。从具体仪式上,也可以看到三者的合二为一。官方不予记载、不予承认的笙管乐,在民间大行其道,那里是僧侣阶层的生存土壤,不遗余力,强力推介。

乐队创建的超音乐之力,来自朝廷,或存或废,或兴或禁,朝廷说了算,由不得民间。然而,寺院僧侣是特殊阶层,上达朝廷,下及民间,非官非民,既官既民。科仪音乐,一旦引入,就由不得朝廷了。获得自制的僧侣,在势力范围内建起了一套机制,把自家演艺发展到可与宫廷媲美的水准,并借着深入民间的藤蔓,延伸到整个北方,形成大气候。

令人着迷的是,未在史书中披露却在现实中占据了偌大地盘的笙管乐,发展速度之快,传播范围之广,渗透能力之强,艺术水准之高,都达到令人吃惊的程度。改编乐队这件事,简直可以树立为典型,把北方音乐改造了一遍,几乎成了僧侣道士的奇迹。一坛蜜酒,让整个民间沉醉。

过去,我们在乐队建制上过分看重官方制度和儒家大一统体制的影响力，未发现寺院道观开辟的既结合了宫廷式样又附加了自己音色的模式。对于笙管乐的全面肯定，确实要等到学术界对儒释道相互包容的观念被充分接受时，也就是把章太炎"以佛解庄，以庄证孔"完成儒释道融合的理念贯彻之后。儒释道并行，是个颇有吸引力和活力的话题，它帮助学术界找到解读民间行为的新视点，也是音乐史得以掘进的新路径。三教互补，渗入乐队，由此看得清清楚楚。

六、传播者

听过笙管乐的人都不约而同疑惑：抄录谱本而且记谱方式基本相同的古老套曲，保持技术一致性的制度是什么？不怎么走动的农民怎样把相距遥远的知识接受和保留下来？音乐本体与历史语境的全景式研究告诉我们，这得益于一个经常走动又常驻村落的群体——僧侣。

传播精神和科仪，需要特殊人群。寺院深厚的文化底蕴和低廉的生活开支，吸引了一大批人。民间乐坛的基本项目是科仪，僧侣就是普及科仪的群体。特别是19、20世纪，和尚道士还俗，乡村科仪，蔚然成风。离寺僧人，并未放弃权威，手持管子，传承技艺。

艺术品类较高的创作，或者说具备创作能力、享有创作机会的人，只有文人与官绅。这样说并不是意味着创作者都是统治阶级，大多数人仍是乐工乐师。他们是百姓，却是在宫廷条件下相对来说不愁吃、不愁穿的百姓，有精力、有能力从事创作的百姓，在宫廷教育中成长、具备专业知识的百姓。隐名埋姓，不显于世，是真正意义上的普通百姓，但在生存条件上，过着较之一般人难于达到的吃穿有保障的生活，因此能够从事创作和技术探讨。佛教于魏晋，道教于唐代，都获得了宫廷推崇，用于宣教的音乐自然是宫廷艺术的一部分。此类乐曲，或创作于寺院道观，或创作于宫廷，或随僧侣道士进入宫廷，或由乐师乐工传至寺院道观，明清时代，流散民间。这是音乐史的土脉，决定了北方笙管乐套曲的艺术品次和专业化水准。

音乐家可以通过风格准确地判断品次，一闻便知，笙管乐产生自具有专业创作能力的阶层。长度差不多在一小时左右的大型套曲，水平之高，断非农民所能为，半农半艺、主要务农、只将部分精力用于乡俗活动的农民，没有能力创作，只能接受成品。创作者除了知识储备外，具备的经济条件也是不容忽视的因素。

人类学家雷德斐（Robert Redfield）在《农民的社会与文化》中提出"大传统""小传统"的概念，西方史学界又提出"精英文化""通俗文化"一对概念。余英时在《汉代循吏与文化传播》中谈道：兼具"吏"与"师"双重身份的汉代循吏，在传播"大传统"、改造"小传统"及沟通大小传统之间起着十分重要的作用。"循吏"与"师"，学自大传统，却身处小传统，把官方文化化为民间生活。如果把"中介"变为僧侣道士，观察把科仪化为民俗的方式，也如出一辙。僧侣阶层与低级文人，地位相仿佛，起到的作用也相仿佛。笙管乐曲目与宫廷保持一致，乐队模式貌合神离的前提，就是有了寺院道观这个双向连接的"驿站"。宫廷艺术通过寺院道观灌输民间，民间艺术也通过寺院道观填充宫廷。民间、寺院、道观流传套曲高度一致的事实，就源于这条根脉。隐而不显的渠道，已经成为近年来音乐学特别关注的对象。

民间音乐具有高品质的原因，就在于来自宫廷、寺院。源头是宫廷，寺院是渠道，终点是民间。"大传统"通过中介，进入"小传统"。传播主体是和尚道士，即身处民间的仪式执行人。释道两家在没有明确目的的前提下无意识地推动了这一壮举，把一个不太容易学会的乐种，普及到村村店店。可以说，官方鼓吹，释道笙管，双峰并峙，二水分流，长年累月，相互借鉴，逐渐成为寺院道观的符号和象征，对民俗仪式产生了深远影响。

七、唢呐乐种

音乐地图不是圆的，北方分布的笙管乐，靠近长江时便渐渐稀少，一过长江，彻底消失。南方文化与北方文化截然不同，或者说，黄河文化与长江文化有很大差异。之所以如此的原因，也是一个趣味盎然却纷繁复杂的话题。

大唢呐形成了另一个传播广泛的文化圈。与笙管乐相互连接的方式不一样，大唢呐流布到山东、河南、安徽等中原地带，便渐渐消失，多改为小唢呐。一路跑向南方的大唢呐文化圈，在中南、西南又冒了出来，形成与华北、晋北、陕北遥相呼应、隔中原相望的局面。当然，这里主要指的是聚集相对集中的情况而言。一般来说，唢呐音乐的普及，特别是20世纪，已经成为因为寺院道观消失、取笙管乐而代之、占据庞大地盘再不退还、生命力最强盛的生力军。大唢呐就是冲锋号，连接起来的冲力无比强悍，"统一全国"的雄心与其说是来自民间乐师的进取，不如说是源自和尚道士的退缩。笙管乐节节败退，不单因为曲高和寡，还有与僧侣道士缩小地盘同步的政治势力的再分配。

广东、江西、福建等地，聚集着大量客家人，移民岁月已有明确结论。既然已知移民时间，那么可以推断，笙管乐在北方的流行，应该晚于客家人的南迁时间。也就是说，至少宋代时，北方笙管乐尚未形成，所以客家人聚居区没有笙管乐，而北方笙管乐的流行时间也没有想象的那样长。为什么笙管乐能够在客家人南迁后的几百年间大规模普及？如同南方宗祠多于寺院，北方寺院多于宗祠，移民比原住民更看重祖先，僧侣道士负载的乐种也就没有存在的理由。

乐器技术也起作用。唢呐简单易学，有效降低了技术门槛，让普通百姓能够介入。明清以降，唢呐音乐，所向披靡，成为最普及的形式。中国人重实际、重效果，选择音量和音响的标准是：哪种乐器能够把仪式吹得火红，就能获得拥护。热热闹闹的音响，不但被岁时节日、核心庆典所接受，甚至为礼法上最严格、最排外的祭祖和丧葬仪式所接纳。细婉的笙管之声淹没在粗声大气的唢呐之中了。一言以蔽之，唢呐让演奏者的地位高于农民，但低于道士。

文化换血，仪式趋俗，人气大旺。到了民间这块没有偏见的土壤，新来的"家伙"如鱼得水,没多少年就成了大气候。没人抵挡得住人人喜欢的唢呐,没人抵挡得住人人喜欢的俗腔。民间吐故纳新的能力让人惊叹。只要有效果,即刻成为仪式主角。唢呐虽在寺院道观受了点窝囊气,待遇不高,在民间,则受到最高礼遇。

结　语

提出"大北方笙管乐文化圈"的概念,对于认识音乐版图的"亚文化圈"具有重要意义。笙管乐是北方文化圈中最古老、最典雅的品种,形成一条绵延千万里的传播线。要把它表示出来,手边需要摊开一张北方地图。从东北的吉林省、辽宁省,到华北的河北省、山西省、陕西省、甘肃省,从向北伸及内蒙古、西藏,向南伸及山东省、河南省、安徽省。版图辽阔,令人思量。提出"大北方音乐文化圈"的概念,有助于整体解读。

这个乐种太巨大了,以至于学术界至今缺乏足够的资料贮备和学术距离来正视它、审读它,但这个活在宗教文化中的编制在器队史中应该占有一席之地。时隔半个世纪才被清理清楚的乐种,与历经十几个世纪屹立不倒的鼓吹乐的概念相比,专题研究还差得很远。虽然暂时还回答不了这一问题涉及的方方面面的疑问,至少,应该做些力所能及的叙述和梳理工作。

音乐史不但是史书的记忆,而且是民间的记忆,但事情常常出现相反的情况,史书上确凿记载的雅乐在现实中不但朦胧而且烟消云散,史书上朦胧记载的笙管乐、唢呐音乐,却在民间实实在在。对笙管乐种和唢呐乐种的探讨,提供资料的不是典籍,而是乡村仪式(有些明清壁画提供了一点图像资料,如《妙峰山进香图》、榆林佳县白云观明代壁画、晋北乡村寺院壁画等)。史家的划分,含混不清,一段时期,学者们也浑然不觉隐藏于民间仪式中的分类与级序划分。近些年的成果,才使两者的功能逐渐区别开来。它们是近亲,是一个祖先繁殖的同根同种、同源同脉的手足兄弟，但在乡村仪式中各有分工。笙管乐有其服务的民众所赋予并为之服务的民众所共识的特定含义，作为科仪，长驱直入乡村礼俗，并在各地的相同实践上悄然并轨。它融合了中外乐器，既简单又轻便，既热闹又沉静，既活泼又庄重，经过不同区域的操作实践，逐渐淡化外域气息，形成稳重大气的中原风格，成为整个北方乡村仪式的"中国一号"。

（原载《音乐研究》2012 年第 5 期）

一份民间抄谱：翻手为史，覆手为诗

我在冀中见过上百册民间工尺谱的抄本。每至一乡，造访乐社，务以索谱寓目为快。版面阔大、线装布裱、楷法精纯、楮墨淡雅的抄谱，既体现了集文字与谱字于一体的书法之美，更体现了抄谱人传承文化的苦心孤诣，还在洋溢着乡村笃定情怀的笔迹中彰显出抄谱人守护乡音乃至秉持历史大义的精神。这些抄谱构成了我对贫困中汲取甘泉、苦中作乐的抄谱人的整体印象。据20年前的统计，京畿民间的抄谱有一百多本。一百多本乐谱意味着什么？我真心相信它们不止影响了一百位抄谱人以及十倍于此的读谱人，而是提升了整个京畿文化的品位！时间过去了二十多年，关于抄谱、抄谱人的故事已成为一幕幕远去的背景，如同冀中平原上那些飘落的金黄麦穗。然而最近的一次发现又让我加深了对抄谱与抄谱人的敬重，这数卷抄谱不时潜入脑海、酸人胸臆，因为它不仅隽容秀骨、旷世无俦，而且映照的历史意味更是学理湛深、出人意料。

一、分册的景深

河北省廊坊市霸州市南头村音乐会老一代会员樊广印（1995年去世，时年90岁），于1970—1985年，将所传大曲抄录于册，让我们对这位默默无闻的乡村乐师有了完全不同的评价。他把每一套大曲抄写在一个谱本中，计有《大华严七卷》《好事近七卷》《山坡羊七卷》《大红袍七卷》《西闻经七卷》《大将军七卷》《大成典七卷》《西江月开坛谱》。樊广印手下的所谓"七卷"，就是把每套大曲分别记写在七个调高上。这意味着按照固定名记写的工尺谱字，一律被"移调"记写于七个调高。令人吃惊的是，他把分写于七个调高的一套大曲汇集一体，采用分册装订（线装）方式，"七卷"并辑，单独成册。这种意识便有了意味深长的意义。

按照宋代郭茂倩辑录《乐府诗集》的规矩，汉代乐府辑录乐曲的方式是按"清、平、瑟、楚、侧"的宫调分类方式，如同巴赫写作和排列《十二平均律钢琴曲集》一样，一个调一首曲，共计24个大小调。换句话说，汉代辑录乐曲的方式或者说全世界音乐家按照音乐规律辑录乐曲的方式——按调归类，被樊广印改造为同曲异调的"七卷"，异调异卷，同曲同册。如此看来，他遵循的习惯可就不是分册"装订"那么简单了。

通俗地讲，古代乐器不像现代乐器一样随意转调，一个调的乐器只能奏一个调的乐曲。"随月用律""改弦更张"说的就是演奏一套乐曲变换一套乐器或改变定弦的规矩。外行人看到的一模一样的"笙管笛锣"（云锣），内行人看起来却是长短、粗细、薄厚不一的"笙管笛锣"。一套乐器奏一套乐曲，一套乐曲呈现于一个宫调，一个宫调的一套乐曲也就记写在一册乐谱上。所以，一套大曲不但要具备一个调上记写的乐谱，还要具备七个调记写的乐谱。当然，能够用得起、制作得起十二个律高、十二套乐器的乐队只有宫廷。民间没有这等财力，这种规矩也就在宫廷消失之后自然消失了，而保持不同宫调抄谱的规矩也就随之消失了。反过来说，若存在七调分抄的乐谱，就意味着曾经存在过这样的传统。这就是我们所说的，樊广印的辑谱习惯具有的"意味深长的意义"。

明人王骥德(1557?—1623)作于晚年（1610）的《曲律》(又称《方诸馆曲律》)中提供了一部鲜为人知的大型曲谱信息，其中"林钟商一调"就有"二百余阕"，可见整体也是按宫调分类的。

予在都门日，一友人携"文渊阁"所藏刻本《乐府大全》（又名《乐府浑成》）一本见示，盖宋、元时词谱。止林钟商一调中，所载词至二百余阕，皆生平所未见。以乐律推之，其书尚多，当得数十本。所列凡目，亦世所不传。所画谱，绝与今乐家不同……详备之谱，一经散逸，遂并其法不传，殊为可惜！①

清代宫廷主编《九宫大成南北词宫谱》之所以称为"九宫"，自然是因为遵循了对音乐家来说操作方便的按宫调分类的习惯。两汉与魏晋沿袭到明清的分类原则，除宫廷外很少在民间提到过。然而，四百多年前在王骥德《曲律》中偶然一闪的记录，却依然在河北的小村庄里遵循着。这让懂得古老分类的人不得其解。他从哪里继承了"诸宫调"传统？他不会"发明"，也没人"指教"，只有习得的传统才能让他遵循已有的做法。规矩来自哪里？值得注意的是，樊广印在每首大曲的始页上方贴上一方红色纸条，以作索引和翻页标志，这是以北京"智化寺"为代表的寺院抄本"涂以长方红框、辨以三角圆圈"的规矩。这个细节让人知道，他做的每一件事都按传统行事，绝无"发明"。

如此看来，乡村抄谱牵出的历史线头的另一端就是深不可测的宫廷！岁月把历史之门关闭了，但乡村音乐家却用沿袭的抄谱习惯撬开了"深似海"的"侯门"。今天，音乐史将把他的卷册认作标杆，以此考察宫调理论的民间传承并重新评价其历史纵深。只有看到这样的大曲分卷，才让音乐史家意识到乡村抄谱人笔下凝聚的史迹以及超脱物质羁绊且催人泪下的故事背后潜藏的历史语境和技术景深。

二、他让谱页走进诗性

我们之所以用"催人泪下"来形容这则故事不单是因为抄谱蕴含的

---

① 中国戏曲研究院编：《中国古典戏曲论著集成》（四），中国戏曲出版社1959年版，第156—157页。

技术精深，还有主人用的那一迭根本称不上"谱纸"的"纸"。这哪里是"纸"呀！确切地讲，它们是"水泥袋子"——30年前随处可见的"牛皮纸水泥包装袋"——见惯了"纸光如雪、墨气如兰"印刷乐谱的音乐家，无不顿足起呼，相视泪荧，如闻旱雷，如丧魂魄，惊奇不已那一叠无论如何也难以想象的"粗糙谱页"！花费时间、花费精力、精心炮制的谱页，让每位懂得乐谱对于音乐家来说意味着什么的人百味杂陈。农民没有钱买正儿八经的纸，只好把"人民公社"时期装"水泥"用的"牛皮纸袋"拿回家。一般人认为无用的水泥包装袋，是乡村社会不需任何花费就能公然拿回家的"公共财产"。贫困是所有贫困者无法摆脱的窘境！连饭都吃不饱的农民怎么可能花钱买纸，连纸都买不起的乐师怎么顾得上抄谱，所有的奢侈都出乎这位身处贫困的乡村隐士所能及的范围。20世纪70年代，南头村每一间拥挤的农舍里都有一位像樊广印一样终日忧劳的农民，每一位农民的脚边都有四五个嗷嗷待哺的孩子，孩子们在寒风凛冽的季节用水泥袋子封堵没有玻璃的窗棂，眼瞅着天一亮就背起粪筐下地干活的父亲迟暮归来。这一家人的贫困记忆与同村人一般无二。然而，连饭也吃不饱、连纸也买不起的人，却想到了"饥不可煮、寒不可衣"的文化，想到了承载音符、承载心愿的乐谱。无论是按照马克思的"物质决定"论还是马斯洛的"需求层次"论，物质匮乏为温饱所困的人都应该无暇顾及包括文化在内的其他需求，而这一切竟然对他都不适用。他超越了"仓廪足而知礼仪"古老规律，一域两境，同步做到。用最低廉的包装纸承载了最高贵的音乐！两种物质之间的不对接或巨大悬殊，让人产生了冰火衔接的奇特体验，不但令人心寒而且令人心痛。

使用后不在意的水泥包装袋，被随手丢弃在脚手架下。"丢"者无心，"捡"者有意。做泥瓦匠的樊广印小心翼翼捡拾回家。他把沾满水泥、泥土、草屑、污垢的牛皮纸，用水浸湿，洗净晾晒，去皱熨平，裁剪成长短一样、齐齐整整的长方形。道道工序，精心制作。贫困到极致又爱乐到极致的人，没有除了对着井水映照自己饥饿的面孔之外什么也不干的颓堕，没有悲观消沉，潦倒麻木，而是刻志益苦。底层乐师绝不是我们想象中那么沉重和悲苦。相反，他活泼坚强，乐观向上，没有因为自己的身世和处境而颓废。爱乐之心毫不苟且，心气甚高。樊广印面目精瘦（只留下一张侧面照片），体魄强壮，意志坚强，是耐得住寂寞、熬得过贫困、跨越过一道道坎、穿越过无数亲朋死亡的伤痛而犹能骨骼强健的汉子。外理生计，内训儿孙，经营乐社，井井有法。与音乐相伴，与乐谱相陪，竟然活到 90 岁。谁能说对乐谱的酷爱与坚执抄写不是他得享高寿的福报？

他的创意就在于从贫困的"日常"中发现"非常"，让废品连接天音。于是，包装袋脱胎换骨，一步跨进"诗性"！世界上最低廉的纸张闪烁出华丽的辉光！他掸去了灰尘和世俗，让垃圾变宝贝，卑微变高贵，平凡变非凡，粗糙变精致，腐朽变神奇，尘土变金石。天下独此一份的谱页，是主人高贵心灵飞跃诗国的双翼。看到升华版的"水泥袋子"，观者一惊而悟，乡村精英一笔一画、腐心淬掌托出的诗心，岂止一步登天！

在乡村，人类精神世界最美好的"乐谱"没有被印刷在精美的书册中，没有被摆放在干净的玻璃柜中，没有被收藏在书架中，像巴赫、莫扎特、贝多芬、肖邦的精美乐谱那样，而是随随便便丢置在乱七八糟的农舍炕头上。粗粗剌剌、落满尘土、残破不全、勉强装订在一起的谱页，像农具一样被毫无怜悯地随处一丢。贫困以及在贫困中养成的习性，就是当地百姓对待音乐的态度。乡村音乐家被围裹在司空见惯的习风中。然而，樊广印不一样！他的谱本，工工整整、齐齐整整、平平整整、方方整整、严严整整。那是我见过的最高贵的"品相"！

七套大曲分抄于七册乐谱上花费了多少时间？他用了整整十五年！暂不提"辛苦"这些不给劲的轻描淡写以及被弄得面目扭曲的"手抄笔耕"的隔靴搔痒，仅仅"十五个春秋"就足以称得出分量！我们无法想象十五个年头中多少日日夜夜是伴着谱页度过的，工工整整密密麻麻"刻"在谱页上的"音符"凝聚了主人多少劳作？消耗了晨抄暝写、孜孜矻矻、迎送无数暑去寒来的民间精英多少生命能量？高粱正茂，天过霹雳，细雨忽集，不能出工。值此坏天气，他却喜不自胜。研墨舒笔，手不停草。每装订一册，主人都会扣板而歌，其声其板，响彻堂壁。

七大册乐谱，以字数算，数十余万言。谱字大小相同，间隔疏阔均匀，笔画略无懈笔，点板换以朱红。我们不能拿书法家的标准要求抄谱者，但整体排列，中规中矩，像一排排篱笆间开满的"黑色郁金香"！

翻动册页，品鉴切口，巧妇一般的线装针脚，让人不得不说：制作册页的手是天底下最巧的手，制作册页的心是天底下最细的心。干起农活来粗粗剌剌的手，对待谱页却像巧女绣花。看得出主人的合眸定息，看得出主人的嗜好之笃。"殆无日不沉酣于此！"没有人了解艺人的良苦用心，没有人理解他像巴赫、莫扎特、贝多芬、肖邦一样渴望把自己的乐谱工工整整记写下来、干干净净保存下来的愿望。然而，他靠着自己的意志做到了。

乐谱抄完了，他的生命也走到了尽头。可以说，他的顽强生命被一点一滴移到了谱页上！因为这是他苦难生命中唯一的欢欣和宽慰。僧院式的十五年里，每一页都填满了抄摹经书般的虔诚。"子夜荧荧，灯昏欲蕊；萧斋瑟瑟，案冷疑冰。集腋成裘，妄续幽冥之录；浮白载笔，仅成孤愤之书：寄托如此，亦足悲矣！"[①]

南头村音乐会的会员告诉我们，老人去世前千叮咛万嘱咐要把音乐传下去，要把乐谱传下去。徒弟们嘉叹师傅，心怀敬重，没有辜负嘱托，用精致的银色盒子存放乐谱。打开盖子，一册册乐谱，纤尘不染，绝对想不到"前世"的水泥袋子，若无会员们解说，谁也看不出其"贫贱出身"。然而，樊广印给她穿上了"水晶鞋"，给她披上了"女儿装"，梳贴"花黄"，容光焕发，承载了一身"高贵"。于是，这家乐社"花气随风，香无断际"。

大事可以通过小事体现，学术就是借小事解读宏大。天底下唯一

[①] （清）蒲松龄：《聊斋志异》，上海古籍出版社1979年版，第6页。

一份"水泥袋子"上的抄谱，托举出一份敬业精神和诗国天心！樊广印的抄谱让人看到了乡村精英能做的、所做的、倾力而为做出的，冲破了"小事"而成的"宏大"。

三、抄谱故事与人性光辉

需要注意的是乐谱抄写的起始年头——1970年，这是"催人泪下的故事"的另一层含义。传抄不但没有发生在正常年景，还发生在"道丧文弊，异端并起"的年头——一堆堆印刷的乐谱和印刷的"文明"彻底解脱图书形式，投入烈焰、化为灰烬、化为纸浆的年头。我无数次接过会员递来的"残谱"，发现该出现"大曲"标志性曲牌的地方戛然而止。按常理，此后还应有必然连接的曲牌，然而能看到的就这么多了，核心曲牌，不翼而飞。那时恨不能把撕谱人拉出来暴打一顿。"日月欲明，浮云盖之；丛兰欲茂，秋风败之。"①

这样的背景却出现了谁也想不到的事。樊广印逆流而上，在最不该抄谱却最该保存乐谱的年头，"胆大妄为"，独步天下。空谷足音当然是因为乡村社会的"保护机制"。递个眼神，老会员们便于僻静处递过来一本乐谱，四处张望一下，悄悄塞进腋下。这个在当时的社会背景下不可思议、令人骇惧的事，在聚族而居的乡村发生得自然而然、合情合理。

民间艺人居于偏僻之区，交游既寡，闻见复稀，获得一点文化信息极不容易，因而极为珍视。他们在"燕山胡骑鸣啾啾"的乱世中保持了清醒。谱页流出的是什么？当然是野火烧不尽的坚执。

本雅明说："书抄一遍如同在一条乡村道路徒步跋涉，人们因此看到了景致的千变万化，那比浮光掠影的默读不知要强多少倍。"② 三百年

---

① （梁）刘孝标：《辩命论》，载（梁）萧统编，（唐）李善注《文选》（六），上海古籍出版社1986年版，第2347页。
② ［德］本雅明：《本雅明：作品与画像》，孙冰编译，文汇出版社1999年版，第21页。

前，年轻的巴赫从哥哥手中偷出乐谱，一个符头、一条符干，手抄了几本乐谱。暴虐的哥哥发现后将其付之一炬。倔强的巴赫从头再来，结果又是在劫难逃。乐谱烧了，巴赫却从中学会的赋格写作，印在脑中的技术会像火焰一样发光，那是烧不掉的。瓦格纳年轻时代把贝多芬《第九交响乐》一个声部不缺、一个音符不漏地抄写一遍，从中收获也是读谱永远深入不到的。西方音乐史中几位近于疯狂的抄谱者都在如醉如痴、懵懵懂懂、酷爱音乐而不计其余的年轻时代做出了超常举动，这些连行为者本人也难以估量的壮举，就是其日后登上音乐巅峰的阶梯。藏身谱页的"精英式作为"，谁也想不到竟然是一个人迈向音乐巅峰的最初步伐。谁能说他们之后的伟绝鸿功不与早年留在谱页上的点点滴滴有关呢？

遥想分布于不同时空的抄谱人何尝没有相通感受？抄谱就是缺乏教育时代的最好课本。抄录不仅是记录，还是思考的耕犁。心得比之道听途说更深刻。今人怀着同情之心看待那个时代无法获得印刷品的音乐家，花费如此漫长的时间重复劳动而不免叹息，其实"磨刀不负砍柴工"，日后效率就在抄写之中。

四、抄谱赋

待在城里和图书馆里永远听不到打动人心的故事，看不到光芒鉴影的手抄谱本。"闭门觅句非诗法，只是征行自有诗。"（杨万里《下横山滩头望金华山四首》其一）我听到了好听的故事，感受到了以个体生命的投入衡量的谱本分量。小人物的故事可以传递非常强大的痛苦。用冰冷冷的学术概念替换田野实录，就是用学术冷静取代人性温暖。此时此刻，我宁愿用音乐家的易感代替音乐学家的冷静，因为抄写人的故事以及"水泥袋子"的"品相"让人禁不住动容，这也是我相信"纸贵"寓言依然存活的另一种分量足以倾城倾国的"自表述"。我选择的描述方式对于学术来说可能是最坏的一种，对学理来说却是最好的一种。

南宋安子顺写道："读诸葛孔明《出师表》而不堕泪者，其人必不忠；读李令伯《陈情表》而不堕泪者，其人必不孝；读韩退之《祭十二郎文》而不堕泪者，其人必不友。"我要补充说：读樊广印抄谱而不堕泪者，其人必无情！

诺贝尔文学奖得主白俄罗斯作家阿列克谢耶维奇说，对于世界上的故事要用"巨大的耳朵"去倾听，唯其如此才能听到世间的卑微和人性的高贵。这个短语让我想到萧梅教授的女儿程之伊办的微信公众号"行耳"。乡村抄谱人的生平都是空白的，时光过去了，除了一点事迹在冀中的纵深处"南头村"流传外，多数人不知道了。我们只能根据后人一鳞半爪的口述，拼接起一段被勉强连接起来的故事。我们愿意洗耳恭听，只要听到一个抄谱人的名字，听到一段抄谱人的故事，就应该组织起一篇记述，塑造为一个有血有肉、意志坚强的乡村乐师的形象，让他立起来，传下去，以供缺乏个体鲜活资料的民族音乐志考量。

樊广印的故事大抵就是凤好音乐的农民惨淡经营，把一生融入区域文化传承，往往难以留下痕迹却幸运留下了痕迹的事迹，这自然是民族音乐学应该用"巨大的耳朵"去附耳倾听的隆隆地声。

（原载《人民音乐》2017 年第 1 期）

田野上的一万个瞬间
——《箫鼓春社》序言

一、红旗半卷临易水

20世纪末,中国音乐学界发生了一件初始并不显眼但影响却越来越深远的事,三十年间逐渐获得整个学术界的关注并慢慢演化为采访史上的"轴心"事件,一大堆夺人眼球的文章耀眼地堆叠在学术期刊的黄金位置,渐至到了可以称之为"冀中学案"的地步,因为它具有了一个"学案"所要求的卷入学者众多、采访乐社广大、汇集资料宏富、研究成果丰硕等蔚为壮观的规模和数量。很少有"区域研究"达到过如此规模,这当然是与此地的特殊位置有关。北京周边,旧称"京畿",说起来是片没有什么神秘的地方。这里是"北京喜讯"一天之内就能达到的区域,是各级首长抬抬脚就能视察的辖区,也是各级政府伸伸手就能管控的地区,自然也是"现代时尚"一阵风就能吹到的领地。然而让人想不到的恰恰就是这片好像什么都藏不住掖不住也什么都挡不住遮不住的京畿平原,却冒出来一片"封建迷信"最密集的"田野"!这让学术界既吃惊也兴奋。1986年3月28日中国艺术研究院音乐研究所对固安县礼让乡屈家营音乐会的采访揭开了京畿研究一角。1993年至1995年"冀中音乐会普查小组"对"天子脚下"的乐社进行了大面积普查,《调查报告》展示出根植乡土、富有活力、生生不已且满天繁星般的分布版图。令人惊叹的景观和令人兴奋的成果因为中国艺术研究院音乐研究所的学术地位而迅速聚拢了学界目光。此前无人想象"眼巴前"的"京郊"竟然隐藏了一大批"像长城的砖一样码着"的乐社。学者们想推开一扇窗,结果却敞开了一扇门。20世纪90年代后兴起的北方笙管乐研究,由此获得了强劲的推力和强烈的吸力。接踵而至的"大戏"甚至让第一批迈进门槛的人也没有料到紧锣密鼓能够达到如此振聋发聩的响亮度。田野考察的"试验田"和"集散地"展示出诱人的景观,吸引着数百名学者寻声而至。

王国维说:"古来新学问起,都由于新发见。孔子壁中书出,而后有汉以来古文家之学。有赵宋古器出,而后有宋以来古器物、古文字之学。"① 陈寅恪也说:"一时代之学术,必有其新材料与新问题。取用此材料,以研求问题,则为此时代学术之新潮流。"② "冀中学案"就是发现了新材料、冒出了新问题又恰好遇到了新理论、新观念可以借此解读新材料、新问题的领域。

二、年轻的领域不拒绝年轻的参与者

1993年开始的"普查"已经过去了20多年,2016年初,河北大学音乐学院的齐易教授,又拿出一把理想主义的放大镜,试图对入选"国家级非遗项目"的冀中乡村的"会、社、班、团"进行一番微观打量。如果要说20世纪的"普查"与21世纪的"考察"有什么不同,那就是采录工具"鸟枪换炮"。重要的是,使用者是一批不但受过学术训练而

---

① 王国维:《最近二三十年中中国新发见之学问》,载《王国维遗书》第五册,上海书店出版社2011年版,第65页。
② 陈寅恪:《陈垣敦煌劫余录序》,载《金明馆丛稿二编》,上海古籍出版社1980年版,第236页。

且对现代传媒有了掌控能力的年轻人。齐易组织了数批研究生，每星期换一个采访点，每星期换一拨采访者，新老搭配，生熟轮番，轮岗接班，马不停蹄，干出了一件使"冀中学案"更上一层楼的事儿。从记录方式上和质量上看，较之20年前，他们已是长江后浪推前浪了。

充满阳光的年轻人，穿着牛仔裤、羽绒服，扛着摄像机、照相机，干起事来，干净利落。到了一家乐社，架起三脚架，寻找电源，接上插头，让摄像机的视屏迅速亮起来。一伙人偶尔有几下嬉闹推搡，但很快就按照布置，占到了自己位置上。会、社、班、团的会员信息，一会就在噼里啪啦的欢快声中跳入了屏幕表格。他们趴在电脑前支着下巴，一项项录入。这次会员信息可不是仅仅登录一个人名，每个乐师都要拿着乐器迎面拍照（虽然照相已非难事，但许多人的表情还是有点慌张）。人名照片，合二为一。有名有姓，立此存照。一套实实在在的档案，就有了多媒体时代的全息面相。最后一张"全家福"尤为重要，记录了此时此刻会社的全貌。感觉真奇妙，仿佛乐社一直在等待着他们来统计。田野资料的汇集不但呈几何式增长，而且性质大变。

年轻人在闪烁着古老色泽的云锣前细心测量，如同"包产到户"的农民丈量自己的土地一样。每件乐器，长宽高厚，认真把关，一丝不苟。亏了这伙人，当年我们一两个人，测量一两件乐器大概需要个把小时，特别是有年头的木斗笙，拆开来一根根地量，半天一晃而过。一根管子的所有孔距，用卡尺量一遍，也要个把小时。也就是说，一整天下来也就能测量一两件。如此说的意思是，测量所有乐社的所有乐器，两三个人需要干十年！这伙人轮番上阵，几十家乐社的数百件乐器，两三个月下来，基本数据就齐了。"人多力量大"，放在这里，相当确切。

乐师们渴望把父辈传下来的遗产留下来与学者们渴望把传统救下来的愿望高度一致。每个人都清楚，不采用现代手段，后人就见不到当代品貌。虽然几小时的演奏和录像考验着所有人，但采访者和被访者还是在统一认识的基础上达成了默契。让在民间仪式上很少连续吹奏几套大曲的乐师"上气不接下气"地演奏一整天，对于农民乐师来说是从来没有过的事。但告知了他们将获得所有录音录像资料时，他们以少有的耐心和朴素的行动支持了普查。齐易可不是个客气人，决不让人闲着，既不让被采访者闲着，也不让采访者闲着。一个周末，上下午轮番转，差不多把该收集的资料都收集全活了，也差不多把所有人都累个半死了。坐下来的访谈更是一份"稽里道，问关津"的口述史资料。没有经历过采访的乡村艺术家，面对黑黝黝的镜头有点不习惯，但话匣子一打开，便会从容谈论，互见异同。数十家乐社、数十位核心人物对家乡乐社的追述，将成为采访史上的巨量新型资料。

团队成员，各有分工，摄像机、照相机、计算机一起上阵，迅速推进普查。云盘上的数据翻倍增长。团队一直处于加班状态，编辑、剪辑、配文、字幕、后期制作，同时进行。虽然"齐老板"逼得紧，年轻人依然一身轻松，电脑前转过身来，笑容满面，清晰地看到嘴里雪白的牙齿。"广其闻见，质证所学"的实践机会，使他们的业务能力获得了极大提高。"有风自南，翼彼新苗。"（陶渊明《时运一首》）他们变成了真正的"低头族"，机房低头，宿舍低头，路上低头，食指划过的地方，就是采访图片、现场视频、田野音频呈现的绚烂——一份冀中乡村的"神色"。

三、齐易的担当

每拨人员分担不同村落的考察，齐易则一直要坚持到底。总体规划要制定，文本手记要撰写，编辑片子要一一检视，文字修改要亲自上手。安排日程，联系采访点，什么人、什么时间、到什么地方、谁到北京接送什么人，都要操心。组织工作最难，干了一大堆事，却好像什么都看不见。"总设计师"不辞辛劳，在质量攸关的地方决不放松，一直没闲着。虽然时间紧迫，但"齐导"还是带领大家编辑了好几部"记录片"。看完所有素材都要很长时间的劳动量，耗费精力可想而知。齐易把许多村庄的仪式陆续编辑成一部部小电影，把"连续剧"变为"历史片"。未来的历史将不再是文字描述，而是仪式现场，还没有几个地方音乐的采访与记录,"产出"过这么多"连续剧"。如果说第一次普查出现了个别的偶然触媒,那么第二次普查则是集体的深度触媒。"冀中学案"又一次走了前面,这是齐易、荣英涛的团队建构资料的不凡之处。这些都靠"总设计师"协调。齐易的唠唠叨叨、没完没了、穷追不舍、坚持执着,以及既舞大棒又挥萝卜的督促、鞭策、鞭笞和小犒劳,硬是让年轻新手托举出了一份专业性很强的"影像民族志"。

齐易是对自己家乡的财富"醒悟"较晚的人,20年前还没有拿家门口的会、社、班、团当回事。然而一旦醒悟,快马扬鞭,一门心思,追之犹恐不及。对家乡文化全身心投入,做出了一大堆傲视同侪的业绩。继2007年编辑出版《高洛音乐会》一书后,他的论文如涌泉一般层出不穷。他是敢于正面书写、正面强攻的学者,对地方文化不作为的人和事毫不客气,许多文章贯穿了触及问题真正要害的秉笔直书。他立志成为听从自己内心选择的人,不虚饰,不矫情,将现实放大于面前。这些文章的震撼力来自他的感同身受,来自他不回避现实、不逃避责任以及"精禽梦觉仍衔石,斗士诚坚共抗流"(鲁迅《题三义塔》)的勤奋和勇气。

乐在其中,才能保持热情和兴趣,才能找到学术兴奋点。这是走马观花的人无法做到的。杨荫浏等一代学人的最大贡献就是收集了巨量音乐资料,但限于条件,既不能涉及多地,也不能全息呈现。齐易不满足于老套资料,信息时代的最大好处就是呈现出一个地区的全息品相。如何达此目的?作为只懂音乐的音乐家,他夜而忘寐,饥而忘食,决然奋起,在"不学艺"的年龄,硬是让自己蜕变为"电脑专家"。

他的身体力行感动了大家,让所有人不得不跟着一起干。齐易和荣英涛,动员了一批以河北籍为主以及其他志趣相投的北京学者,中央音乐学院吴晓萍,中国音乐学院的王先艳,中国艺术研究院音乐研究所陈瑜、张月,河北师范大学音乐学院常江涛,天津音乐学院夏侯玲玲,河北大学音乐学、影视学的石亚楠、宋博媛、王昌等。与团队相比,个人势单力薄。学者相聚,新竹老槐,能量难以估量。此前所任职役,各不相同，但被齐易和荣英涛操控的乡情这根线拴在了一起，干起来无怨无悔。政府倡导的"京津冀协同"到底干了些啥我们不清楚，但在齐易和荣英涛组合下，音乐学界早早就把口号变成现实却是看得见的。这样的人多了，才能撑起一项事业。

齐易把每个点的采访都编辑为一篇图文并茂的报道，即时发布在雄县、高碑店市的官方微信公众号上。二十年前的工具太寒碜，等到写完论文、发表论文的漫长过程后才能看到，现在微博、微信、QQ，绚丽闪现，刚从冀中回来，团队编辑的全息报道就能从网上看到了。有些看上去就能火的标题让参与者很"当真"。报道令人感动，因为记录了许多背后的故事。

四、今夜偏知春气暖

评价这次普查的"历史功绩"并不难，因为拍摄的大量视频让资料散发出了非同一般的品相，具有极强的时代感。可以说，采用新媒介记录以前无法呈现的资料，就是这次考察的价值所在。突出事例就是解决了工尺谱的记谱与韵唱之间相互脱节的技术问题。

众所周知，工尺谱最麻烦的地方就是"阿口"（冀中乐师习语）和"哼哈"（西安鼓乐习语），也就是抄下来的"字"背后还隐藏着大量未抄下来的"字"的现象。工尺谱的呈现方式是历史形成的，为后人留下了无法窥探全部信息的障碍。呈现这部分信息也就成为破除迷津的核心。一个世纪以来，学术界苦于无法找到破除瓶颈的路径，即使把"韵谱"录下来、记下来，还是与实践脱节，字字皆欠明爽。"见闻所及以为有，所不及以为无。"于是，"目能视而不能视其所以视，耳能闻而不能闻其所以闻"。[①]韵谱晦明，藏头露尾，百变莫辨，不得路径。难以克服的技术障碍成为传承和教育的"死结"。

---

① （清）蒲松龄：《聊斋志异》（上），上海古籍出版社1979年版，第4页。

我们必须假设看谱者是对工尺谱完全无知的人，呈现方式的预设点必须为零。所以，最好的方式就是以最简单、最直观、最便捷的介质把所有信息和盘托出。"谱"（音符）与"字"（工尺）像配歌词一样的呈现方式，依然让拿着"歌词谱"对照"原始谱"的人摸不着头脑。找准地方的先例很少，学习起来，跌跌撞撞，磕磕绊绊。照此"老路子"，工尺谱的传承依然是"难于上青天"。

齐易、荣英涛团队的最大创意，或者说这次普查的最大突破和最大收获，就是用两台录像机同时拍摄，然后拼接一屏，让谱字与韵唱高度契合。

团队采取了一套保障信息全面呈现的新方法。两台录像机，一部对准唱谱乐师，一部对准乐谱。一位乐师韵谱，另一位乐师用手指着"韵"到的谱字。唱到哪，指到哪；韵到哪，点到哪。一音一字，精准对应。后期制作，两个画面，拼接一起，同步呈现。如同一般人熟悉的卡拉 OK 字幕一样。一屏中分，一半韵唱，一半指谱。声不绝于耳，谱不绝于目。同声同步，双双配搭。"局内人"声声清晰，"局外人"字字分明；"局内人"指点江山，"局外人"一览无余；"局内人"指点迷津，"局外人"一目了然。一个画面，双重信息，声韵相配，路标明确。谱面上呈现的谱字与隐藏背后的谱字，一五一十，全部呈现。不但听得到谱字，而且看得到谱字；不但看得到谱字，而且认得准谱字；不但认得准谱字，而且谱字之间隐藏的谱字，也全部"看"得出来。

原先，我们一边听谱，一边看谱，眼睛耳朵，各不相属，顾此失彼，手忙脚乱，听得到却看不到的"字"，在光天化日之下溜之乎也，"狗撵兔子"逮不着。面对谱本，依然"找不到北"。即使想"家画葫芦""重蹈窠臼"也不得门径。现在，屏幕上站着两位"局内人"，一个动口，一个动手。如同 GPS，精准定位，同步导航。"字"与"字"夹缝之间的"字"，一一跳出，"看"得到了。

一方荧屏，双重信息，让拿着谱本摸不着"字"或者听着"韵谱"找不到"字"，更找不到"字"与"字"之间的"字"的人，有了确指的

"字"位。同步运转的双台摄像机，让古老的实践不再遮人耳目。科技的力量如同拨云开雾的大手，一扫阴霾。于是乎，"字"与隐藏的"字"就如同"天上的星星"一样"看分明"！"配调安腔，选声酌韵"的"暗道机关"再也跑不了了。转瞬即逝的"字"再也不会成为"逮不着的兔子"，而且是"韩卢搏蹇兔"——速度快于被锁定目标！困惑音乐学家数十年的"韵谱"秘密，见鬼去吧！

旧邦迎新命，老谱唱新篇。齐易和荣英涛的创举就在于让大多数人都能"认路"了！他们的成功之处就在于让大多数人都能"认谱"了！变朦胧为明朗，变背后为前台，变不确定为确定，变似是而非为言之凿凿。工尺谱不再神秘，"阿口""哼哈"不再神秘。古老实践储存的秘密，门庭洞开，昭然若揭。韵谱读谱，一一对应。对于教育来讲，不用文绉绉地讲"津梁后学""梯航后学"，直白地说，这就是"桥梁"！这就是"楼梯"！

新路子不但有效解决局外人的教学困难，而且有效解决了局内人的传承问题！

困扰教育的关键点"阿口""哼哈"将因新路子而走向光明。听得见、看得见，就是破门而入的门径，书面与实践不对接的问题将被抛入历史。如此叙述正好切合了民族音乐学渴望看到"上下文"的愿景，不但从学术意义上打通制约古今的隔阂，而且从乐谱学叙述模式上解决了"现代工程"畅行的障碍。现代传媒的威力把横亘于书写与唱奏之间的沟壑填平了，开辟了一条让普通人学习工尺谱的途径。一直被认为"不科学""低级""民间""不能与现代传媒对接"等"不靠谱"的言说，恐怕要为自己的"离谱"判断反省了，到了该放下偏见正眼看待"工尺谱全息品相"的时候了。

现场采录，令人兴奋。2015年10月30日至11月1日，我参与了保定市雄县朱各庄镇高庄村"音乐会"的采访。音乐会（又称"顺香会"）的"寺院"（"官房子"），方方整整，敞亮洁净。隔壁一架丝瓜从墙头探过身来，让人闻到"开轩面场圃"的气息。院中央摆放一桌一椅，韵唱乐师直面摄像机。右侧也摆放一桌一椅，指谱乐师背后架设的固定机位，镜头居高临下，收录桌面上的乐谱和指点画面。两桌距离，恰是听得真切的距离。

两组拍摄者，各司其职，掌控镜头。录像开始。一边厢引吭高歌，旁若无人；一边厢手指乐谱，如影随形。一边厢哼唱工尺，声满庭院；一边厢闻声而动，严丝合缝。一边厢正面拍摄，表情无遗；一边厢俯视拍摄，手下留踪。历史一点一滴记录在案，而且一点一滴都没有遗漏地记录在案了。一曲唱罢，余韵徐歇。丝瓜底下的录像沾着泥土芳香，如同韵唱的谱字带着热乎劲儿。细节全部捕捉，并在后期拼接中全部激活。此时此刻，真的感到镜头简直就是让音乐家快乐到灵魂出窍的天堂入口。

乐谱从"存在"的意义上来说永固于"虚拟"空间了，这个"虚拟"一点不"虚"！机器眼观六路，耳听八方，忠实守候，事无靡遗。最重要的是后期呈现的平面化，把人类做不到的多维信息并列一体。录音机单声道收录或者单台录像机的单向度收录，都不能呈现视听合成信息。我们既要听，还要看；既要听着看，还要看着听。从"存在"状态讲，拼接多维，才是全息，才是"海底捞"。这样的呈现，让音乐家弹冠相庆！

"将来的文盲不是认不认字，而是会不会摄影。"信息时代、网络时代、读图时代，能不能给古老的音乐学带来实惠？未曾想到最现代的方式与最古老的方式成功连接，竟然解决了"封闭"的工尺谱呈现问题，让音乐学从新技术上获得了"春风得意马蹄疾"的快捷。别人说"没有互联网，就没有新中国"，我们说"没有互联网，就没有音乐学！"

信息无非是两个时代和两种品相的注脚，20年前的普查与20年后的普查，不一样的地方，就在这里！这支团队将因为此次考察而名垂青史的地方，也在这里！

五、一份让"组织"羞愧的资料夹——个体叙述的质量

以官方名义普查似乎是通行惯例，借助政府力量可以轻而易举占据

高地。然而以"同仁"方式介入学术叙事,反倒成为"冀中模式"。冀中研究从来没有正式"立项",既与"国家课题"无缘,也与"重大项目"无分,以"同仁"方式运行,至今依然。

冀中普查似乎命中注定是"同仁性"的。相隔二十多年的两次普查足以说明官方在同类事情上并不一定比个体行为更有力。1993年,中国艺术研究院音乐研究所的普查资金来自外国学者钟思第,这次来自没有政府背景的中国学者。孤军奋战的齐易,苦口婆心,竟然找来了经费。齐易与钟思第一样,将并列于学术研究"打破体制"的排行榜上。由齐易发动所在院校(河北大学)和县市"众筹"(雄县文广新局、高碑店文广新局以及许多民间音乐组织)的考察,重塑了一种新模式——县市"众筹"加乡村"自筹"。齐易所在的学校没什么大名气,却干出了一件让科研经费多得花不完、坐在钱堆上的"一流名校"羞愧的事。"河北大学"没有显赫头衔,"艺术学院"更不为人所知。然而齐易却干出了让"组织"羞愧的事。"冀中学案"为什么总是自筹经费?能否想象有一天京津冀哪个文化部门能够慷慨解囊资助这项已经获得了学术界普遍认同的普查?

现实总令人悲观,好歹我总拿王小盾列举的两部类书的编撰过程安慰团队的参与者。王小盾介绍道:清代宫廷主持的"集体项目"《全唐文》与严可均独自完成的"个人项目"《全上古三代秦汉三国六朝文》比起来,后者获誉更高。宫廷编撰的大型类书,常常不及私人编撰的学术性强,因为"集体项目"谁也不负责。个人兴趣驱使下干出的事,学术质量反倒高,因为拿个体生命为抵押与宫廷抗衡的,是他的一世声名。[①]把冀中学案拿来作比,历史似乎没什么改变。大量硕博论文的诞生都是个人行为。有几个人先拿到"国家课题""重大项目"才写硕博论文?充分展示个体也极大锻炼个体的"个人项目"反而比"集体项目"更能留

[①] 严可均自述,嘉庆十三年(1808)开全唐文馆,时贤名士多被邀,严氏"无能为役",心有不甘,遂立志自编唐前文。他心高意广,独自开辟了一片学术领地,积二十余年,煌煌巨册,功垂青史。

名。学者就是要以私人写作形式呈现公共学术意义。

历史夹缝中的学术行为证明了学者的纯良天性与管理体制之间的博弈，他们的呼声没有落空，成为一份汇集了个体生命的厚重档案。齐易登高一呼，京津冀学者随风而动。得道多助，团队昂进。齐易的个体行为留给学术界一份"正义的想象"。

结语：说河北话的人是世界上最好的人

这次普查当然还有许多令人兴奋的事，最值得一提的是改变了我们对民间艺术现状的评估。多年来不断听到的尽是些不好的消息，哪哪的音乐会散伙了，哪哪的乐社关闭了，哪哪的乐师进城打工了，哪哪的人告别村庄另谋生路了，等等。这类消息总让人不爽，好像民间艺术是"夕阳艺术"，上上下下一片哀叹。然而，正如黄翔鹏所说，"在一片'失传'声中传承下来的传统音乐"，其实远未"失传"。新一轮普查呈现的景观就是如此。一家家乐社生机勃勃，20年前普查时瘫痪的乐社现在恢复了，不但招收了新学员，还恢复了久不上手的老曲目。一拨拨年轻乐手的演奏水平更让人刮目相看。"芳林新叶催陈叶，流水前波让后波。"[①]《大国空村》的惨剧，京畿没有上演。传统文化生生不已，这让此前我们的悲观彻底改观。普查颇有疗伤功效。

关注其他艺术组织是这次普查的另一特点。20年前的普查仅限于笙管乐种"音乐会"，这次则注意到其他类型的音乐组织：歌舞、说唱和戏曲班社。京畿毕竟是京剧最发达的地区，不但戏曲班、团多，品种也多。"静海演戏之声调'曰高腔、曰昆腔、曰秦腔、曰二簧。风尚因时而异，然皆客音，非土音也'。"[②] 蔡际洲总结道：

---

① （唐）刘禹锡：《乐天见示伤微之敦诗晦叔三君子皆有深分因成是诗以寄》。
② 民国《静海县志》申集《人民部·娱乐》，第47页。引自赵世瑜《狂欢与日常——明清以来的庙会与民间社会》，生活·读书·新知三联书店2002年版，第194页。

京津冀地区异军突起并在全国领先，这是值得进一步研究的一个问题。目前看来，产生这一现象的原因大体为：第一，北京作为全国的政治中心，不可不对文化中心的形成产生一定影响。产生于北京、天津等地的京剧、京韵大鼓、天津时调等闻名全国的音乐品种和接受新音乐文化的地利之便，必然对当地歌唱、表演人才的培养起着重要作用。如著名京剧表演家陈德霖、龚云甫、金少山、程砚秋、马连良、裘盛戎、言菊朋；著名京韵大鼓表演家白凤鸣、孙书筠、良小楼；著名歌唱家杜矢甲、苏凤娟、温可铮、胡松华等均为北京人。第二，河北省作为京津二市的近邻，也必然受其影响。因而河北省籍的京剧、京韵大鼓等名家和歌唱家人数也较多。如著名京剧表演家尚小云（河北南宫人）、李少春（河北霸县人）；著名昆曲表演家白云生（河北安新人）、韩世昌（河北高阳人）、陶显庭（河北安新人）；著名京韵大鼓表演家刘宝全（河北深县人）、白云鹏（河北霸县人）；著名歌唱家李波（河北曲阳人）、臧玉琰（河北黄骅人）、刘秉义（河北秦皇岛人），等等。第三，由于历史的原因，我国北方方言长期以来作为"官话"而通行全国，北方方言对传播声乐作品和传统表演艺术有着更为优越的条件和不可忽视的重要作用。因此，北方特别是京津冀一带传统音乐品种表演家的知名度更高。[1]

对参与者而言，这也是超出音乐学领域全面提升专业视野的有效方式。

余秋雨有句话大意是说：从严格的意义上讲，一个文人要想和某一片山水有灵魂上的接触，一辈子可能只有一次。

回想普查历经的一场场采访，春节期间跟乡村乐社"踩街""穿插"疲于奔命地录像，为拍摄谱本站到双腿发颤，为编辑录像在屏幕前眼冒金星，到为"首届中国民间鼓吹乐学术研讨会"而奏乐的韩庄敲响百年

---

[1] 蔡际洲：《文化地理学视野中的中国音乐家研究》，《中国音乐学》2005年第2期。

"老鼓"，顶着雨季危情赶赴高碑店，在一夜大雨中忧心忡忡，却在白天录像时天空放晴而一家人尖叫……可能都属于"灵魂上""一辈子可能只有一次"的不计成本的投入。"飞蛾扑火"缘于痴迷。齐易、荣英涛，都喜欢器乐，都喜欢历史，都喜欢故事，喜欢的东西全在这儿，所以五迷三道，拉都拉不回来。一生的最好年华能与几十个乐社、几十个乐班相交，目睹罕见的乡村仪式和壮美场面，与睿智善良、艰难度日、乐天知命的老乐师促膝谈心，见证他们的技术素养和高贵品性，这些都是求之不得、觅之难求的机缘。我们真幸运，一出家门口就迈到了"希望的田野上"。于是，就像冀中平原上熬过寒冬的小麦一样成熟起来，像田野上耕耘的农人一样，收获了一捧香甜麦穗。

书名《箫鼓春社》，出自陆游《游山西村》。"箫鼓"泛指乐器，"春社"泛指民间会社。我们希望借这样书名保存京津冀乡村的"古风"。

莫笑农家腊酒浑，丰年留客足鸡豚。
山重水复疑无路，柳暗花明又一村。
箫鼓追随春社近，衣冠简朴古风存。
从今若许闲乘月，拄杖无时夜叩门。

现代化"格式"乡村之前，学者们能否利用"格式"反哺乡村文化，延迟"同质化"的来临？音乐学家能否像耐心攀附于树根下的地衣，做一点呵护乡土也是自己喜欢且擅长的事？既然写不出像杨荫浏《中国古代音乐史稿》那样的经典，总可以写一点中国音乐研究所前辈所做的《湖南音乐普查报告》那样的"普查报告"吧！我们在工具上掌握了比之原来的"报告"更具读图时代"全息品相"，因而能够把"遮蔽的文明"呈现为"光亮"。与身边的"同仁"一起携手汇集民间会、社、班、团的资料并以新的媒介呈现，岂非新生代的一桩功德？

（原载《人民音乐》2017年第3期）

中国学人的身份定位与"局内、局外"观

民族音乐学有一对基本概念:"局内人、局外人"(insider/outsider)或"主位、客位"(emic/etic)。这对术语进入中国音乐学是20世纪最后十几年的事,但学术脉络上却可以上溯到20世纪初的人类学。马林诺夫斯基对待超布连岛人不同于西方逻辑的相沿成俗的做事方式,基本做法就是让其自我呈现,不加干涉,以此立场概括出两个"关键词"。这对概念的大面积传播,自然是田野考察在人类学主体地位的确定和操作规范中采访与被访两种关系的逐渐确立。中国学人之所以愿意接受西方学术界处理与"在地"关系的预设立场,也是因为处理城乡关系时遇到了大体相似的情况,特别是21世纪以来对"干部"身份的质疑和对居高临下态度的克制以及摆正平视位置的调整。概念虽然建立在西方二元认识论基础上,但的确让中国学者保持了适度清醒,使之尽量不干预"文化持有人"的"日常",避免"改造民间陋习""封杀封建迷信""创造新传统"等"善意"的动手动脚。

但是,作为传统文化培养起来具有"文化宣示者"使命的中国知识分子,能否像研究"他文化"的局外人,如马林诺夫斯基那样不干涉局内人的"日常"?能否像《锁麟囊》唱的那样"袖手旁观在壁上瞧"?现以"冀中学案"为例,观察学界的惯常做法。

一、反思身份定位

中国艺术研究院音乐研究所的学者不但没有在20世纪最后十年的采访中袖手旁观民间乐社的恢复,而且积极主动"集体"参与了"文化复兴"的一系列活动。乔建中、薛艺兵等作为国家学术研究机构的领导者,急切表达了渴望民间恢复传统的态度,不但对前路未明的会员晓以大义,而且对无动于衷的政府苦口婆心,更有对懵懵懂懂的媒体介绍引领。联手中央电视台、《光明日报》等国家媒体报道宣传,引荐乐社到中央音乐学院、"国际音理会"等重要场所举办音乐会,介绍吕骥、赵沨、高占祥等领导前往肯定以及提交政协议案等,最终导致了地方政府的财政支持和实际功效。联手媒体,游说政府,呼吁社会,演变为局内人、局外人不分彼此的抢救遗产运动。"起向高楼撞晓钟,不信人间耳尽聋。"(明王守仁)高调干预,颇为奏效。学者官员,媒体大军,浩浩荡荡,开进冀中,给自"文革"以来完全丧失自信的乐社注入了生机。

中国音乐研究所的行为,不会让学术界惊讶,换了另外的单位也差不多,只不过以研究传统音乐为己任的学术机构的专业定位而意识得较早、行动得较快而已。无论接下来的情况如何,当时的行为确实起到了学术界不加干预的"自然状态"需要更长时间才能达到的效果。

问题来了:此类行动中我们到底是"局内人"还是"局外人"? 我们日趋日深地走入"文化复兴"运动成了一身兼具双重身份、采取两种行为方式的"人"——既是为研究而探索的"局外人",又是为乐社找寻生路共谋大局的"局内人"。为什么我们不会像马林诺夫斯基那样袖手旁观,提醒自己不加干预并以此自戒?

儒家传统有种超越学术的强烈实践性和政治化倾向。"修身治国平天下"衍生出的政治理念和国家体制下的学术模式,使学者面对民间疾苦,绝不会袖手旁观、隔岸观火、事不关己高高挂起、保持局外人的客观冷静。帮助农民是文人大畎。儒家文化的"国家化"决定了知识分子对待本土文化的扶持和庇护态度。当时的反应及接下来持续三十余年的后续行为，不仅是出于对"文革"反拨的有意而为，而且是传统教育的自然结果。这样做的原因与其说是出于"政治觉悟的高度"或"朴素的阶级感情"，不如说是来自儒家话语的"先天下之忧而忧，后天下之乐而乐"的伦理信条。理念不仅来自20世纪的精神遗产，而且来自20世纪之前的历史遗产。诸如"一言兴邦，一言丧邦"等众多历史的思想资源，都成为谨记于心的"集体无意识"。在职则"为官一方"，退耕则"教化乡里"，退居二线、三线还要"化作春泥更护花""尚思为国戍轮台"。无论身处庙堂还是身处江湖，都是"无所逃于天地之间"的文人。骨子里脱不掉的脾性，让所有了解民间疾苦的人，毫无顾忌"身份"而情不自禁地伸手相助。一代代一茬茬学者，深度参与乡村变革，乃至自我牺牲而在所不辞。中国书生的本色，很大程度上归因于身处其间的历史景深。

我们总结，90年代中国音乐研究所学者的头衔有：研究民间音乐的学者、复兴传统的斗士、官员面前的讲解员、民间乐社的代言人、安慰农民的牧师、大众的吹鼓手、鼓动社会赞助的活动家、扶持民间的恩主、帮农民找活路的经纪人……"一日之间，百暖百寒，乍阴乍阳，人间恶趣，令一身尝尽矣。"[①]头衔与其说是别人给我们戴上的，不如说是自己头上长出来的，是文人这个"物种"自然兼备的！如同巴尔扎克《幻灭》形容的："仿佛那家伙是全身穿好了出世的。我们提到葱不能不联想到葱的皮。"这个"脑袋"，耐人寻味。

把自己的行为作为一个思量与拷问的学术话题予以讨论，探究知识分子不得不面对的自身问题，是反思问题的扶手之一。"以天下为己任"（范仲淹），"国家兴亡，匹夫有责"（顾炎武）等历史信条滋养的群体，能否做到抱臂旁观、隔岸观火、无动于衷？拿着笔记本和照相机，站在心急火燎的农民乐师边不置一言？能否看着"农夫心内如汤煮"而优哉游哉"把扇摇"？能否看着薪传无望的乐社嗷嗷待哺、饥肠辘辘、手握话语权却不动嘴、不动手、不挽袖子添柴助燃并呼吁众人拾柴火焰高？纯

---

① 袁宏道：《锦帆集·丘长孺》，转自陶慕宁《晚明文人的真情与矫情》，《读书》2016年第2期，第81页。

粹西方式的"局外人、局内人"二分法,能否定位我们?或者说这对影响世界"放之四海而皆准"的概念,对于"本土实践"到底合不合适?

回想冀中学案一场场包含"正剧""悲剧"甚至"闹剧"(帮助发展经济之类)的"剧情",不能不说,学者们控制不了帮扶民间的冲动,被访者也控制不了不拉我们下水。舞台上不单有观看的剧情,还有自己跑上台去的表演。乐社复兴,风生水起。除了乐社的风声、媒体的雨声以及政府的风雨交加声,就是音乐学家自己的声音。我们的嗓门有时最大,至少不比别人小。身处田野,每位学人都多多少少干预了采访点的"日常"和"自然",与民间艺人一同经历复兴过程中病魔般的苦痛,体会非"入道"便不能感受的纠结和困惑,这些恰恰是学术界之所以写出那么多考察报告并且笔力日深的原因。

因其如此,每位音乐学家在深入采访时都会自问:我们到底是什么"人"?我们难免不充当"运动员加裁判员""演员加导演""乐手加指挥",乃至给了一个连自己都吃惊的定位:既不是置身事外的"局外人",也不是安分守己的"局内人",而是抱着知识分子良心参与其中,甚至难免越俎代庖,更难免"好心办坏事"的"参与者"。

将自身视为一个"客体"加以考量,自然要对西方"二元对立"模式进行反思,回答中国文人无法与本土分开、无法与传统分开的行为方式,进而考虑是否要另立一种"身份模式"。民俗学家高丙中解析道:

> 从传统认识论来看,民俗学的知识群体是认识的主体,民俗现象是认识的客体。但是,中国民俗学的当代发展恰恰不是基于这种截然二分的认识论可以理解的。从改革开放以来,中国经历了一个民俗复兴的过程,也就是说,今天我们面对的民俗现象不是在改革开放之初就如此呈现的,而是逐渐恢复、生成的。而且,这个由恢复与生成的机制所得到的"复兴"不是一个自然过程,而是一个公共部门(政府、媒体、知识分子群体)不断介入的过程。其中,民俗学人发挥了专业性的积极作用。无论是在村庄(社区)层面还是

全国层面，民俗学人都以自己的专业努力参与了民俗复兴，今日的民俗复兴状态或局面毫无疑问是民俗学人参与造就的……我们对于中国民俗学的评估把对象限定在学科内还是把对象定位在时代中，会是两种不同的方法，不同的结果。①

如高丙中所说，以往的定位模式是把"民俗""民俗之民""民俗学人""政府"分而视之。民俗（复兴）与时代（变迁）、民俗之民与政府机构的关系，被解释为"反映论"的单向被动模式，而不是"共生论"的多向主动模式。

> 两种理念，一个是反映论的，一个是共生论的……以共生论来看，这四组概念所指的实体都可以是主体，都可以是主动者，而任何结果都应该被看作相互作用的共同结果……民俗、民俗之民、民俗学人、政府，等等，都不是一个被决定的消极的方面，恰恰都是积极的参与者……反映论的认识论指导我们看见单向关系和结果，共生论的实践论引导我们关注动因和复杂互动的过程。②

中国学者的田野，不是国外学者的"异国他乡"，而是本乡本土。我们兼具"观察文化事项"与"参与文化事项"双重身份。乡情抑制不住。音乐学家一开始就面临两难，既是西方定义中的"客位"，又是本土文化中的"主位"，而且是心甘情愿行动起来改变旧貌的"主位"。这个行为主体与西方二分法中的截然对立，无法无缝对接。引进概念，进退失据，面临严峻挑战。换句话说：外国概念与中国实践，严重脱榫！

高丙中从认识论层面反思"民俗之民"与学者关系，是现实层面，

---

① 高丙中：《中国民俗学的新时代：开创公民日常生活的文化科学》，《民俗研究》2015年第1期。
② 高丙中：《中国民俗学的新时代：开创公民日常生活的文化科学》，《民俗研究》2015年第1期。

而历史景深则是"学优登仕、涉职从政"的强大传统。这重景深让我们看到自己沿袭的自50年代"保护扶持民间文化"的"历史语境"和"预设立场"。

"非遗"时代（2005年后），学人不同程度地参与工作，投身其间是历史文化的"习得"，未加思索。评选"冀中笙管乐"为第一批"国家级非物质文化遗产代表名录"的决定，既符合学术标准，也符合政府要求。我们的"学术身份"是教授、研究员，"行政身份"是国家干部，智库谏言者。决定既是"政府行为"也是"学术行为"。20世纪50年代以吕骥、周巍峙等为代表的兼具官学于一身的传统，沿袭未断，因此"国家级非遗保护专家委员会"全部由学者构成。一方面说明知识分子得到重视，另一方面也说明了政府文化部门基于本土实践的中国经验。从长远来看，此类行为是"帮了大忙"还是"帮了倒忙"都非一天半天所能看清，民间文化也绝不是什么基金、非遗保护拨款所能扶持和培养的，但无论如何，学人的行动至少起到了一点作用，再也没人把"文化遗产"视为"封建糟粕"了。至少在纠缠了整整一个世纪的"封建糟粕"还是"文化遗产"的问题上，全社会达成了共识。

二、适度干预

干预或不干预，对民间乐社命运攸关，其中学者的行为到底是应该现实地看还是应该学术地看？到底是应该以现实的目的为判断还是以学术的目的为判断？为避免离题太远，暂不列举太多文化层面的事，只看几则技术性较强的事，以此探讨学者的干预到底合不合适以及干预到什么程度更合适？怎样达到有分寸而不至于把自己与"在地人"混为一谈。

事例一：涞水县南高洛的单明、单伶兄弟，是音乐会里最聪明的乐师。因为粗懂简谱，所以把工尺谱翻译成简谱。他们觉得做了一件谁也做不来、能够与"现代"沟通的大事，并带着自豪向我们展示，当然是希望得到专业音乐家的鼓励。看到这份真是下了一番功夫、辛辛苦苦的

"成果"，我们当头泼了一瓢凉水，毫不客气地批判其"破坏传统"。话一脱口，他们大为惊讶，疑惑地看着我们，也不解地相互观看。我们的话很实在："如果音乐会用简谱、五线谱，城里人还来干什么？你们俩会把英国学者钟思第气跑！"单明、单伶，始而眉头紧锁，继而笑逐颜开。劈头盖脸的一席话，非但没惹得他们生气，反而觉得不再生分了，讲心里话了。农民乐师太聪明了，一听就明白，马上懂了"现代"理念：只有传统才吸引人！无论如何，兄弟俩是听进去了，这类行为再未发生。从技术层面上提倡一些事，叫停一些事，及时纠正跟着城里人跑的习惯，把新理念告诉人家。这个个案让人沉思：我们的干预到底是对还是不对？

事例二：南高洛音乐会有部演说民间故事的"善书"，属于笙管乐伴奏的坐唱形式。这让我们想到宋代郭茂倩《乐府诗集》的"鼓吹曲辞"。也就是说，鼓吹乐这个品种，历史上也是唱的，而非以前所认识的仅仅是吹的。这个传统很少见了。听到会员们叙述原来"文坛"（专门唱的人）在葬礼上伴着亲人战栗的哭声，翻着木版夹线装书，念唱"泰山韵"，并于60年代收束为最后一点音量时，我们禁不住为没赶上那个时代收录其音响而叹息。这引发了他们的警觉和重视。起先，也没想到自己的话有多重。但这无疑发出了信号：这是一种渊源深厚的传统！在"会头"蔡安带领下，经过一年多努力，"文坛"四位乐师（蔡安、蔡然、蔡海增、单明奎）竟然把中断了十几年的"前韵""后韵"以及间插其间数支"曲牌"一点点衔接起来。乐社延续着一种有着上千年历史的合奏方式，当整个社会不再以此为荣并视其为多此一举时，也丢弃了稀少的传统。遇到我们，他们又一次对拥有过独一无二的"对口"（吹韵同步）而自豪并燃起恢复热情。隔了小半年，回到南高洛，他们竟然齐声高唱"泰山韵"！那场景令人难忘。看到"费尽移山心力"的结果，我们无比震惊。看着我们涨满红晕的脸，他们也涨满红晕；看着我们无比兴奋的表情，他们也无比兴奋。终于把鼓吹乐的古老传统恢复了，让"唱"的鼓吹乐，声势复振。老百姓相信音乐家，以专家标准为标准，在没有要求这样做的情况下，却因我们的"身份"，点燃了他们的"自觉"，催活了一个几近淹没的坐唱形式。这个结果既体现了乐师恢复传统的坚韧，也体现了学者介入的效应。这也让人沉思：我们的干预到底是对还是不对？

事例三：2015年正月十五，我们参加南高洛音乐会、南乐会和北高洛音乐会、南乐会四会的"穿插"仪式。拜会踩街，历年仪式。按规矩，南高洛音乐会"会头"蔡玉润，带领乐社从"官房子"（乐社中心）出发，逐个到各乐社拜会。第一是本村南乐会，在"官房子"演奏一曲，以示敬意。"穿插"持续一上午，一路下来很辛苦。乐师们常常偷懒省略，节省气力，为了四家乐社汇聚一堂时，在有点竞技意思的最后场面上，好放开气力使劲吹。所以，到了南乐会"官房子"，就想省略不吹了。我示意蔡玉润，按规矩来，面对人家的盛情，一走了之，不合适呀。作为"国家级非遗代表性传承人"，他知道我的提示是对的。于是带领乐社吹奏一曲，仪式完整无缺，也让"穿插"的传统不因偷懒而懈怠下来。这种提示也让人沉思：我们的干预到底是对还是不对？

事例四：钟思第抱持的态度与我们不同。他是西方人，作为局外观察者，尽量不介入，不影响南高洛音乐会的自然发展，更不鼓励像屈家营音乐会那样到北京演出，尤其厌恶到国外演出的请求。这反映了西方学者的态度。他希望看到"原生态"，不希望看到"被创造的传统"。对于太多被文化馆"创造的传统"，他像中国学者一样痛心。这一点说明了学者对上辈人在民间造成的"恶果"保持的警醒。然而，不能不说，恰恰是因为钟思第的英国身份，让视外国学者为"国际标准"的农民获得难得的自信。这还是让人沉思：我们的干预到底是对还是不对？

上举荦荦细端者有四，我们愿意说：比起政府干预，我们宁愿学者干预；比起文化馆干部的干预，我们宁愿院校教授干预；比起法规政策干预，我们宁愿技术层面干预；比起大事干预，我们宁愿细节干预。"不敢妄为些子事，只因曾读数行书。"（元吕思诚《戏作》）

三、局中人

我们是什么人？是局内人还是局外人，或者是介于两者之间的人，这重要吗？很重要！因为我们是中国文化的"当事人"！这是我们与西方学者的根本差异。

诚如高丙中对当代民俗现状分析的那样，冀中乐社，死灰复燃，上百家乐社，大面积恢复，不是"自然"结果，而是学术界言说、正名、推介、扶持的"人为"结果。没有音乐学人的参与干预、投书献文、驱走奔竞、上达天听，就没有当前令人欣喜的现状。眼瞅着民间生生不息、捂都捂不住的复兴愿望，"冀京津音乐会普查小组"与当地人站到了同一起跑线上。这是否是以造福乡里为己任的读书人的"自觉"？冀中音乐会从被定位为封建迷信到陡然变身为国家级非遗代表性项目，与学人从1986年始的积极参与和发挥巨大建设性作用的助推，密不可分。若依主客二分法的原则，作壁上观，不会出现这个局面。所以，西方二分法的哲学体系和方法论，不能给我们有力支持。

"局内人、局外人"的设定是个没有特定历史背景和文化属性的概念，是种把不同于西方的"局外人"假定为与西方学者相同并采取相应态度的界定。四海异俗，任何概念都不能放之四海而皆准。必须区分作为本民族一分子的中国学者与作为"他者"一分子的"局外人"之间的区别，两种局外人因教育背景不同，而在认识问题和处理问题上有天壤之别。二分法在形式逻辑和理论推定模式上，显然忽略了中国学者的历史背景和由此养成的习性。认识行为主体是谁的重要性就在这里。

文学界在研究"山药蛋文学"代表人物赵树理时，提出了一个让我们深感共鸣也正中下怀的概念——局中人。

> 他是农民农村生活的"局中人"，而非临时下来"体验生活"的旁观者、观察员、局外人。马烽谈到他曾去过赵树理当年蹲过点的村子，发现那里"提起赵树理来，大人小孩都熟悉"，因为他在

村子里，"不仅参与办社的大事，连改革农具修补房屋、调解家务纠纷等他都参与，而且是认真地帮助解决这些问题。吃饭的时候，他常常是端着饭碗在饭场上和农民聊天，也常常和喜爱文艺活动的人们一起唱上党梆子，他也不把他当作家看，而是看作他们中的一员"。赵树理所接触的农民、农村社会是一个由亲情、乡情构成的熟人社会，也可以说是一个生命共同体。赵树理多次谈到他对自己笔下的农民，熟悉得就像家里一样，"他们每个人的环境、思想和那思想所支配的生活方式、前途打算，我无所不晓。当他们一个人刚要开口说话，我大体上能推测出他要说什么"。他也一再强调，要"把劳动人民的事当作自己一家人的事来讲"和写。这样，他就能够把"写农民"与"写自己"统一起来，这是一个很难达到的生命与写作境界。①

北京大学李国华在博士论文中将赵树理界定为"一个关于农民问题的思考者"。钱理群认为还不仅于此。

把赵树理直接视为"农民的代言人"是过于简单化的；赵树理是既在农民"其中"，又在农民"其上"，既有维护农民利益的一面，又有超越农民，由农民问题出发，思考更大更根本的社会问题与追求更高理想的一面，这都显示了赵树理作为现代知识分子和现代革命者的本色。赵树理自称"农民中的圣人"，大概也有强调自己的立足点和思考比一般农民更为高远的意思，这本身就构成了赵树理与农民关系的特殊性与深刻性。②

赵树理的做事方式，符合中国人的习惯。中国学人是在国学语境下与国家行为融为一体乃至本身就属于其中一分子的群体。我们愿意"卸

---

① 钱理群：《岁月沧桑》，东方出版中心2018年版，第93—94页。
② 钱理群：《岁月沧桑》，东方出版中心2018年版，第93—94页。

除"身份,当然不是出于对西方学理的遵循,而是出于不愿意再像前代人那样"改造民间"的自我检束。困难的是,"位卑未敢忘忧国"的我们,出自本心,不自觉地"出手"。之所以重新检讨工具性概念,就在于要给自己的行为范式提供理论依据并据以探讨应该于什么范围内"出手"在什么范围内"住手"。中国学者遇到的实际问题,既不能囿于西方定义而缩手缩脚,又不能无所顾忌而指手画脚。所以,就要运用学术智慧挑战定义,而非轻信戒律教条。

由此而观,"局中人"的概念更符合中国学人的定位,也是更加本土化的言说方式。从"共生性"立场反思的意义还在于,"正方反方"并非形式逻辑的"非此即彼",而是既有此亦有彼,既彼此交叉又彼此对立。身份跳跃两域。中国学人不再是过去意义上的与研究对象对立的另一客体,而是同中有异、异中又有很强认同和连带的"局中人"。

马林诺夫斯基的"参与式观察"(participatory observation),也可修改一下用到此处。既是"参与式观察者"也是"参与式实践者"。"参与式观察者"或"参与式实践者"并没有取代"局外人、局内人"成为"法定语言"的意思。马库斯也提出,研究者与合作者的关系,应该是"共谋"。学术界提出过多种"中间层次",既不同于局外的不干预态度,也不同于局内的太掺和干预。这或许能够使中国学者理解自己的做事方式。如此定位,我们是否就能迈出非常不同而意义深远的一步,如果学术界既能深触现实又有足够思力超越既有定义的话。

结语:核心概念本土化

"局内、局外"是民族音乐学区别于系统音乐学的关键之"核"。本土实践已有几十年,积累了诸多"中国经验",这使得当代学者有条件对核心概念做出学理层面的反思。学科依赖的"工具"性概念及隐含的技术危境,使我们有必要分析一下"工具"本身。我们应该成为具有现实提问能力的思辨者。

20世纪，人类学创造了整套表述体系，即使不喜欢的人，也会从内心服膺其冰冷的"理性"。人类学家用手术刀一样冷酷的工具，解剖研究对象并发明了成套概念，把从理念分析到操作层面的步骤，做到了极致。19世纪以来涌现了大批极富创造力且极具说服力的著作，创造出社会科学的新天地。音乐学领域亦复如此。民族音乐学家梦寐以求的"工具"，似乎都摆到面前了。然而，越是深入家乡，越感到中西差异。新奇感过后，我们带着反思目光解读本土民俗事象，越来越觉得全盘接受碍手碍脚。

"局内人"与"局外人"的确是个关键认定。不仅因为中国与西方研究对象不同，而且做事方式不同。原有界定无助于中国学者施展手脚，难免产生不接地气的隔阂以及不能回馈乡土的伦理自责。中国音乐家逐渐学会了从比西方秩序更庞大的传统秩序中寻求自我定位的方式。这既是对现有学术体系的反思，也是对摆脱此前种种肤浅操作的认知。今日中国之民族音乐学已非原有之西方民族音乐学，今日之语境也非他者语境的翻版。"拿来""采借""融入跳出"，创造性地开拓一批具有中国气派、中国特点的学术范式，摈弃其中包含的自我束缚甚至自我摧毁的悖论，当然是中国音乐学的责任。鞋子合不合脚，概念适不适合，都需要"时间煮"。

（原载《音乐研究》2018年第3期）

附录　冀中音乐会记谱

河北省保定市雄县张岗乡韩庄

大曲《普庵咒》

河北省保定市雄县张岗乡韩庄
孙汝梅韵谱
张振涛记谱
1993年8月

"拍"《倒提金灯》

"身"《普庵咒》

附　录　冀中音乐会记谱

"尾"《小五声佛》

《金字经》

《大五声佛》

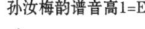

河北省保定市雄县北沙口乡北沙口村

《琵琶论》

河北省保定市雄县北沙口乡北沙口村
崔志清韵谱、吹笙
张振涛记谱
1993年

《醉太平》

河北省保定市雄县北沙口乡北沙口村
崔志清吹笙、韵谱
张振涛记谱
1994年1月

《小走马》

河北省保定市雄县北沙口乡北沙口村
崔志清吹笙、韵谱
张振涛记谱
1993年8月

河北省保定市雄县孤庄头乡孤庄头村

《昼锦堂》靠凡调

《醉太平》(一)

河北省保定市雄县孤庄头乡孤庄头村
刘书起韵唱
张振涛记谱
1993年

《醉太平》(二)

河北省保定市雄县孤庄头乡孤庄头村
刘书起韵谱
张振涛记谱
1993年

《蛾郎子》

河北省保定市雄县孤庄头乡孤庄头村
刘书起韵谱
张振涛记谱
1993年

《尾声》

河北省保定市雄县孤庄头乡孤庄头村
刘书起韵谱
张振涛记谱
1993年

《梧桐叶》

河北省保定市雄县孤庄头乡孤庄头村
刘书起韵谱
张振涛记谱
1993年

《尧民歌》

河北省保定市雄县孤庄头乡孤庄头村
刘书起韵谱
张振涛记谱
1993年

河北省保定市雄县小步村乡西安各庄

《醉太平》

河北省保定市雄县小步村乡西安各庄
张德华韵谱
张振涛记谱
1994年

河北省保定市雄县张岗乡里合庄

《后拍》

河北省保定市雄县张岗乡里合庄
刘信臣韵谱
张振涛记谱
1994年

河北省保定市雄县南十里铺南乐会

《四上佛》

河北省保定市雄县南十里铺南乐会
张长年吹大管
张振涛记谱
1993年

附　录　冀中音乐会记谱

河北省廊坊市文安县左各庄福新村

《小太平》

河北省廊坊市文安县左各庄福新村
董钦增、何敏宜韵谱、吹笙
张振涛记谱
1994年

《沽美酒》

河北省廊坊市文安县左各庄福新村
郭云林吹笙
张振涛记谱
1994年

《沽美酒》

河北省廊坊市文安县左各庄乡福新村
郭云林、何敏宜韵谱
张振涛记谱
1994年

《梅花引》

河北省廊坊市文安县左各庄福新村
郭云林吹笙
张振涛记谱
1994年

河北省廊坊市文安县滩里乡西滩村

《下山虎》

河北省廊坊市文安县滩里乡西滩村
杨耀东、刘亦庆演奏、韵谱
张振涛记谱
1994年5月

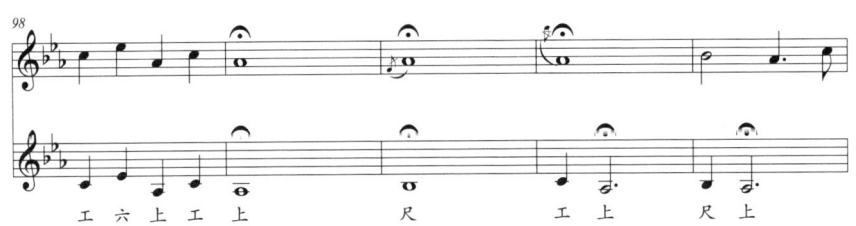

附 录 冀中音乐会记谱

《宫门九》

河北省廊坊市文安县滩里乡西滩村
杨耀东、刘亦庆韵谱
张振涛记谱
1994年5月

附 录 冀中音乐会记谱

425

河北省廊坊市文安县史各庄南疃南乐会

《关公辞曹》

河北省廊坊市文安县史各庄南疃南乐会
张殿阁韵谱
张振涛记谱
1993年

河北省廊坊市文安县高头乡蔡头村

《关公辞曹》大曲

河北省廊坊市文安县高头乡蔡头村
张振涛记谱
1993年8月

附 录 冀中音乐会记谱

河北省廊坊市霸州市信安镇高桥

《鬼车套》

河北省廊坊市霸州市信安镇高桥音乐会
张振涛记谱
1994年

附　录　冀中音乐会记谱

441

河北省廊坊市文安县信安镇张庄

《金燃神灯》（小引子）

河北省廊坊市文安县信安镇张庄
孙文琛韵谱
张振涛记谱
1994年

《三国赞》(小引子)

河北省廊坊市文安县信安镇张庄
孙文琛韵谱
张振涛记谱
1994年

《翠竹帘》（小引子）

河北省廊坊市文安县信安镇张庄
孙文琛韵谱
张振涛记谱
1994年

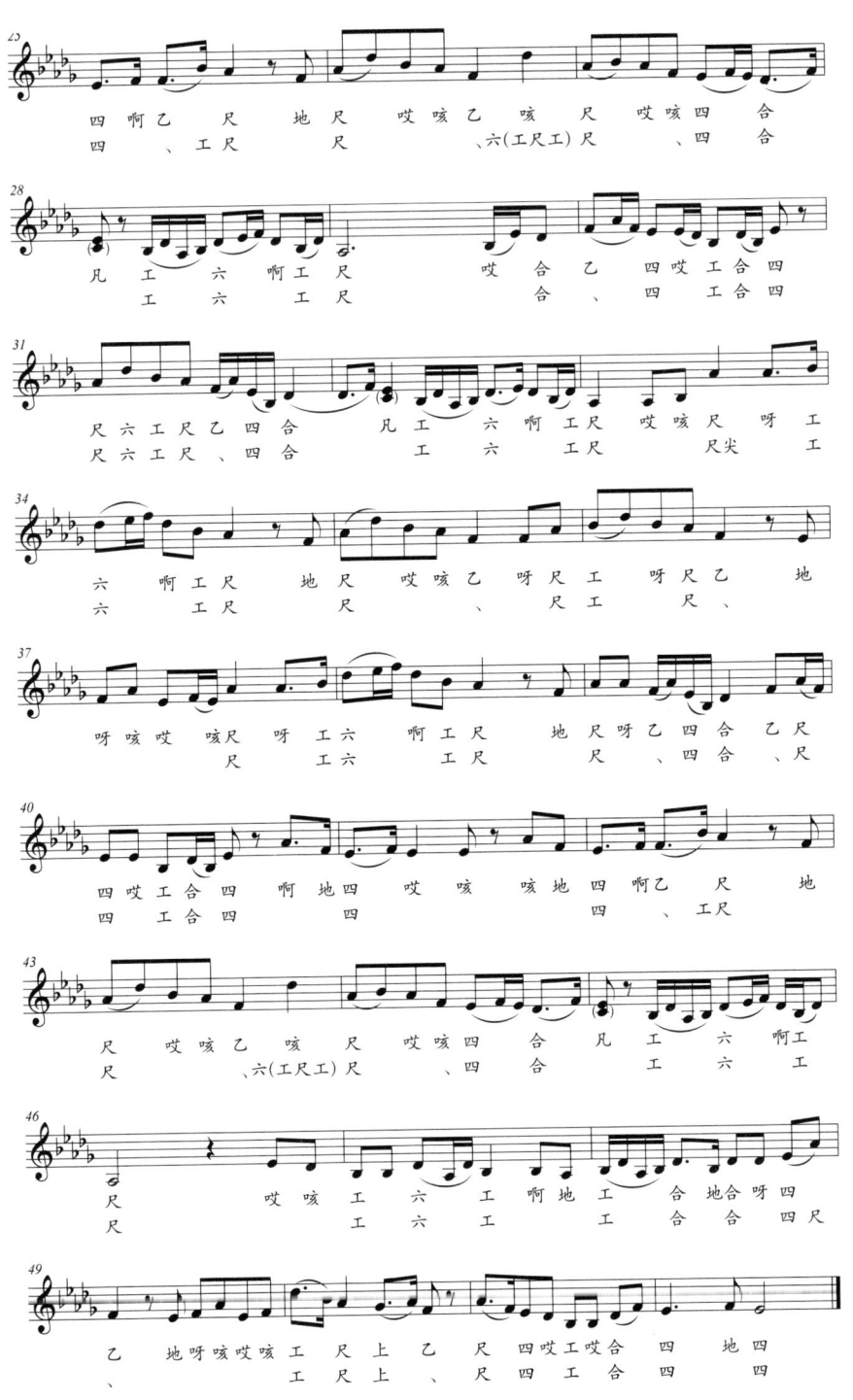

河北省廊坊市安次区旧州镇南汉村南乐会

《小华颜》

河北省廊坊市安次区旧州镇南汉村南乐会
阮福庆、缑殿行韵谱
张振涛记谱
1994年

《小华颜》

河北省廊坊市安次区旧州镇南汉村南乐会
张振涛记谱
1994年

河北省沧州市任丘市辛安庄乡辛安庄

《喜英登》

河北省沧州市任丘市辛安庄乡辛安庄
张振涛记谱
1993年7月2日

《小走马》

河北省沧州市任丘市辛安庄乡辛安庄
张振涛记谱
1993年7月2日

《二虎争》

河北省沧州市任丘市辛安庄乡辛安庄
张振涛记谱
1993年

《小梁舟》

河北省沧州市任丘市辛安庄乡辛安庄
张振涛记谱
1993年

《泣颜回》

河北省沧州市任丘市辛安庄乡辛安庄
张振涛记谱
1993年7月2日

附 录 冀中音乐会记谱

河北省沧州市任丘市出岸镇东良淀

《过桥赞》

河北省沧州市任丘市出岸镇东良淀
张振涛记谱
1993年4月3日

《观灯赞》

河北省沧州市任丘市出岸镇东良淀
张振涛记谱
1993年7月3日

《普庵咒》

河北省沧州市任丘市出岸镇东良淀
张振涛记谱
1993年7月3日

《赶子》

河北省沧州市任丘市出岸镇东良淀
张振涛记谱
1993年7月3日

《叠落金钱》

河北省沧州市任丘市出岸镇东良淀
张振涛记谱
1993年7月3日

北京市大兴区长子营乡李家务

《唐头令》

北京市大兴区长子营乡李家务音乐会
1993年9月13日录音
张振涛记谱
1994年5月记谱

附 录 冀中音乐会记谱

附　录　冀中音乐会记谱

北京市大兴区长子营乡北辛庄

《望江南》

北京市大兴区长子营乡北辛庄
连　奎韵谱
张振涛记谱
1994年

《醉太平》

北京市大兴区长子营乡北辛庄
连奎、张广材韵谱
张振涛记谱
1994年